KÖLNER VERÖFFENTLICHUNGEN ZUR RELIGIONSGESCHICHTE

Im Auftrag des
Interdisziplinären Instituts für Religionsgeschichte
Bad Münstereifel

herausgegeben von

Michael Klöcker und Udo Tworuschka

Band 13

DER CHRISTUS DER MUSLIME

Christologische Aspekte in der arabisch-islamischen Literatur

2., durchgesehene und erweiterte Auflage

von

OLAF H. SCHUMANN

1988

BÖHLAU VERLAG KÖLN WIEN

Gedruckt mit Unterstützung der
Deutschen Gesellschaft für Missionswissenschaft

CIP-Kurztitel der Deutschen Bibliothek

Schumann, Olaf H.:

Der Christus der Muslime: christolog. Aspekte in d. arab.-islam. Literatur/ von Olaf H. Schumann. – 2., durchges. u. erw. Aufl. – Köln; Wien: Böhlau, 1987.

(Kölner Veröffentlichungen zur Religionsgeschichte, Bd. 13)
1. Aufl. im Gütersloher Verl.-Haus Mohn, Gütersloh
Zugl.: Tübingen, Univ., Diss., 1972
ISBN 3-412-06386-X

NE: GT

Gesamtherstellung: Hans Richarz Publikations-Service, Sankt Augustin

Printed in Germany
ISBN 3-412-06386-X

Inhaltsverzeichnis

Vorwort zur ersten Auflage VII

Vorwort zur zweiten Auflage VIII

Umschrifttabelle X

Einleitung 1

Kapitel 1: Christus im Koran 13

Kapitel 2: Ein christlicher Gelehrter, der Muslim wurde: ʿAlî aṭ-Ṭabarî 32

Kapitel 3: Eine Stimme aus der Muʿtazila: ʿAmr b. Baḥr al-Ǧâḥiẓ 48

Kapitel 4: Spätere theologische Stellungnahmen : Ibn Ḥazm und Ġazâlî 62

Kapitel 5: Der Christus der Ṣûfîs und seine Stellung in der mystischen Kosmologie Ibn al-ʿArabîs 76

Kapitel 6: Muḥammad ʿAbduh und die Manâr-Schule 84

Kapitel 7: Das Ende der apologetischen Polemik und die Kontroverse zwischen Šaltût und Ġumârî um die Wiederkunft Christi 106

Kapitel 8: Ein ägyptischer Literat: ʿAbbâs Maḥmûd al-ʿAqqâd 111

Kapitel 9: Ein islamischer Gelehrter: Fatḥî ʿUṯmân 132

Kapitel 10: Der Mensch angesichts Gottes 147

Kapitel 11: Gott und der Mensch 162

Statt eines Nachworts 171

Anhang I: ʿAlî aṭ-Ṭabarî, Ar-radd ʿalâ n-Naṣârâ 180

Anhang II: Fatḥî ʿUṯmân, Maʿa l-Masîḥ fi l-anâǧîl al-arbaʿa 192

Anmerkungen 208

Literaturverzeichnis 280

Vorwort
zur ersten Auflage

Die ursprüngliche Fassung dieser Arbeit ist im Wintersemester 1971/72 vom Fachbereich I "Evangelische Theologie" der Eberhard-Karls-Universität in Tübingen als Dissertation angenommen worden. Für den Druck wurden noch einige Ergänzungen in der Einleitung und in Kapitel 1 hinzugefügt, Kapitel 2 und 3 erfuhren dagegen einige Kürzungen. Außerdem fielen 2 Anhänge mit Übersetzungen aus den Werken von Al-Gahiz und Ibn Hazm fort. Aus drucktechnischen Gründen muß von der üblichen Umschrift des Arabischen abgewichen werden. Wir verweisen deshalb auf die Umschrifttabelle auf Seite X.

Diese Arbeit wäre nicht zustande gekommen, wenn mir nicht von verschiedener Seite bereitwillige Unterstützung zuteil geworden wäre. Die ägyptische Regierung gewährte mir 1964 in Zusammenarbeit mit dem Deutschen Akademischen Austauschdienst ein Stipendium, durch das mir während 1 1/2 Jahren die Teilnahme an arabischen Sprachkursen sowie Einführungen in die islamische Theologie und Rechtswissenschaft an der Akademie der Azhar in Kairo ermöglicht wurde. Während eines zweijährigen Deutschlektorats an der Universität Assiut (Oberägypten), das ich ebenfalls im Auftrage des DAAD übernahm, hatte ich Gelegenheit, das Material für die vorliegende Arbeit zu sammeln und weiter Kontakte mit islamischen und koptischen Gelehrten zu pflegen. Nach meiner Rückkehr nach Deutschland im Herbst 1968 erhielt ich von der Deutschen Gesellschaft für Missionswissenschaft unter ihrem Vorsitzenden, Herrn Prof. D. H.-W. Gensichen, ein Stipendium für die Dauer von 15 Monaten, durch das es mir ermöglicht wurde, mit der Ausarbeitung zu beginnen. Ende 1971 gewährten mir der Rat der Kirchen in Indonesien und die Basler Mission, die zudem die Reisekosten übernahm, einen dreimonatigen Heimaturlaub, in dem diese Arbeit fertiggestellt werden konnte. Schließlich stellten die Deutsche Gesellschaft für Missionswissenschaft und die Basler Mission einen Zuschuß zu den Druckkosten zur Verfügung, und Herr Prof. Gensichen nahm diese Arbeit zur Veröffentlichung in den "Missionswissenschaftlichen Forschungen" an, wodurch sie in der nun vorliegenden Form einem größeren Leserkreis zugänglich gemacht werden kann. Ihm sowie den maßgebenden Vertretern der vorgenannten Organisationen möchte ich an dieser Stelle meinen aufrichtigen und herzlichen Dank für ihre Hilfe aussprechen.

Besonderer Dank gilt den Herren Prof. D. Gerhard Rosenkranz, der mich zu dieser Arbeit anregte und sie betreute, und Prof. Dr. Josef van Ess. Ihrem stets gern erteilten Rat, ihren mannigfachen Hinweisen und Verbesserungsvorschlägen und - nicht zu vergessen - ihrer Geduld verdanke ich mehr, als ihnen wahrscheinlich selbst bewußt ist.

Abschließend noch ein Wort des Gedenkens. In dem Jahre, in dem die ursprüngliche Fassung dieser Arbeit fertiggestellt wurde, jährte sich zum zehnten Male der Todestag Jan Hermelinks. In seinen Kieler Vorlesungen und Übungen hatte ich die ersten, unvergeßlichen Eindrucke von der ökumenischen Weite und geistlichen Tiefe echter Missionarischer Existenz erhalten. Das Thema seiner Dissertation, "Verstehen und Bezeugen", ist auch das stille Leitmotiv dieser Arbeit.

Jakarta, im Oktober 1973 Olaf H. Schumann

V o r w o r t
zur zweiten Auflage

Den Rezensenten und Kritikern, die sich beim Erscheinen der ersten Auflage dieses Buches vor nunmehr fast 12 Jahren die Mühe machten, es zu lesen, möchte ich auf diesem Wege herzlich danken. Ihre konstruktiven und für mich oft überraschend positiven Anmerkungen haben mir Mut gemacht, dieses Buch in einer zweiten Auflage noch einmal auf die Suche nach neuen Lesern gehen zu lassen.

Ich bin mir dessen bewußt, daß manche ausgesprochenen Desiderate auch in dieser Neuauflage nicht oder nur ungenügend berücksichtigt worden sind. Ich selber hätte eine stärker auf systematische Straffung gerichtete Revision, gleichzeitig die Aufnahme einiger anderer zeitgenössischer Schriftsteller (z.B. Taufiq al-Hakim) oder der vergleichenden Arbeit von Halid Muh. Halid, Gemeinsam auf dem Weg: Mohammed und der Messias, gewünscht. Auch bedürften die in den letzten Jahren eingetretenen Entwicklungen in der islamischen Welt und ihre Auswirkungen auf das Verhältnis von Christen und Muslime einiger Ausführungen, gerade auch im Blick auf die Bedeutung Christi in beiden religiösen Gemeinschaften. Leider hat die für Forschungsvorhaben dieser Art nicht eben günstige hiesige universitäre Situation, in die ich nach meinem Fortgang von Indonesien geriet, jede Ambition in dieser Richtung zunächst zum Erliegen gebracht. So konnten lediglich in den Kapiteln 1, 4 und 5 einige umfangreichere Veränderungen vorgenommen werden, der übrige Text wurde durchgesehen.

In den vergangenen Jahren ist die Herausforderung deutlicher geworden, die die Beschäftigung mit dem Christus der Muslime an die christliche Theologie stellt. Auch hier wäre eine gründliche Bestandsaufnahme nötig, die in eine erneute Reflektion über die biblischen Grundlagen des Christusglaubens und eine kritische Betrachtung dessen, was in der Geschichte daraus geworden ist, führen kann. Die Anfragen der Muslime entspringen ja nicht nur Mißverständnissen, sondern wurzeln in Erfahrungen, die sie mit Christen machten. Ist ihr Christus, der "Diener Gottes", nicht glaubwürdiger als der weltlicher Macht doch nicht ganz abgeneigte Christus mancher Christen? Jedenfalls hätte die Theologie die Chance, aus ihrem Selbstgespräch mit der eigenen Tradition und Umwelt hinauszutreten und sich neuen und bisher noch nicht verarbeiteten Fragen zu stellen. Die "statt eines Nachwortes" vorgelegten Gedanken sollen - wie ich hoffe - zu weiterem Nachdenken anregen, und dies nicht nur im Blick auf den Islam oder die inzwischen auch bei uns sehr gegenwärtige muslimische Gemeinschaft.

Den Herren Kollegen U. Tworuschka und M. Klöcker möchte ich auch an dieser Stelle sehr herzlich für die bereitwillige Aufnahme der 2. Auflage dieses Buches in die Reihe der "Kölner Veröffentlichungen zur Religionsgeschichte" danken. Desgleichen Herrn H.-W. Gensichen, der auch diesmal einen Zuschuß zu den Druckkosten durch die Deutsche Gesellschaft für Missionswissenschaft vermittelte. Mein wissenschaftlicher Mitarbeiter am Missionswissenschaftlichen Seminar, Herr Detlev Schröder, hat Teile der Korrekturen gelesen, auch ihm herzlichen Dank.

Hamburg, den 15. August 1987 Olaf Schumann

Umschrifttabelle

arabisch	Umschrift	Aussprache	Bemerkungen
ا	â		
ب	b		
ت	t		
ث	ṯ	hart. engl. th	
ج	ǧ	dsch	
ح	ḥ	rauhes h	
خ	ḫ	ch in "ach"	
د	d		
ذ	ḏ	weich. engl. th	
ر	r	Zungen-r	
ز	z	stimmh. s	
س	s		
ش	š	sch	
ص	ṣ	emphat. s	
ض	ḍ	" d	
ط	ṭ	" t	
ظ	ẓ	" stimmh. s	
ع	ʿ	hart. Kehllaut	
غ	ġ	ähnl. Zäpfchen-r	
ف	f		
ق	q	gutturales k	
ك	k		
ل	l		
م	m		
ن	n		
ه	h		stets gesprochen
و	w;	engl. w	
	u, û		
ى	y;	dtsch.j	
	i, î; à		
ء	ʾ	Stimmeinsatz (bei Vokal)	fällt am Wortanfang weg
ة	(t)		nur in Wortverbindungen mit vokal. Anlaut

E i n l e i t u n g

In einem seiner Bücher sprach der holländische Missions- und Religionswissenschaftler Hendrik Kraemer von dem "kommenden Dialog", auf den sich die Weltreligionen zubewegen (1). In der Menschheit wachse das Verlangen nach einer einheitlichen Weltkultur, und keine Religion werde es sich leisten können, in den kommenden Entwicklungen abseits stehenzubleiben. Kraemer bemühte sich in diesem Buche, die gegenwärtige Situation der großen Religionen zu analysieren, denn erst eine gründliche Kenntnis dessen, was sie heute bewegt, wird einen Dialog mit ihren Vertretern sinnvoll und fruchtbar werden lassen.

Doch ist die Kenntnis der Religionen, ihrer Geschichte und Gegenwart, allein noch nicht genug. Insbesondere der Christ wird bei einem Dialog mit Nichtchristen nicht vergessen dürfen, daß es Menschen sind, denen er begegnet, und daß diese Menschen in den anderen Religionen die Erfüllung ihrer religiösen Sehnsucht suchen und finden. Diesen Menschen gilt die Liebe Gottes nicht weniger als den Christen, und es ist die Aufgabe der Christen, ihnen von dieser Liebe Kunde zu geben. Sie werden diese Aufgabe jedoch nicht erfüllen können, wenn sie nicht selbst von tiefer Liebe zu dem nichtchristlichen Partner im Dialog erfüllt sind. Diese Liebe ist undenkbar, wenn sie den Respekt vor den fremden Glaubensüberzeugungen ausschließen zu können meint. Der Glaube ist unlösbar mit der Persönlichkeit des Menschen verbunden, er formt seinen Charakter und bestimmt ihn in seinen Lebensäußerungen, und es ist eine Selbsttäuschung zu meinen, man nehme den anderen Menschen auch dann noch ernst, wenn man seinen Glauben mißachte.

Kenntnis der nichtchristlichen Glaubensüberzeugungen und Liebe zu den Menschen, die sie vertreten, sind also die grundlegenden Voraussetzungen, die der Christ in den Dialog mit Nichtchristen mitzubringen hat. Nur beide gemeinsam führen zu einem Verstehen der tiefsten Anliegen, die den nichtchristlichen Menschen bewegen, und erst dann, wenn dieses Verstehen erreicht ist, kann sich der Dialog aus einer unverbindlichen Konversation in ein Zwiegespräch verwandeln, in dem sich die Partner auf der Suche nach der letzten Wahrheit, aber auch in der Ergriffenheit durch sie, geeint wissen.

Tatsächlich ist die Bereitschaft der Christen zum Verstehen gegenüber den verschiedenen Religionen und ihren Anhängern unterschiedlich. Indische und chinesische religiöse Weisheit hat die

Menschen des Westens bereits im 18. Jahrhundert begeistert und bis zur Gegenwart zum Nach-Denken angeregt (2). Der Islam dagegen, die dem Christentum nicht nur geographisch, sondern auch theologisch am nächsten stehende Weltreligion, hat es bis zur Gegenwart schwer, Verständnis für seine religiösen Anliegen zu wecken, abgesehen von der islamischen Mystik, wobei allerdings auch hier zu fragen ist, ob die Weise, in der sie oft im Westen rezipiert wird, nicht eher westlichem Denken entspricht und weniger das Selbstverständnis der islamischen Mystiker selbst widergibt. Lessings Versuch in seinem "*Nathan der Weise*", die brüderliche Nähe aufzuzeigen, die Juden, Christen und Muslime wenigstens im Bereich der Menschlichkeit als Söhne desselben Vaters verbindet, ist gescheitert. Das Verhältnis zu den Juden ist, abgesehen von einigen wenigen intellektuellen Kreisen, durchgehend schlecht geblieben, bis es sich schließlich im Holocaust entlud, den auch die Kirchen nicht verhinderten oder verhindern konnten. Die Muslime als Brüder zu akzeptieren verbot europäischer Hochmut gegenüber den Orientalen, und liebgewordene Traditionen über den kriegerischen und unmoralischen Charakter der "Religion des falschen Propheten Mohammed" rechtfertigten die Abneigung. Erst die neueren Bemühungen von orientalistischen und theologischen Außenseitern, zu einem neuen und vorurteilslosen Verstehen des Islam zu ermuntern, scheinen erfolgreich an den alten Mauern des Mißverstehens, des Mißtrauens und der Abneigung zu rütteln (3).

Doch auch eine Reihe jener christlichen Theologen, die sich in neuerer Zeit um eine verständnisvolle Darstellung und Interpretation des Islam bemühten, konnten nur mit begrenztem Erfolg ihre Voreingenommenheit überwinden, da sie, wenn auch entgegen ihrer ausgesprochenen Intention, doch schließlich immer wieder mit den eigenen Maßstäben die fremde Religion maßen und damit sich selbst den Weg zu jenem Verstehen, das wir als Voraussetzung für jeden echten Dialog bezeichneten, verbauten (3a).

Wir wenden uns zunächst Emmanuel Kellerhals zu, dessen Bücher für deutschsprachige Theologiestudenten offensichtlich die einzige Informationsquelle über den Islam sind, die gleichzeitig der theologischen Beurteilung dieser Religion die Wege weist; die deutsche Übersetzung des Werkes von Louis Gardet, einem französischen Orientalisten, über den Islam scheint noch kaum zur Kenntnis genommen zu sein (4).

Für Kellerhals ist die Frage nach der Wahrheit das oberste Kriterium, an dem die Botschaft Mohammeds und das, was aus ihr geworden ist, zu messen sind. Kellerhals führt aus, daß diese "Wahrheit", auch wenn sie in ihren letzten Tiefen ein Geheimnis bleibe, den Menschen nichts völlig Unbekanntes sei, sondern einen Namen habe: Jesus Christus, in dem Gott selbst die Wahrheit - seine Wahrheit - den Menschen offenbarte. Seit dem Ereignis dieser Offenbarung stehe jede Suche nach der Wahrheit, die von Menschen ausgeht und Jesus Christus ausklammern will, unter dem Zeichen der Sünde bzw. sei Ausdruck des Strebens des natürlichen Menschen, Gott mit eigenen Kräften vereinnahmen zu können. Dies sei auch im Falle Mohammeds geschehen. Seinen im einzelnen durchaus "richtigen, beherzigenswerten religiösen Lehren" und Worten fehle die lebendige und lebendigmachende Mitte, "das" Wort; das führte schließlich dazu, daß seine Lehre mit der Zeit "jene seltsam versteinerte, magische, statische, starre Form" angenommen habe. Und auch das Gottesbild des Korans stimme "gerade in denjenigen Zügen, die es vom biblischen Gottesbild unterscheiden, nämlich in seiner rationalen Rätsellosigkeit, seiner blutleeren Unfaßbarkeit, seiner liebeleeren Allmacht und seiner unberechenbaren Willkür, mit denjenigen der spätern Theologie vollkommen überein" (5).

Aus diesen Bemerkungen wird deutlich, daß Kellerhals den Versuch unterlassen hat, den Islam und seine wesentlichen Lehren mit den Augen derer zu betrachten, die sich zu ihm bekennen und in ihm die Erfüllung i h r e s religiösen Suchens fanden und finden. Offensichtlich kommen die Muslime vom Zentrum ihres Glaubens aus zu anderen Aussagen über die Gottesverständnis als Kellerhals, und offensichtlich bedeutet ihnen ihr Glaube mehr. Andernfalls wäre der Islam als kurzlebige Sekte wie so viele andere auch alsbald an seiner eigenen Verknöcherung zu Grunde gegangen. Nach diesem "mehr", nach diesem lebendigen Kern zu suchen muß jedoch Aufgabe des christlichen Theologen sein, falls er tatsächlich der Überzeugung ist, dem Muslim etwas mitteilen zu können, was dieser noch nicht kennt. Wo diese Suche unterlassen wird, da wird schließlich nicht der Islam, sondern nur das eigene, *ad hoc* geschaffene Bild vom Islam be-, oder genauer: verurteilt.

Wenn Kellerhals die Definition der Wahrheit als oberstes Kriterium für die Beurteilung einer Religion nimmt, dann könnte ihm der Muslim formal durchaus zustimmen. Ja, er könnte Kellerhals sogar darin beipflichten, daß die Wahrheit nur aufgrund der Offenbarung erkennbar ist. Doch was wäre damit gewonnen? Gerade diese oberflächliche Gemeinsamkeit, die Wahrheitsfrage als Kriterium für die Beurteilung einer Religion zu bemühen und sie mit der Offenbarung zu verknüpfen, würde nur die tiefe Gegensätzlichkeit beider Religionen verdecken. Denn was der eine als Wahrheit formuliert, kann für den anderen aus tiefster Überzeugung heraus durchaus Ausdruck von Unwahrheit sein. Der Christ erkennt durch die Offenbarung das Wesen Gottes, das Liebe ist, als die Wahrheit. Der Muslim erkennt durch die Offenbarung (*šarʿ*) den Willen Gottes und seine unaufhaltsame Gerechtigkeit, und anhand der *šarîʿa* (6) kann der Muslim erkennen, ob er tatsächlich im Angesichte der göttlichen Wahrheit lebt. Erschließt sich dem Christen die Wahrheit durch den Glauben, der freilich ethisch nicht indifferent ist, so erschließt sich dem Muslim die Wahrheit über die Ethik, die ihrerseits das *Credo* enthält.

Hier zeigt sich nun deutlich, daß auch die Frage nach dem Verständnis der Wahrheit nicht zu objektiven Kriterien führt, mit denen eine Religion beurteilt werden könnte. Vielmehr ist diese Frage bereits beantwortet, bevor sie diskutiert wird, und zwar durch den Glauben, der als solcher weder beweisbar noch erklärbar ist und auch das, was er für die Wahrheit hält, nicht beweisen kann. Er kann sich nur an dem, was sich ihm als Wahrheit erschlossen hat, festmachen und anhand der in der Offenbarung übermittelten Grundlagen zu bestimmten Aussagen über die Wahrheit gelangen, und er kann es letztlich nur erdulden, wenn ein anderer Glaube ein anderes Wahrheitsverständnis hat und damit auch zu anderen Aussagen über die Wahrheit kommt. Zu einer "objektiven" Beurteilung einer Religion hilft die Frage nach "der" Wahrheit jedoch nicht weiter, darüber sollte es keine Selbsttäuschung geben.

Wie E. Kellerhals so haben auch Hendrik Kraemer, der jahrelange und intensive Kontakte zu Muslimen pflegte, und sein Schüler Arend Th. van Leeuwen Mühe, überkommene Denkschemata im Blick auf den Islam abzustreifen (7).

Kraemer wendet sich zunächst, und darin stimmen wir ihm zu, gegen die Beurteilung des Islam als christliche Häresie. Eine solche Beurteilung "verfehlt die Pointe", da sie "zu sehr das unabhängige Selbstbewußtsein" übersieht, das der Islam seit seiner Entstehung besaß. Doch dann fährt er fort:

> Der Islam muß in seinen grundlegenden Elementen und Verständnissen eine oberflächliche Religion genannt werden. Die große Einfachheit seiner Konzeption von Gott kann an dieser Tatsache nichts ändern und seine offensichtliche Oberflächlichkeit im Blick auf die wesentlichen Probleme religiösen Lebens ersetzen. Der Islam kann eine Religion genannt werden, die nahezu keine Fragen und keine Antworten hat. In gewisser Hinsicht liegt darin ihre Größe, denn dieser frag-lose und antwort-lose Zustand ist eine beständige Veranschaulichung seines tiefsten Geistes, der in seinem Namen zum Ausdruck kommt: Islam, das bedeutet absolute Ergebenheit in Gott, den allmächtigen Herrn (8).

Karl Barths Ausführungen in der "*Kirchlichen Dogmatik*" I,2 über die "Religion" des Menschen und ihre Kritik durch die Offenbarung Gottes in Christus einerseits sowie der Widerspruch gegen die von W.E. Hocking - damals Harvard-Professor für Philosophie und Teilnehmer an der Jerusalemer Konferenz des Internationalen Missionsrates von 1928 - propagierte synkretistische Universalreligion andererseits mögen ihren Teil dazu beigetragen haben, daß Kraemer zu solchen zugespitzten negativen Aussagen kam.

Auch die intolerante Haltung modernistischer Kreise im Islam, die mit antieuropäischer Polemik ihre Unfähigkeit, ihr eigenes religiös-kulturelles Erbe zu einer lebendigen Kraft in der Auseinandersetzung mit der westlichen Zivilisation und Technik werden zu lassen, zu verbergen suchen, haben zweifellos Kraemers Ansicht über den Islam beeinflußt (9). Dennoch können wir uns ihr nicht anschließen, da sie - bei allem Respekt vor dem Wissen und dem persönlichen theologischen Ringen des großen Gelehrten - ebenfalls nicht in die Tiefe zu gehen scheint. Ist der Islam wirklich eine "Religion ohne Fragen"? Ist die Frage nach der Existenz des einen wahren Gottes und Schöpfers Himmels und der Erde in der Welt, in der an viele drohende und unberechenbare oder aber auch den Menschen willfährige Götter geglaubt wird, eine Bagatelle? Oder die Frage nach der Gerechtigkeit Gottes angesichts des vielen Unrechts, das seine Geschöpfe in seine Welt hineinbringen? Oder die Frage nach der Handlungsfähigkeit des Geschöpfs angesichts des allmächtigen Schöpfers? Oder nach den Merkmalen der wahrhaftigen universalen "Gemeinde Gottes" (*ummat Allâh*) gegenüber rassisch, national oder sozial begründeten Gesellschaften, die nicht zum Frieden mit anderen fähig sind?

Gewiß, es sind nicht immer die Fragen, die der Christ stellen würde, und die Antworten, die im Islam auf diese Fragen gegeben werden, unterscheiden sich fernerhin von denen des christlichen Glaubens. Aber diese Unterschiede berechtigen nicht zu Werturteilen über eine andere Religion und den Glauben ihrer Anhänger. Denn wo liegt der Maßstab für solche Werturteile anders als im eigenen Glauben und seiner Werteskala? Diese mag wohl für das eigene Glaubenssystem geeignet sein, doch wird sie unbrauchbar, wenn man sie auf ein anderes Glaubenssystem anwenden will, das, wie Kraemer richtig gesehen hat, nur als ein Ganzes betrachtet und nur von Innen heraus verstanden werden kann. Wenn sich der Islam Kraemer als Religion ohne Fragen und Antworten zeigte, dann mag dies eher an Kraemer als am Islam liegen (10). Der Gerechtigkeit halber sei jedoch angemerkt, daß Kraemer später etwas zurückhaltender formulierte und nicht mehr affirmativ, sondern in der Form der Frage seine Skepsis ausdrückte, ob der Islam die Tiefendimension habe, aus sich selbst heraus und seinem religiösen Selbst treu bleibend jenen schöpferischen Drang zu entwickeln, um der Herausforderung durch den Westen zu begegnen (11).

Es entspricht weder dem Sinne der früheren noch dem der späteren Bemerkungen Kraemers, sondern ist ein Schritt hinter die Erkenntnisse des Lehrers zurück, was sein Schüler Arend Th. van Leeuwen über den Islam sagt. Zunächst ist diese Religion für ihn in ihren wesentlichen Zügen ein Ableger des Judentums in der Welt des Arabertums. Doch auch das Christentum habe mit seiner Theologie, wie sie sich vom 2. bis 7. Jahrhundert entwickelte, den Islam einerseits zu Widerspruch und andererseits zu Nachahmung angeregt (12). Bei einem Vergleich mit dem Kommunismus, dem "Islam des 20. Jahrhunderts", kommt er schließlich zu folgendem Urteil:

> Am Maßstab einer fundamental biblisch-prophetischen und zugleich kritischen Analyse gemessen, sind Islam und Kommunismus arm an geistigem Inhalt, wenig originell und unselbständig (13).

Würde van Leeuwen mit dieser Voraussetzung das Gesprüch mit einem Muslim suchen, so wäre es nicht erstaunlich, wenn dieser dem Maßstab des Christen den des Muslims entgegensetzte, den "Reichtum" der christlichen Theologie als vom Heidentum inspirierte Vielrednerei und ihr trinitarisches Zentrum als Polytheismus charakterisierte. Damit wäre dann derselbe Punkt erreicht, an dem vor reichlich 1300 Jahren die Diskussion zwischen Christen und Muslimen begann. Dabei ist der Vergleich von Islam und Kommunismus keineswegs originell, sondern schon der indisch (-pakistanische) Philosoph Moh. Iqbal (1873-1938) hat den Islam als "Kommunismus plus Gott" bezeichnet, allerdings mit dem Zugeständnis größerer philosophischer und ethischer Tiefe an beide, Islam und Kommunismus.

Die voreingenommenen Bemerkungen van Leeuwens hat zu Recht B.J. Boland kritisiert:

> Vielleicht stellt, ungewollt, das Buch von van Leeuwen uns gerade vor die Frage: ob wir noch b e g i n n e n müssen oder v o n N e u e m beginnen müssen, eine Religion wie den Islam wirklich ernst zu nehmen und direkt - nicht mehr über Kraemer - auf das zu achten, was seine Bekenner und Führer sagen und tun (14).

Dies soll in der vorliegenden Arbeit versucht werden. Es geht uns dabei nicht darum, theoretisch über Möglichkeiten und Hindernisse eines solchen Verstehens und Ernstnehmens nachzudenken. Solche theoretischen Überlegungen mögen nützlich und interessant sein, doch angesichts einer weitverbreiteten Vorliebe, direkten Gegenüberstellungen dadurch auszuweichen, daß man sich in der Diskussion von Methodenfragen erschöpft und damit zu verschleiern sucht, daß man an die Sachfragen gar nicht mehr herankommt, haben wir von ihnen abgesehen, um das Wagnis einer unmittelbaren Begegnung auf uns zu nehmen.

Eine solche Begegnung ist jedoch nur dann sinnvoll, wenn in ihr ein definiertes Thema zur Diskussion steht. Dieses Thema, unter dem wir deshalb die Begegnung suchen, ist Jesus Christus, und der Partner in der Begegnung ist nicht eine abstrakte islamische Lehre über Christus, sondern sind Muslime, die ihre Gedanken über Jesus Christus zu Papier brachten und damit nicht nur ein Gespräch - einen "Dialog" - mit Christen ermöglichten, sondern herausforderten.

Unsere Absicht, die Frage nach Christus zum Ausgangspunkt unseres Gesprächs mit Muslimen zu wählen, legt sich vom christlichen Denken her nahe. Schließlich ist der Glaube an Gottes Handeln in Christus nicht nur die Grundlage christlichen theologischen Denkens, sondern das Herzstück der christlichen Existenz überhaupt. Aber diese Einsicht darf uns nicht zu dem kurzschlüssigen Urteil verleiten, daß auch für die Muslime die Frage nach Christus zu den wesentlichen Glaubensfragen gehört. Das ist sie nie gewesen, und im Laufe unserer Untersuchung wird deutlich werden, daß die "Christologie" im Islam keinen eigenen Glaubensartikel hervorgebracht hat, sondern lediglich einen Aspekt etwa der Prophetologie bildet oder, vor allem in den dogmatischen Kontroversen, im Rahmen der Attributenlehre abgehandelt wird.

Wir meinen trotzdem, daß es gerechtfertigt ist, ihr eine besondere Untersuchung zu widmen, einmal um damit eine Reihe von Mißverständnissen seitens der Christen über die islamischen Ansichten über Christus zu klären, und zum andern, um über dieses Thema zu einem besseren Verständnis einiger grundlegender islamischer Glaubenslehren zu gelangen. Schließlich wird ein sinnvoller Dialog nicht nur durch eigene Mißverständnisse über den Glauben des Partners verhindert, sondern auch dadurch, daß man zu wenig von dem weiß, was dieser Partner über einen selbst denkt - sei es aufgrund seiner Tradition oder eigener Erfahrungen. Für einen Christen, der das Gespräch mit dem Muslim sucht, ist es deshalb entscheidend wichtig, sich über die islamischen Ansichten über Christus zu informieren, um auch hier die Scheinfragen zu umgehen und zu den wirklichen Fragen durchdringen zu können.

Soweit uns bekannt ist, gibt es bisher - von einigen Zeitschriftenaufsätzen abgesehen - noch keine zusammenfassende Darstellung muslimischer Äußerungen über Christus, in der auch die Gegenwart genügend berücksichtigt ist. Dies ist umso erstaunlicher, als über die Auseinandersetzung hinduistischer Denker mit Christus bereits drei eingehende Darstellungen alleim im deutschen Sprachbereich vorhanden sind (15). Doch ist das Gespräch mit Muslimen, die sich mit Christus auseinandersetzen, bisher noch kaum aufgenommen worden. Die einzigen christlichen Theologen, die sich mit der in Frage kommenden Literatur beschäftigen, sind der früher in Assiut (Oberägypten) tätig gewesene presbyterianische Pastor Kenneth Nolin (16), die Väter des Kairoer Institut Dominicain d Etudes Orientales (17) sowie der Anglikaner Kenneth Cragg (18), der das erregende Buch von Muh. Kamil Husain, *Qarya ẓâlima*, ins Englische übersetzte und mit einer ausführlichen Einleitung versah (19). Auch aus dem arabischen Christentum sind mir nur die Schriften des koptischen Predigers Yassa Mansur als Antworten an einige muslimische Autoren bekannt (20). Wir müssen also in der vorliegenden Arbeit davon ausgehen, daß das, was Muslime über Christus sagen, dem christlichen Leserkreis weithin unbekannt ist. Eine der Hauptaufgaben wird es deshalb sein, eine interpretierende Darstellung der verschiedenen muslimischen Ansichten über Christus zu geben. Ihr kommt deshalb in besonderem Maße eine entscheidende Bedeutung zu, als sich hier zeigen muß, wie weit tatsächlich ein Verstehen des Partners möglich - und gelungen ist.

Wenn wir soeben von einer theoretischen Erörterung von Fragen der Methoden, die zu solchem Verstehen führen können, absahen, so heißt dies nicht, daß unser Vorgehen ohne Methode geschieht.

Wir haben davon auszugehen, daß die hier behandelte Literatur von Muslimen geschrieben wurde, und daß auch ihr Leserkreis vorwiegend aus Muslimen besteht. Das gilt auch für die polemischen Schriften, selbst dann, wenn in ihnen mit hämischen Seitenhieben und direkten Angriffen auf die Christen nicht gespart wird. Wir haben daher zu berücksichtigen, daß unser jeweiliger Gesprächspartner ein bestimmtes Vorverständnis hat, das durch die Geschichte und dogmatische Ausrichtung der religiösen Gemeinschaft oder Richtung, der er angehört, geprägt ist, und daß seine Leser dieses Vorverständnis teilen oder zumindest kennen.

Die Denk- und Verhaltenskategorien des Muslims sind andere als die des Christen. Sie haben ihren Kern im Islam, zu dessen Grundsätzen sich der Muslim bekennt, auch wenn er durchaus nicht allen diesen Grundsätzen - sei es bewußt oder unbewußt - dasselbe Gewicht beimißt oder dieselbe Sympathie entgegenbringt. Dieses Bekenntnis zum Islam hat der Christ konsequent zu respektieren, wenn er seinen Partner im Dialog ernstnehmen will. Es geht nicht an, daß er sich selbst mit Hilfe seiner eigenen Kategorien ein Bild von seinem Partner und dessen Glaubensüberzeugungen macht, in der Hoffnung, ihn so leichter verstehen zu können. Es kann also - mit Nachdruck sei es betont - nicht um eine "christliche" Darstellung oder um ein "christliches" Verständnis des muslimischen Gesprächspartners und seines Werkes gehen. Ein solches Vorgehen würde nicht zu einem echten Dialog mit dem Partner führen, sondern wieder einmal - wie oft genug gehabt - zu einem Monolog mit der eigenen, als richtig erfundenen Ansicht oder Deutung und zur Polemik gegen die vermuteten Inkonsequenzen des anderen, falls sich doch nicht alle seine Gedanken in das eigene Denk- und Wertesystem pressen lassen. Das hindert andererseits nicht daran, aus einem christlich motivierten, aus der Identität des Lesers und Interpreten erwachsenden Interesse heraus Fragen an den jeweiligen muslimischen Autoren und Partner zu stellen. Denn ebenso wie der Standpunkt des muslimischen Partners gekannt und ernstgenommen werden muß, kann auch der christliche Partner erst dann in den Dialog eintreten, wenn er selber einen Standpunkt hat, sich zu diesem bekennt und ihn mit in das Gespräch einbringt.

Unser Versuch dagegen geht dahin, so weit, wie dies für einen Nichtmuslim möglich ist, den Muslim von seinen eigenen Vorverständnissen und Überzeugungen her zu verstehen und sein Werk zunächst mit den Augen eines - freilich kritischen - Muslims zu lesen. Wir werden dabei insbesondere auf die jeweiligen allgemeinen Zeitströmungen, auf die theologisch-philosophischen Diskussionsthemen und Standpunkte der Zeit, auf die Persönlichkeit des Verfassers und seine Stellung zu den Problemen seiner Gegenwart zu achten haben, d.h. wir werden versuchen, den jeweiligen Partner im Dialog im Kontext des Islam seiner Zeit zu sehen und zu verstehen. Dabei ist es unumgänglich, auf einige Episoden in der Entwicklung der islamischen Theologie, soweit diese zu einem besseren Verständnis der hier behandelten Fragen verhelfen, ausführlicher einzugehen, auch auf die Gefahr hin, daß in diesen Abschnitten dem Fach-Islamisten nicht allzu viel Neues geboten wird. Doch soll damit unser Vorsatz unterstrichen werden, die "christologischen" Äußerungen der Muslime im Rahmen der islamischen Theologie und nicht als isolierte Aussagen zu betrachten.

In unserer Darstellung wird besondere Vorsicht dann geboten sein, wenn es darum geht, mögliche christliche Einflüsse festzustellen oder zu diskutieren. Der Weg zu einem echten Verstehen wird allzu leicht verbaut, wenn man diese Einflüsse als einfach gegeben hinnimmt, und das nur deshalb, weil gewisse äußerliche Ähnlichkeiten ins Auge fallen. Wichtiger ist jedoch der Blick ins Innere, in die lebendige und bewegende Mitte einer Religion oder, wie Gerhard Rosenkranz sagt, in ihr "Metazentrum" (21), denn nur von daher können Aussagen in ihrer intendierten Tragweite richtig erfaßt werden.

Dieser Weg zu echtem Verstehen ist gewiß oft mühsam, er erfordert nicht nur guten Willen, sondern auch Geduld, fremden Gedanken auch dann zu folgen, wenn sie unverständlich und fremd bleiben. Doch mag solche Erfahrung die Erkenntnis festigen, daß jede Religion ihre eigene Glaubenswelt besitzt, die sich letztlich nur im Mitleben und Mitdenken, nicht jedoch im distanzierten Sezieren erfassen läßt. Dem Christen jedoch, der sich auf die Auseinandersetzung mit den Glaubensaussagen und Überzeugungen von Nichtchristen einläßt, wird nur auf diese Weise der ganze Ernst eines anderen Glaubens sichtbar. Und erst dann kann er nicht nur, sondern er muß von dem Kern seines eigenen christlichen Glaubens aus Stellung nehmen zu dem, was etwa den Muslim in seinem Glauben bewegt.

Eine Folge dieser methodischen Vorüberlegung ist, daß das arabische Wort "*Allâh*" mit "Gott" übersetzt wird. Für das arabische Sprachempfinden ist "*Allâh*" kein Gottesname, wie es bei einer Übernahme in europäische Sprachen erscheinen mag, sondern wird in seiner ursprünglichen Bedeutung als "der Gott" (*al-ilâh*, kontrahiert zu *Allâh*) verstanden. Dies wird z.B. deutlich daran, daß von "*Allâh*" der *status constructus* gebildet werden kann, indem nach den Regeln der arabischen Grammatik der Artikel wegfällt. So heißt "der Gott der Muslime" auf arabisch "*ilâh al-muslimîn*" und nicht "*Allâh al-muslimîn*", wie es heißen müßte, wenn "*Allâh*" als Name verstanden würde. Wie für die griechisch schreibenden Verfasser der neutestamentlichen Schriften "*ho theos*" den einen, wahren, lebendigen Schöpfer Himmels und der Erden im Gegensatz zu den "*theoi*" der Heiden bezeichnet, so steht im Islam "*Allâh*" im Gegensatz zu den "*âliha*" der Götzendiener. Da "*Allâh*" dem griechischen "*ho theos*" entspricht, haben die arabisch sprechenden Christen des Orients die biblischen Gottesbezeichnungen mit "*Allâh*" übersetzen können und gebrauchen dieses Wort im *Credo* ebenso wie in der Literatur (22).

Über den bloßen Sprachgebrauch hinaus geht die Gemeinsamkeit zwischen dem islamischen und dem biblischen Gottesbegriff jedoch noch tiefer und reicht bis in den historischen Ursprung der islamischen Theologie zurück. Mohammed hat sein Gottesverständnis nicht von altarabischen Heidentum oder irgend einer anderen religiösen Strömung des Orients abgeleitet. Seine Verkündigung des einen lebendigen Schöpfergottes, der zugleich der Richter am Ende der Zeiten ist, hat sich in enger Berührung mit Juden und Christen herausgebildet, und er hat stets bekannt, daß er keinen neuen Gott erfunden habe. Die religionsgeschichtliche Überprüfung dieser Behauptung Mohammeds kommt zu demselben Ergebnis, daß der von ihm verkündigte Gott mit dem Gott der Juden und Christen identisch ist (23).

Wenn "*Allâh*" im Folgenden übersetzt wird, so soll damit dem Sprachempfinden, dem Selbstverständnis Mohammeds und seiner Anhänger und dem religionsgeschichtlichen Befund Genüge getan werden. Doch darf dies nicht zu dem Mißverständnis führen, als würden im Interesse einer billigen - und deshalb *a priori* zum Scheitern verurteilten - Annäherung die Unterschiede verwischt, die die Anhänger der drei monotheistischen Religionen: Juden, Christen und Muslime, in ihrer Theologie voneinander trennen. Diese Unterschiede, das sei hier ausdrücklich festgestellt, liegen nicht an der Peripherie der drei Religionen, sondern haben ihren Grund in ihrem jeweiligen Metazentrum. Sie werden durch die Frage aktuell, wie sich der von ihnen bekannte eine Gott den Menschen offenbart, und wie der Mensch auf den Anspruch Gottes antwortet. In der Beantwortung dieser Frage treffen die Gegensätze mit aller Schärfe aufeinander. Hier geht es dann aber nicht um religionsgeschichtliche Betrachtungen oder Vergleiche, sondern um theologisches Ringen, das dadurch seinen besonderen, von der Auseinandersetzung mit anderen Religionen qualitativ verschiedenen Ernst erhält, daß die Begegnung mit dem einen lebendigen Gott von ihnen allen behauptet wird, aber jede der drei Religionen sich dabei auf eine spezielle Offenbarung beruft.

Daß die Frage, die die Existenz des Judentums an die Christen richtet, eine theologische Frage ist, wurde inzwischen weithin erkannt. Daß der Islam für die Christen ebenfalls eine theologische Herausforderung darstellt, ist von der Theologie nie recht ernst genommen worden. Das Gespräch mit den Muslimen beginnt aber nicht mit dem ersten, sondern mit dem zweiten Artikel des *Credo* - mit demselben also, der auch das Thema des jüdisch-christlichen Dialogs ist; es geht nicht um verschiedene Götter - mit der unterschwelligen Voraussetzung, daß der Gott des Islam ein Götze sei -, sondern um die verschiedenen Weisen, in denen die Gegenwart desselben Gottes geglaubt wird. Und dieses ist wiederum abhängig von der Situation, in der der Mensch angesichts seines Schöpfers und Herrn gesehen wird.

Damit wird deutlich, welche Bedeutung dem islamisch-christlichen Gespräch über Jesus Christus zukommt. Für die Christen ist hier der konkrete Ort der Begegnung zwischen Gott und Mensch - nicht nur zwischen Gott und dem Christen! Auch dem Muslim begegnet Gott in Christus, und zwar seit den ersten Tagen der islamischen Verkündigung. Die Antwort des Muslims auf diese Begegnung mit Christus darf den Christen nicht nur aus intellektueller Neugier interessieren: vielmehr fordert sie ihn auf, sein eigenen Verhältnis zu Jesus Christus und damit zu Gott immer wieder kritisch zu überprüfen.

Ursprünglich war geplant, ausschließlich moderne arabische Beiträge zur Diskussion um Jesus Christus zu behandeln. Es stellte sich jedoch alsbald heraus, daß die Bezüge zur klassischen islamischen "Christologie" auch in den modernsten Werken noch so stark sind, daß sie nur auf dem Hintergrund dessen, was einst die Väter der islamischen Theologie sagten, recht verstanden werden kann. Vor die Wahl gestellt, entweder in Anmerkungen diese Hintergründe darzustellen, wobei sich Wiederholungen und häufige Querverweise nicht hätten vermeiden lassen, oder in einem ersten Teil die wichtigsten Positionen der klassischen islamischen Theologie gegenüber Christus darzustellen, haben wir uns für das letztere entschieden. Dadurch mußte jedoch im Interesse des Umfangs dieser Arbeit das ursprüngliche Konzept geändert werden. Statt einer umfassenden Darstellung der gesamten modernen arabisch-islamischen Literatur über Christus haben wir uns im 2. Teil auf jene Werke beschränkt, die die Bewegung, in die das islamische Denken um Christus geraden ist, am sinnfälligsten werden lassen (24).

Im 1. Teil dieser Arbeit, dem Christusbild in der klassischen arabischen Literatur, können wir uns auf einige ältere Arbeiten stützen. Die koranische Christologie ist des öfteren dargestellt worden, am umfangreichsten in letzter Zeit von Geoffrey Parrinder, am exaktesten von Heikki Räisänen (25). Wir können uns deshalb auf eine Diskussion der wesentlichen koranischen Aussagen beschränken, ohne im einzelnen die "koranische Christologie" darzustellen. Die klassische apologetische - genauer müßte man wohl sagen: polemische - Literatur wurde zuerst von Erdmann Fritsch in seiner Breslauer Dissertation behandelt (26). Allerdings hat Fritsch die Entwicklung der mittelalterlichen antichristlichen Apologetik und Polemik nicht unter historischen Gesichtspunkten verfolgt, sondern sie in systematischen Themenkreisen abgehandelt.

Anders ging Ignazio di Matteo vor: Er untersuchte die ihm zugänglichen Schriften auf ihre Haltung zur Trinität und Christologie hin (27). In einzelnen, jeweils den verschiedenen Autoren gewidmeten Abschnitten faßte er ihre wichtigsten Argumente im Blick auf die beiden genannten Themenkreise zusammen. Er ordnete die Autoren ihrer historischen Folge entsprechend ein, doch verzichtete er darauf, ihre Argumente von dem jeweiligen theologischen Hintergrund aus zu verstehen, der die Diskussion ihrer Zeit beherrschte.

Weder Fritsch noch di Matteo konnten die Gazali zugeschriebene Schrift gegen die Christen berücksichtigen, da sie erst 1939 von Robert Chidiac ediert wurde. Franz-Elmar Wilms übersetzte sie ins Deutsche und bemühte sich in einem ausführlichen Kommentar, sie sowohl von der islamischen wie von der christlichen theologischen Situation seiner Zeit her zu interpretieren (28).

Damit ist von den bisher bekannten Apologien nur ʿAlî aṭ-Ṭabarîs "*Widerlegung der Christen*", deren Text erst 1959 veröffentlicht wurde, unbearbeitet geblieben (29). Sie wird deshalb in unserer Arbeit besonders ausführlich behandelt werden. Wenn darüber hinaus auch der Muʿtazilit Ǧâḥiẓ, der Ẓâhirit Ibn Ḥazm und Ġazâlî, der der theologischen Tradition Ašʿarîs angehörte, aber ebenfalls starke Neigungen zur Mystik empfand, noch einmal eingehend zur Sprache kommen, so deshalb, weil jeder von ihnen einer der maßgebenden theologischen Strömungen angehörte, die die Geschichte der islamischen Theologie durchlief und die bis heute die islamische Theologie bestimmen.

Als Abschluß des historischen Teils soll das Christusbild der Sufis, der islamischen Mystiker, erwähnt werden, da sich in den von ihnen überlieferten Legenden viel von den Traditionen findet, die die Vorstellungen, die die Muslime vor allem in der Volksfrömmigkeit von Christus haben, prägen. Auch hier können wir uns auf die Textsammlung von Michel Hayek und die ausführliche Darstellung von Tor Andrae stützen, während dem Teil über Ibn al-ʿArabî die vorzügliche Übersetzung von Hans Kofler zugrunde liegt (30).

Im 3. und abschließenden Teil soll die theologische Bilanz gezogen werden, zu der uns die behandelten muslimischen Stellungnahmen zu Jesus Christus fordern.

Um den Text lesbar zu gestalten, wurden alle fremdsprachigen Zitate übersetzt. Allgemein bekannte arabische Namen werden im Text ebenfalls in der im Deutschen üblichen Weise geschrieben, z.B. Koran statt Qur'ân, Khalife statt Ḫalîfa, Mohammed statt Muḥammad (doch gilt dies nur für den islamischen Propheten); ferner Kairo statt al-Qâhira, Damaskus statt Dimašq, Bagdad statt Baġdâd, usw. Zur Umschrift arabischer Wörter vergleiche die Umschrifttabelle S. . Es versteht sich von selbst, daß wir die Anhänger des Islam nicht, wie dies noch in der 3. Auflage der RGG geschieht, als "Mohammedaner", sondern als Muslime bezeichnen (31). Wo nicht anders vermerkt, werden die Koranverse nach der Übersetzung von Rudi Paret zitiert, wobei gelegentlich die erklärenden Zusätze ausgelassen werden (32); biblische Zitate richten sich im allgemeinen nach dem Text der revidierten Lutherbibel.

Kapitel 1

Christus im Koran

Abgesehen von den frühesten Erwähnungen Jesu in den Prophetenreihen fällt auf, daß die koranischen Berichte über Jesus sich in einer Hinsicht weitgehend von den anderen Prophetenlegenden unterscheiden (1). Diese haben im allgemeinen den Zweck, Mohammeds Predigt gegen jede Art von Götzendienst zu unterstützen und seinen Warnungen vor dem göttlichen Strafgericht über die Ungläubigen Nachdruck zu verleihen. Mohammed verwies dabei auf die Strafgerichte über frühere Völker, die ihren Propheten ebensowenig Glauben schenkten wie die Mekkaner ihm. Auf wunderbare Weise errettete Gott nur die Frommen und den Propheten selbst (2), während die Frevler im Gericht zugrunde gingen. Es verwundert nicht, daß jene Legenden - je der Lage des Propheten entsprechend - mit verschiedenen *skopoi* versehen sind und sich später immer mehr mit Einzelheiten auffüllen. Nie sprach jedoch einer der früheren Propheten, losgelöst aus seinem "historischen" (3) Zusammenhang, direkt zu Mohammeds eigenen Zeitgenossen in Mekka bzw. später in Medina. Ihre "aktuelle" Bedeutung erschöpfte sich darin, daß Mohammed in ihrer Situation jeweils eine Parallelität zu seiner eigenen Situation entdeckte (4).

Die besondere Stellung Abrahams

Von Einzelheiten, die der vorislamischen Überlieferung entnommen sind, abgesehen, fallen nur Abraham und Jesus aus diesem Schema heraus. Abraham erhielt für Mohammed größte Bedeutung, nachdem der Prophet des Islam die "Abrahamlegende" zum *hieros logos* für seine eigene Interpretation und Legitimation des Kaʿbakultes ausgestaltet hatte, und Abraham außerdem, als *ḥanîf* und *muslim*, zum Erzvater der islamischen Religion wurde. Es ist das spätere eigene prophetische Selbstverständnis Mohammeds und das Verständnis der von ihm verkündeten Religion, das auf der "Abrahamlegende" ruht. Da Juden und Christen ihn, Mohammed, ablehnten, lehnten sie damit gleichzeitig Abraham und dessen Religion ab, denn die "Religion Abrahams" und der Islam seien identisch, beide verkünden den Glauben an den einen Gott. Damit wurde es für Mohammed möglich, Judentum und Christentum als spätere Abirrungen und den Islam als die reformatorische Wiederherstellung des ursprünglich reinen Monotheismus zu bezeichnen, der schon von Abraham verkündet worden war (5).

In der Auseinandersetzung mit den Juden und ihrem Argument, daß Abraham auch in genealogischer Hinsicht ihr Stammvater sei, und zwar über den legitimen Sohn, Isḥâq (Isaak), ist es für Mohammed dabei von besonderer Bedeutung, daß vor allem in nordarabischen Stämmen die Tradition, ebenfalls Nachfahren Abrahams, allerdings über Ismael, zu sein, lebendig war und dadurch auch die Araber dieses Argument für sich beanspruchen konnten - mit größerem Recht zudem, denn Ismael war der ältere der Brüder. Von daher war der Anspruch auf die Vaterschaft Abrahams nicht nur in religiöser, sondern auch in genealogischer Hinsicht nicht weniger legitim als der der Juden (5a).

Die besondere Stellung Jesu

Eine ganz andere Bedeutung hatte für Mohammed die Gestalt Jesu. Waren die Auseinandersetzungen mit den Juden, vor allem in Medina, hauptsächlich politischer Natur, so merkte Mohammed alsbald, daß er mit den Christen dogmatische Schwierigkeiten bekam. Der Kreuzweg, an dem sich hier die Geister schieden, war die Gottesfrage bzw. die Trinitätslehre, in der er das Bekenntnis zur Einheit Gottes in Frage gestellt sah. In seinem Kampf gegen die Trinitätslehre berief sich Mohammed nun direkt auf "den Messias Jesus, den Sohn der Maria". Mit Christi eigenen Worten sollte die Kritik an der christlichen Gottesanschauung vorgetragen werden, deren trinitarische Begrifflichkeit ihm unverständlich war und letztlich einen verschleierten Tritheismus zu enthalten schien. Der koranische Christus hat also nicht so sehr die Aufgabe der anderen Propheten, zur Abkehr von der Vielgötterei und zu einem allgemeinen und strengen Monotheismus zu rufen. Vielmehr geht es dort, wo er "dogmatische" Aussagen macht, ganz konkret um die Zurückweisung einer wie auch immer verstandenen Trinitätstheologie. Er wendet sich damit gegen diejenigen, die sich als seine Anhänger ausgeben, die Christen.

In dem zentralen *locus* der Gotteslehre waren nicht nur die Christen aller Richtungen - die Häretiker eingeschlossen - nach jahrhunderte langen Auseinandersetzungen zu einer allgemein anerkannten Begrifflichkeit gelangt, sondern auch Mohammed hatte nach anfänglicher Unsicherheit in der Frage, wie es sich mit der Existenz (nicht mit der Verehrung) der anderen Götter verhalte, den Glauben an den einen Gott, der auch der einzige ist, als die unumstößliche Wahrheit erkannt, bevor er in die Diskussion mit den Christen eintrat. So waren beide Seiten mit einer festen Vorstellung von Gott ausgerüstet, als sie sich näher kennenlernten, und die Möglichkeit, sich auf einer mittleren Linie zu einigen, bestand kaum mehr.

Einschränkend muß hier allerdings gesagt werden, daß die begriffliche Klarheit sich im wesentlichen auf die führenden Persönlichkeiten beschränkte, und dies gilt bereits für die christlichen Gruppen und ihr Verhältnis zueinander. Das Volk fand sich in den dogmatischen Definitionen aller Gruppen weniger gut zurecht und gehörte schon in vorislamischer Zeit vor allem aus Gründen der politischen Gegebenheiten je der einen oder anderen Kirche oder Sekte an. Da es, außer in der schon bei den Christen sehr unterschiedlich verstandenen Christologie, keine leicht erkennbaren Unterschiede zwischen den christlichen Gruppen und der neuen Religion gab, erschien ein Übertritt kaum als schwerwiegender Schritt. Von den von Mekka nach Abessinien geflohenen Anhängern Mohammeds, die dort offensichtlich als christliche Sektierer angesehen wurden und als solche Asyl erhalten hatten, scheinen nicht wenige tatsächlich zum Christentum übergetreten zu sein (6). Daß später die Christen, vor allem die Nestorianer, in Scharen zum Islam übertraten, hat ebenfalls seinen Grund darin, daß für sie die dogmatischen Unterschiede nicht einsichtig waren und die im übrigen feststellbare Ähnlichkeit beider Religionen einen solchen Schritt förderte. Diese Ähnlichkeit lag, außer im monotheistischen Gottesverständnis, vor allem in der strengen, ethisch orientierten Frömmigkeit, die in einer fast schon militärischen Disziplin beim Gottesdienst und in einer streng sittlichen Alltagsethik ihre Hauptmerkmale besaß (7).

Der Widerstand der Juden gegen den Islam war viel geschlossener und selbstbewußter und prägte sich vor allem politisch aus. Deshalb ist schon die koranische Polemik gegen sie viel stärker als gegen die Christen.

Die koranische Verständnis der christlichen Christologie - ein Mißverständnis?

Angesichts der Nähe des jungen Islam zu verschiedenen Erscheinungsformen des zeitgenössischen Christentums stellt sich die Frage, ob sich der dogmatische Gegensatz zwischen Christentum und Islam vielleicht nicht so scharf ausgeprägt hätte, wenn Mohammed mit der im chalcedonensischen Sinne orthodoxen Lehre von der Trinität und der Person Christi bekannt geworden wäre, anstatt mit offensichtlich häretischen Theologien und Christologien - und wahrscheinlich auch Mariologien. Denn aus dem Koran scheint deutlich zu werden, daß Mohammed sich gegen eine Theologie wandte, in der Christus als selbständige Gottheit neben dem Vater und als dritte göttliche Person bisweilen Maria verehrt wurde. Eine besonders in Ägypten blühende und von dort aus über Abessinien auch nach Südarabien gelangte Marienverehrung, in der der altägyptische Kult der Götter"familie" Isis, Osiris und Horus weiterlebte, mag Mohammed über in Mekka ansässige "ägyptische" Christen ebenfalls aufgefallen sein. Auf diese und ähnliche Vorstellungen spielt offensichtlich auch der Koran an, denn anders sind Bemerkungen wie die folgenden nicht verständlich:

> Ungläubig sind diejenigen, die sagen: "Gott ist Christus, der Sohn der Maria",

oder:

> Und (dann), wenn Gott sagt: "Jesus, Sohn der Maria! Hast du zu den Leuten gesagt: Nehmt euch außer Gott mich und meine Mutter zu Göttern?", usw. (8).

Bemerkungen wie diese haben zu Untersuchungen darüber geführt, welcher Form des Christentums Mohammed tatsächlich begegnet sei, um dadurch Anhaltspunkte für die Gründe seiner schroffen Zurückweisung der christlichen Trinitätslehre und Christologie zu finden (9). Es ist bisher noch nicht gelungen nachzuweisen, aus welcher Quelle tatsächlich Mohammed sein Wissen über die christliche Christologie schöpfte, und woher er die Anregungen für seine eigene Christologie erhielt. Sicher ist nur, daß auch er bemerkt hatte, wie sehr die christlichen "Parteien" in diesem Punkte untereinander zerstritten waren (10). Sweetmans Vermutung, daß vielleicht von gar keiner bestimmten Quelle die Christologie Mohammeds abzuleiten ist und er einfach seiner eigenen Meinung Ausdruck gab, hat einige Wahrscheinlichkeit für sich (11).

Die Feststellung, daß Mohammed jedenfalls kaum chalcedonensisch-orthodoxen Christen begegnet sein kann und damit sein Wissen über den christlichen Glauben - wenn denn überhaupt fremde Quellen in Frage kommen - aus sektiererischen, häretischen oder populären Quellen bezog, gibt jedenfalls keinen Grund zu der Hoffnung, daß alle dogmatische Polemik ausgeblieben wäre, wenn Mohammed das Chalcedonense oder eins der anderen orthodoxen Bekenntnisse und ihre Interpretation des Monotheismus von einem einsichtigen *doctor theologiae* erklärt bekommen hätte. Mohammed stieß sich an d e m Stein des christlichen Dogmas, der seit Anbeginn den "Juden ein Ärgernis und den Griechen eine Torheit" war: daß im Interesse des Erlösungswerkes Gottes in dem Sohne der Maria das Göttliche und Menschliche gleichermaßen präsent sei. Bei allen Unterschieden in der Definition des "wie" waren sich doch nahezu alle orthodoxen und heterodoxen christlichen Gruppen über das "daß" dieses Glaubenssatzes einig.

Gerade dagegen erhob Mohammed seinen Protest. Ihn interessierte weder die monophysitische Verschmelzung beider Naturen zu einer Natur, noch die nestorianische Betonung der Unversehrtheit beider Naturen, noch die Zurückweisung beider Ansichten durch die chalcedonensische Orthodoxie. Ihm ging es vielmehr um die Wahrung der unüberwindlichen Distanz zwischen Gott und Mensch, die durch keinen Mittler überbrückt werden kann, weil es gar keinen Mittler geben kann. Gott ist der Eine und Einzige und steht der Schöpfung und allem, was in ihr ist, als der Schöpfer und Herr gegenüber.

Seine strenge Schöpfungstheologie führte Mohammed dazu, Gott rigoros in seiner absoluten Transzendenz zu belassen und alle Versuche, den Bereich des Geschöpflichen in Richtung auf die Transzendenz zu überwinden, mußten in ihm den Verdacht des *širk* wecken, des Versuchs, Gott andere Wesen an die Seite zu stellen und diese dann wie Gott selbst zu verehren. Gegen diese Sünde gab es nur den rückhaltlosen Kampf.

Die Christologie mußte Mohammed als ein solcher Versuch des *širk* erscheinen. Anders konnte er es nicht verstehen, daß ein Mensch, der *per definitionem* ein geschaffenes Wesen ist, Anteil an der Gottheit erhält. Der umgekehrte Weg, daß Gott von sich aus seine Transzendenz überschreitet, war zwar nicht prinzipiell undenkbar, konnte aber nicht so weit führen, daß die absolute Andersartigkeit und Einzigkeit Gottes an irgend einem Punkte in Frage gestellt wurde. Das griechische Bestreben, Gottes Transzendenz durch eine wie auch immer geartete und umgrenzte Immanenz erträglich zu machen, war für den Semiten Mohammed indiskutabel. Zwischen Gottes Gottheit und der Menschlichkeit des Menschen gibt es keine Brücke. Gott wird durch seine Ehre vor jedem Nebenbuhler bewahrt, und nur Vermessenheit kann es wagen, diese ausschließende Ehre Gottes anzuzweifeln. Daraus ergibt sich folgerichtig, daß das Verhältnis des Geschöpfs gegenüber dem Schöpfer das des *abd*, Sklaven, gegenüber seinem *rabb*, Herrn, ist (12a).

Auch Jesus ist als Mensch ein Geschöpf Gottes und daher sein Sklave (12). Daß Jesus durch einen direkten Schöpfungsakt im Leibe der Maria geschaffen wurde, unterscheidet ihn wohl von allen anderen Menschen außer Adam (13). Er bleibt jedoch wie jener völlig im Bereich des Geschöpflichen.

Mit Nachdruck konnte Mohammed sich auch dagegen wenden, daß sich die Juden und Christen als "Kinder Gottes" bezeichneten. Auch wenn im Koran anerkannt wird, daß dies im übertragenen Sinne gemeint sei, so fragt er doch bissig, warum Gott sie denn dann für ihre Schuld bestrafe?

> Ihr seid Menschen (wie alle anderen, Menschen), die er geschaffen hat (14).

In ihrer Behauptung konnte Mohammed nur einen anderen Beweis für ihre Anmaßung sehen, sich Gott auf eine andere denn auf ehrerbietige Weise zu nähern:

> Es gibt niemand im Himmel und auf Erden, der (dereinst) nicht als Diener zum Barmherzigen kommen würde (15).

Die Erkenntnis, daß Mohammed seine Polemik gegen die christliche Christologie von seinem Schöpfungsglauben her führt, darf nicht darüber hinwegtäuschen, daß die Wurzeln seiner Haltung woanders liegen. Die der philosophischen Metaphysik entnommenen Begriffe, mit denen in der hellenistischen Welt und in den von ihr abhängigen Provinzen Theologie getrieben wurde, haben auf ihn als Semiten wahrscheinlich keinen großen Eindruck gemacht. Es findet sich in der koranischen antichristologischen Polemik jedenfalls keine Stelle, die verraten könnte, daß er sich je mit der Naturenlehre auseinandergesetzt hätte. Sein Denken war weniger an der metaphysischen Spekulation als an der religiösen Praxis interessiert. Somit wird es weniger das christologische Dogma als vielmehr die Jesus dargebrachte göttliche Verehrung gewesen sein, die zuerst den Widerspruch des Propheten des Islam weckte. Von der Praxis her entwickelte er sein eigenes System, das im "*islâm*", in der Unterwerfung unter den einen wahren Gott, seine Mitte hat. Der "*islâm*" erweist sich jedoch als unechte Heuchelei oder leeres Gerede, sobald er gegenüber einem anderen Wesen als Gott vollzogen wird. Derjenige, der außer Gott auch noch den Messias als Gott verehrt und anbetet, erweist sich ihm bereits darin als *mušrik* (16). Die Trinitätsformel war viel zu abstrakt, als daß sie dem auf das Praktische ausgerichteten Verstande Mohammeds das "*pisteuômen eis hena theon*" hätte glaubhaft machen können. Für ihn war die Religion in erster Linie Praxis, Akt der Anbetung und Gehorsam Gott und seinen Geboten gegenüber, und nur von der Praxis her war ihm die Dogmatik einsichtig und vertretbar. Die Verehrung des "einen" Gottes kann sich nicht auf "drei Personen" verteilen. Er sah darin einen Widerspruch, und dies war für ihn der tiefste Grund, das christliche Gottesverständnis von vornherein zurückzuweisen (17).

Aber auch die Art und Weise, wie die Christen über das Wesen der Gottheit theologisierten, mußte Mohammed als Blasphemie derer erscheinen, die die Ehrfurcht vor dem allgewaltigen Schöpfer weitgehend verloren hatten. Wie kann es möglich sein, daß der Unendliche sich mit dem Endlichen vereinen könnte? Darüber hatten schon die christlichen Theologen besonders der antiochenischen Schule, angeregt durch das Erbe der Philosophie des Aristoteles, anhaltend debattiert, bis sie schließlich der Theologie der Nestorianer und der Lehre von der Trennung der göttlichen und menschlichen Natur in der Person Christi den Weg bereitet hatten. Für den Wüstenbewohner geht es jedoch nicht um dogmatische Spekulation, er sieht alltäglich alles Geschöpfliche besonders schnell verenden und vergehen. Und von daher hat er auch ein anderes Verhältnis zum Beständigen, zum Ewigen. Erinnert sei in diesem Zusammenhang an die "Himmelsreise Mohammeds" (18). Alles durfte er sehen; aber den Bannkreis um Gott durfte auch er nicht überschreiten. Der Ewige bleibt unsichtbar, er ist auch dem Propheten unerreichbar. Vor ihm gilt keine Philosophie, letztlich auch keine Theologie, sondern nur die Proskynese: es gibt keine Gottheit außer Gott! Diese Erkenntnis wurde Mohammeds Bekenntnis und das seiner Anhänger.

Von hier aus gesehen wundert es nicht, daß sich Mohammeds Kritik am christlichen Verständnis Jesu am entschiedensten gegen den Titel "Sohn Gottes" wandte.

> Die Juden sagen: "ʿUzair (Esra) ist der Sohn Gottes!" Und die Christen sagen: "Christus ist der Sohn Gottes!" Das ist es, was sie mit ihrem Mund sagen. Sie tun es denen gleich, die früher ungläubig waren. Gott bekämpfe sie! Sie haben sich ihre Gelehrten und Mönche sowie Christus, den Sohn der

> Maria, an Gottes Statt zu Herren genommen. Dabei ist ihnen nichts anderes befohlen worden, als einem einzigen Gott zu dienen, außer dem es keinen Gott gibt. Gepriesen sei er! (Erhaben) über das, was sie ihm beigesellen (19).

Diese Verse, die wahrscheinlich der medinensischen Epoche entstammen (20) und durch ihre Heftigkeit auffallen, zeigen, daß Mohammed in dem Titel "Sohn Gottes" die Aufnahme heidnischer Vorstellungen sah. Er mag dabei an die "Töchter Allahs" gedacht haben (21), die von den Arabern in der Gegend von Mekka verehrt wurden. Ein Kind steht jedoch mit seinem Erzeuger in gleichem Rang (21a), und wenn es tatsächlich so wäre, daß der Barmherzige ein Kind hätte,

> dann wäre ich der erste, der es verehren würde (21b).

Aber natürlich ist solches Gerede nichts als Unsinn und Blasphemie. Mohammed dachte nicht in philosophischen Kategorien, außerdem fehlten dem Arabischen seiner Zeit die philosophischen Begriffe. Somit konnte die prätendierte Sohnschaft nur als genealogische Herkunftsbezeichnung betrachtet werden. Aber der transzendente Gott ist über die Geschlechtlichkeit erhaben, die ein Charakteristikum der Geschöpfe ist. Darüber hatte sich Mohammed schon früher, wahrscheinlich in der Auseinandersetzung mit den arabischen "Heiden", kategorisch und jede Diskussion abschneidend geäußert:

> Sprich: Er, Gott, ist einer!
> Gott ist der Ewige!
> Er zeugt nicht, noch wurde er gezeugt!
> Nicht Eines gibt es, das ihm gleich wäre (22).

Jesus als Wort Gottes

Die strikte Ablehnung jeder Art von göttlicher Zeugung erinnert an die arianische Christologie. In der Tat stimmen Arius und Mohammed darin überein, daß sie beide Christus als"Wort Gottes" (arab. "*kalima*") bezeichnen (23), daß sie beide das "Wort" als geschaffen ansehen und ihn damit ganz auf die Seite der Geschöpfe stellen:

> Ein Geschöpf und ein Werk ist das Wort (Logos), fremd und unähnlich ist er der Natur des Vaters (24).

Wohl spricht Arius, im Gegensatz zu Mohammed, noch von einer Sohnschaft des *Logos*, aber diese ist nicht genealogisch-substantiell gemeint, sondern adoptianisch; nicht die Natur, sondern die Gnade Gottes läßt ihn an der göttlichen Herrlichkeit teilnehmen.

Ein Vergleich der arianischen und der koranischen Christologie führt sehr schnell zu der Einsicht, daß die gemeinsame Basis beider sehr schmal ist; bereits die Aussage, daß der Logos von Gott Anteil erhält an der göttlichen Herrlichkeit, ist nur von der Verbundenheit der arianischen Theologie mit dem gemeinchristlichen Erbe her verständlich und hätte den Widerspruch Mohammeds hervorgerufen, wenn er sie gekannt hätte.

Das gleiche läßt sich vom arianischen Festhalten an der Präexistenz des Logos sagen, das ebenfalls nur von der christlich-hellenistischen Tradition her verständlich ist und sich im Koran nicht findet, zumindest nicht im Blick auf den Messias. Für den Koran geschah die Erschaffung Christi in der Zeit, im Augenblick der Ankündigung seiner Geburt, im Leibe der Maria:

> Damals, als die Engel sagten: "Maria! Gott verkündet dir ein Wort (kalima) von sich, dessen Name Jesus Christus, Sohn der Maria, ist!" ... Sie sagte: "Herr! Wie sollte ich ein Kind bekommen, wo mich (noch) kein Mann berührt hat?" Er sagte: "Das ist Gottes Art (zu handeln). Er schafft, was er will. Wenn er eine Sache beschlossen hat, sagt er zu ihr nur: sei!, dann ist sie (25).

Der Gedanke der Präexistenz Christi bzw. des Logos liegt völlig außerhalb des Gesichtskreises Mohammeds; deshalb setzt er sich auch nicht mit ihm auseinander. Der Logos ist das Schöpferwort, das jeweils konkret geschieht und hervorbringt, was Gott hervorbringen will. Er ist für Mohammed keine Emanation, und die "*archê tôn ktiseôn*", falls er diesen Ausdruck gebraucht hätte, ist der Logos nur insofern, als er unmittelbar dem jeweilig zu Schaffenden vorausgeht. Im Blick auf seine Entstehung besagt die Bezeichnung Jesu als Logos (*kalima*) also ausdrücklich, daß er ein Geschöpf sei. Sieht man sie noch strenger im Zusammenhang der koranischen Äußerungen, dann vergrößert sich nicht nur der Abstand zum orthodox-christlichen, sondern auch zum arianischen Logosverständnis. Denn Christus wird im allgemeinen nicht "das Wort Gottes" (*kalimat Allâh*), sondern als "e i n Wort v o n Gott" (*kalima min Allâh*) angesehen. Und dies ist nichts einmaliges, da jeder Prophet in seiner Verkündigung ein Wort erhält, durch das die Hörer in die Entscheidung für oder gegen Gott gestellt werden. Wer sich, wie der Prophet, für Gott entscheidet und dies durch Worte bezeugt, kann ebenfalls, wie etwa Abraham, "ein Wort von Gott" genannt werden, denn seine Person wird durch sein Zeugnis geprägt.

Nur an einer Stelle wird Christus d a s Wort Gottes genannt, nämlich in Su. IV,171:

> Christus Jesus, der Sohn der Maria, ist nur der Gesandte Gottes und sein Wort (kalima), das er der Maria entboten hat, und Geist von ihm.

Doch wird gerade hier noch einmal deutlich auf seine Erschaffung im Leibe der Maria hingewiesen und wieder betont, daß Jesus eben nichts anderes ist als einer unter anderen Gesandten (26).

Allerdings gibt es auch im Koran die Vorstellung von dem bei Gott befindlichen *"Logos"*, durch den die Welt geschaffen wurde und der in sich die in die Schöpfung hineingelegten Ordnungen enthält, nicht jedoch im Zusammenhang mit Jesus, sondern mit dem Koran. Dieser ist jedoch nicht "ein" Wort von Gott, sondern enthält in sich die "Rede Gottes" (*kalâm Allâh*).

Ähnlich wie mit dem Verständnis des Logos verhält es sich mit einer anderen koranischen Bezeichnung Jesu: daß er Geist, *rûḥ*, von Gott sei (27).

Der Geist Gottes

In der ersten mekkanischen Periode, in der der Geist in keinerlei Beziehung zu Jesu stand - Jesus wurde wahrscheinlich zum ersten Male in Su. XIX,16ff., die von Nöldeke-Schwally der zweiten mekkanischen Periode zugeteilt wird (28), erwähnt - schien der Geist als persönliches Wesen angesehen zu werden, das den Engeln vergleichbar, wenn auch von ihnen unterschieden ist. Wahrscheinlich steht er über den Engeln, da diese "mit dem Geist" (29) zu den Gottesdienern herabkommen. Seine enge Beziehung zu dem *"amr Allâh"* - dazu siehe unten - stellt ihn ebenfalls über die Engel. Dennoch dürfte seine Nähe zu ihnen die Annahme rechtfertigen, daß er - wie jene - als geschaffenes Wesen betrachtet und damit vom Wesen Gottes unterschieden wurde. Th. O'Shaughnessy verweist auf gnostische und ebionitische Parallelen zu dieser hierarchischen Ordnung (30), gibt aber zu bedenken, daß der Prophet

> sein Material umformte, indem er es an seine eigenen Absichten und das, was er als die religiösen Bedürfnisse seiner Landsleute ansah, anpaßte. Wenn also der "Geist" im Koran sich an eine Bedeutung annähert, die die Schrift und die kirchlichen Schreiber der frühen Jahrhunderte diesem Begriff zuschrieben, dann erscheint eine solche Ähnlichkeit mehr zufällig (31).

In der Entwicklung des koranischen Geistverständnisses wird der Geist mehr und mehr entpersönlicht und zu einem Offenbarungsmedium, über dessen eigenes Wesen und Verhältnis zu Gott keine näheren Angaben gemacht werden.

Bereits in der wahrscheinlich ältesten Erwähnung Jesu wird dieser mit dem Geist in Verbindung gebracht. Bei der Ankündigung der Geburt Jesu erscheint der Geist noch als körperliches Wesen, als "wohlgestalteter Mensch" (32). Diese Körperlichkeit verliert er später auch dort, wo er wieder mit Jesus zusammen erwähnt wird.

Ebenfalls in der zweiten mekkanischen Periode erhält der Geist eine Funktion, die an die "*nišmat ḥayyîm*" von Gen. 2,7 erinnert: das Geschöpf, das Gott aus Lehm oder Schlamm, *tin*, geformt hat, soll er mit "Leben" füllen (33). "Leben" hat hier einen theologischen Sinn: gemeint ist das Leben, das sich erst im Wissen um die Abhängigkeit von seinem Schöpfer und seine Zuwendung zu ihm verwirklicht. Ähnlich wird die Mitwirkung des Geistes bei der Erschaffung Jesu verstanden worden sein, zumal diese sonst, worauf bereits hingewiesen wurde, gelegentlich mit der Erschaffung Adams verglichen wurde. Die Texte, die sich hier anführen ließen, sind allerdings nicht sehr deutlich (34).

Wichtiger ist eine andere Aussage, daß nämlich Gott Jesus mit dem heiligen Geist, *ar-rûḥ al-qudus*, "gestärkt" habe (35). Hier klingt das Verständnis des Geistes an, das von der dritten mekkanischen Periode an das vorherrschende im Koran wurde: der Geist hat eine besondere Aufgabe im Zusammenhang mit der Offenbarung (36). Die Gläubigen, die die "Wahrheit" vom Geist empfangen haben, werden von ihm danach im Glauben gestärkt und geleitet (37). Denen, die im Glauben nicht fest stehen wollen und den Propheten mit lästigen Fragen attackieren, hat er allerdings nur wenig Wissen, *ʿilm*, gebracht (38). Die "Stärkung" durch den Geist liegt demnach bei Jesus und den Gläubigen darin, daß er ihnen ihr bereits empfangenes Wissen über Gottes Willen und seinen Weltplan vertieft. Dadurch wird es ihnen leichter, Gott zu dienen, Sünden zu meiden und sich auf das Gericht vorzubereiten. Damit fällt der koranischen "*rûḥ*" eine ähnliche Aufgabe zu wie dem Heiligen Geist bei den Christen. Ein Unterschied liegt jedoch darin, daß im Christentum die Rechtleitung der Gläubigen zu der ebenfalls vom Geist bewirkten Sammlung in der "*ekklesia*" führt. Im Islam dagegen wendet sich der Geist an den Einzelnen, während sich die "*umma*" um den Propheten sammelt.

Die Frage nach der Herkunft des Geistes wirft ein neues Problem auf. Gelegentlich findet sich die Aussage, daß der Geist vom "*amr*" Gottes sei (39). Was bedeutet "amr" hier? Steht hinter "*amr*" die syrische "*memra*"? Rudi Paret übersetzt "*amr*" mit "*Logos*" (40). Diese beiden Begriffe, *Logos* und *memra*, implizieren seit Philo und den Targumim die Vorstellung von einer göttlichen Hypostase. Es ist aber sehr unwahrscheinlich, daß eine solche Vorstellung im Koran einen Platz finden könnte. Der koranische Kontext und vorislamische arabische Parallelen, auf die J.M.S. Baljon hinwies (41), machen es wahrscheinlicher, daß "*amr*" sich auf Gottes festgelegten Weltplan bezieht (42) und damit in die Nähe der himmlischen "*umm al-kitâb*", dem Urbild des Koran, das auch mit der "Rede Gottes" (*kalâm Allâh*) gleichgesetzt wird, rückt. Der Geist hat nun die Aufgabe, diesen Plan den Frommen immer wieder ins Bewußtsein zu rufen, damit sie ihn ausführen. Jesus ist durch den Empfang des Geistes in diese Aufgabe einbezogen. Zu beachten ist, daß der Geist nicht zu den Ungläubigen kommt, und daß er auch im Zusammenhang mit den anderen Propheten nicht als Offenbarungsmedium genannt wird; er kommt zu denen, die glauben, um sie zu leiten und vor dem Gericht zu warnen (43), aber er kommt nicht zu den Propheten. Nur an einer Stelle, die aus der zweiten mekkanischen Periode stammt, nämlich in Su. XXVI,192 ff., wird er als Überbringer des Korans an Mohammed bezeichnet:

> Und er (sc. der Koran) ist vom Herrn der Menschen in aller Welt (als Offenbarung) herabgesandt. * Der zuverlässige Geist (ar-rûḥ al-amîn) hat ihn herabgesandt, * dir ins Herz, damit du ein Warner seiest.

Sonst wird nur Jesus als Empfänger des Geistes namentlich genannt. Dieser auffällige Sachverhalt legt die Vermutung nahe, daß der Koran, indem er Jesus und den Geist zusammen nennt, an der von den Christen übernommenen terminologischen Tradition festhält; ihren ursprünglichen Sinn übernimmt er jedoch nicht. Wo Jesus mit dem Geist zusammen genannt wird, ist an seinen Verkündigungsauftrag gedacht. Das gilt auch im Blick auf die Entstehung Jesu, durch die er von Anfang an für seine künftige Aufgabe vorherbestimmt wird. Bereits in der Krippe beginnt er mit seiner Predigt (44). Ebenso wie der Logos darf auch der Geist nicht als göttliche Hypostase, die aus dem Wesen Gottes käme oder in anderer Weise an ihm teil habe, verstanden werden.

Jesus als Prophet und Gesandter

Eng verwandt mit der Bezeichnung Jesu als "Geist von Gott" ist seine Bezeichnung als Prophet, *nabî*, und Gesandter, *rasûl* (45). Sein Auftrag war es, die Tora, die von den Juden verderbt worden war, zu "bestätigen" (46) und die Kinder Israel erneut zum Glauben zu rufen. Dazu wurde ihm das Evangelium, *inǧîl*, als Offenbarungsschrift mitgeteilt, das im Wesentlichen dieselbe Botschaft enthielt wie die Tora vor ihm und der Koran nach ihm: Rechtleitung, Licht und Ermahnung für die Gottesfürchtigen (47). Um seiner Botschaft Nachdruck verleihen zu können, wurde Jesus ebenso wie den anderen Propheten gestattet, "Zeichen" zu tun (48). Insbesondere wird erzählt, daß er aus Lehm etwas formte, das aussah wie Vögel, und indem er hineinblies, wurden es richtige Vögel. Im Gegensatz zu der Ausführlichkeit dieser Geschichte wird von den Heilungswundern und Totenauferweckungen sowie dem Vermögen, in die Zukunft zu sehen, nur sehr summarisch berichtet (49).

Die göttlichen Zeichen

In der Mariensure wird die Geschichte über die von göttlichen "Zeichen" begleitete Ankündigung der Geburt Jesu erzählt (50). Ihr Höhepunkt liegt darin, daß der noch in der Krippe liegende Jesus zu den umstehenden Leuten spricht und eine Predigt über seine prophetischen Aufgaben hält:

> Ich bin der Diener Gottes. Er hat mir die Schrift gegeben und mich zu einem Propheten gemacht. * Und er hat gemacht, daß mir, wo immer ich bin, (die Gabe des) Segen(s) verliehen ist, und mir das Gebet (zu verrichten) und die Almosensteuer (zu geben) anbefohlen, solange ich lebe, usw. (51).

Die Ausführung von "Zeichen" gehört zu den Möglichkeiten der Propheten, mit denen sie die göttliche Herkunft ihrer Sendung unter Beweis stellen können. Allerdings hat auch Mohammed die Schwierigkeit erkannt, die in der Unterscheidung des prophetischen "Zeichens" vom magischen Spektakel liegt. Er versuchte es mit einer theologischen Erklärung: das prophetische Zeichen geschieht mit ausdrücklicher Genehmigung Gottes (*bi-ḏni llâh*) und weise, wenn es erklärt bzw. enthüllt wird, auf den Schöpfer selbst. Ein Zeichen sei dort anzunehmen, wo - wie Mohammeds Meinung wohl zu interpretieren ist - die Predigt des Propheten in den Gehorsam dem einen Gott gegenüber ruft und damit eigensüchtige Absichten, die zur Ausführung des Zeichens führen könnten, unwahrscheinlich sind. Daß allerdings die Ungläubigen nicht immer gewillt waren, eine solche Definition gutwillig zu akzeptieren, blieb auch Mohammed nicht verborgen. In einer koranischen Legende wird von Mose erzählt, daß er die Zeichen Gottes vor Pharao ausgeführt habe. Als er damit fertig war, erntete er jedoch Gelächter und wurde als Zauberer betrachtet (52). Dieses Beispiel mag auf Mohammed abschreckend gewirkt haben. Um nicht selbst in Gefahr zu kommen, der Schwarzen Magie geziehen zu werden, wurde ihm nur e i n Zeichen gestattet: die Übermittlung des Korans, von dem jeder einzelne Vers ein "Zeichen", *âya*, und damit ein Hinweis auf Gott ist (53).

In diesem Zusammenhang muß der koranische Bericht von der Herabsendung des Tisches erwähnt werden, in dem eine Erinnerung an die Eucharistie, an die Speisung der Fünftausend oder an die Vision Petri in Act. 10.10 ff. vermutet wird (54). Die zweifelnden Jünger fragen:

> "Jesus, Sohn der Maria! K a n n d e i n H e r r uns einen Tisch vom Himmel herabsenden?" Darauf betete Jesus: "Du, unser Gott und Herr! Sende uns vom Himmel einen Tisch herab, der (mit seinem Mahl) für uns von jetzt an bis in alle Zukunft eine Feier und ein Zeichen sein wird!" (55).

Gott erfüllte diese Bitte, drohte jedoch dem, der nachträglich ungläubig wird, die schwerste Strafe an. Im koranischen Verständnis dieses Berichtes geht es auch hier wieder um ein Beglaubigungswunder. Allerdings hat der Wortlaut der Frage, die die Jünger an Jesus richteten, den Kommentatoren Schwierigkeiten bereitet, und Tabari bemüht sich nachhaltig um den Nachweis, daß der Text sinngemäß lauten müßte:

> Als die Jünger sagten: "Jesus, Sohn der Maria! V e r m a g s t d u (sc. deinen Herrn zu bitten), daß dein Herr einen Tisch vom Himmel herabsendet" usw.

Gott sei dazu selbstverständlich in der Lage; die Frage war aber, ob Jesus die Wahrheit gesagt habe und Gott ihm dies bestätige (56). Die abschließende Androhung schwerer Strafen erinnert an 1. Kor. 11,27 ff. und ist vielleicht als ursprünglicher Bestandteil des ganzen Berichts mit übernommen worden, sofern er tatsächlich mit der Eucharistie zusammenhängt. Allerdings bezieht sich im Koran die Strafe nicht mehr auf diejenigen, die unwürdig zum Tisch des Herrn gehen, sondern gilt, wie bereits angedeutet, denen, die trotz der göttlichen Beglaubigung weiterhin dem Gesandten mißtrauen und damit Gott selbst beleidigen und ihm die Ehrerbietung schuldig bleiben.

Hat Jesus das Kommen Mohammeds vorhergesagt?

Eine wichtige Stelle für die spätere Auseinandersetzung zwischen Muslimen und Christen findet sich in der aus Medina stammenden Sure LXI,6, in der Jesus das Kommen eines Gesandten nach ihm verkündigt, dessen Name "*aḥmad*" sei (*wa-smuhu aḥmad*). Im Hintergrund stand die in der Auseinandersetzung mit Juden und Christen erhobene Frage, wer denn nach dem Tode oder Abgang eines Propheten für die weitere Rechtleitung des Gottesvolkes die Verantwortung trage. Diese Frage rechtfertigte, daß immer wieder neue Propheten, auf die die älteren bereits verwiesen hatten, aufgetreten waren. Für die Christen jedoch war diese Reihe mit dem Kommen des Sohnes Gottes an ihrem Ende angelangt. Hinfort war es der "Geist" (*parakletos*), der die Gemeinde leitete.

Anders war jedoch das Verständnis Mohammeds, der sich selbst innerhalb der Prophetenreihe sah und ebenfalls davon ausging, daß in den Ankündigungen der früheren Propheten auch auf ihn hingewiesen worden war. Dies wurde ihm zunächst in Su. LXI,6 bestätigt. "*Aḥmad*" ist vom selben Stamm abgeleitet wie "*muḥammad*", und es ist kaum zweifelhaft, daß Mohammed diese Prophezeiung auf sich selbst bezogen hat. Fraglich ist allerdings, ob "*aḥmad*" hier als Name, Aḥmad, oder als Adjektiv, "hochlöblich", zu verstehen sei. A. Guthrie und E.F.F. Bishop (57) sowie R. Blachere und R. Bell in ihren Übersetzungen (58) verstehen "*aḥmad*" als Namen, während W.M. Watt (59) auf die Seltenheit dieses Namens zur Zeit Mohammeds und in den ersten Jahrzehnten nach ihm hinweist und, wie R. Paret in seiner Übersetzung (60), einem adjektivischen Verständnis den Vorzug gibt. In späteren Jahrhunderten hat man Su. LXI,6 mit der Verheißung des Parakleten im Johannesevangelium in Verbindung gebracht. "*Paraklêtos*", in arabische Lettern umschrieben (*brqlyṭs* oder *frqlyṭs*), kann wie "*periklytos*" vokalisiert werden, und letztes entspricht etwa dem arabischen "*aḥmad*". Dadurch könnten die johanneischen Verheißungen mit der koranischen identifiziert werden.

Aber diese Interpretation fand offensichtlich erst durch L. Marracci, einen italienischen Orientalisten, Eingang in die Islamkunde (61), obwohl sie in seiner Nachfolge des öfteren älteren islamischen Koraninterpreten zugeschrieben wurde. Marracci nahm an, daß die Lesart "*periklytos*" entweder von einem zum Islam konvertierten Christen erfunden worden sei oder sich in einer damals noch unbekannten Evangelienhandschrift befinden müsse. G. Sale vermutete daraufhin, daß diese Lesart im "*Barnabas-Evangelium*" stehe. Er glaubte damals, daß diese Schrift zu den Apokryphen zu zählen sei, doch steht inzwischen ziemlich fest, daß sie gegen Ende des Mittelalters von einem zum Islam übergetretenen ehemaligen italienischen Mönch verfaßt wurde (62). Die Frage, ob nun der Verfasser des "Barnabas-Evangeliums" als Urheber der Lesart "*periklytos*" anstelle des evangelischen "*paraklêtos*" anzusehen sei, oder ob er sich auf Vorgänger stützte, muß hier offen bleiben. Doch ist immer noch die Ansicht am überzeugendsten, daß sie auf einen ehemaligen Christen zurückgeht, der aufgrund seiner Bibelkenntnis und der Kenntnis des Griechischen zu solchem exegetischen Kunstgriff Zuflucht nehmen konnte. Ihm lag daran, seinen Bekenntniswechsel möglichst auch von der vorher anerkannten Heiligen Schrift und ihren Propheten her zu rechtfertigen und zu begründen. Deshalb suchte er bei ihnen nach Hinweisen auf den künftigen Propheten, der inzwischen mit Mohammed gekommen war.

Für die frühere Zeit gibt es jedoch keine Anhaltspunkte, daß Su. LXI,6 von der johanneischen Parakletverheißung her interpretiert worden war. Ibn Isḥâq (63) sieht wohl in dem johanneischen "*munḥamannâ*" - er deutet es als "*muḥammad*" und erklärt es als syrische Übersetzung des griechischen "*baraqlîṭus*"; die syrische Form wäre "*menaḥḥemânâ*" - einen Hinweis auf Mohammed, aber er erwähnt Su. LXI,6 in diesem Zusammenhang nicht. Das deutet darauf hin, daß er ebenfalls noch keine Beziehung zwischen dem johanneischen "*paraklêtos*" und dem koranischen "*aḥmad*" gesehen hat. Von daher ist darauf zu schließen, daß auch Mohammed zwischen beiden Stellen noch keine Beziehung sah, falls ihm überhaupt das Johannesevangelium zu Gesichte gekommen ist. Das bedeutet, daß Su. LXI,6 unabhängig von der Parakletverheißung im Johannes-Evangelium zu verstehen ist, da diese erst später in den Gesichtskreis der Muslime trat. Unabhängig voneinander wurden also "*paraklêtos*" (*munḥamannâ*) und "*muḥammad*" einerseits und "*aḥmad*" und "*muḥammad*" andererseits miteinander verknüpft. Ein weiterer Schritt war dann die Kombination von "*paraklêtos*", "*aḥmad*" und "*muḥammad*", mit der sich der Kreis schloß. Zamaḫšarî sah in "*aḥmad*" einen der Beinamen Mohammeds, der ohne Schwierigkeiten mit dem ursprünglichen Namen des Propheten ausgetauscht werden könne (64).

An diese exegetischen Probleme hat Mohammed selbst sicher noch kaum gedacht. Allerdings hatte er deshalb besonderes Interesse daran, in Christi Worten einen Hinweis auf sein Kommen zu finden, weil er dadurch hoffte, seine Stellung in der Auseinandersetzung mit den Christen festigen zu können. Wahrscheinlich wurde ihm sein Prophetentum mit dem Argument abgestritten, daß nach dem Sohn Gottes kein neuer Prophet mehr kommen könne, zumal Jesus selbst darüber nichts gesagt hatte und die Parakletverheißung auf den Heiligen Geist bezogen und deshalb zunächst gar nicht in die Diskussion mit Mohammed hineingezogen wurde. Der traditionsgeschichtliche Hintergrund von Su. LXI,6, falls es einen solchen überhaupt gibt, ist ungeklärt. Freilich sollte auch deutlich sein, daß für Mohammed viel wichtiger als der Aufweis einer neutestamentlichen Parallele die Bestätigung seiner Überzeugung, Christus müsse sein Kommen verkündet haben, durch eine eigene Offenbarung gewesen ist. Auch sonst widerlegt er seine Gegner nicht mit Zitaten aus ihren Schriften, sondern mit eigenen Offenbarungen. Diese erhielt er in diesem Falle in Su. LXI,6. Die Frage, ob "*aḥmad*" adjektivisch oder als Name zu verstehen sei, war für ihn nicht allzu wichtig. Er konnte diese Offenbarung in jedem Falle auf sich beziehen, und darauf kam es ihm an. Erst später, als der Schriftbeweis in der islamisch-christlichen Polemik an Bedeutung gewann, wurden die Muslime auf die Parakletverheißung aufmerksam und interpretierten sie von Su. LXI,6 her.

Die Frage der Kreuzigung Jesu

Ein weiterer kritischer Punkt im islamisch-christlichen Gespräch ist seit jeher die Frage gewesen, ob die Kreuzigung Jesu stattgefunden habe oder nicht. Im Koran heißt es dazu:

> Sie (sc. die Juden) sagen: "Wir haben Christus Jesus, den Sohn der Maria und Gesandten Gottes, getötet". Sie haben ihn nicht getötet und nicht gekreuzigt. Vielmehr waren sie darüber im Zweifel... Sie haben ihn nicht mit Gewißheit getötet. * Nein, Gott hat ihn zu sich (in den Himmel) erhoben (65).

Haben sich die bisher erwähnten christologischen Aussagen gegen die Christen gewandt, so verhält es sich mit der Aussage, daß Jesus Christus weder getötet noch gekreuzigt worden sei, zunächst anders. Su. IV,157 f. richtet sich nicht gegen die Christen, sondern gegen die Juden. Der Abschnitt, in dem diese Verse stehen, stammt aus einer Zeit, in der die Auseinandersetzung mit den Juden in und um Medina in vollem Gange war und "Muhammed alles, was er gegen das Judenvolk auf dem Herzen hat, kurz zusammen(faßt)" (66). Als einer der jüdischen Frevel gegen den Propheten und seine Vorgänger wurde ihre Behauptung angesehen, sie hätten den Messias getötet und gekreuzigt. Dem Propheten erschien diese Behauptung als Anmaßung, auf die die Juden, wie er es empfand, stolz waren. Außerdem mußte er damit rechnen, daß sie mit ihm ähnlich verfahren würden, falls sie ihn in ihre Gewalt bekämen. Deshalb mußte er ihnen deutlich machen, daß Gott ihre Anschläge durchkreuzen und ihn ebenfalls retten werde, so wie er damals, wie Mohammed glaubte, Jesus in Sicherheit brachte.

Das Motiv, das Mohammed zur Zurückweisung der Behauptung, Jesus sei gekreuzigt worden, veranlaßte, hatte also zunächst nichts mit einer Ablehnung der christlichen Lehren zu tun, die mit dem Kreuzestod Jesu zusammenhängen. Allerdings ist anzunehmen, daß seine Polemik sich noch heftiger gegen die Christen gewandt hätte, wenn ihm diese Lehren bekannt gewesen wären.

Auch wenn die koranische Überlieferung davon weiß, daß Propheten getötet wurden, so ist dieses doch jedesmal eine Freveltat. Gewiß geschieht nichts ohne die Zustimmung Gottes, aber das heißt nicht, daß er alles gut befindet. Die islamischen Korankommentatoren waren sich in der Regel einig darüber, daß Gott den Versuch, den Messias auf diese Weise zu töten, vereitelt habe. Somit war für sie die geschichtliche Frage der Kreuzigung Jesu, ob sie stattgefunden hat oder nicht, negativ beantwortet. Darüber hinaus fehlt aber auch im koranischen Denken die Voraussetzung, die es gerechtfertigt hätte, daß Gott dennoch die Kreuzigung Jesu hätte stattfinden lassen und auf die sich die Christen berufen, daß nämlich durch die Kreuzigung die Befreiung der Menschen aus der Sündenschuld erwirkt werde. Für die Christen ist der Mensch in seiner Natur durch die Macht der Sünde pervertiert und kann sich aus eigener Kraft dieser Macht nicht entziehen. Ihrer Überzeugung nach konnte nur Gott selbst durch sein Eingreifen und Eingehen in die menschliche Natur die Erlösung und damit auch die Versöhnung zwischen sich und den Menschen bewirken. Deshalb ist für sie die Kreuzigung nicht lediglich als historisches Ereignis von Bedeutung, sondern damit verbunden vor allem als zentrales Heilsereignis.

Ein solches Verständnis, daß der Mensch in seiner Natur durch die Macht der Sünde pervertiert sei, ist dem Koran fremd. Für den Koran, für den Sünden stets aktuelle Taten des Ungehorsams sind aber ebenso gut vermieden werden könnten, ist ein solches Handeln Gottes nicht nur undenkbar, sondern vor allem auch unnötig.

In diesem Zusammenhang ist es wohl auch zu sehen, daß nach der *Hiǧra* der Gedanke der Fürbitte durch den Propheten im Jüngsten Gericht zurücktritt, sein populäres Verständnis, als könne der Prophet den Erlaß von Sünden bewirken, sogar zurückgewiesen wird. Auch hier zeigt sich, wie sehr im Islam jeder für sich und seine Taten selbst verantwortlich ist; der Prophet kann nur gewissermaßen als Begleiter und damit als "moralische Stütze" des Gläubigen auftreten (67). Die Strafe für die Sünde kann nicht auf andere übertragen werden.

Parallelen aus der Kirchengeschichte, in denen ebenfalls die Kreuzigung Christi bestritten und stattdessen die Hinrichtung eines anderen an Christi statt behauptet wird wie etwa bei den Basilidianern (68), weisen nur oberflächliche Ähnlichkeiten auf, da die Motive unterschiedlich sind. Dennoch haben sie möglicherweise auf die Erklärungen eingewirkt, die sich mit der Frage befaßten, was denn nun tatsächlich am Kreuze geschah. Für diese Interpretationen des koranischen Textes waren dann vor allem die rätselhaften Worte wichtig: "vielmehr waren sie darüber im Zweifel" (*lâkin šubbiha lahum*). Gab Gott einem anderen das Aussehen Jesu, sodaß die Juden ihn mit dem Messias verwechselten oder sich zumindest nicht im klaren waren, ob er nun der Messias sei oder nicht? Oder waren sie im Zweifel darüber, inwiefern sie tatsächlich noch selbst die Akteure in diesem Ereignis waren und nicht nur Werkzeuge, sodaß die Frage, ob Jesus am Kreuz hing oder nicht, nach wie vor offen bleibt. Die islamischen Korankommentatoren einigten sich schließlich darauf, daß sich dieser Vers dagegen wende, die Kreuzigung Jesu als geschichtliches Ereignis zu akzeptieren. Was im einzelnen nun geschah wurde dem individuellen Glauben der Muslime überlassen und damit als unwesentlich betrachtet (68a).

Obwohl die kategorische Ablehnung der Kreuzigung Christi zuerst gegen die Juden in Medina ausgesprochen wurde, ist diese bis heute hin gemeinsam mit der Zurückweisung des trinitarischen Gottesverständnisses das wichtigste Argument der Muslime gegen die Christen und ihre Erlösungslehre.

Zum Tode Jesu

Ist die koranische Aussage, daß Christus nicht aufgrund der Kreuzigung gestorben sei, für die Koraninterpreten weitgehend eindeutig gewesen, so läßt sich die Frage, wie es prinzipiell mit dem Tode Jesu stehe, vom Koran her verschieden beantworten. In einer aus Medina stammenden Stelle wird davon gesprochen, daß Jesus von Gott "abberufen" wurde. Christus spricht dort im Gericht zu Gott:

> Nachdem du mich abberufen hattest, warst du es, der auf sie (d.h. die Christen) aufpaßtest (69).

Das Verb "*tawaffà*", abberufen, wird oft als Euphemismus für "sterben" gebraucht. Der zitierte Satz könnte also auch übersetzt werden: "Und als du mich sterben ließest ...". Nun ist vom Tode Christi im Koran tatsächlich die Rede, und zwar in unmittelbarem Anschluß an die Ablehnung des Todes als Folge der Kreuzigung und an die Aussage, daß Gott Christus zu sich erhoben haben:

> Und es gibt keinen von den Leuten der Schrift, der nicht (noch) vor seinem (d.h. Jesu) Tode an ihn glauben würde (70).

Über den Zeitpunkt, an dem der Tod Christi eintrat oder eintreten wird, schweigt der Koran. Die späteren Legenden behalfen sich damit, daß sie Jesus lebendig im Himmel glaubten, nachdem er von Gott vor den Ränken seiner Feinde durch die Entrückung gerettet worden war. Vor dem Ende der Zeiten werde er jedoch nochmals auf die Erde kommen und dann wie jeder andere Mensch eines natürlichen, d.h. eines von Gott gewollten Todes sterben (71).

Der Messias Jesus, der Sohn der Maria

Daß Jesus von den Christen "Messias" genannt wird, scheint Mohammed erst spät erfahren zu haben. Dieser Titel taucht erst in den medinensischen Suren auf. Da meist von "dem Messias Jesus, dem Sohn der Maria" (*al-Masîḥ ʿIsà ibn Maryam*), die Rede ist, scheint sicher zu sein, daß für Mohammed die ursprüngliche Bedeutung dieses Titels fremd gewesen ist. Auf ihn trifft dasselbe zu wie auf das hellenistische Christentum, für das dieser Titel ebenfalls ungewöhnlich und unverständlich gewesen war und als Name empfunden wurde. Allerdings behielt das Wort "Messias" auch für Mohammed einen religiösen Nebenklang, der auf etwas Besonderes, wenn auch nicht Definierbares, hinwies. Er wurde als zusätzlicher Eigenname verstanden. Das Wort selbst kam wahrscheinlich über das syrische "*m'šîḥâ*" ins Arabische und auf Mohammed (72).

Die Untersuchung der christologischen Titel Jesu, die im Christentum bekannt sind und sich ebenfalls im Koran finden, führt zu dem Ergebnis, daß sie ihren ursprünglichen Sinn verloren haben. Sofern ihnen überhaupt noch eine Bedeutung innewohnt, ist diese von der Theologie des koranischen Kontextes her zu erheben. Jesus ist, wie die anderen Gottesmänner auch, von Gott in den Dienst genommen worden, um dem Menschen eine Offenbarungsschrift zu überbringen, durch die sie auf den Willen und Weltplan des einen unteilbaren Schöpfers hingewiesen werden, neben dem es keinen anderen Gott gibt. Um dem Wahrheitsgehalt dieser Schrift Nachdruck zu verleihen und ihren göttlichen Inhalt sowie den göttlichen Auftrag zu seiner eigenen Sendung zu beweisen, wurde Jesus von Gott gestattet, Zeichen zu tun, durch die sein Anspruch vor den Menschen von Gott legitimiert wurde. Nichts unterscheidet ihn darin von den anderen Gesandten Gottes.

Das Besondere Jesu: er i s t ein Zeichen

Nur in einer Hinsicht unterscheidet sich Jesus von den Propheten, und zwar von allen einschließlich Mohammed. Jesus vollbringt nicht nur Zeichen, sondern er i s t ein Zeichen Gottes, mit dem Gott selbst die Menschen auf sich hinweisen und ihnen mitteilen will, daß er vorhat, ihnen mit Barmherzigkeit zu begegnen (73). Den Propheten, die ein Zeichen tun, wurde dafür vorübergehend die Gabe verliehen, wie Gott ein schöpferisches Wort zu sprechen, das das geplante außergewöhnliche Ereignis geschehen läßt. Jesus dagegen entsteht durch ein direktes Schöpferwort Gottes und ist damit durch seine bloße Existenz ein Hinweis auf den "Herrn der Welten". Seine vaterlose Erschaffung im Leibe der Maria gab Mohammed die Möglichkeit, das kirchliche Dogma von der Jungfrauengeburt zu übernehmen. Sowohl im Koran als auch den späteren Traditionen wird damit Maria nachdrücklich gegen den alten Vorwurf geschützt, Jesus sei die Folge eines illegitimen Verhältnisses. Vielmehr sei Maria gerade wegen ihrer Reinheit von Gott erwählt worden. Daß Gott aber Jesus in ihrem Leibe geschaffen habe macht deutlich, daß er ebenfalls Geschöpf sei und nicht "Gottes Sohn". Mohammed sah in Jesus einen lebendigen Schöpfungs- und damit Gottesbeweis, und das war ebenfalls nur durch die Aufnahme des Glaubens an die Jungfrauengeburt möglich. Wie die kirchlichen Traditionen, so sah auch Mohammed in der Person Jesu etwas Besonderes, Einmaliges, das seinen Grund im Verhältnis Jesu zu Gott hatte. Aber es war nicht die göttliche Liebe (*agapê*), sondern die göttliche Barmherzigkeit (*raḥma*), durch die Jesus entstand und seinen Sendungsauftrag erhielt.

Die Wahrheit seiner Verkündigung lag nicht nur in seinen Worten, sondern auch in seiner Existenz, die auf den Schöpfer verwies. Als solches Zeichen, als treuer und demütiger Rufer zu Gott, der zur Beglaubigung seiner göttlichen Sendung selbst Zeichen wie das Vogelwunder tun, Tote auferwecken, Kranke heilen und Blinde sehend machen darf, ist "der Messias Jesus, der Sohn der Maria", für die Frömmigkeit der Muslime von Bedeutung geworden.

Kapitel 2

Ein christlicher Gelehrter, der Muslim wurde: ʿAlî aṭ-Ṭabarî

In unserer Betrachtung der nachkoranischen antichristologischen Polemik wenden wir uns zunächst ʿAli aṭ-Ṭabari zu (*).

Zur Biographie und dem Werke Ṭabarîs

Abû l-Ḥasan ʿAlî b. Sahl Rabban aṭ-Ṭabarî wurde als Sohn eines nestorianischen Christen, wahrscheinlich in Merw, geboren (1). Sein Vater war ein angesehener Gelehrter, der sich vor allem mit Astronomie zu beschäftigen schien und den Ehrennamen "*Rabban*" (2) erhielt. ʿAlî selbst beschäftigte sich mit Medizin und Biologie und verfaßte darüber einige Bücher, die zu den ältesten Werken der arabischen wissenschaftlichen Literatur zählen. Besonders bekannt wurde das "*Firdaus al-Ḥikma*" (Paradies der Weisheit) (3). Zunächst am Hofe des auf seine Unabhängigkeit bedachten persischen Fürsten Mazyâr und später am Khalifenhofe in Bagdad gelangte er zu Ansehen und Ehren. Mit 70 Jahren trat er während der Herrschaft des Khalifen Muʿtaṣim (218/833 - 227/842) zur "ḥanifischen Religion des Islam" über (4). Der Khalife Mutawakkil (232/847 - 247/861) erwählte ihn unter seine Tischgäste (5). Er war es wahrscheinlich auch, der ʿAli aṭ-Ṭabarî zur Abfassung des "*Kitâb ad-dîn wa-d-daula*" (Buch über Religion und Reich) ermunterte (6), in dem er sich darum bemüht, das Prophetentum Mohammeds insbesondere aus der Bibel zu beweisen. Über den Tod Ṭabarîs ist nichts bekannt.

In der Beurteilung des Lebens und Werkes von ʿAlî aṭ-Ṭabarî hat es in der modernen Orientalistik einige Meinungsverschiedenheiten gegeben. So kam es zwischen M.Z. Siddiqi und M. Meyerhof zu einer Kontroverse über das Geburtsjahr Ṭabarîs, über das sich in den Quellen keine Anhaltspunkte finden. Siddiqi meinte, es auf etwa 158/775 festlegen zu können (7). Meyerhof hat ihm jedoch heftig widersprochen und versucht, ihm einige Fehlinterpretationen und Namensverwechslungen nachzuweisen (8). Sein wichtigstes Argument ist das hohe Alter, in dem ʿAlî aṭ-Ṭabarî seine bedeutendsten Werke dann verfaßt haben müßte; denn für das Erscheinungsjahr des "K. ad-dîn" wird seit Mingana das Jahr 240/855 angesehen (9) - Ṭabarî wäre dann ungefähr 80 Jahre alt gewesen. Meyerhof selbst nahm das Jahr 192/808 als Geburtsjahr Tabaris an, und Brockelmann ist ihm darin gefolgt (10).

Allerdings kannte Meyerhof den "*Radd ʿalà n-Naṣârà*" (Widerlegung der Christen) noch nicht. Dieses Buch ist, da Ṭabarî es im "K. ad-dîn" zitiert, vor 855 geschrieben. In ihm berichtet der Verfasser, daß er mit 70 Jahren zum Islam übergetreten sei (11). Er selbst bestätigt damit das hohe Alter, in dem er zumindest seine beiden religiösen Werke verfaßt hat. Gleichzeitig ist damit die von Meyerhof ohne Begründung vorgebrachte These widerlegt, daß Ṭabarî erst 855, also dem Erscheinungsjahr des "K. ad-dîn", zum Islam übertrat. Dieser Schritt muß bereits früher vollzogen worden sein, und es besteht kein zwingender Grund, der Überlieferung Ibn an-Nadîms zu mißtrauen, daß Ṭabarî zur Zeit Muʿtasims, also vor 227/842, Muslim wurde (12). Ṭabarîs eigene Angabe über sein Alter während seiner Konversion zum Islam ist jedenfalls eine wichtige Stütze für Siddiqis und gegen Meyerhofs Datierungsversuch; er hat seine wichtigsten religiösen Bücher tatsächlich als Greis geschrieben.

Eine weitere Kontroverse um Ali at-Tabari hatte bereits vor derjenigen zwischen Meyerhof und Siddiqi begonnen, als nämlich Père M. Bouyges die Echtheit des "Kitâb ad-dîn wa-d-daula" bestritt und behauptete, dieses Buch sei eine Fälschung aus dem 19. Jahrhundert (13). Er hatte die bisher einzig bekannte Handschrift des "Radd" entdeckt und konnte sich nicht dazu entschließen, seinen Verfasser ʿAlî aṭ-Ṭabarî mit dem Verfasser des "K. ad-dîn" zu identifizieren. Père Bouyges fand für seine Ansicht jedoch kaum Mitstreiter (14). Nach der Edition des "Radd" stellte sich heraus, daß kein Grund vorhanden ist, die Zweifel von Père Bouyges aufrechtzuerhalten. Im "K. ad-dîn" erwähnt Ṭabarî zweimal ein früher von ihm verfaßtes Buch gegen die Christen. Trotz der Variante in der Titelangabe - das erste Mal wird das Wort "*aṣnâf*", Sekten, hinzugefügt - dürfte dasselbe Buch gemeint sein (15).

Ṭabarî schreibt, er habe in seinem früheren Buche nachgewiesen, daß die Worte "*Allâh*" (Gott) und "*rabb*" (Herr) auch auf Menschen angewendet wurden. Dieser Nachweis findet sich gegen Ende der uns vorliegenden Ausgabe des "Radd", wo Ṭabarî ausführt:

> Die Inder, Romäer (Byzantiner), Syrer, Hebräer, Perser und Kopten nennen immer wieder ihre Könige "Gott" und alle Sterne "Himmelsleuchten" oder "Götter". Mose sagt im 1. Buche der Tora, daß die Söhne Gottes zu den Töchtern der Menschen eingingen, sie folgten ihnen, als sie ihre hervorragende Schönheit sahen und vermählten sich mit ihnen. Ferner sagte Gott zu Mose im Buche der Erzählung des Exodus: "Ich habe dich zu einer Gottheit über Pharao gemacht". Auch David sagte im 82. Psalm, in

> dem er zu einer Volksmenge in (der Kraft des) Geistes sprach: "... Ich habe gemeint, daß ihr Götter seid und Kinder Gottes alle zusammen" ... Das Wort "Herr" wird auch auf die Besitzer angewandt. So sagt man: dieser ist der Herr des Hauses (rabb al-bait) oder der Herr des Vermögens (rabb al-mâl) - usw. (16).

Diese Übereinstimmung mit den Angaben im "K. ad-dîn" dürfte als Grund ausreichen, ʿAlî aṭ-Ṭabarî als den Verfasser beider Werke zu betrachten (17).

Die Gründe für Tabaris Glaubenswechsel

Ṭabarî gibt keinen äußeren Grund an, der ihn zum Glaubenswechsel hätte veranlassen können. Aus dem "K. ad-dîn" wird allerdings deutlich, daß es die Siege des Islam über seine Gegner waren, die er als Wunder und "Gottesgericht zugunsten dieser neuen Religion sah" (18). Nicht nur allgemeine Kontemplation über den Lauf der Geschichte, sondern auch persönliche Erfahrung scheint ihn zu dieser Einsicht geführt zu haben, da sein früherer Gönner, der aufständische Perserfürst Mazyâr (19), trotz seiner beachtlichen Streitmacht auf die Dauer dem Heere des "*Amîr al-muʾminîn*" nicht gewachsen war und schließlich gefangen genommen und hingerichtet wurde.

Aber offensichtlich bewegte ihn nicht nur der Eindruck, den diese politischen Erfolge der jungen Religion auf ihn machten, zum Glaubenswechsel. Das klare und einfache Bekenntnis der Muslime zu dem Einen Gott und der unteilbaren Einheit seines Wesens wird ihn ebenfalls in seiner Entscheidung beeinflußt haben. Er sah in ihm die Lösung des Problems, das die Nestorianer von der antiochenischen Theologie geerbt und noch schärfer herausgestellt hatten: das Problem, wie der Ewige, Unendliche in der Person eines zeitlichen, endlichen Menschen gegenwärtig sein kann. Indem die Muslime diese Präsenz strikt bestritten, wahrten sie die absolute Transzendenz und unveränderliche Ewigkeit Gottes. Gleichzeitig sah er darin, daß die ihm äußerst unsympatische "Aufteilung" der Person Christi in einen göttlichen und einen menschlichen Teil (20) zurückgewiesen wird, die Möglichkeit, die Einheit der Person Christi zu bewahren. Christus wird ganz in die Reihe der vergänglichen Geschöpfe geordnet, und damit sind die dogmatischen Schwierigkeiten der Christen behoben.

ʿAlî aṭ-Ṭabarî schrieb seine beiden apologetischen Werke als Muslim. Dennoch dringt in der Methode seiner Darstellung und Beweisführung immer wieder sein christliches Erbe durch. So liegt ihm beispielsweise viel daran, seine Ansichten durch Schriftbeweise zu stützen. Er würde sogar sagen können, daß er gar nichts anderes lehre als das, was in der Schrift steht. Er versteht sich als Exeget, nicht als Philosoph, und als Exeget will er seinen christlichen Gesprächspartnern, die immer noch nicht den Weg zum "wahren Glauben" gefunden hatten, die Irrtümer ihres Glaubens aufweisen. Seine Exegese ist weder metaphorisch noch wendet er den Analogieschluß an, obwohl sich beide Möglichkeiten in der islamischen Koraninterpretation der Zeit bei einigen Gruppen gewisser Beliebtheit erfreuten (21). Vielmehr hält er sich strikt an den Wortlaut der von ihm reichlich zitierten Schriftstellen und gibt, wo nötig, philologische Erklärungen; damit blieb er der nestorianischen, von den Antiochenern ererbten Methode treu. Diese Bemerkungen treffen allerdings mehr auf den "Radd" zu als auf das "K. ad-dîn"; in ihm erfordern seine Deutungen, die er den Texten entnehmen will, größere Weitschweifigkeit.

Beachtlich ist ferner, daß Tabari den islamischen Vorwurf des "*taḥrîf*", der tendenziösen Verdrehung des Wortlautes der biblischen Schriften, nicht erhebt (22). Für ihn ist nicht die Schrift selbst, sondern vielmehr der Glaube der Christen, die sich auf sie berufen, verdreht, und deshalb ist er darum bemüht, die Unvereinbarkeit des christlichen Glaubensbekenntnisses mit dem Text der Bibel zu beweisen.

Allerdings kann er auch als Exeget nicht auf den Gebrauch der Vernunft verzichten. Die Vernunft ermöglicht es dem Exegeten ebenso wie den anderen Anhängern der Religion, zwischen Wahrem und Falschem zu unterscheiden; ohne sie gibt es keine Gotteserkenntnis (23). Sie hilft somit auch, unter den verschiedenen Religionen die richtige zu erkennen, indem sie die Widersprüche der menschlichen Systeme aufdeckt und die Klarheit und Einfachheit der wahren göttlichen Religion einsichtig macht.

> Wer nicht die Vernunft gebraucht, ist unwissend; wer unwissend ist, geht in die Irre; wer aber in die Irre geht, der ist dem Unglauben verfallen (24).

Eine islamische Glaubensregel

In seinem "Radd", der im Folgenden hauptsächlich behandelt wird, wendet sich Tabari gegen das Dogma von der Gottheit Jesu. Nachdem er die Disposition seiner Schrift mitgeteilt hat, bringt er zunächst eine islamische "*regula fidei*", die aus seiner eigenen Feder stammen dürfte (25). Sie ist, wie das christliche Bekenntnis, dreigliedrig; gegenüber den aus dem Einheitsbekenntnis und dem Bekenntnis zum Prophetentum Mohammeds bestehenden "*šahâdatân*" (26) ist sie um einen dritten Artikel vermehrt, der, wie der Schluß des christlichen Credo, eschatologische Aussagen enthält. Herr des Gerichts ist nicht Christus, sondern Gott. Die "*umma*", das islamische Gottesvolk, findet keine Erwähnung.

Naturgemäß ist der erste Artikel, der Gott beschreibt, am längsten. Die meisten Attribute, mit denen Gott hier beschrieben wird, entstammen dem Koran. Aber auch diejenigen, die sich nicht wörtlich aus dem Koran belegen lassen, stehen der Theologie des islamischen Buches nahe. Es geht hier nicht - oder jedenfalls nur ganz am Rande - um Aussagen über Gottes "Sein an sich". Im Vordergrund steht die Beziehung Gottes zur Schöpfung. Auch darin besteht wieder eine formale Parallele zum christlichen Credo. Aber in Tabaris islamischer Glaubensregel kommt es auf Gottes aktive Souveränität und Herrschaft über die Schöpfung an. Beide werden immer wieder unter neuen Aspekten betont. Sein Wirken vollzieht sich aus der Distanz. Eine Präsenz Gottes in der Schöpfung, die im christlichen Bekenntnis einer der wesentlichen Punkte des zweiten Artikels ist und in der Inkarnation ihren stärksten Ausdruck erhält, ist bei Ṭabarî durch Gottes absolute Andersartigkeit ausgeschlossen.

Der zweite Artikel in Ṭabarîs Glaubensbekenntnis fordert die Anerkennung Mohammeds als Prophet, der, wie im Islam üblich, in eine Reihe mit den anderen, aus der Bibel bekannten Propheten gestellt wird. Dadurch soll dem Argument begegnet werden, er habe den biblischen Lehren widersprechende Offenbarungen verkündet und sich somit als Pseudoprophet erwiesen. Der grundlegende Fehler, der nach Ansicht Ṭabarîs die Christen zur Abweisung Mohammeds führt, ist, daß sie zwischen den Propheten Unterschiede machen und nicht allen von ihnen dieselbe Würde zubilligen. Ṭabarî steht hier auf dem Boden der koranischen Theologie, wenn er betont, daß die Muslime die Propheten nicht unterschiedlich einstufen.

Die Anerkennung von Mohammeds Prophetentum hätte dann notwendig die Anerkennung des Islam als von Gott geoffenbarter Religion und den Verzicht auf alle Lehren, die nicht mit den vom Islam verkündeten übereinstimmen, zur Folge. Deshalb ist das Verhältnis zu Mohammed das entscheidende Kriterium, und im "Zweifel der Christen an dem, was den Propheten betrifft", sieht Ṭabarî an anderer Stelle den ersten von vier Gründen, die die Christen vom Islam fernhalten (27).

Sieben Fragen an die Christen

Nach der Darlegung dieser islamischen Glaubensregel stellt und kommentiert ʿAlî aṭ-Ṭabari sieben Fragen, mit denen er seine Gegner mundtot zu machen hofft. Als authentische Wiedergabe des christlichen Glaubens sieht er das christliche - genauer: das nestorianische, auf das er sich beruft - Glaubensbekenntnis an, an dem er sich daher in seiner Widerlegung des christlichen Glaubens im wesentlichen orientiert (28). Seine Aufgabe sieht er darin, die innere Widersprüchlichkeit dieser "Glaubensregel" (*šarī'at al-imân*) (29) und vor allem ihre Unvereinbarkeit mit dem Text der Bibel aufzudecken. Er stellt die Christen vor die Alternative, entweder den Aussagen der Bibel zu folgen und damit ihren bisherigen Glauben an diese Regel aufzugeben, oder aber, wenn sie dazu nicht bereit sind, wenigstens offen die Gottlosigkeit dieses Glaubens zuzugeben.

In den sieben Fragen geht es um folgende Themen: 1. Können sich die Christen zu dem von ihm, Tabari, beschriebenen Einheitsbekenntnis (*tauḥîd*) bekennen? 2. Sind die Attribute, mit denen Jesus sich selbst beschrieb, teilweise wahr und teilweise falsch? 3. Ändert sich der ewige Schöpfer gegenüber einem früheren Zustand oder gegenüber seiner früheren Natur (*ǧauharîya*), behaften ihn Krankheiten und der Tod oder nicht? 4. Ist die Glaubensregel - zu der sich alle Christen ohne Unterschiede bekennen - vom Anfang bis zum Ende wahr oder in ihrer Gesamtheit falsch, oder ist sie teilweise richtig und teilweise falsch? 5. Ist der Christus der ewige Schöpfer entsprechend ihrer Glaubensregel oder ist er ein erwählter Mensch (*insân muṣṭafà*), wie es unserer (d.h. der islamischen) Glaubensregel entspricht, oder ist er Gott und Mensch, wie "einige ihrer Sekten" sagen? 6. Lebte Christus in einem bestimmten Lande und zu einer bestimmten Zeit oder nicht? 7. Sind der Vater und Christus identisch oder sind sie zwei verschiedene Personen (30)?

Das Hauptanliegen, um das es Ṭabarî in diesen sieben Punkten geht, ist der Nachweis, daß die Christus zugeschriebenen Attribute seine Unterscheidung vom Schöpfer und seine Zugehörigkeit zur Schöpfung aussagen. Es fällt auf, daß er in seiner Argumentation diejenigen Handlungen, die in der christlichen Tradition als Idiomata der göttlichen Natur in Christus betrachtet wurden - wie z.B. die Krankenheilungen, die Totenerweckungen usw. - nicht erwähnt. Auf sie kommt er erst am Schluß seiner Abhandlung zu sprechen. Hier aber beschränkt er sich auf solche Attribute, in denen auch vor ihm schon die kirchlichen Theologen Idiomata der menschlichen Natur Christi sahen.

Im ersten Fragenkomplex wirft Ṭabarî den Christen vor, daß sie im Grund vier Götter verehrten: den Vater, den Sohn, den Heiligen Geist und einen ewigen Menschen, nämlich Jesus Christus (31). Für Tabari aber ist Jesus geschaffen, ein Mensch und von Gott zu den Menschen gesandt, um seinen prophetischen Auftrag zu erfüllen. Christus selbst hat sich, wie alle Evangelien bezeugen, zu diesem Auftrage bekannt. Seine Äußerungen über den Vater, der ihn gesandt hat und dessen von seinem eigenen Willen verschiedenen Willen er auszuführen hat, machen deutlich, daß zwischen ihm und Gott ein Unterschied besteht. Dafür sucht Ṭabarî im 2. Fragenkreis den Beweis zu erbringen (32).

Im dritten Fragenkreis (33) betont er die Unveränderlichkeit des ewigen Schöpfers. Da das christliche Bekenntnis Christus sowohl als "wahren Gott von wahrem Gott" bezeichnet als auch sagt, daß er gekreuzigt wurde und starb, deckt es damit selbst seine Verkehrtheit auf.

Aber nicht allein die Aussagen über Gott, sondern auch ihre - seiner Meinung nach - innere Widersprüchlichkeit überführen die christliche Glaubensregel der Verkehrtheit, wie Ṭabarî unter Punkt 4 ausführt. Denn selbst dann, wenn die Christen zugeben würden, nur ein Teil von ihr wäre falsch, würden sie damit ihren Glauben preisgeben - ganz abgesehen davon, daß in der Verkehrtheit eines Teils die Verkehrtheit des Ganzen erkennbar wird (34). Ironisch paraphrasiert er den ersten Artikel und den Beginn des zweiten:

> Wir glauben an dich, du einer Gott, und daß du Schöpfer alles dessen bist, was wir sehen, und alles dessen, was wir nicht sehen. Und dann fahren sie fort: Jawohl, o Herr, wir glauben ebenfalls an einen anderen Gott. Der ist der Schöpfer aller Dinge gleich wie du. Wenn jemand mit solcher Rede einen Herrn (saiyid) oder einen Herrscher anspräche, dann würde dies seinen Schwachsinn aufdecken und zeigen, wie gering er dessen Macht einschätzt. Wie aber erst derjenige, der sich mit solchen Worten an den ewigen Schöpfer wendet - Gott sei erhaben vor solchem Gerede! (35).

Im fünften (36) und sechsten (37) Fragenkomplex verweist Ṭabarî auf jene körperlichen Merkmale Christi, die ihn in die Reihe der geschaffenen Dinge einordnen. Dazu gehört, daß Jesus aus Fleisch und Blut bestand, daß er wuchs, aß und trank, und daß er einen örtlich und zeitlich begrenzten Körper besaß, wovon er sich vom unbegrenzten und zeitlosen Schöpfer unterscheidet. Auch hier unterstreicht Ṭabarî seine Ausführungen durch eine Reihe von Schriftzitaten (38).

In der siebten Frage schließlich, mit der Ṭabarî seine Gegner aus dem Felde zu schlagen hofft, weist er darauf hin, daß sich Christus und Gott hinsichtlich ihres Wissens unterscheiden, d.h. daß Christus beispielsweise das Attribut des Nichtwissens im Blick auf "die Stunde" eignet, und daß Christus kam, um zu dienen (39), während Gott der Herr aller Diener und Sklaven ist. Die Christen verdrehen jedoch die Worte Christi, wenn sie ihn und Gott gleichsetzen. Tabari vergleicht sie deshalb mit den Magiern, weil sie wie jene schließlich die Existenz von zwei verschiedenen Göttern annehmen, und mit der Sekte der "*Dahrîya*" (40). Im Blick auf die Jakobiten weist er dann auf die beiden Möglichkeiten hin, die allein aus der hier entstandenen Aporie herausführen können: entweder habe Christus gelogen, als er sagte, daß er die Stunde nicht wisse, oder er habe damit auf den gewaltigen Unterschied zwischen sich und Gott hingewiesen.

Zum Verhältnis von "Vater" und "Sohn"

Die zwölf Muslimen und Christen gemeinsamen Ansichten über das Gottesbild, die Tabari anschließend vorbringt, stellen noch einmal Gottes Andersartigkeit und Unähnlichkeit mit allem Geschöpflichen heraus und bieten ihm für die nächsten Abschnitte seines Traktats Kriterien, mit denen er die Lehre von der Gottheit Christi widerlegt (41). Für die Christen, so führt er u.a. aus,

> ist der Unsterbliche sterblich geworden, und der, der - wie sie meinen - gekreuzigt wurde und starb, ist Gott geworden, der keinen Anfang und kein Ende hat (42). Mit solchem Gerede stellen die Christen alle Dinge auf den Kopf (43).

In den Geschlechtsregistern Jesu stehe, daß er der Sohn Davids und Abrahams sei. Aber er war auch nach Meinung der Christen vor David und Abraham, die er geschaffen habe. Damit haben sie den geborenen Sohn zum Großvater seiner eigenen Großväter gemacht; er ist der Schöpfer seiner Väter (44).

Tabari stellt nicht die ethischen Bemühungen der Christen in Frage, die er allerdings auch bei Juden und Magiern anerkennen kann. Aber nicht die guten Werke, die die Dahriya ebenfalls fordert, sind das Entscheidende, sondern das Vertrauen auf die Erkenntnis Gottes und den Glauben an ihn.

> Wenn jemand glaubt, daß sein Schöpfer ein Stein sei oder ein Baum oder ein Lasttier oder ein Mensch, und sich dann Mühe gibt diesen Gegenstand zu verehren, so wird ihm doch sein Fasten, Almosengeben oder sein Gottesdienst nichts nützen (45).

Danach zitiert Ṭabarî das (nestorianische) Glaubensbekenntnis, um die Unvereinbarkeit des ersten Artikels mit der ersten Hälfte des zweiten Artikels aufzuzeigen, wobei er häufig auf die bereits vorgebrachten Argumente zurückgreift. Wenn die Christen sagen, Jesus Christus sei der Erstgeborene oder der Geschöpfe (*bikr al-ḫalâ'iq*) dann bedeutet das seiner Meinung nach, daß er ebenfalls ein Geschöpf ist, wie der Erstgeborene der Menschen ebenfalls ein Mensch ist,

> denn der "Erstgeborene" (al-bikr) bedeutet: er ist der erste (al-auwal) (46).

Aber auch in der Aussage selbst, daß Christus geboren wurde, ist bereits eine Trennung zwischen dem Geborenen und dem Erzeuger zugegeben.

> Wenn der Vater etwas Neues (šai'an ḥadīṯan) zeugt, dann kann der Sohn nur der Zeitlichkeit unterworfen sein (muḥdaṯ) (47).

Für den Namen "*Masîḥ*" (Christus) findet Ṭabarî die durch Beispiele belegte grammatische Erklärung, daß im Syrischen und Hebräischen das part. pass. nach dieser Form gebildet wird; im Arabischen entspricht dem die Form "*mamsûḥ*" (gesalbt). "*Masîḥ*" sei kein himmlischer, göttlicher Name, da die Juden auch ihre Könige und Propheten salbten.

> Gott aber salbte ihn (sc. Christus) nur deshalb, weil er ein auserwählter und gesegneter Mensch war, und weil er sein Gott war (48).

Etwa 20 000 Verse der Bibel sprechen über die Menschheit Jesu, daß er gesandt wurde und Gott ihn von den Toten auferweckte, daß er einen Herrn hat. Die Schuld an dieser Glaubensregel tragen jene 318 Priester - gemeint ist die Synode von Nicäa 325 -, die "aus allen Sekten der Christen" und "aus allen Himmelsrichtungen" kamen, um gemeinsam zu beraten und sie zusammenzustellen, ohne sich um die ihnen widersprechenden Verse zu kümmern. Die Grundlagen ihres Denkens lagen für Ṭabarî jenseits des Vernünftigen, und er hat den Verdacht, daß sie "aus innerer Zuneigung" zu "den Königen der romäischen Philosophie und anderen Vertretern der *Dahrîya* und *Ṯanawîya* zu ihren Schlüssen kamen (49). Er meint damit, daß die wesentliche Andersartigkeit des Schöpfers gegenüber den Geschöpfen aufgehoben und Gott den Geschöpfen angeglichen wird.

Wenn aber der Engel Gabriel zu Maria sagt, daß das von ihr Geborene von Gott erwählt sei, und bei der Taufe Jesu die himmlische Stimme ebenfalls sage, daß "dies mein geliebter Sohn ist, den ich erwählt habe" (50), dann ist bereits aus grammatischen Gründen eine Identität zwischen Gott und Christus aufgehoben, da der Erwählende (*al-muṣṭafî*) separates Subjekt sei, der Erwählte (*al-muṣṭafà*) dagegen Objekt (51).

Am Schluß seines Buches weist Ṭabarî darauf hin, daß auch die außerordentlichen Eigenschaften Jesu, die die Christen als Beweis für seine Gottheit nehmen, ihre Parallelen haben. Die Erschaffung Adams, der weder Vater noch Mutter hatte, sowie der Engel, die nicht aus Materie bestehen, ist ebenso wunderbar wie die Erschaffung Christi. Ferner führte auch Elia Totenerweckungen aus, und dem Wandel des Messias auf dem Meer sei das Wunder des Mose am Schilfmeer entgegenzuhalten. Auch die Himmelfahrt berechtige nicht dazu, aus Christus einen Gott zu machen; Henoch und Elia seien ebenfalls beide in den Himmel aufgefahren, wo sie noch heute leben und geehrt werden (52).

Daran anschließend kommt Tabari zum merkwürdigsten Abschnitt des ganzen Traktats. Bis hierher hatte er sich bemüht, die Unmöglichkeit der Bezeichnung Christi als Gott aufzuzeigen. Nun plötzlich findet er eine Reihe von Belegen, in denen auch andere Menschen als Gott oder Herr (*rabb*) bezeichnet werden (53). Auffällig daran ist, daß Ṭabarî diese Stellen positiv werten und in seine Beweisführung einordnen kann, indem er die Einmaligkeit Christi mit dem Hinweis darauf bestreitet, daß neben ihm auch andere Menschen als Götter bezeichnet wurden. Hier zeigt es sich nun, daß er sich noch nicht völlig auf die Grundstimmung seiner neuen Religion eingestellt hat. Für einen genuinen Muslim wären diese Argumente nämlich unbrauchbar, weil sie mit dem Odium des "*širk*" behaftet sind. Die Bezeichnung "*ilâh*" (Gott, Gottheit) und "*rabb*" sind für einen Muslim ausschließlich auf Gott anwendbar, und die Erzsünde des *širk* besteht ja gerade darin, daß diese Ausschließlichkeit mißachtet wird.

Diesen Grundzug des islamischen Gottesverständnisses, der in dem unbeugsamen und jede Konkurrenz im Keim vernichtenden Herrscherwillen Gottes zum Ausdruck kommt, hat Ṭabarî noch nicht in seiner ganzen Tragweite erfaßt.

Die Begriffe "Vater" und "Sohn" haben, wie er hieran anschließend ausführt, auch sonst in der Sprache zwei Bedeutungen: eine natürliche und eine übertragene. Dem Wort "Sohn" oder "Geborenes" (*maulûd*) haftet *per definitionem* die Bedeutung an, daß es einen Anfang hat. "Ewig" (*azalî*) dagegen bedeutet "ohne Anfang und ohne Ende".

> Wenn der Sohn ewig wäre, dann hat das Wort "geboren" bei ihnen keinen Sinn, sondern es ist falsch (54).

Darin sieht Ṭabarî einen weiteren Beweis dafür, daß das christliche Bekenntnis jeder Logik entbehrt, daß der Sohn manchmal hinsichtlich der Ewigkeit als seinem Vater gleich, ein andermal als ihm ungleich bezeichnet wird, weil er geboren ist.

> Wenn der Ewige, Anfanglose, als geborener Sohn bezeichnet wird, dann nennen sie folglich den Vater Sohn und den Sohn Vater (55).

Es müßten deshalb beide Anspruch auf den Namen "Vater" haben und beide gleich hinsichtlich ihrer Macht und ihres Wesens sein. Dem aber widerspricht das Bekenntnis. Damit ist die Blindheit ihres Geredes erwiesen und keiner der Verständigen (*al-ʿuqalâʾ*) wird es je annehmen, meint Ṭabarî (56). Der Schluß, zu dem er kommt, ist, daß Christus von Gott gesandt ist, d.h. er ist Prophet wie jeder andere Prophet.

Ṭabarîs Polemik auf dem Hintergrund der christologischen Streitigkeiten

ʿAlî aṭ-Ṭabarîs "Widerlegung der Christen" zeichnet sich weniger durch eine Fülle origineller Gedanken aus als vielmehr durch das Vermögen, dieselben Argumente in immer neuen Variationen seinem Leser vorzulegen. Wo es ihm gelingt, einen interessanten Gesichtspunkt herauszustellen, sucht man vergeblich nach einer anschließenden kritischen Auseinandersetzung, die die Einordnung dieses Gesichtspunktes in das gesamte Denken Ṭabarîs ermöglichen könnte. Dies gilt z.B. für den eingangs erhobenen Vorwurf des Tetratheismus. Eine Erklärung dafür, warum er den "Sohn" und den "ewigen (!) Menschen Jesus Christus" als zwei Personen betrachtet, gibt er nicht. Es legt sich zunächst die Vermutung nahe, er habe den Mythos von einem Urmenschen im Auge. Aber in seinem Traktat finden sich keinerlei Hinweise, daß er sich mit einem Mythos auseinandersetzt. Auch aus den dogmengeschichtlichen Streitigkeiten, die seiner Zeit vorausgegangen waren, läßt sich nicht belegen, daß neben dem Sohn noch ein ewiger Mensch als Hypostase der Gottheit angesehen wurde.

Wohl wurde bereits in dem Streit um die Theologie Theodors von Mopsuestia und seiner Schüler der Vorwurf erhoben (57), daß die - und letztlich die antiochenische Theologie überhaupt - zu einer Aufspaltung Christi in zwei Söhne führe. Hier wäre dann aber der eine Sohn ewig, während der andere eindeutig als geschaffen angesehen würde. In der antinestorianischen Polemik verstärkte sich diese Beschuldigung, gegen die sich die Nestorianer entschieden zur Wehr setzten. In den Thesen, die dem nestorianischen Bekenntnis von 612 (58) angefügt sind (59), findet sich eine Reihe, die den Vorwurf der Quaternität abweist. Gerade dadurch, daß zwischen der göttlichen, ewigen und menschlichen, geschaffenen Natur strikt unterschieden und letztere auch als Hypostase von der Hypostase des Logos abgehoben wird, verhindern die Nestorianer ihrer Meinung nach eine Erweiterung der Trinität um eine vierte, aus der menschlichen Natur hervorgegangene oder mit der göttlichen Hypostase vereinigte Person. Den Vorwurf der Quaternität kehrten sie vielmehr gegen ihre Gegner, die ihrerseits durch ihre Definition, daß Christus "eine Hypostase aus zwei Naturen" sei, die göttliche Trinität um ein neues Element erweitern. So mußten sich auch die orthodoxen Theologen dagegen absichern, daß durch ihre Zweinaturenlehre nicht unter der Hand eine vierte Person in die Trinität eingeführt wurde (60).

Da Ṭabarî aber - was für einen ehemaligen Nestorianer immerhin bemerkenswert ist - die Unterscheidung der beiden Naturen nur bei Sekten, die er nicht für repräsentative Vertreter des Christentums hält, finden will, selbst aber die Einheit und Ewigkeit des "Menschen Jesus Christus" als authentische "christliche" Lehre behauptet, ist es fraglich, ob im Hintergrund seines Vorwurfs des Tetratheismus die Streitigkeiten stehen, die die christlichen Theologen um die angebliche Quaternität geführt hatten. Möglich ist allerdings, daß Ṭabarî sich an eine andere Lehraussage der Nestorianer erinnert. In dem erwähnten nestorianischen Bekenntnis von 612 heißt es am Schluß, daß nach Acta 1,11 die Apostel

> uns deutlich davon unterrichten, daß die Hypostase der Menschheit (Christi) in den Himmel aufstieg, daß sie weder aufgegeben noch verändert wurde, sondern daß sie in einer unlösbaren Einheit mit ihrer Göttlichkeit bleibt, mit ihrer erhabenen Herrlichkeit, mit der er (d.h. Christus) bei seiner letzten Offenbarung in den Himmeln erscheinen wird (61).

Diese Aussage war keineswegs eine einmalige, bald wieder in Vergessenheit geratene Formel, sondern sie gehörte zu dem lebendigen Traditionsgut der Nestorianer (62). Hieran anknüpfend kann Ṭabarî zu der Vorstellung von einem himmlischen Menschen Jesus Christus gekommen sein, den er entweder aufgrund eines Mißverständnisses oder aus Unverständnis als ewigen Menschen betrachtete.

Da er, worauf bereits hingewiesen wurde, eine Unterscheidung der beiden Naturen Christi nicht kennt - oder nicht kennen will -, ist es aus seiner Sicht folgerichtig, wenn er die menschlichen Äußerungen Christi so betrachtet, als gehörten sie zu seinem ewigen Wesen. Damit kann er dann den Christen eine Christologie unterstellen, die derjenigen ähnelt, die dem Apollinaris von Laodicea seitens seiner Gegner vorgeworfen wurde.

Apollinaris ging es darum, die Einheit der Person Christi zu betonen. Der Mensch besteht seiner Meinung nach aus *psychê* ("Seele") und *sarx* ("Fleisch"). In Christus hat der göttliche Logos die *psychê* ersetzt und sich mit der *sarx* zu einer neuen, göttlich-menschlichen *physis* ("Natur") verbunden, die an den Idiomata beider Naturen teilhat, sodaß er sagen kann, Gott sei gekreuzigt worden und gestorben (63). Die Gegner warfen Apollinaris vor, daß er damit im Grunde die Präexistenz des Fleisches behaupte, wenn er die Einheit der Person Christi herausstelle und an der Präexistenz des Logos unverändert festhalte.

Dieser Vorwurf wurde zu Unrecht erhoben, weil für Apollinaris die *sarx* Christi in der Jungfrau Maria entstanden ist und keinen Anteil an der göttlichen *usia* (am göttlichen "Wesen") erhält. In unserem Zusammenhang ist jedoch wichtig, daß Apollinaris Gegner ihm ebenfalls die Anschauung von der Ewigkeit des gesamten Christus unterstellten, dasselbe also, was wir von ʿAlî aṭ-Ṭabarî als Argument gegen die Christen hörten. Wenn sich auch nicht nachweisen läßt, daß Ṭabarî die Argumente der Antiapollinaristen gekannt hat (64), so hat er sich dennoch eine Basis für seine antichristliche Polemik geschaffen, die derjenigen der Gegner des Apollinaris entspricht. Seine Argumentation ist so ausgerichtet, daß er seinen Gegnern ohne weiteres unterstellt, sie verträten konsequent eine Idiomenkommunikation. Damit fällt es ihm von seinen, den Christen untergeschobenen Voraussetzungen aus nicht schwer, das von ihm aus seinem Kontext isolierte Dogma von der Gottheit Christi zu widerlegen. Er stellt den auf den ewigen Schöpfergott bezogenen Attributen die Äußerungen der menschlichen Natur gegenüber und schließt auf ihre Unvereinbarkeit: Was sich wie die geschaffenen Dinge verhält, kann nicht der ewige Schöpfer sein. Er macht damit deutlich, daß es für ihn nur ein streng einheitliches, "monophysitisches" Verständnis der Person geben kann, wobei seine Natur selbstverständlich der "menschlichen" entspricht.

Am deutlichsten wird dieses einheitliche Verständnis der Person Christi in der fünften Frage (65). Zwar versucht Ṭabarî, die Zweinaturenlehre anzusprechen, aber es gelingt ihm nicht, sie zu diskutieren, weil er sofort die menschliche Natur (Fleisch und Blut) mit dem ewigen Schöpfer identifiziert. Damit entzieht er dem Problem die Brisanz und redet an seinen Gesprächspartnern, zumindest an den Melkiten und Nestorianern, vorbei. Betrachtet man Ṭabarîs Argumente genauer, dann findet man überhaupt nur wenig, was sich nicht in der antimonophysitischen Polemik eines konsequenten Vertreters der Zweinaturenlehre unterbringen ließe.

Zu diesem Wenigen würde seine im "Radd" nur angedeutete Prophetologie gehören, die der koranischen Prophetologie entspricht. Im übrigen unterscheidet er sich von den Nestorianern seiner Zeit im wesentlichen dadurch, daß er jede Art von göttlicher Präsenz in Christus bestreitet und auch nicht hinsichtlich der ethischen Qualitäten der menschlichen Natur Christi, die für die Nestorianer als Ursache für die Einwohnung der Gottheit galten, Zugeständnisse macht. Das Besondere Christi liegt in seiner Erwählung, aber gerade darin steht er auf einer Stufe mit den anderen erwählten Gottesmännern, den Propheten; was ihn von den durchschnittlichen Menschen unterscheidet, hebt ebenso jeden anderen Propheten von seinen Mitmenschen ab. Es ist hauptsächlich die Befähigung, Wunder zur Beglaubigung der Sendung zu tun.

Der Vergleich der Christen mit anderen Sekten

Ṭabarî vergleicht die Christen gelegentlich mit der *Dahrîya*, einer Sekte, die der Gottlosigkeit beschuldigt wurde. Er war nicht der erste, der Christen und Dahriten in einem Atemzug nannte. Ṯumâma b. Ašras an-Numairî (st. 213/828), einem Muʿtaziliten, wurden zwei ketzerische Ansichten angelastet, deren eine besagt, daß die Massen der *Dahrîya*, der Christen und der *Zanâdiqa* (66) in der kommenden Welt zu Staub werden (67); weil Gott ihnen kein Wissen gab, können sie ebenso wenig wie die Tiere zur Rechenschaft über ihren Irrglauben gezogen werden - deshalb können sie weder ins Paradies aufgenommen noch zur Hölle verdammt werden. Und Ibn ar-Râwandî machte Ǧaʿfar b. Mubaššir al-Qaṣabî (st. 232(848), einem der Führer der Bagdader Muʿtazila, den Ausspruch zum Vorwurf, daß es

> unter den muslimischen Sündern einige gibt, die noch schlechter sind als die Juden, Christen, Magier, Zanâdiqa und Dahrîya (68).

Einen Muslim, auch wenn er ein schlechter war, unter einen "Ungläubigen" zu stellen ging denn doch zu weit.

Über die Ansichten, die die Dahriten zur Zeit Ṭabarîs vertraten, lassen sich keine genauen Angaben machen, und auch später finden sich meist nur kurze Notizen über ihre Lehren, aufgezeichnet zumeist von ihren Gegnern (69). Da sie vor allem in den ehemals persischen Provinzen des Khalifenreiches auftraten, ist nicht ausgeschlossen, daß, wie bereits de Boer vermutete, zwischen ihnen und der unter Jezdegerd II. (438-475 n.Chr.) offiziell anerkannten persischen Sekte der "Zerwanianer" bzw. "Zurvanianer" ("*zerwân*" oder "*zurvân*" = arab. "*dahr*") Beziehungen bestanden (70). Die Bemerkungen, die der Zeitgenosse Ṭabarîs Ǧâḥiẓ über "den" *dahrî* macht, lassen allerdings vermuten, daß damals "*dahrî*" vor allem ein Schimpfname war, mit dem man jeden belegte, von dem man meinte, daß er "den Herrn leugnet", und dem daher alle bösen Folgen der Freigeisterei bis hin zur Gesetzlosigkeit angelastet wurden (71). Ihr Name ("*dahr*" = der Zeitlauf) deutet jedenfalls darauf hin, daß sie die Ewigkeit der Zeit und der Welt annahmen (72). Ähnlich wie die Christen in der Christologie unterschieden sie wohl zwischen Gott als dem Primären und der Welt als dem, was von Gott hervorgerufen wurde. Da aber die Entstehung der Welt und der Zeit - wie bei den Christen die Zeugung des Sohnes - in der Ewigkeit geschah, griffen sie die Lehre von der Schöpfung an, die gemäß islamischem Konsensus in der Zeit geschah und damit Anfang und Ende hat. Wenn die Welt aber anfanglos wäre, dann stünde sie hinsichtlich ihrer Vergänglichkeit bzw. Unvergänglichkeit auf einer Stufe mit dem Schöpfer - sofern auch dann noch an einem Schöpfer festgehalten würde.

Das Attribut der Ewigkeit stehe jedoch allein Gott zu. Wende man es auch auf die Schöpfung - die Welt - oder Dinge in ihr an, dann werde ihr bzw. diesem Ding in unzulässiger Weise göttliche Qualität zugesprochen, und Gottes Einzigkeit als der allein Ewige wäre gefährdet, auch dann, wenn Gott weiterhin als Ursache (*causa*) und die Welt als Verursachtes (*causatum*) betrachtet würden. Die Anwendung eines göttlichen Attributes auf jemand anderes als Gott ist *širk*.

Darin gipfelt nun der Vorwurf Ṭabarîs, daß die Christen durch die Inkarnationslehre Schöpfer und Geschöpf einander gleichstellen. Die Folge dieser Lehre ist, daß entweder der Schöpfer in die Zeitlichkeit gezogen oder vom Geschöpf die Ewigkeit behauptet werden müßte. Durch letzteres würden sich die Christen neben die Dahriten stellen. Sie übersehen, daß die Attribute Gottes, sofern sie sein Sein betreffen, den Attributen der Geschöpfe absolut ungleich bzw. entgegengesetzt sind.

Zur Einordnung der Theologie Ṭabarîs

Von hier aus läßt sich Licht auf Ṭabarîs eigenen Standpunkt innerhalb der verschiedenen islamischen Gruppen werfen. Nicht nur seine Stellung am Hofe Mutawakkils, sondern auch die Weise, wie er die von ihm angeführten Attribute Gottes interpretiert, schließen Sympathien mit der Muʿtazila oder anderen "philosophischen" Richtungen, denen seine ganze Abneigung gilt (73), aus. Zwar kommt er ihrem Gottesverständnis, besonders in seinen zwölf Gesichtspunkten (74), sehr nahe. Wenn er aber unter Punkt 7 sagt, daß Gottes Aussehen und die Zahl seiner Glieder mit nichts von dem, was in der Schöpfung ist, beschrieben werden können, dann bewegt er sich damit am Rande des Erträglichen. Denn Gott hat kein Aussehen, und Glieder sind als solche bereits menschliche Attribute, die man unmöglich Gott zuschreiben kann, wie immer sie auch definiert würden. Eine solche Aussage über Gott würde, wie auch die meisten der in der "islamischen Glaubensregel" zitierten Attribute (75), dem Verdikt des Anthropomorphismus seitens der Muʿtaziliten zum Opfer fallen. Gott ist der stets Andere, ohne Vergleichspunkt in der Schöpfung, wie Ṭabarî allerdings auch gelegentlich sagen kann (76). Daß er dennoch von Gottes Gestalt und der Zahl seiner Glieder spricht, auch wenn sie "unvergleichlich" sind, weist ihn als Anhänger der konservativen Traditionarier aus.

Den Christen wirft Ṭabarî vor, daß für sie ein Teil der Schöpfung Schöpfer der ganzen Schöpfung sei. Damit würde der Schöpfer selbst geschöpflich, und das ist theologisch unmöglich. Aber auch logisch ist für Tabari dieser Gedanke nicht nachvollziehbar, da der Teil eines Ganzen nicht existieren kann, wenn vom Ganzen nichts vorhanden ist. Aus der Lehre der Christen folgt nun, so schließt Ṭabarî, daß der Schöpfer zumindest vor der Schöpfung nicht vorhanden war; damit war der Schöpfer der Menschen zu dieser Zeit "nichts" (77).

Die christliche Trinitätslehre führt damit letztendlich zur Preisgabe, zumindest aber zur Unterhöhlung des Glaubens an Gott als den Anderen, der allem, was in der Schöpfung ist, als der souveräne Schöpfer und Herr gegenübersteht. Für Ṭabarî ist es selbstverständlich, daß nur eine umfassende Schriftexegese zu rechtmäßigen Aussagen über Gott führen kann. Da die Christen, wie er meint, die Schrift falsch interpretieren, kommen sie zu ihren "philosophischen" Lehren, die zur Gottlosigkeit führen. In der Wertschätzung einer breiten Schriftauslegung zeigt sich aber nicht nur sein christliches, nestorianisches Erbe, sondern er folgt damit auch den Grundsätzen seines Gönners Mutawakkil, der der philosophiefeindlichen, an die prophetischen Traditionen anknüpfenden "orthodoxen" Koraninterpretation der Traditionarier (*ahl al-ḥadîṯ*) neuen Auftrieb gab und die geistige Vorherrschaft der Muʿtaziliten beendete.

K a p i t e l 3

Eine Stimme aus der Muʿtazila:
ʿA m r b . B a ḥ r a l - Ǧ â ḥ i ẓ

Abû ʿUṯmân ʿAmr b. Baḥr al-Kinânî al-Ǧâḥiẓ (1) war ein Zeitgenosse von ʿAlî aṭ-Ṭabarî. Er schrieb sein Buch, das er "*Risâla fi r-radd ʿalà n-Naṣârà*" (Sendschreiben über die Widerlegung der Christen) betitelte, etwa zur gleichen Zeit wie Ṭabarî seinen "Radd". Da Ǧâḥiẓ als Muslim geboren wurde und zeit seines Lebens zu dem Kreis der muʿtazilitischen Dialektiker gehörte oder ihnen wenigstens nahestand, mag eine Gegenüberstellung zu Ṭabarî noch einmal den Unterschied verdeutlichen, der zwischen dem Denken des ehemaligen Christen, der sich nach seiner Konversion den traditionsorientierten Gelehrten anschloß, und dem von Jugend an im islamischen Kalam geschulten Muslim besteht (2).

Zur Biographie von Ǧâḥiẓ

Ǧâḥiẓ wurde um 160/776-7 in Basra geboren. Seine erzieherische Tätigkeit ließ ihn jedoch den größten Teil seines Lebens in Bagdad verbringen. Aber auch von dort aus unterhielt er enge Beziehungen zu seiner Geburtsstadt, vor allem dadurch, daß er sich regelmäßig mit Kaufleuten und Besuchern aus Basra traf, die sich in Bagdad aufhielten. Insbesondere interessierten ihn die poetischen und linguistischen Überlieferungen der alten Araber. Er selbst beherrschte die arabische Sprache meisterhaft, und man sagte, daß er mehr durch seinen geschliffenen Stil als durch strenge Logik seiner Gedankenführung die Hochschätzung seiner Zeitgenossen erwarb (3). An Diskussionen über soziale, naturwissenschaftliche und theologische Fragen nahm er ebenfalls regen Anteil, und auch die Politik ließ ihn nicht unberührt. Er schrieb über alles, was die Gebildeten seiner Zeit beschäftigte, und nicht selten verwirrte sich der Faden seiner Gedanken in Exkursen oder Randbemerkungen, die nicht unbedingt mit dem Thema zusammennängen mußten. Seine Sympathien für die Muʿtazila hinderten ihn nicht daran, sich auch nach anderen Seiten hin Türen offen zu halten, und als die muʿtazilitischen Dialektiker sich unter Mutawakkil plötzlich Verfolgungen ausgesetzt sahen, gelang es Ǧâḥiẓ, auch diese Wende heil zu überstehen. Er starb 255/868-9.

Die Entstehungszeit seiner Streitschrift gegen die Christen

Auch in seinem Buche gegen die Christen, das allerdings nur in einem von ʿUbaid Allâh b. Ḥassân (um 403/1012) angefertigten Auszug bekannt ist, ist der Gang seiner Argumentation nicht immer durchsichtig; sozialkritische Vorwürfe lösen sich mit dogmatisch-philosophischen Überlegungen ab, und auch der Vortrefflichkeit der arabischen Sprache sind natürlich einige Zeilen gewidmet.

Über die Entstehungszeit der "Risâla fi r-radd" läßt sich nichts genaues sagen. Der Vertraute Mutawakkils und spätere Wazir al-Fatḥ b. Ḫâqân erwähnte in einem Brief an den mit ihm befreundeten Verfasser die positive Aufnahme, die dieses Buch beim Khalifen gefunden habe (4). Fatḥ ist wahrscheinlich erst nach 854 Wazir geworden. Der Brief kann aber durchaus schon eher geschrieben worden sein, zumal Fatḥ bereits seit längerer Zeit zum engeren Kreise um Mutawakkil gehörte und orientiert war über das, was in der Umgebung des Khalifen geschah (5). Da Ǧâḥiẓ gegen den Einfluß der Christen in Wissenschaft und Verwaltung polemisiert, als seien diese "Mißstände" noch immer gegenwärtig, ist anzunehmen, daß er sein Buch um 850 verfaßte, also in der Zeit, in der Mutawakkil seine antichristlichen Maßnahmen ergriff.

Ǧâḥiẓ schrieb seine Abhandlung in Form eines stilisierten Dialogs. Wie bereits vermerkt, behandelt er nicht nur die christologische Frage. Bevor er auf sie zu sprechen kommt, zieht er gegen die im Islam seit den Zeiten des Propheten latente Tendenz zu Felde, den Christen gegenüber nachsichtiger und toleranter zu sein als gegenüber den anderen Gruppen des "*ahl al-kitâb*" (6).

Ǧâḥiẓ Argumente gegen die christliche Christologie

Seine Bemerkungen über Christus beginnt er mit einer Attacke gegen die Christen, die leugnen, daß Christus bereits in der Krippe gesprochen habe (7). Ihrer Meinung nach hätten dann die Juden und Magier die Geschichte kennen müssen, wie sie auch die anderen Wundergeschichten kannten. Da ihnen diese Geschichte aber unbekannt ist, kann Jesus nicht, so meinen die Christen, in der Krippe gesprochen haben. Ǧâḥiẓ sieht in dieser Meinung jedoch nicht ein echtes Argument, sondern nur die Sucht, gegen jedermann zu streiten. Wenn die Juden alle anderen Wunder Jesu zugestehen würden, dann hätten die Christen ein Recht, sich in diesem Falle auf sie zu berufen. Aber - so fährt Ǧâḥiẓ fort - die Juden leugnen nicht nur das Sprechwunder Jesu in der Krippe, das die Muslime unter Hinweis auf den Koran behaupten, sondern sie denken auch sonst nicht daran, überhaupt ein Wunder Jesu anzuerkennen; manchmal lachen sie, manchmal sagen sie, er sei ein Zauberer oder Kurpfuscher gewesen, ein Betrüger, der sein Wissen aus Büchern bezog. Die Auferweckung des Lazarus beispielsweise erklären sie - nach Ǧâḥiẓ - folgendermaßen:

> Er (sc. Christus) hat mitnichten einen Toten auferweckt. Vielmehr heilte er nur einen Mann, der Lâʿâr genannt wurde. Der war einen Tag und eine Nacht lang ohnmächtig gewesen. Seine Mutter war schwach im Verstand und gering an Wissen. Bei ihr ging er (sc. Christus) vorbei, sie aber schrie und weinte. Er trat zu ihr ein, um sie zu beruhigen und zu trösten. Er fühlte seinen Puls und sah, daß noch in ihm Lebenszeichen waren. Da heilte er ihn und richtete ihn auf. In ihrer Dummheit hatte sie nicht daran gezweifelt, daß er bereits gestorben war. Aus Freude über sein Leben lobte sie ihn und erzählte (überall) von ihm.
> Wie - so fragt Ǧâḥiẓ die Christen nach diesem Bericht - könnt ihr Leute, die eine solche Ansicht vertreten, zu Zeugen über euren Herrn anrufen, wenn sie (selbst) fragen: "Wie kann ein Knabe als Neugeborener in der Krippe sprechen, ohne daß ihn die Freunde und die Gegner erkennen"? (8).

Ǧâḥiẓ Verwendung des Analogieschlusses

Eine Frage, die für seine Vorliebe an dialektischen Spitzfindigkeiten interessannter ist, führt ihn etwas vom Thema ab und hinein in die innerislamischen Auseinandersetzungen. Es geht darum, ob Gott einen seiner Diener - d.h. einen Menschen - zum Sohn annahmen bzw. adoptieren kann, da er ja auch einen seiner Diener als "*ḫalîl*" bezeichnete (9). Einige Muʿtaziliten nahmen heftigen Anstoß daran, daß dieser koranische Ausdruck im allgemeinen als "Freund" erklärt wurde. Andere dagegen - Ǧâḥiẓ nennt vor allem seinen Lehrer und langjährigen Bekannten Ibrâhîm b. Saiyâr an-Naẓẓâm (10) - empfanden diese Analogie, daß Gott jemanden durch Adoption und Erziehung ebenso zum Sohn annehmen könne, wie er nach der Aussage des Koran einen Menschen als Freund aufgrund seiner Zuneigung (*wilâya*) angenommen habe (11), als durchaus legitim. Aber auch der Hinweis dieser muslimischen Theologen auf den biblischen Sprachgebrauch, der Israel als Erstgeborenen und seine Söhne als Kinder Gottes bezeichnet; oder in dem Jesus von Gott als dem Vater spricht, stößt bei Ǧâḥiẓ auf rigorose Ablehnung. In solchen Aussagen findet er nur Indizien für die Manipulierbarkeit der Sprachen und Übersetzungen und mangelnde Kenntnis der exegetischen Wissenschaft.

Für ihn ist es sowohl unter dem Gesichtspunkt der Zeugung (*wilâda*) wie unter dem der Adoption (*tabannî*) unmöglich, davon zu sprechen, daß Gott einen Sohn habe. Denn dann müßten alle anderen Verwandtschaftsgrade ebenfalls auf ihn angewandt werden, und damit würde Gott in die menschlichen Verhältnisse hineingezogen.

> Gott ist aber zu erhaben (aʿẓam), als daß unter seinen Attributen das der Vaterschaft wäre; und der Mensch ist zu gering (aḥqar), als daß Gott zu seinen Vorfahren gehören könne (12).

Wichtig ist ihm, daß letztlich nur mit dem "Verstand der Muslime" und mit der bei ihnen hoch entwickelten Kenntnis der Sprache die Texte der Schriften richtig interpretiert und exegesiert werden können, um zu Aussagen über Gott zu gelangen, die ihm angemessen sind. Er weist dann sogleich die Unmöglichkeit auf, eine andere Analogie Naẓẓâms, daß nämlich "*ḫalîl*" im Sinne von "*ḥabîb*", Geliebter, zu verstehen sei, aufrecht zu erhalten. Und zwar weist er zunächst durch eine eigene Analogie auf, daß Nazzams Vergleich gar nicht sachgemäß ist, weil das Attribut der Freundschaft nur zwischen gleichen Partnern möglich ist. Einen Hund, auch einen treuen, könne man deshalb nicht als "Freund" seines Herrn bezeichnen, weil beide sich unähnlich sind. Und die Unähnlichkeit zwischen Gott und Mensch ist noch viel größer als die zwischen Mensch und Hund. Damit aber beweist die von Nazzam und seinen Freunden gebrachte Analogie, daß Gott ebenso einen Sohn (durch Adoption) haben könne wie einen Freund, genau das Gegenteil von dem, was sie beweisen sollte. Wenn Gott keinen Freund haben kann, weil es nichts ihm Ähnliches gibt, dann kann er auch keinen Sohn haben, auch nicht durch Erziehung (*tarbîya*) und Adoption.

Aber nicht nur durch seinen eigenen Analogieschluß, sondern auch durch philologische Erwägungen untermauert Gahiz sein Argument, daß "*ḫalîl Allâh*" nicht "Freund Gottes" bedeuten könne. Das Wort "*ḫalîl*" sei nicht von "*ḫulla*", Freundschaft, abzuleiten, sondern von "*ḫalla*" bzw. "*iḫtilâl*" und bedeute daher "der Bedürftige". Tatsächlich habe niemand die Unterstützung Gottes nötiger gehabt als Abraham, als man ihn z.B. ins Feuer warf, oder als er seinen Sohn opfern sollte (13). Diesen Sinn des Wortes "*ḫalîl*" fand Ǧâḥiẓ bei dem altarabischen Dichter Zuhair b. Abî Sulmà (14), und damit war für ihn Naẓẓams Analogie endgültig, weil auch linguistisch, widerlegt.

Ist Christus "Sohn" und "Geist" Gottes?

Nach diesem Exkurs in die Problematik der auch die Muslime bewegenden "richtigen" Interpretationsmethode wendet sich Gahiz wieder den Christen zu. Nennen die Christen Christus "Sohn Gottes", weil er ohne Vater im Leibe der Maria entstand? Dann hätten Adam und Eva mehr Recht auf diesen Namen, da sie ohne Vater u n d ohne Mutter entstanden. Was ferner die Erziehung (*tarbîya*) Christi seitens Gottes betrifft, so ist sie nicht anders als die, die jeder Mensch von Gott erhält.

Adams Stellung ist noch würdevoller als diejenige Christi: sein Haus war der Himmel, er lebte im Paradies, die Engel dienten ihm, und dennoch betete er Gott an (*al-muqaddim bi-s-suǧûd*), und die Anbetung ist das Äußerste an demütigem Gehorsam (*ašadd al-ḫuḍûʿ*) (15).

Ein weiterer Exkurs führt Gahiz in kontroverse Fragen mit dem Judentum. Er erörtert dabei u.a., daß die Juden Esra (ʿUzair) als "Sohn Gottes" verehren (16). Ǧâḥiẓ unterscheidet zwei Gruppen von Juden. Die eine nenne speziell Esra "Sohn Gottes", und zwar deshalb, weil er, allein von sich aus, die Tora wieder in Kraft gesetzt hatte. In gleicher Weise bezeichne diese Gruppe Israel - gemeint ist wahrscheinlich nicht das Volk, sondern Jakob - als den "Sohn Gottes", sofern diese Sohnschaft von den menschlichen Blutsbindungen unterschieden werde. Die andere Gruppe der Juden verstehe ganz allgemein jeden Nachfahren Israels als "Gottessohn", da sie auch den Enkel stets nur als Sohn bezeichne, also keinen Unterschied zwischen den Generationen mache (17).

Zurück zur Behandlung christologischer Fragen findet Ǧâḥiẓ durch den Hinweis seiner Gegner, daß Christus im Koran "Geist" und "Wort Gottes" genannt wird (18). Was ist aber der Geist (*rûḥ*)? Ist er Teil der göttlichen Substanz? Dann müßte sich ein Teil der göttlichen Substanz in dem Augenblick aus Gott lösen, in dem er den Geist in einen Menschen hineinbläst. Für Ǧâḥiẓ, dessen Gedanken hier nicht leicht zu folgen ist, liegt der Fehler der Interpretation jedoch darin, daß nicht konsequent zwischen der Substanz des Geistes und dem Akt des Blasens unterschieden wird. Wenn man die betreffende Koranstelle so verstehen müßte, daß im Akt des Blasens ein Teil des Geistes aus Gottes Innerem in den Menschen - sei es nun Jesus, Adam oder wer auch immer - hineingelänge, dann müßte dieser Teil aus Gott kommen, ein Teil Gottes sein. Ǧâḥiẓ versteht aber den Geist als etwas, das außerhalb der göttlichen Substanz existiert, und das Gott je nach seinem Gutdünken verteilen kann. Wenn also von jemandem gesagt wird, daß er "*rûḥ*" sei oder "*rûḥ*" habe, dann bedeute das nicht, daß in ihm ein Teil der göttlichen Substanz ist. Vielmehr werde damit gesagt, daß Gott dem Wesen dieses Menschen etwas vom Geist, der außerhalb der Gottheit existiert, hinzugefügt habe (19).

Zuletzt beschäftigt sich Gahiz noch mit dem Problem der Person Christi (20). Die erste von ihm gestellte Frage, ob Christus Mensch ohne Gottheit (bzw. göttliche Natur) sei, übergeht er. Zur zweiten, ob Christus Gott ohne Menschheit (bzw. menschliche Natur) war, erklärt er, daß alle menschlichen Attribute auf ihn angewandt würden. Andere, die mit denselben Attributen versehen sind wie er, können nicht anders beurteilt werden als er.

An diese Bemerkung schließt er die Alternativfrage an, ob die Gottnatur auch in andere Menschen eingegangen war oder nur in Christus. Im ersten Falle müßten dann auch andere Menschen "Gott" genannt werden, und Christus hätte keineswegs größeren Anspruch auf diesen Namen als jene anderen. Im zweiten Falle hätte sich die Gottnatur in einen Körper verwandelt. Mit diesem Vorwurf der Verkörperung (*taǧsîm*) und des Anthropomorphismus (*tašbîh*) führt Gahiz seine Argumente gegen die Christen ihrem Höhepunkt und Abschluß entgegen (21).

Das Problem des Anthropomorphismus in der christlichen Gotteslehre

Die Beschuldigung der Verkörperung und des Anthropomorphismus war in der Tat das Stärkste, was er auf dogmatischem Gebiet gegen die Christen vorbringen konnte. Gewiß trifft er damit nicht den eigentlichen Kern der Sache, denn von Verkörperung und Anthropomorphismus ist unter den Mutakallimun (22) nur dann die Rede, wenn es darum geht, die göttliche Substanz mit Attributen zu beschreiben, die ihre Entsprechung im Menschen haben.

Für die Christen war aber nicht der göttliche "*ǧauhar*" (= griech. *usia*), sondern eine Hypostase (*uqnûm*) des *ǧauhar* Mensch geworden. Doch diese subtile Definition hat den Muslimen nie eingeleuchtet, und auch Gahiz richtet seine Polemik nicht direkt gegen die Trinitätslehre der Christen, sondern dagegen, daß ein Wesen, das die Christen als "Gott" bezeichnen, mit menschlichen Attributen versehen wird bzw. über diese verfügt. An diesem Punkte setzte nicht nur die Kritik der Muʿtaziliten an der christlichen Theologie ein, sondern wir begegneten ihm bereits bei Ṭabarî, und auch die späteren Philosophen nahmen ihn zum Ausgangspunkt ihrer Kritik.

Der muʿtazilitische Hintergrund von Ǧâḥiẓ

Bekanntlich waren die Muʿtaziliten strikte Gegner der Lehre von selbständigen ewigen Attributen, da sie in ihr die Auflösung des Glaubenssatzes von der Einheit Gottes sahen. Um sie - und mit ihnen Gahiz - in ihrer Haltung besser zu verstehen, sollen im Folgenden die Bemühungen der Muʿtazila um die Einheit Gottes und ihre Auseinandersetzungen mit anderen Richtungen skizziert werden. Damit werden der

Abstand, der Ǧâḥiẓ von der christlichen Christologie trennt, sowie die Motive, die ihn zur Ablehnung derselben führen, in ihrem geschichtlichen Zusammenhang sichtbar.

Wir können uns hier auf die Diskussion um die Wesenseinheit Gottes beschränken und lassen die Frage des Koran als des "Wortes Gottes" unberücksichtigt, da für Ǧâḥiẓ und die Muʿtazila der Koran geschaffen ist und von daher sowieso keine Berührungspunkte zur kirchlichen Logoschristologie bestehen.

Wahrscheinlich ist hier auch der Grund dafür zu suchen, daß Ǧâḥiẓ in seiner "Risâla fi r-radd" auf die Bezeichnung Christi als "Wort Gottes" gar nicht eingegangen ist (23).

Die Nachwirkungen früherer Ketzereien

Wir beginnen unsere Untersuchung mit Ǧahm b. Ṣafwân, dem ältesten bekannten islamischen "Theologen". Vor der Beschäftigung mit der basrener Muʿtazila, der Ǧâḥiẓ zugehörte, soll ein Blick auf die von rafiditischen Theologen vertretene Gotteslehre geworfen werden, die durch ihren Anthropomorphismus die Gegenposition zur Muʿtazila einnehmen. Und schließlich soll noch Ḍirâr b. ʿAmr zu Worte kommen, dem die Muʿtazila wesentliche Denkansätze verdankt, auch wenn sie sich von ihm distanzierte.

Ǧahm b. Ṣafwân (hinger. 128/746) war der erste Mutakallim, der sein theologisches Denken in einem System zusammenfaßte (24). Er galt für die Späteren zwar als Erzketzer; doch daß sie ihn nicht vergaßen und immer wieder über seine Thesen diskutierten, zeigt, wie viel sie ihm verdanken. Als Axiom seiner Theologie kann Sure XLII,11 angesehen werden:

> (Gott ist) der Schöpfer von Himmel und Erde. ... Es gibt nichts, was ihm gleich ist (25).

Gott ist jenseits aller Definitionen. Da er der Schöpfer aller Dinge ist, kann er selbst kein Ding sein; denn dann wäre er wie etwas Geschaffenes. Auch mit Attributen, die sich auf die Menschen anwenden lassen, kann Gott nicht beschrieben werden. Würde man z. B. von ihm sagen, daß er lebt, weiß, will, dann wäre dies ein unerlaubter Anthropomorphismus. Man kann von Gott nur solche Eigenschaften aussagen, die die Geschöpfe nicht besitzen, und diese Eigenschaften hängen alle mit seiner sich in der Schöpfung betätigenden Macht zusammen:

> Gott ist allmächtig, er ruft ins Dasein, er ist aktiv, er schafft, er ruft zum Leben, er läßt sterben, denn diese Attribute gehören ihm allein (26).

Die Einheit Gottes und das Problem der Attribute

Ein besonderes Problem war es für ihn, wie es um das "Wissen" Gottes, *al-ʿilm*, stehe. Wie sonst in der Diskussion der Muslime ist auch bei ihm diese Frage mit dem Problem verbunden, wie sich das Wissen Gottes zu den geschaffenen Dingen verhält. Ist Gottes Wissen bereits vorhanden, bevor die Dinge, die er schaffen will, entstehen? Dann würde sich sein Wissen in dem Augenblick der Schöpfung von einem Wissen über etwas Zukünftiges zu einem Wissen über etwas Vorhandenes verwandeln. Wenn man ferner sagt, daß das Wissen ein Attribut Gottes sei, dann würde dies zu der Konsequenz führen, daß in Gott Veränderungen vorgehen, - *quod impossibile* (27).

Ǧahm geht es vor allem darum, daß das Wissen Gottes, da es sich auf zeitliche, kontingente Dinge bezieht, ebenfalls nur zeitlich sein kann. Ist es aber zeitlich, dann ist es auch geschaffen und gehört nicht zum Wesen Gottes. Wenn das Wissen Gottes aber etwas Geschaffenes ist,

> dann ist es nach (Ǧahms) Meinung möglich, daß Gott von allen Dingen bereits vor ihrer Existenz weiß, eben durch ein Wissen, das er vor ihnen hervorgerufen hat (28).

Geschaffen muß das Wissen auch deshalb sein, weil es, im Gegensatz zu Gott, definiert ist: eben durch das Ding, auf das es sich bezieht. Es ist somit ein Medium außerhalb der Gottheit, in dem sich der Akt des Wissens Gottes vollzieht; es ist aber kein Attribut, das unlösbar mit dem Wesen Gottes verbunden wäre (29).

Ähnlich wie mit dem Wissen verhält es sich mit Gottes Allmacht. Zwar gesteht Ǧahm, wie wir sahen, zu, daß Gott allmächtig ist,

> weil kein von ihm geschaffenes Ding mit den Attributen der Allmacht, Tatkraft und Schöpfertätigkeit beschrieben wird (30).

Aber auch die Macht ist kein Attribut, das dem Wesen der Gottheit eignet, sondern auch sie ist ein Akt Gottes, der mit seiner ständigen, die ganze Schöpfung bewegenden Tätigkeit verbunden ist.

Ǧahm erkennt dem Wesen der Gottheit nur solche Attribute zu, die sich auf die Schöpfertätigkeit beziehen, nicht aber solche, die dem Wesen selbst anhaften. Gott ist unbeschreibbar und jenseits aller Definitionen. So gibt es keinen Ort, an dem sich Gott aufhält - für die konservativen Traditionarier (*ahl al-ḥadīṯ*) saß er auf seinem Thron im

Himmel -, aber auch keinen Ort, an dem Gott nicht wäre; er ist absolut immateriell. Die letzte Konsequenz aus seinem Postulat, daß Gott nicht sein kann, was die Geschöpfe sind, zieht Gahm in seiner Aussage, daß Gott kein Körper (*ǧism*), vor allem aber, daß Gott "kein Ding" ist (*laisa bi-šaiʾ*).

Ǧahm ein Leugner Gottes?

> Vom Schöpfer kann nicht gesagt werden, daß er ein Ding sei, denn ein Ding ist etwas Geschaffenes, dem (etwas anderes) ähnlich ist (31).

Sofern das "Ding" als etwas "Geschaffenes" definiert wird, mag Gahms Weigerung, Gott als "Ding" zu bezeichnen, ihr Recht haben. Die Problematik beginnt jedoch, wenn man den zitierten Satz mit einem anderen Satz Ǧahms vergleicht, in dem er definiert:

> Das Ding ist ein existierender Körper. Was aber nicht existiert, das ist kein Ding (fa-laisa bi-šaiʾ) (32).

Der Nachsatz "das ist kein Ding" kann auch so verstanden werden, als solle damit gesagt werden: das ist nichts. Wenn Gott also kein "Ding" ist, ist er dann "nichts"? Diese Frage scheint aber weniger Ǧahm selbst als vielmehr die Gemüter nach ihm bewegt zu haben; wir stellen sie deshalb einen Augenblick zurück.

Ǧahm meinte, mit dieser radikalen Negation der zeitgenössischen Vorstellungen von Gott dem oben erwähnten Koranvers (Su. XLII,11) gerecht zu werden. Gleichzeitig verhinderte er so, daß in dem Wesen der Gottheit irgendwelche "Teile" unterschieden würden, aus denen es "zusammengesetzt" (*murakkab*) wäre, und die ihre Einheit zerstören würden. Redewendungen wie "Gott und sein Licht", "Gott und seine Macht" in dem Sinne, daß "Gott und sein Licht" usw. seit ewig existieren, sind damit unhaltbar und werden von seinen Anhängern als christlich zurückgewiesen (33).

Gahms Postulat, daß Gott kein Ding sei, wurde in dieser Radikalität von den späteren Theologen nicht übernommen. Sie fürchteten vor allem den Vorwurf seitens der Traditionarier, daß Gott dann "nichts" sei. Um andererseits den Unterschied zwischen Gott und den geschaffenen Dingen aufrecht zu erhalten, einigten sich die Theologen, insbesondere diejenigen, die nach Ǧahms Tod die Muʿtazila vorbereiteten, auf die Formel, daß "Gott ein Ding sei, aber nicht wie die Dinge" (34).

Die Stimmen früher schiʿitischer Theologen

Die muʿtazilitischen Theologen hatten besonderen Grund, mit ihren Definitionen vorsichtig zu sein. Die "Râfiḍa" (35), wichtigster Sammelpunkt der Anhänger Alis und seiner Nachfahren und Vorläuferin der "Imâmiya", d.h. einer der wichtigsten theologischen Richtungen der Schiʿa (36), hatte soeben einen Theologen hervorgebracht, der verkündete, daß Adam "nach dem Ebenbild des Herrn" geschaffen sei (37), daß Gott wie ein Mensch aussähe. Zwar sei er nicht aus Fleisch und Blut "wie (menschliches) Fleisch und Blut", betonte er, sondern aus glänzend weißem Licht. Darüber hinaus habe er aber fünf Sinne wie die Menschen, Hände, Füße usw. Hišâm b. Sâlim al-Ǧawâlîqî (um 150/767), wie jener Theologe hieß, wurde zwar von seinem jüngeren Zunftgenossen aus derselben Partei, Hišâm b. al-Ḥakam (st. ca. 179/795-6), dahingehend korrigiert, daß Gott wohl ein begrenzter, dreidimensionaler Körper sei, der sich bewegt, sieben "eigene" Spannen groß sei (38) usw. Aber sonst bestand für ihn eine "Ähnlichkeit" (*tašâbuh*) zwischen Gott und den sichtbaren Körpern, sodaß er auch sagen konnte, Gott sei ein Körper, "nicht aber wie die Körper" (39). Daran, daß Gott ein Körper sei, hielt Hišâm b. al-Ḥakam deshalb fest, weil nach seiner Definition nur die Körper existent (*mauǧûd*) und subsistent (*qâʾim bi-nafsihi*) sind, und existent und subsistent sei Gott auch (40).

Nimmt sich seine Vorstellung von Gott gegenüber derjenigen, die Hišâm b. Sâlim präsentierte, noch sehr gemäßigt aus, so fanden seine Gegner im anderen Lager vor allem zwei Punkte in seinem System, die hinfort als Erzketzereien in Fragen der Gotteslehre gelten sollten: seine "Verkörperung" (*taǧsîm*) und seine "Ähnlichmachung" (*tašbîh*) Gottes. Wo später diese beiden Worte zur Kennzeichnung einer Häresie gebraucht wurden, stand die Erinnerung an die von den rafiditischen Theologen formulierte Gotteslehre im Hintergrund (41).

Die frühen Theologen, die es für legitim hielten, die Vernunft als Kriterium des theologischen Denkens gelten zu lassen, hatten also allen Grund, bei ihren eigenen Aussagen über Gott darauf bedacht zu sein, auf der einen Seite den pointierten Immaterialismus Ǧahms zu vermeiden, und auf der anderen Seite durften sie nicht der Gefahr des Materialismus und Anthropomorphismus rafiḍitischer Prägung erliegen. In der arabischen Terminologie ihrer Zeit fanden sie wenig, was ihre Aufgabe hätte erleichtern können. So fehlte es noch z.B. an einem verbindlichen Wort, mit dem das Wesen Gottes beschrieben werden konnte. Das Wort "*ǧauhar*" war von den Christen bereits als Übersetzung des griechischen Begriffs "*usia*" ("Wesensnatur") aufgegriffen worden. Damit war es in doppelter Hinsicht belastet: einmal eignete ihm von seinem Ursprung her - außer im Sinne von "Substanz" wurde "*ǧauhar*" auch im Sinne von "Atom" gebraucht - der Nebenklang des Materiell-Dinglichen; zum anderen war "*ǧauhar*" durch die christliche Definition mit der Vorstellung verbunden, daß diese "Substanz" Gottes eine Vielheit in sich vereine, d.h. daß sie "zusammengesetzt" sei, und daß damit die Einheit des göttlichen Wesens verloren ginge (42). Einer solchen "Zusammensetzung" hatte ja schon Ǧahm durch seine Bestimmung, daß das Wissen und die Macht außerhalb Gottes existierende Medien sein müssen, begegnen wollen, und die Mutakallimun der zur Muʿtazila hinführenden Richtung nahmen in dieser Hinsicht bewußt sein Anliegen auf.

Noch ein Außenseiter: Ḍirâr b. ʿAmr

Der Weg zu einer zufriedenstellenden Gotteslehre war jedoch schwer. Ḍirâr b. ʿAmr (ca. 110/728 - 200/815) (43) definierte:

> Der Körper besteht aus Akzidentien (aʿrâḍ), die zusammengefügt und vereint sind, die subsistieren und (durch ihren Zusammenhalt) Bestand haben. ... Diese Akzidentien (, die den Körper bilden,) sind das, wovon oder von dessen Gegenteil die Körper nicht frei sind, wie z.B. das Leben, der Tod usw. (44).

Diese Akzidentien sind nicht "Teile" im Sinne einer Atomenlehre, da sie für sich allein nicht existieren können, sie dienen eher der logischen Differenzierung. Der Körper hört jedoch zu existieren auf, wenn mehr als die Hälfte dieser "primären" Akzidentien verloren gehen.

Ob für Ḍirâr auch Gott ein solcher Körper war, ist fraglich (45). Um der Gefahr zu entgehen, über Gottes Statur oder Beschaffenheit Aussagen machen zu müssen, die ihm dann als "Verkörperung" oder "Anthropomorphismus" hätten angelastet werden können, sprach er von der "*mâhîya*", der "*quidditas*" Gottes,

> die niemand außer er selbst erkennt, die die Gläubigen aber (bei der Auferstehung) mit einem (dann von Gott geschaffenen) sechsten Sinn sehen werden (46).

Dennoch ging den Muʿtaziliten die Rede von der "*mâhîya*", die auch noch - wenn auch mit einem sechsten Sinn - gesehen werden könne, zu weit. Ḫaiyâṭ nannte Ḍirâr deshalb einen Anthropomorphisten und verwehrte sich dagegen, daß Ibn ar-Râwandî ihn, Ḍirâr, als Muʿtaziliten bezeichnet hatte (47). In der Muʿtazila sei jede Art von "*tašbîh*" unmöglich, und sie betrachtet ihn als Unglauben (*kufr*) (48). Die Muʿtaziliten waren sich allerdings auch untereinander keineswegs einig darüber, ob überhaupt und wie der Gläubige Gott wahrnehmen kann. Daß man ihn nicht sichtbar, "*bi-l-abṣâr*", erkennen könne, stand fest. Abû l-Huḏail, der zur älteren Generation der basrener Muʿtazila gehört (geb. ca. 134/751-2, st. zwischen 226/840 und 235/849-50) (49), meinte,

> daß wir Gott mit unseren Herzen sehen, d.h. daß wir ihn mit unseren Herzen erkennen (50).

Diese Erfahrung ist nicht visuell. Da sie aber auch nicht durch die Vernunft vermittelt ist und damit der eben entstehenden Mystik nahekommt, wurde sie von späteren Muʿtaziliten wie dem radikalen Fuwaṭî abgelehnt.

Die Attributenlehre führender Muʿtaziliten

In seiner Attributenlehre konnte Abû l-Huḏail an Maximen anknüpfen, die schon sehr früh dem Abû Huḏaifa Wâṣil b. ʿAṭâʾ(80/700 bis 131/749) zugeschrieben wurden. Wâṣil, der als Begründer der Muʿtazila in Basra angesehen wird, hatte es der Überlieferung nach abgelehnt, überhaupt von Attributen Gottes zu sprechen.

> Wer die Vorstellung von einem ewigen Attribut vertritt, der vertritt (die Existenz von) zwei Göttern, (nämlich dem ewigen Attribut und Gott) (51).

Diese Lehre war zwar, wie Šahrastâni bemerkt, "in ihrem Anfang noch unausgereift", doch haben alle Muʿtaziliten der Ablehnung ewiger Attribute der göttlichen Substanz zugestimmt.

Nun konnte Gott aber nicht als unwissend oder ohnmächtig bezeichnet werden. Abû l-Huḏail vollzog deshalb die Identifizierung Gottes mit seinem Wissen, mit seiner Macht, mit seinem Sehen und Hören, mit seiner Weisheit und mit den anderen "Wesensattributen" (*ṣifât aḏ-ḏat*). Das heißt nicht, daß er gesagt hätte, Gott s e i Wissen, Macht usw. (52). Vielmehr kommt es ihm darauf an, daß Gottes Wesen aktiv wissend, allmächtig, lebend, sehend, hörend usw. sei, wobei letztlich alles auf die Allmacht zurückzuführen ist, mit der die anderen Attribute identisch sind. Daß sie unterschieden werden, liegt nicht an ihnen selbst, sondern an dem Objekt, auf das sie sich beziehen (53). Damit ist die Einheit Gottes gewahrt; die Attribute sind nicht einzelne, untereinander differenzierte Teile Gottes, sondern sie sind Aspekte seines einheitlichen Wesens, deren jeweilige Besonderheit durch das Beziehungsobjekt bestimmt ist.

Ibrâhîm b. Saiyâr an-Naẓẓâm, der Lehrer von Ǧâḥiẓ und diesem an Eigenwilligkeit nicht viel nachstehend, war jedoch auch mit Abû l-Huḏails Attributenlehre noch nicht zufrieden. Immer noch wurde ihm die Differenzierung, mit der sein basrener Landsmann die verschiedenen Attribute voneinander abhob, zu sehr in das Wesen Gottes hineingetragen, indem er sie positiv umschrieb. Für ihn, Naẓẓâm, waren es vielmehr die Negationen, von denen aus eine Beschreibung des göttlichen Wesens möglich war: Gott ist nicht machtlos, deshalb muß sein Wesen mächtig sein. Eine positive Erklärung der Attribute hat Naẓẓâm nicht gegeben. Von einem "Wissen" Gottes, von seiner Allmacht, seinem Leben, Sehen usw. hat er nicht gesprochen. Er betonte, daß die Attribute nicht in Gott selbst (*fî nafsihi*) unterschieden werden können (54).

Dies ist die Lage, in der sich die Diskussion um die Attributenlehre zur Zeit des Ǧâḥiẓ befand. Er selbst hat sich in den erhaltenen Werken nicht ausdrücklich über seine eigene Vorstellung von Gott und den Attributen geäußert. Wohl schrieb er eine Abhandlung gegen die Anthropomorphisten (55), doch beschränkt er sich in ihr auf den Hinweis, wie nötig ihre Bekämpfung sei. Im übrigen verweist er auf ein anderes Buch, das von ihm über dasselbe Thema verfaßt worden war. Dieses Buch ist unbekannt. Auch die islamischen Häresiographen berichten keine Besonderheiten seiner Attributenlehre, durch die er sich von der übrigen Muʿtazila unterschieden hätte.

Ǧâḥiẓ Widerspruch gegen jeden Anthropomorphismus

Besonders angelegen ließ er sich allerdings den Kampf gegen die Anthropomorphisten sein. Dies hing vielleicht mit seinen Auseinandersetzungen mit der "Nâbiṭa" zusammen, einer Partei, die in ihren dogmatischen Ansichten den konservativen Traditionariern nahestand und, wie diese, die koranischen Aussagen über die Hand Gottes, das Auge Gottes usw. wörtlich nahmen. Natürlich gerieten sie so mit den Muʿtaziliten aneinander, und Ǧâḥiẓ scheint sie, wenn Ḫaiyâṭs diesbezügliche Bemerkung nicht durch seine eigene Polemik überspitzt ist, mit den Rafiḍiten hinsichtlich ihres Anthropomorphismus in einem Atemzug verurteilt zu haben (56). Ihm war es unerträglich, daß über Gott irgendwelche Aussagen gemacht würden, die eine Analogie zum Geschöpf, zum Menschen zuließen. Er ging sogar so weit zu sagen, daß derjenige, der den "*tašbîh*" vertritt, in Wahrheit ein Polytheist (*mušrik*) und Ungläubiger sei (57), weil das Einheitsbekenntnis mit einem anthropomorphen Gottesbild unvereinbar ist und folglich dieser anthropomorphe, aus verschiedenen Teilen zusammengesetzte "Gegenstand der Verehrung" (*maʿbûd*) nicht mit dem einen Gott identisch sein kann.

> Derjenige lobt Gott nicht und kennt nicht seine Göttlichkeit, der ihm menschliche Attribute, eine Entspre-

> chung zur Schöpfung und eine Annäherung an seine Diener zumutet. (58)

Auch die Christen machen sich nun dieses "*širk*" schuldig, weil sie Christus als Gott verehren. Die Attribute, mit denen Christus beschrieben wird, sind die der Menschen. Es ist also nicht zuerst die Verehrung einer "historischen" Persönlichkeit als vielmehr die Beschreibung des als Gott Verehrten mit menschlichen Attributen, die den Widerspruch von Ǧâḥiẓ hervorruft, weil er darin die Aufhebung der Einheit Gottes und *eo ipso* seine "Vergeschöpflichung" sieht. Daß die Christen einen Menschen als Gott verehren, verschlimmert ihre Ketzerei nur noch graduell, nicht aber mehr substantiell. -

In seiner "Risâla fi r-radd" argumentiert Gahiz vorwiegend mit philosophisch-theologischen Gesichtspunkten gegen die Christologie. Zum Abschluß sei noch auf eine Stelle in seinen Werken hingewiesen, in der er in etwas volkstümlicher Weise "die Religion der Byzantiner" beschreibt (59). Er berichtet von dem Glauben der Christen an drei Götter,

> von denen zwei verborgen sind und nur einer sich gezeigt hat.

Wie Ṭabarî so bemängelt auch Ǧâḥiẓ, daß ein Geschöpf zum Schöpfer, daß ein Sklave zum Herrn verwandelt wurde. Der Sinn des freiwilligen Kreuzestodes liegt für Ǧâḥiẓ darin, daß Christus "seine Söhne" dazu ermunterte, ihm ähnlich zu werden und Böses, das ihnen angetan wird, für gering zu achten. Außerdem wollte er mit seinem Beispiel ihren möglichen Hochmut, zu dem sie sich durch ihre guten Werke verleitet fühlen könnten, von vornherein abwehren, indem er sie aufforderte,

> so viel wie möglich für den Herrn zu tun.

Er, Ǧâḥiẓ, verwundere sich, wie ein Volk wie die Byzantiner, in dem es doch so viele gelehrte Leute gäbe, einen Menschen, der sich in jeder Hinsicht wie ein Mensch verhielt, der, "wie sie behaupten", gekreuzigt wurde, für den ewigen, unerschaffenen Schöpfer, der die Lebenden sterben läßt und die Toten auferweckt, halten könne.

K a p i t e l 4

Spätere theologische Stellungnahmen: Ibn Ḥazm und Abû Ḥâmid al-Ġazâlî

Die mittelalterliche Polemik der Muslime gegen die Christen wurde ausführlich von Erdmann Fritsch und Ignazio di Matteo behandelt (1). Wir brauchen sie deshalb nicht noch einmal ausführlich darzustellen. Um dennoch das Bild der klassischen Argumente der Muslime gegen die Christen und ihre Lehren abzurunden, fassen wir im Folgenden die wesentlichen Punkte aus Ibn Ḥazms Buch über die Sekten und Abû Ḥâmid al-Ġazâlîs Streitschrift gegen die Christen zusammen und verweisen im übrigen auf die Werke der beiden genannten Autoren.

Zur Biographie Ibn Ḥazms

Abû Muḥammad ʿAlî b. Aḥmad b. Ḥazm al-Andalusî wurde 384/994 in Cordoba geboren (2). Sein Lebenslauf wurde aufs engste von den politischen Verhältnissen bestimmt, die in jener Zeit in Andalusien herrschten und durch den Kampf zwischen den umaiyadischen Herrschern, die zunächst noch in Cordoba regierten, und den eindringenden Berbern charakterisiert wurden. Ibn Ḥazms Vater war Wazîr zweier umaiyadischer Herrscher, doch nach der Vertreibung des letzteren mußte er den Palast verlassen und verlor bald darauf auch seinen Besitz. Ibn Ḥazm, der eine gute Ausbildung in der islamischen Tradition und Theologie, in arabischer Grammatik und in der Jurisprudenz (*Fiqh*) erhalten hatte und sich selbst für Poesie interessierte, mußte den größten Teil seines Lebens nun entweder als Verfolgter führen oder wurde zumindest von den Herrschenden mit Argwohn betrachtet, da er nach wie vor aus seiner Sympathie für die Umaiyaden keinen Hehl machte.

Ibn Ḥazm war Nonkonformist. Das gilt in politischer Hinsicht wie im Blick auf seine theologische und juristische Position. Er war Ẓâhirit, das bedeutet, daß für ihn allein der "klare Wortsinn" (*ẓâhir*) des Korans und der von ihm kritisch gesichteten Prophetenüberlieferungen für die Lösung juristischer oder theologischer Fragen maßgebend sein konnte. Von den anderen beiden Wurzeln des islamischen Rechts lehnte er den

Analogieschluß (*qiyâs*) vollständig ab und ließ den "Consensus" (der Gelehrten, *iǧmâʿ*) nur gelten, wenn er auf die Prophetengefährten zurückging. Damit hatte er die Šâfiʿiten und Ḥanafiten gegen sich, vor allem jedoch die Malikiten, die im damaligen Spanien die vorherrschende Rechtsschule waren und wegen ihrer Anpassungsfähigkeit an die jeweilige politische Situation von Ibn Ḥazm aufs heftigste kritisiert wurden. Seine Weigerung, sich mit den Zeitverhältnissen auszusöhnen, führte schließlich dazu, daß die Ansammlung von Schülern um den berühmten Lehrer verboten wurde. Er starb 456/1064.

Ibn Ḥazm als Sektenforscher

Eines der bedeutendsten Werke von Ibn Ḥazm ist die "Unterscheidung der Religionsgemeinschaften, Sekten und Glaubensrichtungen" (3), ein Kompendium der vor und während seiner Zeit bekannten religiösen Strömungen. In ihm setzt er sich auch ausführlich mit den Christen auseinander. Nachdem er die Hauptanliegen der "Einheitsbekenner" Arius, Paul von Samosata und Makedonius skizziert hat, wendet er sich den drei Hauptgruppen des Christentums seiner Zeit zu, den Melkiten, Nestorianern und Jakobiten, deren Verbreitungsgebiet er angibt, und deren Christologie er kurz beschreibt.

Die Jakobiten sind es, denen seine besondere Kritik gilt. Sie seien eine Sekte, die der Vernunft und dem Gefühl mit eisiger Ablehnung aus dem Wege gehen (4). Einerseits sprächen sie von den "drei Dingen" (*ṯalâṯat al-ašyâʾ*) und sagen doch, daß die drei eins seien. Dann müßte jedes dieser drei Dinge mit dem anderen identisch sein, und das ergäbe in seiner Konsequenz ein vollkommenes Durcheinander. Wenn Ibn Ḥazm "dem Evangelium" auch nicht allzu viel Gutes zutraut, so findet er doch selbst in ihm keinen Hinweis für die christliche Lehre von der göttlichen Trinität. Wie die Polemiker vor ihm so betont auch er, daß im Evangelium ausdrücklich von einer Unterordnung Christi unter Gott gesprochen werde (5).

Wider eine christliche Attributenlehre

Scharfsinnig widerlegt Ibn Ḥazm die Attributenlehre der christlichen Theologen. Einige von ihnen waren im 10. christlichen Jahrhundert dazu übergegangen, die göttlichen Hypostasen als Attribute der göttlichen Substanz zu bezeichnen. Es mag zunächst so ausgesehen haben, als kämen sie damit dem nahe, was etwa gleichzeitig von Ašʿarî und seinen Anhängern gelehrt und von den islamischen Theologen alsbald als "orthodox" anerkannt wurde: daß Gott mit einem Wissen wisse, das ebenfalls ewig, das aber weder mit seinem Wesen identisch noch von ihm losgelöst sei, sondern in ihm existiere. Dasselbe gelte auch für die anderen Attribute seines Wesens: die Allmacht, das Leben, den Willen, die Rede, das Hören und das

Sehen (6). Die Christen meinten nun, daß die Trinitätslehre den Muslimen verständlicher werden könne, wenn sie die Hypostasen ebenfalls als ewige, in der göttlichen Substanz existierende Attribute erklären. In Wirklichkeit wurde alles noch komplizierter, da sich unter den Theologen eine Begriffsverwirrung ausbreitete und auch die Attributen-Triaden, mit denen sie die drei Personen beschrieben, bei den verschiedenen Theologen nicht mehr übereinstimmten (7).

Vor allem war es nun noch schwieriger geworden, den kritischsten Punkt der christlichen Gotteslehre, nämlich die Inkarnation, einsichtig zu machen. So hatten es die Muslime in der Folgezeit noch einfacher, die Trinitätslehre zu widerlegen. Die Philosophen unter ihnen brauchten nur auf die logische Unmöglichkeit der Inkarnation, d.h. der Verbindung des Ewigen mit dem Zeitlichen, hinzuweisen, während jene islamischen Theologen, die wie Ibn Ḥazm die philosophische Spekulation grundsätzlich ablehnten und sich am "offenen Sinn" der koranischen Offenbarung orientierten, nun mit denselben Argumenten gegen die Philosophen der eigenen Reihen und die philosophierenden Theologen der Christen polemisieren konnten (8).

Da Gott wissend (*ʿâlim*) und lebendig (*ḥaiy*) sei, so referiert Ibn Ḥazm nun die Christen, müsse er die Attribute "Wissen" und "Leben" besitzen. Das Leben werde "heiliger Geist" und das Wissen "Sohn" genannt. Ibn Ḥazm lehnt es jedoch, seiner theologischen Grundüberzeugung entsprechend, überhaupt ab, auf dem Wege der logischen Schlußfolgerung (*istidlâl*) der Gottheit Attribute zuzuschreiben. Als Attribute Gottes sind nur die zu betrachten, die ausdrücklich in der Schrift genannt sind und deshalb keines logischen Nachweises bedürfen. Aber selbst dann, wenn man von Attributen sprechen sollte, gäbe es noch andere Eigenschaften, die mit nicht weniger Recht als die von den Christen genannten Gott zugeschrieben werden müßten, allen voran die Allmacht, aber auch das Hören, Sehen, Reden (*kalâm*), Vernunft, Weisheit und Großmut (*ǧûd*).

Ibn Ḥazm wehrt sich jedoch aus grundsätzlichen Überlegungen gegen eine Attributenlehre, weil Gott dann in die Kategorien der Phänomene eingeordnet werden müßte, die mit denselben Attributen bezeichnet werden. Ist Gott lebendig, dann gehört er zur Gattung derjenigen Phänomene, die lebendig sind. Aber nicht nur daran, daß Gott dann nicht mehr der einzige seiner Gattung wäre, stößt sich Ibn Ḥazm. Vielmehr sieht er in der Definition Gottes als des "Lebendigen" eine Begrenzung, und alles was begrenzt ist, ist endlich; und nicht nur begrenzt ist Gott durch diese Definition, sondern auch zusammengesetzt (*murakkab*) aus den anderen, zum Lebendigsein gehörenden Eigenschaften (z.B. vernünftig - *nâtiq* - oder nicht vernünftig sein); und schließlich ist alles, was zusammengesetzt ist, in der Zeit entstanden (*muḥdaṯ*) (9).

Auch die Bezeichnung des Wesens Gottes als "*ǧauhar*" (Substanz) führt in dasselbe Dilemma. Denn wenn Gott als Substanz definiert ist, dann ist er durch die auf den Substanzbegriff angewandte Definition ebenfalls begrenzt und damit zeitlich. Das alte Unbehagen, das die Muslime bei der Anwendung des Begriffes "*ǧauhar*" auf Gott empfanden, wird damit noch einmal von Ibn Ḥazm aufgegriffen und begründet, indem er ihn als etwas Begriffliches und damit Umgrenztes betrachtet. Alle Definitionen aber umschreiben die geschaffenen Dinge. Wenn Gott demnach mit solchen Attributen, die einer logischen Definition bedürfen, beschrieben werden müßte, dann wäre er geschaffen (10).

Die Zusammenfassung der Attribute in einer Trias hatten die Christen damit begründet, daß die Zahl drei die vollkommenste Zahl sei, denn sie vereine in sich die Zweiheit (*zauǧ*) und die Einheit (*fard*). Von Vollkommenheit könne aber, so antwortet Ibn Ḥazm, nur dann gesprochen werden, wenn etwas vorher Unvollkommenes durch Hinzufügen vollkommen gemacht werde. Von Gott könne aber nicht gesagt werden, daß er irgendeinmal unvollkommen gewesen wäre. Außerdem bleiben die Christen nicht bei der Zahl drei stehen, sondern sie fügen dem Vater, dem Sohn und dem heiligen Geist, von denen das Glaubensbekenntnis spricht, noch ein Viertes hinzu: das Wort, das sich im Leibe der Maria mit dem Fleisch verband.

Nach Johannes sei das Wort Gott. Ist es nun der Vater, der Sohn oder der Geist? Und wenn diese drei untereinander identisch seien, wie Ibn Ḥazm die Christen versteht, dann hätte die ganze Gottheit im Leibe der Maria Fleisch angenommen. Doch dagegen stehen die anderen Aussagen der Evangelien, die deutlich zwischen dem Vater und dem Sohn unterscheiden und letzteren dem Vater unterordnen. So sieht er in der christlichen Lehre von den drei göttlichen Attributen eine Reihe von Widersprüchen, die umso schwerer wiegen, als sie sich nicht aus den Prophetenbüchern oder Evangelien begründen lassen.

Noch von einer anderen Seite her deckt Ibn Ḥazm die innere Unzulänglichkeit der christlichen Attributenlehre auf. Wenn der Sohn das Wissen Gottes ist, hat er selbst dann kein Wissen und kein Leben? Wenn er aber doch Wissen und Leben hat, dann gibt es fünf ewige Wesen oder Attribute: den Vater, sein Wissen, sein Leben, den Sohn - der ja das Wissen des Vaters ist, dessen Wissen und dessen Leben. Und dasselbe träfe noch einmal auf den Heiligen Geist zu (11).

Über die Zuverlässigkeit der christlichen Traditionen

Die Tradition der Juden und Christen besagt, daß Christus gekreuzigt wurde. Der Koran dagegen behauptet das Gegenteil. Ibn Hazm untersucht nun, ob die Tradition von der Kreuzigung Christi auf Autoritäten zurückgeht, die als zuverlässig betrachtet werden können, oder ob sie eine "Neuerung" ist, durch die sich falsche Ansichten in die ursprüngliche Religion einschlichen. Damit wendet er nun ein methodisches Hilfsmittel an, das auch bei der Feststellung der echten Prophetentraditionen von entscheidender Bedeutung ist: nämlich die Untersuchung der "Kette der Tradenten" (*isnâd*) und ihre Glaubwürdigkeit. Allerdings vermischt er nun selbst die verschiedenen Berichte vom letzten Abendmahl, den Ereignissen im Garten Gethsemane und der Kreuzigung: diese habe, wie er den Berichten entnimmt, nachts in einem abgelegenen Garten stattgefunden, von dem keiner genau wußte, was in ihm vorging. Die Gefährten hatten alle Christus verlassen, und auch Maria Magdalena habe nur aus der Ferne der Kreuzigung zugesehen. Damit fehlt der Tradition von der Kreuzigung die Bestätigung durch Augenzeugen, sie ist also nicht autorisiert. Mit der koranischen Bemerkung "*wa-lâkin šubbiha lahum*" (12) meinte Gott, daß diejenigen, die diese falsche Tradition erfanden und verbreiteten, denen gleich sind, die ihnen darin blindlings folgen: daß sie alle wissentlich Falsches sagen (13).

Eine in den Augen Ibn Ḥazms berechtigte Frage ist, was vor dem Erscheinen des Koran Pflicht war: an die Kreuzigung zu glauben oder sie abzulehnen. Da Gott vorher, so antwortet er, kein Buch sandte, in dem klar das eine oder andere gefordert war, gehörte diese Frage zu den Adiaphora, die keine Heilsbedeutung besitzen. Allerdings gelte der Hinweis auf das Evangelium nicht, da

> Johannes, Matthäus und Paulus nichts anderes als ungläubige Lügner waren und keineswegs zu den rechtschaffenen Jüngern zählten (14).

An anderer Stelle fordert Ibn Ḥazm sogar als erster der islamischen Polemiker, den Nachweis zu erbringen, daß die biblischen Schriften selbst, nicht nur ihre Auslegung, gefälscht seien, und diesen Nachweis zum Ausgangspunkt der Polemik zu machen (15). Auf jeden Fall sei aber mit dem Kommen des Koran die Entscheidung gefallen: wer sagt, daß die Kreuzigung stattgefunden habe, ist ungläubig (16).

Auch in der Christologie selbst sieht Ibn Ḥazm die Ursache für einander ausschließende Lehrsätze. Eine Gruppe, so berichtet er, behauptet, daß Christus die Hülle (*ḥiǧâb*) Gottes sei, aus der heraus er zu ihm spreche (17). Da die Person Christi auch die menschliche Natur in sich bewahrt, verehren die Christen folglich einen Menschen, und das gehört zur übelsten Sorte von "*širk*", weil hier nicht ein toter Gegenstand, sondern ein Wesen neben Gott gestellt wird, dessen Bestimmung der Gottesdienst ist. Falls die Christen jedoch vorgeben würden, nur die göttliche Natur in Christus zu verehren, dann wäre damit die Einheit der Person Christi, die die Christen betonen, aufgegeben, denn der Name "Christus" umschreibt die göttliche u n d die menschliche Natur, nicht nur eine von beiden.

Aufs Ganze gesehen zeigt sich Ibn Ḥazm als gut informiert über das, was die Christen glauben, abgesehen davon, daß er sich offensichtlich die Mühe ersparte, einen Blick in die biblischen Quellen des Christentums zu werfen - eine Nachlässigkeit, die bei einem Ẓâhiriten zumindest mehr erstaunt als dies bei einem Philosophen oder Anhänger der spekulativen Theologie der Fall gewesen wäre. Daß er keinen Gefallen an den Lehren der Christen findet liegt, abgesehen vom Inhalt selbst, nicht nur am Widerspruch zum Koran, sondern auch daran, daß die Christen keine zuverlässige Traditionskette haben, die bis zum Propheten, d.h. bis zu Christus, zurückreicht und ihre Lehren autorisieren könnte. Die Unterbrechung der Traditionskette wiegt umso schwerer, als zwischen dem, was von Christus berichtet wird, und dem, was die Christen lehren und als christliche Bräuche angenommen haben, ein unüberbrückbarer Gegensatz besteht, für den nur die Christen verantwortlich sind. So fragt er am Schluß seines Abschnittes über die christliche Gotteslehre, ob die Christen das Kommen eines Propheten nach Christus für möglich halten oder nicht. Halten sie es für möglich, dann müssen sie das Prophetentum Mohammeds anerkennen, da seine Wunderzeichen ebenso zuverlässig überliefert sind wie diejenigen Jesu und anderer, meint Ibn Ḥazm. Wenn sie es jedoch ablehnen und darauf hinweisen, daß Christus nichts darüber gesagt haben, dann müssen sie alle ihre Gewohnheiten (*šarâ'iʿ*) aufgeben, ihre Gebete, daß sie den Sonntag ehren, ihre Fasten, die dies alles in den Evangelien nicht gefordert wird, Christus sich vielmehr an das jüdische Gesetz und die jüdischen Feste hielt. Die Christen stehen deshalb in jeder Hinsicht im Widerspruch zu Christus und den anderen Propheten, deren Siegel Mohammed ist (18).

Der Andalusier Ibn Ḥazm lehnt als Ẓâhirit grundsätzlich die Attributenlehre der spekulativen islamischen Theologie ab. Da sich die Christen seiner Zeit weitgehend dem Sprachgebrauch der islamischen Theologen angepaßt hatten, weist er ihre Lehren und alles, was sie sonst noch über Jesus sagen, mit gleichem Nachdruck kurz und bündig zurück. Mit etwas größerer Offenheit versucht der Perser Abû Ḥâmid al-Ġazâlî - den christlichen Theologen des Mittelalters unter dem Namen "Algazel" bekannt -, die christologischen Aussagen zu verstehen.

Einige Bemerkungen zu Ġazâlîs Biographie

Abû Ḥâmid Muḥammad b. Muḥammad al-Ġazâlî wurde 450/1058 in Ṭûs in Khorazan geboren (19). Seine Ausbildung begann er in Ṭûs mit dem Studium des Fiqh. Später setzte er es in Nîšâbûr fort, vor allem unter dem berühmten aš'aritischen Gelehrten Ǧuwainî, dem "Imâm al-Ḥaramain" (20). Ġazâlî studierte šâfi'itisches Recht, die Unterschiede der Rechtsschulen im sunnitischen Islam, Dialektik, die Grundlagen (*uṣûl*) des Rechts, der Theologie und der Logik. Nach Ǧuwainis Tod (478/1085) ging Ġazâlî zu dem seldjukischen Wazîr Niẓâm al-Mulk, der ihn 484/1091 als Lehrer an die von ihm, Niẓâm, gegründete und nach ihm benannte Madrasa in Bagdad, die "Niẓâmîya", sandte. Zunächst gelang es Ġazâlî, seinen Skeptizismus zu überwinden; er wandte sich nun dem "Taṣauwuf", der islamischen Mystik, zu. In Bagdad war er ein gefeierter Gelehrter und gehörte zu den angesehensten Leuten der Stadt. Drei Jahre nach der Ermordung Niẓâm al-Mulks durch einen šî'itischen (ismâ'îlitischen) Bâṭiniden (21) verließ Ġazâlî 488/1095 Bagdad, angeblich, um die Pilgerfahrt nach Mekka zu unternehmen. Tatsächlich hielt er sich jedoch zunächst einige Zeit in Damaskus auf und ging dann über Jerusalem nach Hebron. 489/Ende 1096 beteiligte er sich am Ḥaǧǧ, um anschließend zu einem kurzen Aufenthalt nach Damaskus zurückzukehren. Im folgenden Jahre (490/1097) wurde er in Bagdad gesehen, offensichtlich während seiner Heimkehr nach seiner Geburtsstadt Ṭûs, wo er von nun an zurückgezogen als Ṣûfî und Gelehrter lebte und, unter anderen Werken, sein Hauptwerk vollendete: die "*Wiederbelebung der Religionswissenschaften*" (*Iḥyâ' 'ulûm ad-dîn*).

Nur für kurze Zeit kehrte er auf Verlangen von Niẓâm al-Mulks Sohn, Faḫr al-Mulk, als Lehrer an die ebenfalls von Niẓâm gegründete Madrasa in Nîšâbûr zurück. Ġazâlî starb 505/1111 in Ṭûs.

Debatte um die Echtheit des Radd al-ǧamîl

Ob die Schrift "*Schöne Widerlegung der Gottheit Jesu nach der deutlichen Aussage des Evangeliums*" von Ġazâlî verfaßt wurde, ist eine offene Frage (22). Sie hängt aufs engste mit der anderen Frage zusammen, ob Ġazâlî, wie einige seiner Biographen berichten, in Alexandria war oder nicht. Das Christentum, das in dieser Schrift behandelt und kritisiert wird, trägt so deutlich ägyptisch-monophysitisches Kolorit, daß ihr Verfasser die ägyptischen Verhältnisse gekannt haben muß. Was Ġazâlî betrifft, so liegt das Problem darin, in welcher Periode seines Lebens er Alexandria besucht haben könnte. In Frage kämen nur die Jahre zwischen 488/1095 und 490/1097, in denen er sich, wie wir sahen, in verschiedenen Orten Syro-Palästinas und des Ḥiǧâz aufhielt und einen allerdings nur recht kurzen Abstecher nach Ägypten gemacht haben könnte. Doch ließe er sich aus den Quellen nicht beweisen. Dennoch hat sich Franz-Elmar Wilms, der sich besonders eingehend mit dieser Schrift beschäftigt und sie übersetzt hat, für einen Aufenthalt Ġazâlîs in Ägypten und damit für eine Autorschaft Ġazâlîs ausgesprochen (23). Doch selbst dann, wenn Ġazâlî nicht ihr Verfasser sein sollte, müßte sie etwa zu seinen Lebzeiten entstanden sein und kommt seinen Gedanken sehr nahe. Sie wendet sich nicht direkt gegen die Christen, sondern versucht, jenen Muslimen, die in der Auseinandersetzung mit Christen stehen, Hilfestellung zu leisten.

Ethik und Gottessohnschaft

Zunächst lehnt es der Verfasser dieser Streitschrift ab, den Titel Christi "Sohn Gottes" im wörtlichen Sinne zu verstehen. Wird er jedoch als Metapher verstanden, dann ist er bereit, ihn stehen zu lassen (24). Die Begründung seiner Ansicht führt er in drei Gedankengängen vor. Zuerst behandelt er die neutestamentlichen Texte, die - nach Ansicht der Christen - die Gottheit Jesu stützen, danach solche, die die Menschennatur Christi aussagen. Als Abschluß dieses Teils seiner Schrift behandelt er die Lehre von der "Einwohnung" (*ḥulûl*), wobei er die Sonderheiten der Jakobiten, Melkiten und Nestorianer hervorhebt. Beachtlich ist, daß Ġazâlî den neutestamentlichen Texten mit großem Respekt begegnet und den Vorwurf des "*taḥrîf*" nicht erhebt. Er behandelt das Neue Testament wie die eigenen, islamischen kanonischen Schriften, und als methodische Grundlage seiner Exegese wendet er die Regeln an, die auch in der islamischen Koraninterpretation als allgemein gültig anerkannt sind (wobei sich im Einzelfall natürlich Meinungsverschiedenheiten ergeben können): 1. Wenn die Textaussage dem, was vernünftig ist, entspricht, muß sie in ihrem klaren Wortsinn (*ẓâhir*) verstanden werden; widerspricht sie jedoch dem Vernünftigen, dann bedarf sie der Interpretation, um den metaphorischen Sinn dessen, was gemeint ist, zu erkennen. 2. Wenn sich zwei Aussagen widersprechen, darf der Widerspruch erst dann stehen bleiben, wenn alle Versuche, einen gemeinsamen Sinn zu finden, fehlgeschlagen sind. Der Sinn derjenigen Stellen - vor allem des Johannes-Evangeliums -, die die Einheit Jesu mit Gott aussprechen, sei nun nicht, daß Gott in den Gliedern Christi gewohnt habe: dann müßte er ja auch in den Gliedern der Jünger Christi sein, da diese mit Christus eins sind. Mit der "Einheit" sei vielmehr die ethische Vollkommenheit Christi gemeint, dessen Wille und Tun genau dem entspricht, was Gott gefällt. Das sei mit dem "Wort" von Joh. 10,35 gemeint, das Gott zu denen sandte, die er "Götter" nannte (25), und auf das Christus hinweist: es ist das Geheimnis über sich und seine Sendung, das er den Jüngern anvertraut, und mit Hilfe dieses neuen Wissens können sie nun ebenfalls ihr eigenes Wollen und Tun mit dem Willen Gottes abstimmen (26).

Darin unterscheidet sich Ġazâlî von Ibrâhîm an-Naẓẓâm, dem Muʿtaziliten, der, wie wir sahen, ebenfalls einer metaphorischen Interpretation des Titels "Gottessohn" zustimmen konnte (27). Naẓẓâm rechtfertigte seine Ansicht damit, daß er einen Gnadenakt Gottes voraussetzte, durch den der Erwählte in die Gottessohnschaft erhoben wird. Für Ġazâlî dagegen ist es das ethische Verhalten des Menschen, das ihn in die Nähe Gottes rückt.

Daß Ġazâlî die Aussagen über die Gottessohnschaft Jesu unter dem Aspekt der Ethik sieht und damit von seiner Sicht her positiv aufnehmen kann, hat seinen tieferen Grund in der mystischen Grundhaltung des großen Theologen. Auch das Bild Christi als des Lehrers, der die Erfüllung des Gotteswillens lehrt, entspricht dem, was die islamischen Mystiker, die Ṣûfis, von Christus überliefern. Auf das ausgeprägte ethische Interesse der Ṣûfis wird im nächsten Kapitel hinzuweisen sein; hier sei jedoch festgehalten, daß für Ġazâlî der Titel "Gottessohn" - sofern er metaphorisch verstanden wird - keine Blasphemie ist, sondern eine Auszeichnung bedeutet, durch die die besonders enge Verbindung Jesu mit Gott ausgedrückt wird.

Auch andere islamische Mystiker kamen zu Einheitsaussagen, die denen des johanneischen Christus ähnelten. Einer von ihnen, Ḥallâǧ, mußte allerdings für diese, in den Augen der traditionsgebundenen Dogmatiker unverzeihliche, Gotteslästerung mit dem Leben büßen (309/922) (28); man warf ihm vor, sich als Inkarnation (*ḥulûl*) des göttlichen Seins bezeichnet zu haben und begründete diesen Vorwurf mit seinem berüchtigten Ausspruch: Ich bin die Wahrheit (die Wahrheit ist einer der Namen Gottes). Daß hinter den Bemühungen, ihn loszuwerden, tatsächlich andere Motive herrschten - nämlich der Ärger über seine offene Kritik an sozialen und politischen Mißständen - und damit die Entrüstung über seine "blasphemische" Theologie nur vorgeschoben war, sei hier lediglich vermerkt. Ġazâlî allerdings ist nicht glücklich über einen zu eiligen Gebrauch dieser und ähnlicher Aussprüche. Er erklärt sie mit den "besonderen Zuständen" der Heiligen. Auf jeden Fall sind sie jedoch zulässig, sofern sie nur metaphorisch verstanden werden (29).

*Ġazâlîs Erklärung der Einwohnung (*ḥulûl*) des Göttlichen*

In seinem zweiten Gedankengang, in dem Ġazâlî die Menschheit Jesu und seinen Gott gegenüber niederen Rang beweisen will, stützt Ġazâlî sich auf eine Reihe von Texten, die uns bereits, vor allem bei Ṭabarî, begegnet sind (30).

Im dritten Gedankengang geht es nicht mehr um exegetische, sondern um philosophische Fragen: zur Debatte steht die Bedeutung von *ḥulûl*, Einwohnung oder Inkarnation, in der Christologie der drei großen Konfessionen des zeitgenössischen Christentums (31).

Den Jakobiten wirft Ġazâlî vor, daß sie durch die Einswerdung der göttlichen und menschlichen Natur in Christus ein drittes Wesen schaffen, das eben aus beiden Naturen zusammengesetzt sei. Eine solche Zusammenfügung setzt aber nicht nur die vorhergehende Existenz der Teile voraus, sondern auch, daß sie ihrer gegenseitig bedürfen, d.h. daß sie, für sich genommen, ergänzungsbedürftig sind. Zum Wesen Gottes gehört jedoch, daß alle zu seiner Existenz notwendigen Eigenschaften in ihm seit Ewigkeit und ohne je eine Veränderung erfahren zu haben vorhanden sind. Wenn er sich mit der menschlichen Natur verbinden würde, dann wäre er vor der Inkarnation nicht vollkommen gewesen; außerdem käme eine neue Eigenschaft zum göttlichen Wesen hinzu. Dies ist jedoch unmöglich. Somit ist das dritte Wesen, Christus, in sich widersprüchlich, weil nicht nur die göttliche Natur, sondern auch die menschliche Natur in sich alle Eigenschaften hat, die sie sowohl zur Verwirklichung ihres Soseins als auch zur Abgrenzung gegenüber anderen Wesen braucht. Würde also das dritte Wesen existieren, dann müßte das göttliche Wesen in seiner Existenz von einem menschlichen Wesen abhängig sein bzw. des menschlichen Wesens zur Verwirklichung seiner Existenz bedürfen.

Den Melkiten gegenüber, vor allem den älteren unter ihnen, betont Ġazâlî, daß die abstrakte menschliche Natur, mit der sich der göttliche Messias vereinigt habe, nur in der Phantasie derer bestehe, die davon sprechen. Aber auch die jüngeren Melkiten, die die abstrakte menschliche Natur durch einen einzelnen Menschen ersetzen, halten daran fest, daß der Messias eine Person des göttlichen Wesens sei. Beide Gruppen müßten schließlich zu der Konsequenz gelangen, daß der Gekreuzigte Gott gewesen sei, da das göttliche Wesen des Messias sich zwar nicht mit der menschlichen Natur vermischt hat, der Messias jedoch, wie die Christen glauben, in seiner ganzen Person gekreuzigt wurde. Ġazâlî kommt nun zu folgendem Syllogismus (*qiyâs*):

> Der Messias wurde gekreuzigt;
> Nichts, was gekreuzigt wurde, ist Gott.
> Folglich ist nichts vom Messias Gott (32).

Bei den Nestorianern schließlich verlangt Ġazâlî eine neuere Definition dessen, was sie unter der Willenseinigung verstehen. Wenn sich diese auf die "fünf Urteile" über das Gebotene, das Verbotene, das Empfohlene, das Verwerfliche und das Erlaubte beziehen, dann haben sie damit wohl recht, nur dürfen sie diese Willenseinigung nicht auf Jesus beschränken, da sie auf alle Propheten und die meisten Heiligen zutrifft. Darüber hinaus gab es jedoch auch Gelegenheiten, in denen der Wille Christi vom Willen Gottes verschieden war, wie etwa im

Blick auf die Kreuzigung. Gott wollte sie, während Christus darum bat, den Kelch an ihm vorbeigehen zu lassen (33). - Damit schließt Ġazâlî seine Betrachtung der drei Hauptrichtungen des Christentums ab.

Ġazâlîs Erklärung des Logos

Aus seinen weiteren Ausführungen erwähnen wir noch, was er zur Bedeutung des "Wortes" bemerkt. Ausführlich beschäftigt Ġazâlî sich mit dem Prolog des Johannes-Evangeliums. Zur Erklärung des ersten Satzes: "Am Anfang war das Wort" greift er auf die Formulierungen zurück, mit denen die Christen die Trinität beschrieben. Das göttliche Wesen, das unter Absehung seiner Eigenschaften betrachtet werde, sei die "reine Vernunft", und diese werde die Hypostase des "Vaters" genannt. Betrachtet man das göttliche Wesen unter dem Aspekt, daß es sich selbst versteht, dann ist es der "Sich selbst Verstehende", und dies werde die Hypostase des "Sohnes" oder des "Wortes" genannt. Wird das göttliche Wesen unter dem Aspekt betrachtet, daß es "sich selbst verständlich" ist, dann wird dies mit der Hypostase des "Heiligen Geistes" ausgedrückt. Ġazâlî hat gegen diese "Trinitätslehre", hinter der sich die erste Stufe der Selbstentfaltung bzw. des Sich selbst Bewußtwerdens des Göttlichen im System der Mystiker verbirgt, keine größeren Bedenken (34), nur kann er es selbstverständlich nicht zulassen, daß das aktiv verstehende Element im göttlichen Wesen mit dem irdischen Messias identisch bzw. in ihn eingegangen ist.

Während der Eingang des Prologs ("... und Gott war das Wort") sich auch von dieser Definition des göttlichen Wesens her verstehen läßt, greift Ġazâlî bei der Erklärung von Joh. 1,14 ("und das Wort ward Fleisch") auf den bei den Monophysiten Ägyptens gebrauchten koptischen Text zurück (35). Der Kontext fordere, so erklärt er, daß das Verbum *"af'er"*, das nach den Erklärungen der Christen sowohl "machen" als auch "werden" bedeuten könne, hier natürlich die Bedeutung von "machen" habe:

> Diese koptischen Worte bedeuten: "Und das Wort machte einen Körper". ... Der Wissende, der als "das Wort" eine Hypostase ist, die nach dem Wort "und Gott war das Wort" Gott ist, hat einen Körper gemacht und bei uns gewohnt, und wir haben seine Herrlichkeit gesehen. Das heißt: Jesus ... ist dieser von Gott geschaffene Körper, der erschien und dessen Herrlichkeit gesehen wurde (36).

Von hier aus findet Ġazâlî bald den Weg zu den koranischen Aussagen über das "Wort" und stellt abschließend fest, daß es zwei Ursachen für alles Geborene gibt: einmal die näher liegende über den natürlichen Weg der Zeugung, und zum andern, wenn diese erste Ursache nicht vorhanden ist, eine entferntere, nämlich durch das Schöpferwort, durch das letztlich alles Geschaffene entsteht. Da bei Christus die erste, näher liegende Ursache nicht vorhanden war, muß man zur entfernteren Ursache greifen, daß Christus eben durch das Wort "Sei!" entstand, das Gott - im metaphorischen Sinne - in Maria "hineinwarf" (37).

Damit findet Ġazâlî zur traditionellen islamischen Christologie zurück. Jesus ist einer der rechtgeleiteten Propheten, die den Willen Gottes verkünden. Da er selbst dem Willen Gottes vollkommenen Gehorsam leistet, darf er sagen, daß er und der Vater eins sind. Über die traditionelle islamische Christologie hinaus weist jedoch sein Zugeständnis, daß in Christus eine "Herrlichkeit" sichtbar wurde, die ihm auch eine Mittlerstellung zukommen läßt, daß er nämlich diese Herrlichkeit seiner an Gottes Willen orientierten ethischen Vollkommenheit an die Menschen weitergibt (38). Hieraus wird deutlich, daß es nicht das Prophetenbild der Orthodoxie, sondern das der Ṣûfis ist, das Ġazâlî vorschwebt und dem er Christus zuordnet. Die "Herrlichkeit" ist nicht auf ihn beschränkt, sondern sie zeichnet alle Propheten aus, die mit "anderen Augen" die Geheimnisse erkennen, die der natürlichen Vernunft nicht mehr zugänglich sind (39).

Ġazâlîs mystisches Verständnis Jesu

Die Verbundenheit mit der Weltsicht und Ethik der Ṣûfis zeigt sich auch dort immer wieder, wo Ġazâlî in seinem sonstigen Werk auf Jesus zu sprechen kommt. Dies geschieht insbesondere in seinem Hauptwerk, der "*Wiederbelebung der Religionswissenschaften*" (40). Entsprechend der dort vorherrschenden Argumentationsweise Ġazâlîs legt er keine Zusammenfassung bestimmter Lehraussagen oder Verhaltensweisen Jesu unter systematischen Gesichtspunkten vor, sondern er zitiert Logien und Anekdoten, die sich, zusammen mit solchen anderer Propheten und Gewährsmänner, zur Unterstützung seiner jeweils entfalteten Darlegungen eignen. Insbesondere in jenen Abschnitten, in denen es um die von der Welt ausgehenden Versuchungen geht, warnt Jesus vor Blindheit oder Hingabe an die Welt und ihren Folgen:

> Nehmt nicht die Welt als (euren) Herrn. Denn sie macht euch zu Sklaven. Sammelt euren Schatz bei dem, der ihn nicht vernichtet. Wer einen weltlichen Schatz besitzt, fürchtet, daß er Schaden nehmen könnte. Wer einen Schatz bei Gott hat, fürchtet nicht, daß er Schaden nehme (41).

Der Mensch ist vor die Entscheidung gestellt, welcher der beiden Welten er sich verschreiben will:

> Liebe zu dieser Welt und zur nächsten können in einem Gläubigen nicht beieinander bleiben, ebensowenig wie Wasser und Feuer in einem gemeinsamen Gefäß (42).

Auch in seiner Kritik an äußerlicher Gelehrsamkeit, die für sich allerdings nicht nur Anerkennung ihrer Ansichten, sondern auch Autorität, Respekt und Gehorsam fordert, findet er Geistverwandtes in den Traditionen von Jesus. Weil Wissen und Leben der Gelehrten auseinanderklaffen als gehörten sie zwei verschiedenen Wesen, hat sich Ġazâlî, wie erwähnt, dem Taṣauwuf zugewandt, der seine Herkunft aus der islamischen Asketen- und Frömmigkeitstradition mit ihrer starken sozialethischen Komponente nie hat verbergen können oder wollen. Ġazâlî wird nicht nur wegen seines großen Wissens und der systematischen Kraft seines Denkens als einer der größten islamischen Gelehrten betrachtet, sondern auch - für manche wohl vor allem - wegen der von ihm vollzogenen Synthese von Denken und Lebensstil. Somit schwingt die Kritik Jesu an den "Pharisäern" als Typen gelehrter Heuchelei auf einer Ġazâlî eng verwandten Stimmungsebene:

> Zu diesem Sachverhalt sagte Christus: Ihr schändlichen Gelehrten (ʿulamâʾ)! Ihr fastet, betet, gebt eure Almosen, tut aber selbst keinesfalls das, was ihr von anderen fordert; ihr gebt Unterricht und tut selbst nicht was ihr sagt. Ihr verkehrt eure Entscheidungen ins Üble, ruft zur Buße mit euren Kehlen und Begierden und handelt selbst nach (eurer) Willkür. Was nützt es euch, daß ihr eure Haut reinigt, aber eure Herzen sind beschmutzt? Wahrlich sage ich euch: seid nicht wie ein Sieb, aus dem die guten Dinge herausgehen, während der Abfall zurückbleibt, desgleichen gebt ihr Urteile aus mit eurem Mund, doch bleibt in euren Herzen die Bosheit. Oh ihr Sklaven dieser Welt, wie kann die kommende Welt jemanden anziehen, der seine Begierden nicht von dieser Welt löst und sein Verlangen nicht von ihr abtrennt? Wahrlich sage ich euch: eure Herzen weinen wegen eurer Taten! Ihr habt diese Welt unter eure Zungen getan und tretet die Taten mit euren Füßen. Wahrlich sage ich euch: ihr habt eure Zukunft (wörtl.: zukünftige Welt) zerstört um des Heiles in dieser Welt willen, und das Heil in dieser Welt liebt ihr mehr als das Heil der künftigen Welt. Welcher Mensch ist niedriger als ihr, wo ihr es doch hättet wissen müssen! Wehe euch, bis wann wollt ihr den im Abendlicht Aufbrechenden den Weg zeigen, oder bei den Hochmütigen euch aufrichten? Als ob ihr das Volk dieser Welt ruft, damit es sie euch allmählich übereignet! Wehe euch! Was nützt es einem dunklen Haus, wenn eine Lampe auf seinen First gestellt wird. Sein Inneres bleibt dunkel. Desgleichen nützt es euch nichts, wenn das Licht des Wissens in euren Mündern ist, aber euer Inneres ist von ihm öde und verlassen. Oh ihr Sklaven dieser Welt! Nicht wie Diener des Gottesdienstes oder wie edle (aus der Sklaverei) Befreite. Diese Welt

> ist in Eile, um euch eure Wurzeln zu entreißen, und sie wird euch auf eure Gesichter fallen lassen, dann auf eure Nasen. , danach greifen eure Sünden eure Stirnlocken, danach wird das Wissen euch von hinten zurückweisen, danach wird es euch dem König und Richter ausliefern, barfuß und nackt, einer nach dem andern, und ihr werdet entsprechend eurer Schandtaten vor ihn gestellt, danach wird euch vergolten entsprechend der Schändlichkeit eurer Taten (43).

Für Ġazâlî ist echte Frömmigkeit mit einer tiefen Liebe zu Gott und den Menschen verbunden. Solche Liebe, insbesondere die Liebe zu den Mitmenschen, ist jedoch nur dann möglich, wenn sie in Gott gegründet ist und in ihm ihren Beziehungspunkt hat. In Gott findet der Mensch - seine "Seele" - zur Quelle seiner Existenz, damit auch zur Quelle seiner Kraft. Da dieses in weiterer Hinsicht Thema der Ṣûfis ist, mögen die obigen Bemerkungen zur Bedeutung Jesu im Rahmen der mystischen Gedankenwelt Ġazâlîs genügen.

K a p i t e l 5

Der Christus der Ṣûfîs und seine Stellung in der mystischen Kosmologie Ibn al-ʿArabîs

In der bisher betrachteten Literatur ging es vor allem um die dogmatischen Fragen der islamischen Christus- und Gotteslehre. Die muslimischen Autoren versuchten, das Christusbild, das der Koran lehrt, mit den Mitteln ihrer theologischen Dialektik gegenüber dem, was die Christen aus dem Sohn der Maria "gemacht" hatten, zu verteidigen. Die dogmatischen Warnschilder, die die Polemiker aufgerichtet hatten, wurden auch von den islamischen Mystikern, den "Ṣûfîs", respektiert. Für sie war aber Christus nicht das Objekt scharfsinniger Definitionen, sondern der Lehrer, der die Heiligen zur Erfüllung des Gotteswillens ermahnte, wie wir es bereits bei Ġazâlî sahen. Christus selbst war das Vorbild des frommen Asketen, der "*šaiḫ*", dessen Leben und Lehren die Weisheit wiederspiegelte, die von Gott ausgeht und den Suchenden auf den Weg zurück zu seinem Schöpfer bringt. Es waren die Ṣûfîs, die die dogmatische Hülle der Theologen mit Leben füllten und Christus eine Bedeutung zukommen ließen, durch die er im Leben der gläubigen Muslime wirksam werden konnte. Auch moderne muslimische Autoren, die nach der Bedeutung Jesu für den Glauben fragen, greifen deshalb auf Gedanken in den Traditionen zurück, die die islamischen Mystiker überlieferten.

Einige Grundzüge der Mystik im Islam

Das Wesen des Islam verbietet es, den Abstand, der zwischen dem Wesen Gottes und der Natur des Menschen besteht, überbrücken zu wollen. Somit kann es auch in der islamischen Mystik nicht darum gehen, durch Versenkung und Meditation die mystische Vereinigung mit der Gottheit im Sinne einer naturhaften "*theiôsis*" des Heiligen zu suchen. Nicht um eine "metaphysische", sondern um eine "ethische" Verwandlung des Gläubigen geht es vor allem:

> Daß man durch Liebe, Güte, Barmherzigkeit und Treue Gott gleich wird (1).

Dieses Anliegen drückt sich im Begriff aus, mit dem die Mystik im Islam bezeichnet wird: *Taṣauwuf*. Er geht zurück auf das Wort "*ṣûf*", Wolle, das Material also, aus dem die alten Asketen ihre Gewänder fertigten und damit ihren Verzicht auf weltliche Reichtümer ausdrückten. Wie die in obigem Zitat erwähnten Eigenschaften verdeutlichen, denkt der Ṣûfî jedoch nicht nur an seine eigene Vollkommenheit, sondern gleichzeitig daran, wie er dem Nächsten am besten nützen und ihn ebenfalls zu einem ethisch vollkommenen Leben anhalten kann. Von daher ist es nicht verwunderlich, daß gesellschaftliche Reformbewegungen im Islam oft aus dem Taṣauwuf ihre Dynamik und Motivation bezogen.

Im Folgenden dieses Kapitels kann es nun nicht darum gehen, einen allgemeinen Einblick in die komplizierte und in vielen Einzelheiten ungeklärte Geschichte und Ideenwelt der Mystik im Islam zu bieten, deren Problemfeld sich bis hin zu der in der früheren Forschung gelegentlich gestellten Frage erstreckt, ob sich Mystik überhaupt mit "dem Islam" vereinbaren lasse, der dann vorwiegend dogmatisch und rechtlich interpretiert wird (2). Die Geisteswelt der frühen Mystiker im Islam macht es jedoch deutlich, daß sie in enger Beziehung zur Tradition einer asketische Frömmigkeit stehen, die sich über al-Ḥasan al-Baṣrî (21/642-110/728) zurückverfolgen läßt bis in die Umgebung Mohammeds, nach der Tradition der Ṣûfîs bis hin zu Mohammed selbst (3).

> Sufismus bedeutet, entsprechend Gottes Anordnungen und Gesetzen zu handeln - Gesetzen, die nun in ihrer tiefsten geistigen Bedeutung verstanden werden, ohne daß man jedoch ihre äußere Form leugnet (4).

Diese Anordnungen und Gesetze sind durch den Koran offenbart, der damit auch für die Sufis, neben der Prophetentradition, zur maßgebenden Quelle ihrer Inspiration wird. Aus diesem Grunde gehört die Befolgung der "*šarîʿa*", d.h. islamischer Rechtsprinzipien, auch für sie unabdingbar zur Mystik hinzu, allerdings in einer Verinnerlichung, für die der lediglich äußerliche, "schein"-bare Gehorsam Ausdruck eines unreinen Herzens ist. Islamische Mystik oder Taṣauwuf wird deshalb unter drei Aspekten verstanden, unter denen die Reinigung des Ṣûfî betrachtet wird: dem der "*šarîʿa*", dem der "*ṭarîqa*", und dem der "*ḥaqîqa*". Gehorsam gegenüber der *šarîʿa* reinigt den Ṣûfî, indem er sich nicht nur äußerlich im Gehorsam übt, sondern darüber hinaus sich innerlich auf die Willensintentionen Gottes einstellt und damit die Seele von eigennützigen Begierden befreit. Die *ṭarîqa* ist dann der Pfad des Mystikers, und *ḥaqîqa* bedeutet, daß sich die Attribute bzw. Eigenschaften Gottes unbefleckt in der Seele des Menschen wiederspiegeln, der Mystiker also nicht mehr von seinem "Urbild", Gott, getrennt ist. In dieser "*unio mystica*", dieser Erfahrung der Einheit mit Gott, sahen sie die tiefstmögliche Verwirklichung des islamischen *tauḥîd*.

Aus diesen kurzen Bemerkungen wird deutlich, daß es den Ṣûfîs nicht n u r um Askese und Reinigung der eigenen Seele, aber auch nicht n u r um Gehorsam gegenüber der *šarîʿa* geht, ohne nach dem tieferen Sinn zu fragen, sondern daß sie zudem von einer Motivation getrieben werden, die dem Innersten ihres Selbst, aus ihrer "Seele" (*nafs*) entspringt. Diese Motivation ist die Liebe. Sie bedeutet zunächst die liebende Sehnsucht der Seele zu ihrem Ursprung, Gott. Gottes Wesen wird jedoch von Barmherzigkeit (*raḥma*) und Güte (*ǧûd*) beherrscht, somit sind beide auch die wesentlichen Eigenschaften, die sich in der Seele des Ṣûfîs spiegeln und von dort aus weiterstrahlen in seine Umgebung. Diese Liebe ist nicht quietistisch (was Liebe, falls sie sich nicht selbst widerspricht, nie sein kann), sondern hat manchen Ṣûfî zu Kritik an Mißständen seiner Zeit und in den Konflikt mit den Mächtigen geführt, der nicht wenigen von ihnen zum Verhängnis wurde.

Neben dieser stärker ethisch orientierten Form der Mystik hat es auch im Islam die stärker an der "Erkenntnis" des Göttlichen (*maʿrifa*, *gnôsis*) interessierten Richtungen gegeben, die sich jedoch vielfach überschnitten. Da einer ihrer führenden Vertreter, Ibn al-ʿArabî, sich im Rahmen seiner Prophetenlehre auch ausführlich mit Jesus beschäftigte, soll auf diese Ausprägung des Taṣauwuf im späteren Verlauf dieses Kapitels noch einmal die Sprache kommen.

Jesus, das Siegel der Heiligkeit

Tor Andrae hat sich in seinem Buche "*Islamische Mystiker*" in einem längeren Abschnitt mit dem Verhältnis zwischen Christentum und islamischer Mystik und den ṣûfischen Jesustraditionen beschäftigt (5), desgleichen Michel Hayek in seiner Arbeit über "*Le Christ de l'Islam*" (6). Wir können uns deshalb auch hier auf eine Zusammenfassung und einige Ergänzungen beschränken.

Das wichtigste, was vom Ṣûfî gefordert wird, ist seine völlige Freiheit gegenüber den irdischen Bindungen und Bedürfnissen. Die Heiligkeit erlangt am leichtesten derjenige, der wie Christus völlig besitzlos umherwandert oder das, was er hat, anderen mitteilt. Armut und Askese bedeuten die Voraussetzung für vollkommene Rechtschaffenheit; wer diese schließlich erreicht hat, gehört zu "den Gott nahe Stehenden" (7):

> Bedenke (das Beispiel) des Messias: es ist wahr, daß er nie einen Geldbeutel besaß. Zwanzig Jahre lang kleidete er sich mit einem wollenen Gewand. Auf seinen Wanderungen besaß er nichts als einen Krug und einen Kamm. Eines Tages sah er einen Mann, der aus seiner Hand trank. Da ließ (Christus) den Becher aus seiner Hand fallen und rührte ihn danach nie wieder an. Dann ging er an einem Mann vorbei, der seinen Bart mit den Fingern kämmte. Da ließ er (auch) den Kamm aus seiner Hand fallen und rührte ihn danach ebenfalls nicht mehr an. Er pflegte zu sagen: mein Reittier sind meine Füße, meine Häuser sind die Höhlen der Erde; meine Nahrung sind ihre Pflanzen, mein Trank ihre Flüsse. Welcher Reichtum ist größer als dies alles, o ihr Kinder Israel? Eßt Gerstenbrot und wilde Zwiebeln, hütet euch vor dem Weizenbrot - ihr werdet nie dankbar genug dafür sein (8).

Wie hoch die Meinung von Jesu asketischer Vollkommenheit war, zeigt sich - wenn auch unter negativem Aspekt - in einer von Ibn al-Ǧauzî berichteten Legende:

> Als Jesus zum himmel gehoben wurde, versammelten sich die engel und zählten die flicken seines flickenrocks. Es waren dreihundert. Sie sprachen: Herr, war Jesus nicht ein ganzes gewand wert? Da untersuchten sie seine tasche und fanden eine nadel. Da sprach Gott: Bei Meiner Majestät! Wenn die nadel nicht wäre, so würde Ich ihn zu Meinem heiligen garten erheben, so aber gestehe Ich ihm nur den vierten himmel zu. Durch eine nadel wurde er abgesperrt (9).

Als Vorbild der Asketen übertrifft Jesus noch Mohammed (10). Ist für die Muslime Mohammed das "Siegel der Propheten", so ist für die Ṣûfîs Jesus das "Siegel der Heiligkeit" (11).

In seinem Leben hat er die Ideale der Entsagung, der Demut und des Dienstes am Nächsten am vollkommensten von allen Asketen verwirklicht, und deshalb gilt er als ihr oberstes Vorbild und ihr vornehmster Lehrer. In seinen Aussprüchen findet sich immer wieder die Ermahnung, die Bindungen an "diese Welt" zu lösen und sich auf die zukünftige auszurichten. Die Liebe zur Welt ist es, die den Keim der Sünde in sich trägt, und der Reichtum erweist sich als Hindernis, das Paradies zu gewinnen:

> Jesus, der Sohn der Maria, sagte: "Die Liebe zur Welt ist der Anfang aller Sünde, und im Besitz liegt viel Übel (wörtl.: Krankheit)". Man fragte:"O Geist Gottes, worin ist denn das Übel?" - Darauf antwortete er: "Er wird seine Pflicht nicht erfüllen". "Und wenn er seine Pflicht erfüllt?" - "Dann wird er dem Hochmut und dem Stolz nicht entgehen". - "Und wenn er dem Hochmut und dem Stolz entginge?" - "Seine Bemühung um Vollkommenheit wird ihn vom Gedenken (ḏikr) an Gott abhalten!" (12).

Vor allem die Barmherzigkeit Jesu gegenüber den Schwachen und Verachteten ist es, die ihn vor anderen Asketen auszeichnet, und wenn die darüber überlieferten Legenden auch nur selten aus dem Neuen Testament stammen, so atmen sie doch denselben Geist wie jene, die von seinem Umgang mit "Zöllnern und Sündern" berichten (13).

Jesu Freiheit von der Welt ermöglicht es ihm, vorbehaltlos und im jeweiligen Augenblick seine Aufgabe an den Menschen wahrzunehmen. Die rigoristische Ethik, die der Christus der Ṣûfîs verkündet, erinnert stark an die Bergpredigt, aus der auch einige Logien ihren Weg in die ṣûfische Literatur gefunden haben. Wenn auch der Gedanke des "*do ut des*" - durch gute Werke kann man sich den Weg ins Paradies ebnen - gelegentlich anklingt (14), so ist es doch vor allem die innere Rechtschaffenheit, die der ṣûfische Christus fordert, während er das äußere, wohlfeile Gehabe aufs äußerste tadelt (15). Das Postulat des verantwortlichen und selbstlosen Verhaltens gegenüber den Mitmenschen ist in keinem anderen Bereich der islamischen Literatur so nachdrücklich herausgestellt worden wie bei den Ṣûfîs. Sie leiten dieses Postulat zwar keineswegs ausschließlich aus der Verkündigung Christi ab. Dennoch ist, wie erwähnt, Christus für sie in dieser Hinsicht das Vorbild und die Autorität, die mit der Autorität, die Mohammed hinsichtlich der legislativen Konstitution der islamischen Gemeinde genießt, vergleichbar ist.

Schließlich sei noch erwähnt, daß sich auch jene, ursprünglich in der Ḥadîṯ-Literatur beheimateten Aufgaben, die Jesus bei seiner Wiederkehr am Ende der Zeiten zu erfüllen hat, in den Werken der Ṣûfîs wiederfinden. So berichten sie, daß Jesus, nachdem er wieder zur Erde herabgestiegen ist, zunächst den Antichristen (*daǧǧâl*) tötet, der für die Dauer von vierzig immer kürzer werdenden Jahren die Herrschaft an sich genommen und die Gläubigen drangsaliert hat; dann zerbricht er das Kreuz und tötet das Schwein, und schließlich stellt er als der gerechte Richter die Einheit des Gottesvolkes unter dem Zeichen des "Islam" wieder her. Danach heiratet er eine Araberin, zeugt mit ihr Kinder und muß schließlich nach vierzig Jahren "wie alles Geschaffene sterben". Seine Grabstelle wird er nahe derjenigen Mohammeds finden (16).

Die kosmische Bedeutung des Prophetentums bei Ibn al-ʿArabî

Für Muḥyî ad-Dîn ibn al-ʿArabî, einen der größten systematischen Denker in der Geschichte des Taṣauwuf, hat Jesus noch eine weitergehende Bedeutung als für die einfachen Asketen und Ṣûfîs. Er fragt grundsätzlich nach der Beziehung der menschlichen Seele mit Gott und sieht die Grundlage dafür in der Ur-Beziehung zwischen beiden, wie sie sich in dem koranischen Mythos von Su. VII,172 ausdrückt, wo der Mensch bereits bevor er als Geschöpf in die Trennung von Gott eintrat, das Einheitsbekenntnis aussprach.

Ibn al-ʿArabî (560/1165-638/1240) wurde in Murcia in Spanien geboren. Seine Familie betrachtete sich als Nachfahren des Ḥâtim aṭ-Ṭâ'î, der im letzten vorislamischen Jahrhundert als Dichter und "Ritter" legendären Ruhm besaß, der ihm auch in der späteren literarischen Tradition der Muslime erhalten blieb. Schon in jungen Jahren hatte er eine Vision, die ihn zum Nachdenken über philosophische Fragen führte. Der berühmte Philosoph Ibn Rušd (Averroes), damals Richter (*qâḍî*) in Sevilla und Freund seines Vaters, wurde auf ihn aufmerksam. Zu seinen Lehrern, bei denen er in die Philosophie und Mystik eingeführt wurde, gehörten vor allem zwei Frauen, die ihn nachhaltig beeinflußten. 590/1194 ging er nach Nordafrika zum weiteren Studium und verfaßte seine ersten kleineren Schriften. Von großer Bedeutung für ihn wurde seine Pilgerfahrt nach Mekka 598/1202, die ihn über Kairo und Jerusalem (*al-Quds*, die Heilige), führte. Die Nähe der Kaʿba, für ihn Begegnungsstätte zwischen der sichtbaren und der unsichtbaren Welt, ließ ihn immer wieder Visionen und "Offenbarungen" empfangen, die er in einer umfangreichen Sammlung (*al-Futûḥât al-makkîya*, die mekkanischen Eröffnungen) niederschrieb. Auch eine Reihe anderer Werke entstand hier, zumindest begann er mit ihrer Niederschrift. 600/1204 verließ er Mekka, um nach Anatolien und insbesondere nach Konya und Malatya zu gehen. Den Rest seines Lebens verbrachte er hauptsächlich in Anatolien und Syrien, seit 627/1230 in Damaskus, wo er 10 Jahre später starb. In dieser Zeit vollendete er eines seiner bedeutendsten Werke, die "*Fuṣûṣ al-Ḥikam*" (Ringsteine der Weisheit), eine "mystische Prophetologie", deren Verständnis oder gar Übertragung in eine europäische Sprache erhebliche Schwierigkeiten mit sich bringt. Deshalb ist auch die Übersetzung von Hans Kofler, auf die wir uns im Folgenden beziehen, nicht ohne kritische Anmerkung seitens der Orientalisten geblieben (18). Inhaltlich beschäftigt sich Ibn al-ʿArabî in dieser Schrift, die er ebenfalls auf eine Inspiration zurückführt, mit der Heilsbedeutung von 27 Propheten, angefangen mit Adam bis hin zu Mohammed als dem Siegel und der Vollendung des Prophetentums.

Die Bedeutung der Propheten

Ibn al-ʿArabîs Denken ist sehr stark vom Neuplatonismus beeinflußt. Ob er deshalb eine pantheistische Gottesvorstellung vertritt, der zufolge der Kosmos wesenhaft als Manifestation des Göttlichen zu verstehen und alles Existierende einschließlich Gott deshalb in einer prinzipiellen Einheit miteinander verbunden sei, ist unter den Interpreten Ibn al-ʿArabîs umstritten. Insbesondere für den westlichen Studenten der Gedankenwelt des "großen Lehrers" (*aš-šaiḫ al-akbar*, wie er in der islamischen Tradition genannt wird) ist deshalb der Hinweis von Annemarie Schimmel wichtig, daß der arabische Begriff für "Existenz" oder "Sein", *wuǧûd*, nicht ohne weiteres mit "Existenz" im Sinne der europäischen philosophischen Tradition übersetzt werden kann:

> Der Ausdruck "wujûd", der meist als "Sein", "Existenz" übersetzt wird, heißt im Grunde "Finden", "Gefundenwerden", und ist damit dynamischer als reine "Existenz". So ist "Waḥdat al-wujûd" (Einheit des Seins, Vf.) nicht einfach "Einheit des Seins", sondern auch die Einheit der Existentialisierung und eine Perzeption dieses Aktes; so wird es manchmal fast synonym mit "shuhûd", Kontemplation, Schau, Zeugnis, so daß die Begriffe "waḥdat al-wujûd" und "waḥdat ash-shuhûd", die von späteren Mystikern vor allem in Indien, so gründlich diskutiert wurden, gelegentlich austauschbar werden (19).

Dies würde dann bedeuten, daß alles das, was "existiert", nicht auf Grund einer substantiellen Einheit mit Gott existiert, sondern deshalb, weil Gott es "gefunden" hat, er hat es "erkannt" und dadurch eine Einheit der Beziehung hergestellt. Diese geht jedoch nicht von Gottes Wesen aus, das jenseits aller Beziehungen und außerhalb aller Begreifbarkeit steht, sondern von seinen Attributen oder Namen, in denen sich die geschaffenen, "existenten" Dinge wiederfinden. Diese sind zu unterscheiden hinsichtlich ihrer Idee, die in Gott bzw. seinen Attributen ruht, und ihrer konkreten Gestalt oder Geschöpflichkeit.

Das höchste Geschöpf, in dem sich die Namen Gottes vereint darstellen, ist der Mensch (Adam). Dies ist der Grund, warum er den anderen geschaffenen Dingen den Namen geben konnte, dies bedeutet aber auch, daß in ihm gewissermaßen der ganze Kosmos ideel gegenwärtig ist. Deshalb konnte Gott ihn zu seinem "Stellvertreter", zum Khalifen in der Schöpfung bestimmen. Im Bereich der Schöpfung hat, wie gesagt, Adam dieses Amt übernommen. Ihm korrespondiert die Idee des "vollkommenen Menschen" (*insân kâmil*), durch den Gott in höchster Form den Kosmos erkennt, durch den er aber auch in höchster Form selbst erkannt wird. Diese wechselseitige Erkenntnis ist das Prinzip des Prophetentums, und deshalb kann es auch als "muhammadische Realität", als "*ḥaqîqa muḥammadîya*", bezeichnet werden.

Diese Qualität des Menschen wird in vollendeter Weise nur von den Propheten und Heiligen verwirklicht, was aber nicht heißt, daß sie nicht in jedem Menschen zumindest potentiell ebenfalls vorhanden sind. Die verschiedenen Propheten, die Ibn al-ʿArabî beschreibt, sind Manifestationen jeweils eines besonderen Namens Gottes. Ihre Fülle finden sie in Mohammed, in dem alle Namen vereint sind.

In diesem System hat nun auch Jesus seinen Platz, inmitten der anderen Propheten. Auch für Ibn al-ʿArabî ist Jesus Sinnbild der Reinheit, ausgestattet mit der Kraft, das Wort Gottes vollmächtig zu führen und durch seinen Geist tote Dinge zum Leben zu bringen. Er fragt jedoch, worin die Ursache dafür liegt, daß Jesus als "Geist" und "Wort" Gottes aufgetreten ist, und findet diese in seiner Geburtsgeschichte:

> Da nun der "getreue Geist" ..., das heißt Gabriel, der Maria in Gestalt eines "vollkommenen Mannes" (19,17) erschien, so meinte sie, er sei ein Mensch, der sie beschlafen wolle; daher nahm sie bei Gott Zuflucht vor ihm mit ihrem ganzen Wesen, auf daß Gott sie vor ihm rette, weil sie überzeugt war, daß das etwas Unerlaubtes sei; dabei wurde ihr ein vollkommenes Zusammensein mit Gott zuteil und dieses Zusammensein ist der Geist im eigentlichen Sinne. Wenn also Gabriel in diesem Augenblick Maria in diesem Zustande angehaucht hätte, so wäre ein Jesus hervorgegangen, den wegen der Unfreundlichkeit seines Charakters, die durch den Zustand seiner Mutter verursacht wäre, kein Mensch ertragen würde. Als er aber zu ihr sagte (19,19): "Ich bin nur ein Gesandter von deinem Herrn, um dir einen reinen Knaben zu schenken", da erholte sie sich von dieser Beklemmung und

> ihre Brust weitete sich; in diesem Augenblick hauchte ihr Gabriel Jesus ein. Also überbrachte Gabriel das Wort Gottes an Maria, so wie der Gesandte die Rede Gottes seinem Volke überbringt. ... Da ging das Begehren in Maria über und es ward der Leib Jesu aus wirklichem Samen seitens Marias und aus Samen im allegorischen Sinne seitens Gabriels, der in der Feuchtigkeit dieses Anhauchs übergeht. ... So ging also Jesus als ein Wesen hervor, das Tote auferweckt: denn er ist ein göttlicher Geist und das Wiederbeleben der Toten gehört Gott an, das Anhauchen aber Jesu, so wie das Anhauchen Gabriel, das Wort aber Gott angehörte (20).

Diese komplizierte Genese Jesu ist nun nach Ibn al-ʿArabî der Grund dafür, daß sich in den verschiedenen Religionen unterschiedliche Betrachtungsweisen Jesu ergaben:

> Wer Jesus unter dem Gesichtspunkt seiner äußeren materiellen menschlichen Erscheinung betrachtet, der wird erklären, daß er der Sohn der Maria ist; wer ihn aber unter dem Gesichtspunkt der scheinbaren menschlichen Gestalt betrachtet, der wird ihn als den Engel Gabriel deuten; wer ihn aber endlich unter dem Gesichtspunkt der von ihm ausgehenden Totenerweckungen betrachtet, der wird ihn zu Gott selbst in Beziehung setzen durch den Begriff "Geist" und wird sagen, er ist der Geist Gottes, d.h. durch ihn ist das Leben in den Dingen, die er anhaucht, in Erscheinung getreten. ... Er ist also das Wort Gottes und der Geist Gottes und auch der Diener Gottes. Bei einem anderen als Jesus aber gibt es diese verschiedenen Aspekte hinsichtlich der äußeren Erscheinung nicht (21).

Diese lebenspendende Kraft Jesu ist aber nicht nur "natürlich" zu verstehen, sondern auch allegorisch im Blick auf solche Seelen, die auf Grund ihrer Unwissenheit "tot" sind, die aber durch das von Jesus als dem "Wort Gottes" ausgehende Wissen um Gott wieder lebendig werden. Andererseits erinnert Jesus aber auch Gott an diejenigen, die von ihm abwesend sind, wobei sich Ibn al-ʿArabî auf einen koranischen Vers bezieht:

> Wenn du sie bestrafst, so sind sie deine Diener (mit denen du tun kannst, was du willst). Und wenn du ihnen vergibst (steht das ebenfalls in deinem Belieben). Du bist der Mächtige und Weise (22).

Ibn al-ʿArabî greift dabei auf die grammatische Bezeichnung der 3. Person im Arabischen zurück: *al-ġâʾib*, der Abwesende. Diejenigen, die gestraft werden bzw. denen Gott vergibt, sind deshalb abwesend von Gott, weil zwischen ihnen ein trennender Schleier vorhanden ist, der ihnen die Gottesschau unmöglich macht. Diesen zu beseitigen ist seine Aufgabe als Wort und Geist, damit macht er lebendig und stellt die Beziehung zwischen Schöpfer und Geschöpf her, indem er beide sich finden läßt.

Kapitel 6

Muḥammad ʿAbduh und die Manâr-Schule

Zur allgemeinen Situation des Orients in der zweiten Hälfte des vorigen Jahrhunderts

Arabisch schreibende Muslime, die in den letzten Jahrzehnten Bücher über Christus verfaßten, haben diese bis Anfang der siebziger Jahre fast ausschließlich in Ägypten veröffentlicht. Der Grund für diese auffällige Erscheinung liegt in der geistigen Entwicklung, die dieses Land seit dem Beginn des 19. Jahrhunderts durchlebte, und die durch seine politische Geschichte begünstigt wurde (1).

Seit den Tagen, in denen Napoleon Bonaparte den Gedanken der religiösen Toleranz in Kairos Straßen verbreiten ließ, und es einige Jahre später Muḥammad ʿAlî gelang, die Macht des osmanischen Sultans weitgehend zu eliminieren, entwickelte sich in Ägypten - wenn zuerst auch nur zögernd - ein geistiges Klima, das einer freimütigen Erörterung des gegenwärtigen Zustandes der islamischen Religion weitaus günstiger war als in den nördlichen Provinzen des arabischen Sprachbereichs, die weiterhin von der Hohen Pforte beherrscht wurden.

Syrien lag innerhalb des islamischen Weltreiches der Osmanen, seine Intellektuellen sahen sich direkt und unausweichlich mit dem Zustand konfrontiert, in dem sich der Islam seinen Anhängern und der Außenwelt zeigte. Der Sultan und Khalife, in dessen Person sich die im Islam verwirklichte Herrschaft der göttlichen Ordnung für die Welt darstellt, war den "ungläubigen" Herrschern Europas nicht mehr gewachsen, und alle Provinzen des osmanischen Reiches litten gleichermaßen unter dem Machtzerfall, der Unfähigkeit des Herrschers und der dadurch begünstigten Skrupellosigkeit seiner Statthalter. Das Bild, das der langsam seinem Ende entgegenkränkelnde Staat bot, stand in unübersehbarem Widerspruch zur theoretischen Begründung, auf der das Selbstverständnis des islamischen Reiches beruht. Diese Begründung besagt, daß alle Macht von Gott verliehen wird, und es ist jedem Muslim selbstverständlich, daß die größte Macht in die Hände der Gläubigen und ihrer Herrscher gelegt wird (2). Nicht in der praktischen, vom Aberglauben durchsetzten Religiosität des Volkes, sondern in seiner politischen Wirklichkeit zeigte sich nun den geistig interessierten Untertanen des Sultans, daß der Islam in eine gefährliche Krise geraten war. Um ihn wieder zu beleben, sahen die syrischen Intellektuellen - und die türkischen nicht weniger, wie die Bewegung der Jungtürken zeigt - in einer politischen Erneuerung das Gebot der Stunde (3).

Der technische Fortschritt in Europa, den der Orient zunächst in seiner militärischen "Nutzanwendung" im russisch-türkischen Krieg kennenlernte, zeigte ebenfalls, daß der Islam seine Rolle im internationalen Kräftefeld zu verlieren drohte. Vorher hatte bereits Frankreich in Nordafrika (Algerien) seinen Herrschaftsanspruch durchgesetzt.

Allerdings erschien das osmanische Reich in seiner derzeitigen Struktur derart überaltert, daß mit seinem Fortbestehen nach der nötigen Radikalkur kaum mehr zu rechnen war. Da außerdem die meisten arabischen Intellektuellen die Osmanen als Barbaren betrachteten, die die islamische Zivilisation zunächst durch kriegerische Despotie und später durch Terror und Intrigen erstickten, entstand der arabische "Nationalismus", der die Türkenherrschaft abschütteln und durch die Wiederbelebung der eigenen, vom Islam geprägten Vergangenheit ein den europäischen ebenbürtiges arabisches Staatswesen schaffen wollte. Die durch die Französische Revolution verbreiteten Ideen waren das Muster, nach dem die eigene politische und soziale Neuordnung vorgenommen werden sollte.

So waren es vor allem die politischen und sozialen Aspekte, die in Syrien die Diskussion um die Erneuerung des Islam beherrschten; Fragen, die die theoretischen Grundlagen der Religion betrafen, schienen viel weniger einer neuen Formulierung oder Interpretation zu bedürfen und traten deshalb in den Hintergrund. Von den Türken als Verräter angesehen, konnten die Syrer nur in geheimen Zirkeln ihre Ansichten diskutieren. Nicht wenige von ihnen emigrierten nach Ägypten, wo sie dem Zugriff der osmanischen Behörden entzogen waren. Unter ihnen war eine Reihe von Christen, die sich ebenfalls zum gemeinsamen Erbe der arabischen Kultur bekannten und sich, wie die Muslime, Gedanken über die Zukunft ihrer Kultur machten.

Seit der Regierungszeit Muḥammad ʿAlis (1804-1847) hatte sich in Ägypten das kulturelle Leben ziemlich ungehindert entwikkeln können, zumindest in den großen Städten im Norden des Landes. Verlagshäuser entstanden, Zeitschriften wurden gegründet, Muslime und Kopten (4) beteiligten sich in gleicher Weise an der Diskussion um die "*nahḍa*", die Renaissance der - nun besonders mit ägyptischen Augen gesehenen - arabisch-islamischen Kultur. Es wäre falsch anzunehmen, die Ägypter seien von der Krise, in die der islamische Staat und mit ihm die Idee des islamischen Staates gekommen waren, unberührt geblieben. Vor der vom Khediven Ismâʿîl (abges. 1879) gründlich betriebenen Mißwirtschaft und der ab 1882 verstärkten britischen Einflußnahme auf die Politik des Landes, durch die den energischen Reformbestrebungen Urabi Paschas ein Ende bereitet wurde, konnten auch sie die Augen nicht verschließen, zumal auch die islamische Gelehrtenschaft Urabi vor allem wegen seiner auf Unabhängigkeit bedachten Politik unterstützt hatte. Der den Ägyptern angeborene religiöse Sinn sorgte jedoch dafür, daß sie sich nicht mit einer ausschließlich auf das Politische beschränkten Apologetik zufrieden gaben. Sie ahnten vielmehr, daß die Krise viel tiefer ging und letztlich nicht der islamische Staat, sondern das religiöse Selbstverständnis in Frage gestellt war. Deutlicher als die Syrer sahen sie in der Ignoranz und dem Aberglauben der Masse, die noch durch die Borniertheit und Starrköpfigkeit der religiösen Lehrer, in deren Händen weithin das Erziehungswesen lag, kräftig gefördert wurden, die Wurzeln der gegenwärtigen Misere. Muslime und Christen erkannten gemeinsam, daß nur eine Neubelebung des geistigen Lebens und, als dessen Voraussetzung, eine Reform des Erziehungswesens zu einer Überwindung der Krise führen könne, und verhältnismäßig freimütig konnten beide ihre Ansichten publizieren. Wenn diese Diskussionen auch durchaus nicht unpolemisch waren, sich Christen und Muslime vielmehr manchen heftigen Disput lieferten, so bildete sich dennoch in Ägypten eine Atmosphäre, in der es möglich war, auch kontroverse Themen zu behandeln, ohne sofort den Stift des staatlichen Zensors oder Schlimmeres befürchten zu müssen. Während in Syrien auch nach der Ablösung der osmanischen durch die französische Verwaltung (und selbst noch nach der Erlangung der Unabhängigkeit) der politische Disput die Gemüter erhitzte und der Sinn für die Hintergründigkeit geistiger Probleme weitgehend abhanden kam, fanden in Ägypten auch speziell religiöse Fragen Interesse und wurden literarisch verhandelt.

Um der Herausforderung seitens der abendländischen "Christen" begegnen zu können, erkannte man alsbald die Notwendigkeit, sich mit dem Christentum, seinem Ursprung und seiner Geschichte, auseinandersetzen zu müssen, um dadurch seine inneren Triebkräfte besser verstehen zu lernen. Gewiß waren es vor allem die geschichtlichen Auswirkungen des Christentums, symbolisiert durch die Kreuzzüge und die neuere koloniale Expansion, mit denen sich die Muslime beschäftigten, und durch die sie sich zu apologetischer Abwehr gedrängt fühlten. Aber auch der Absolutheitsanspruch der christlichen Religion, den die in den Orient gekommenen Missionare verkündeten, erforderte eine Antwort, zumal er in Konkurrenz zum islamischen Anspruch trat, die letztgültige und universale Offenbarung Gottes zu repräsentieren. Das Interesse an Christus, auf dessen Gebote sich die Christen beriefen, erwachte bei den Muslimen jedoch erst langsam. Man glaubte, daß seine ursprünglichen Lehren im Koran und der islamischen Tradition hinreichend vollständig aufbewahrt worden seien. Alles was darüber hinaus von den Christen als "Lehre Jesu" ausgegeben wurde, sei in Wahrheit auf die von Paulus und Johannes eingeführten "Neuerungen" zurückzuführen. Die Beschäftigung mit dem Neuen Testament - etwa in der Absicht, Neues über Christus zu erfahren - bewegte sich daher durchaus in traditionellen, und das heißt schmalen Bahnen. Nicht der "historische Jesus" war es, mit dem man sich zuerst beschäftigte, sondern die kirchliche Christologie. Anregungen zu eigenen Studien über die religionsgeschichtlichen Hintergründe der Lehre von der Trinität und der Erlösung empfing man durch literarische Produkte des 19. Jahrhunderts, die im Umfeld der sich stürmisch entwickelnden religionsgeschichtlichen Forschungen entstanden und die ihren Weg aus Europa in den Orient gefunden hatten und dort übersetzt worden waren.

Muḥammad ʿAbduh, der bedeutende Reformer

Mit Muḥammad ʿAbduh (1849-1905) begann für den ägyptischen Islam eine neue Epoche (5). Es ist bezeichnend, daß sich ʿAbduh nur halbherzig und vor allem unter dem Einfluß seines Lehrers Ǧamâl ad-dîn al-Afġânî politisch engagierte und zur Unterstützung ʿUrâbî Paschas entschloß. Nach dem Scheitern der Revolution begann er bereits im Pariser und Beiruter Exil damit, sich intensiv über die Reform des islamischen Erziehungswesens Gedanken zu machen. Die grundlegende Überzeugung, auf der er sein ganzes Denken aufbaute, ist die Kongruenz von Wissenschaft und Religion, von Vernunft und Glaube.

> Die Muslime sind sich darin einig, daß die Religion etwas aussagen kann, was vielleicht das Verstehen übersteigt. Unmöglich ist aber, daß sie etwas aussagt, was der Vernunft widerspricht (6).

Diese Überzeugung von der Rationalität der Religion (7) gehört seit den Tagen des Propheten Mohammed zur eisernen Ration des muslimischen Selbstverständnisses. Ǧamâl ad-dîn al-Afġânî hatte sie mit Nachdruck und Beredsamkeit neu formuliert:

> Die islamische Religion ist die einzige, die den Glauben, der nicht auf einem Beweis beruht, tadelt und diejenigen, die bloßen Vermutungen nachfolgen und blindlings (allen Torheiten) anhängen, (verurteilt) (8).

Die rationale Durchsichtigkeit des Bekenntnisses zur Einheit des Schöpfergottes, so meint Afġânî, ist das Charakteristikum des Islam, das ihn von den anderen Religionen wie dem Brahmanismus und dem Christentum abhebt. In diesen Religionen regiere das Widervernüftige, das sich in den zentralen Glaubenssätzen manifestiere und von dort aus in alle Bereiche der Dogmatik und des sozialen Lebens fortsetze.

Das Verhältnis von Vernunft und Glaube

Im Christentum sei es das Bekenntnis zur Trinität, in dem sich die Feindschaft dieser Religion gegenüber der Vernunft ausdrücke:

> Es soll nicht verborgen bleiben, daß die Grundlage der christlichen Religion die Verehrung der Dreieinigkeit ist. Alle Christen bekennen, daß es für den Verstand unmöglich ist, dies zu verstehen. Das bedeutet, daß man die Vernunft überschreiten muß, um sie zu begreifen (9).

Für Muḥammad ʿAbduh wurde dieses Argument seines Lehrers der Ausgangspunkt seiner eigenen Kritik am Christentum. Schon in seiner Übersetzung der Schrift Afġânîs gab er sich nicht mit einer wörtlichen Wiedergabe dieser eben zitierten Sätze zufrieden, sondern er ersetzte sie durch eine für ihn typische Interpretation:

> Unter den bekannten Religionen gibt es eine, deren mächtigster Pfeiler auf dem Grundsatz erbaut wurde, daß die Vielheit in dem Einen, oder das die Einheit in dem Vielen ist. Auch ist das Eine Mehreres, und das Viele ist einfach - die Vernunft verwirft das natürlich a priori. Da aber die Vernunft die Grundlage des (erwähnten Glaubenssatzes) zurückweist, kamen die Anhänger (dieser) Religion überein, daß er ü b e r der Erkenntnismöglichkeit der Vernunft steht und das Denken seinen Kern (oder: seinen tiefsten Sinn) weder innerlich noch äußerlich erreicht. Es gibt weder einen Beweis für noch einen zuverlässigen Führer zu (seiner Wahrheit). Sie meinen, daß der Weg der Vernunft auf jeden Fall vermieden und ihre Urteile verworfen werden müssen, damit es möglich wird, an diesen Grundsatz zu glauben - und dabei ist doch die Vernunft der Ursprung des Glaubens, und wer sich von ihr abwendet, der kehrt dem Glauben den Rücken. Es ist doch ein Unterschied zwischen dem, in dessen Kern die Vernunft nicht vordringen (kann), das sie aber durch seine Äußerungen (oder: Wirkungen) erkennt, und dem, dessen Unmöglichkeit die Vernunft feststellt. Das erste ist der Vernunft bekannt, sie stellt seine Existenz fest, bleibt (aber) vor den Schleiern, die seine Macht(fülle) umgeben, stehen. Was jedoch das zweite betrifft, so wird es von ihrer Einsicht (naẓr) abgelehnt, es wird von ihr nicht in Erwägung gezogen, sie hat nichts damit zu tun. Wie kann (die Vernunft) es für wahr halten, wo sie (doch) kategorisch seine Nichtexistenz feststellt? (10).

Die Auseinandersetzung mit Faraḥ Anṭûn

Seine Ansicht, daß das Christentum von seiner inneren Intention her widervernünftig sei, hat Muḥ. ʿAbduh in einer Reihe von Aufsätzen weiter ausgeführt und begründet. Diese Aufsätze erschienen zuerst in der Zeitschrift seiner Schüler, *al-Manâr*, und wurden später von Muḥ. Rašîd Riḍâ unter dem Titel "Islam und Christentum im Verhältnis zu Wissenschaft und Zivilisation" herausgegeben (11).

Anlaß dieser Aufsatzreihe waren einige Artikel über Ibn Rušd (Averroes), die Faraḥ Anṭûn, im Libanon geborener und später vor allem in Kairo und New York lebender Christ, in der von ihm gegründeten Zeitschrift "*al-Ǧâmiʿat al-ʿuṯmânîya*" veröffentlicht hatte (12). Faraḥ Anṭûn war, bevor er seine Artikel verfaßte, durch die Übersetzung von E. Renans "*Leben Jesu*" bekannt geworden. Von Renan, der sich selbst mit Ibn Rušd beschäftigt hatte (13), erhielt er auch die Anstöße zu seinem eigenen Verständnis des von den Muslimen damals fast vergessenen Philosophen. Es ging ihm um das Verhältnis, in dem die Religion und die Wissenschaften bzw. das rationale Denken zueinander stehen. Indem er die Lehre von den zwei Reichen aufnahm, konnte er sagen, daß im Christentum - anders als im Islam - Wissenschaft und Religion je ihren eigenen Bereich besitzen, in dem sie, ohne miteinander in Konflikt zu geraten, das Regiment führen. Und zwar sei das Terrain der Wissenschaften der Kosmos, während die Religion für die "Dinge des Herzens", vor allem für die Moral und die Ausrichtung auf das ewige Leben, zu sorgen habe.

Dies waren die Gedanken der europäischen Religionskritiker, deren Ziel die Säkularisierung der Gesellschaft war. Farah Antun mag, als er sie in den Orient übertrug, gemeint haben, damit auch den Vorstellungen Ibn Rušds gerecht geworden zu sein und im Grunde dem Orient nur das zurückgebracht zu haben, was einst seinem Denken entsprungen, während der vergangenen Jahrhunderte jedoch verloren gegangen war; auch Ibn Rušd hatte zwischen den Aufgaben des Philosophen und denen des Theologen unterschieden. Damit habe auch er sich gegen den Anspruch der Religion im Islam gewandt, alle Bereiche des Lebens beherrschen zu wollen (14).

Doch hier irrte sich Faraḥ Anṭûn, denn Ibn Rušd dachte nicht daran, Philosophen und Theologen getrennte Tätigkeitsbereiche zuzuweisen. Vielmehr erkannte er den Philosophen eindeutig den Primat unter denjenigen zu, die die Geheimnisse der Offenbarung und der Schöpfung zu erkennen trachten. Den von ihm nicht sehr estimierten Theologen bleibt im wesentlichen die Aufgabe, die Erkenntnisse der Philosophen durch entsprechende Interpretation dem einfachen Volke, das die Philosophen nicht versteht, zu übermitteln.

Ob Muḥammad ʿAbduh bemerkte, daß Ibn Rušd von Faraḥ Anṭûn mißverstanden wurde, ist unwahrscheinlich. Richtig hatte er jedoch erkannt, daß die derart interpretierte "Zwei-Reiche-Lehre" theoretisch eine unredliche Selbsttäuschung und praktisch gar nicht durchführbar ist (15). Vor allem aber wäre sie für ihn als Muslim, der die Welt und den Menschen in ihr nur als Schöpfung sehen kann, auf jeden Fall theologisch unbrauchbar. Wenn auch unbewußt, so ist er der Intention Ibn Rušds doch sehr viel näher als sein ehemaliger Freund und jetziger Gegner Faraḥ Anṭûn, wenn er der Meinung ist, daß sich die Welt nur als Einheit betrachten läßt und es deshalb auch nur ein Prinzip der Welterkenntnis geben kann. Dieses eine Prinzip war für ihn das Prinzip der Vernunft, durch das die Welt allerdings nicht nur erkannt, sondern auch bestimmt und geformt werden muß.

Die Grundsätze, auf denen das Christentum aufgebaut ist, weisen alle der Erkenntnis durch die Vernunft eine untergeordnete Bedeutung zu, meint ʿAbduh. In ihnen erhält der Glaube eine dominierende Stellung, und zwar der blinde Glaube, der nicht nach seinen eigenen Voraussetzungen fragt, sondern sich der religiösen Autorität im Gehorsam unterwirft (*taqlîd*) (16).

Diese Haltung sei nicht auf Christus selbst zurückzuführen; sie entstand vielmehr durch die späteren Verirrungen, die über die ursprüngliche Verkündigung Christi die Oberhand gewannen und fortan das Christentum prägten. Christus selbst war zu den Kindern Israel gesandt, um die verderbte Tora wieder in Ordnung zu bringen. Er unterrichtete sie in dem, was die Religion an sozialen und sittlichen Anweisungen enthält. Vor allem aber ermahnte er sie, die Fähigkeiten der Kräfte, die Gott ihnen zugeteilt hatte, auch zu gebrauchen und zu nutzen, denn durch den Gebrauch des Geschenks zeigt sich die Dankbarkeit des Beschenkten dem Geber gegenüber am besten. Die Kraft, die vor allen anderen Kräften den Menschen auszeichnet, ist die Vernunft. Die ganze Schöpfung ist wie ein Buch, das sie betrachtet und zitiert, und alles, was sie in ihm liest, ist ein Hinweis auf Gott, den Schöpfer, und ein Weg, zu ihm zu gelangen (17).

Mit dieser Forderung, der Vernunft den Primat unter den menschlichen Eigenschaften zuzuerkennen, stand Christus nicht allein da: sie war vielmehr die Forderung, die von allen Propheten erhoben wurde.Sie alle haben den Auftrag gehabt, die Menschen zum Gottesdienst und der daraus entstandenen sozialen Solidarität aufzurufen. Gott wird aber durch die Vernunft erkannt; so müssen sie also die Menschen zum Gebrauch der Vernunft anleiten und ermahnen. Da ferner die Vernunft nicht zu verschiedenen Religionen, sondern zur Erkenntnis des einen Gottes führt, wird durch sie die Möglichkeit aufgezeigt, zu der einen, alle vorhandenen Religionen aufhebenden "Religion Gottes" zu gelangen. Diese "eine" Religion ist der Islam, denn der Islam kam nur, um die vor Mohammed zuletzt von Christus verkündete göttliche Botschaft, die von seinen Anhängern verfälscht worden war, wiederherzustellen und ihren universalen Anspruch mitzuteilen.

Kritik am taqlîd *im Christentum und Islam*

ʿAbduh verkennt nicht, daß der Islam seiner Zeit diesem Ideal der "Religion Gottes" nicht entsprach. Seine Kritik am "*taqlîd*" und Aberglauben richtete sich gegen die Muslime nicht weniger als gegen die Christen; auch bei ihnen sah er dieselben Krankheitsmerkmale wie im Glauben der Christen, und wie bei diesen die Priester, so waren es im Islam die geistlichen und weltlichen Würdenträger und Rechtsgelehrten, die für die Verkümmerung der geistigen Interessen die Verantwortung trugen. Sobald jedoch beide Religionen, Christentum und zeitgenössischer Islam, zu ihrem prophetischen Ursprung zurückgefunden haben und zu der Gottes- und Welterkenntnis, die durch die Vernunft vermittelt wird, gelangt sind, werden die Schranken zwischen ihnen fallen; dann erst werden Muslime und Christen der Botschaft Jesu und der Mohammeds folgen.

Muḥammad ʿAbduh hielt sich vor einer direkten Kritik an den kanonischen Urkunden des Christentums zurück. Im allgemeinen geht es ihm weniger um den Buchstaben des Textes als vielmehr um seine Intention. Diese Haltung findet sich auch in seinen Bemerkungen wieder, die in den "*Tafsîr al-Manâr*" aufgenommen wurden (18). Wohl hat er von der Textkritik der europäischen Wissenschaftler gehört und berichtet darüber. Er faßt sie jedoch nicht zu einer Theorie zusammen, der zufolge das Alte und Neue Testament durchgängig korrumpiert wären und damit als Zeugnisse der Offenbarung jeglichen Wert verloren hätte. Selbst dort, wo er die Existenz mehrerer Evangelien - nämlich der vier kanonischen - zur Kenntnis nimmt, kann er hinzufügen, daß sie wahrscheinlich mit "dem" Evangelium Christi übereinstimmen (19). Zur Erklärung der Unterschiede weist er darauf hin, daß Jesus oft in Gleichnissen gesprochen habe, die selbst von seinen Jüngern nicht immer verstanden wurden. Die metaphorischen Redewendungen bedurften der Erläuterung, die oft erst später erfolgte, wodurch sich jedoch in der Zwischenzeit Mißverständnisse einschleichen konnten, die später nicht mehr auszuräumen waren. Durch ein Mißverständnis sei z.B. der Name "Sohn Gottes", falls Christus ihn tatsächlich gebraucht habe, von seinen Jüngern im Wortsinn gedeutet worden:

> Angenommen Christus hat wirklich gesagt, er sei der Sohn Gottes, dann fragen wir: hat er diesen Ausspruch so interpretiert, daß er ein Gott sei, dem gedient werde? Hat er zu seiner Verehrung und der seiner Mutter aufgerufen? Oder forderte er zur alleinigen Verehrung Gottes auf? Ohne Zweifel stimmt ihr mit uns darin überein, daß er zur alleinigen Verehrung Gottes und zum aufrichtigen Bekenntnis zu ihm so deutlich aufrief, daß es keiner (weiteren) Erklärung bedarf (20).

Bei aller Polemik gegen das Christentum schwebte Muḥammad ʿAbduh doch die Vision vor, daß die in der Geschichte gewachsene Feindseligkeit zwischen dem Islam und dem Christentum (auch das Judentum schließt er in diese Vision ein) schwinden und sie zu ihrer ursprünglichen Einheit zurückfinden werden. Diese Zuordnung von Vernunft und Offenbarung, die von den Hütern der Rechtgläubigkeit in der Azhar stets beargwohnt und als Ketzerei verdächtigt wurde (21), und die die Voraussetzung für seine Vision war, konnte von seinen Schülern nicht durchgehalten werden. Diejenigen unter ihnen, die stärker theologisch interessiert waren und dem säkularen Geist Europas mehr mißtrauten als ihr Lehrer, zogen sich deshalb auf die Linie einer neuen "Orthodoxie" zurück. Den versöhnlichen Grundton, der die Polemik Muḥammad ʿAbduhs durchzieht, sucht man bei ihnen vergeblich.

Zwei radikale Schüler ʿAbduhs

Im Folgenden wenden wir uns Muḥ. Rašîd Riḍâ und Muḥ. Taufîq Ṣidqî als Repräsentanten der von der ʿAbduh- oder Manarschule vertretenen Apologetik und Polemik zu. In ihren Büchern spiegelt sich ungebrochen der Geist der radikalen Bibelkritik, die, verbündet mit der eben modern gewordenen Religionswissenschaft und -philosophie, die europäische Gelehrtenwelt und andere Literaten des vorigen Jahrhunderts zu mannigfaltigen Theorien über die Herkunft der christlichen Lehren anregte und noch vor der Jahrhundertwende im Orient bekannt wurde. Von den literarkritischen und religionsgeschichtlichen Ergebnissen, zu denen die Europäer kamen, machten beide, R. Riḍâ und T. Ṣidqî, eifrig Gebrauch; wie jene, so sind auch sie der festen Überzeugung, daß ihre Methode pankritisch-rational und ihre Erkenntnisse unanfechtbar seien; und wie bei jenen der jeweilige religionsphilosophische Standpunkt dem logischen Denken seine Gradlinigkeit raubte, so führt auch sie ihr ungetrübter Offenbarungspositivismus - daß das "göttliche Buch", der Koran, die schriftlich fixierte Wahrheit sei und die richtige Antwort auf jede Frage gebe - in einen ständigen Zirkel von Voraussetzung und Schlußfolgerung. Wir können ihre Ausführungen dennoch nicht übergehen, da sie bis heute hin das Bild vom Christentum und von seiner Christologie prägen, das die Mehrheit der muslimischen Gelehrten in Schulen und Kursen vertreten, und zu dem auch der Assistant-Professor für islamische Geschichte und Kultur sowie für vergleichende Religionswissenschaft am Dâr al-ʿUlûm-Kolleg der Kairoer Universität und frühere Gastdozent am Staatlichen Islam-Institut in Yogyakarta (Indonesien), Dr. Aḥmad Šalabî, vor einigen Jahren noch nichts grundsätzlich Neues hinzuzufügen wußte (22).

Zur Biographie Muḥ. Rašîd Riḍâs

As-Saiyid Muḥammad Rašîd Riḍâ, 1865 in der Nähe der heute zum Libanon gehörenden Stadt Tripolis (Ṭarâbulus) geboren, lernte ʿAbduh während dessen Beiruter Exil kennen, und nach einem weiteren Treffen 1894 folgte er ihm 1897 nach Kairo. Dort gründete er 1898 die Zeitschrift "*al-Manâr*" (der Leuchtturm), die hinfort das Sprachrohr ʿAbduhs und seiner Schüler werden sollte (23). Fast alle seine Schriften veröffentlichte R. Riḍâ zuerst in dieser Zeitschrift, und auch seine Koranauslegungen erschienen in ihr, bevor sie in den "*Tafsîr al-Manâr*" übernommen wurden. 1911 gründete er auf der Nilinsel Roda (Rauḍa) bei Kairo ein islamisches Missionszentrum, an dem Studenten aus allen islamischen Ländern studierten (24). Doch war dieser "*Dâr ad-daʿwa wa-l-iršâd*" nur eine kurze Lebensdauer beschieden; der 1. Weltkrieg führte zu ihrer Schließung.

Rašîd Riḍâs bekanntestes Buch, in dem er sich mit dem Problem der Herrschaft im Islam auseinandersetzt, trägt den Titel "*al-Ḫilâfat au al-Imâmat al-ʿuẓmà*" (Das Khalifat oder das Groß-Imamat) und erschien 1924 in Kairo. Er starb 1935, ebenfalls in Kairo.

Zur Interpretationsmethode R. Riḍâs

Wir bringen zunächst zwei Beispiele, die die Methode, die er seiner Koraninterpretation zugrunde legt, verdeutlichen mögen.Im ersten Beispiel geht es darum, daß Jesus vaterlos entstanden sei. Bei der Erklärung von Su. III,47: "... und wenn (Gott) zu (einer Sache) sagt: sei!, dann ist sie", erwähnt er zuerst, daß diejenigen, die nicht an "die Verse (bzw. Zeichen) Gottes" im Koran glauben (25), die vaterlose Geburt Jesu für unmöglich halten, ohne jedoch einen auf der Vernunft beruhenden Beweis (*dalîl ʿaqlî*) für ihre Ansicht anführen zu können, außer dem, daß sie sagen, dies entspreche nicht der Gewohnheit. Nachdem R. Riḍâ darauf verwies, daß auch andere ungewöhnliche Dinge geschähen, deren Ursachen unbekannt sind, erinnert er an europäische Wissenschaftler, die eine Selbstzeugung (*tawallud ḏâtî*) für möglich hielten und sich gegenwärtig um den experimentellen Nachweis bemühten.

> Hier geht es jedoch um ein gegensätzliches Prinzip. Wenn es möglich ist, daß sie (sc. die Selbstzeugung) sich ereignen kann, dann ist damit noch nicht gefordert, daß sie (auch) tatsächlich stattfindet. Wir beweisen jedoch ihr tatsächliches Stattfinden mit der Botschaft der Offenbarung, die den Beweis dafür bietet (26).

Dieser Abschnitt zeigt typisch, wie Gedanken aus Europa bereitwillig aufgenommen werden; aber erst im islamischen Kontext erfahren sie ihre endgültige Wertung. Vor allem wird hier bereits der ungebrochene Glaube an die Unfehlbarkeit des Korans deutlich, der die ganze exegetische Arbeit Rasid Ridas durchzieht. Nachdem Gott sich im Koran geäußert hat, gibt es keine Unklarheiten mehr für ihn.

Im anderen Beispiel nimmt R. Riḍâ zu den Wundern Stellung. Anlaß ist die Frage des Vogelwunders (27). Da aus diesem Verse nicht hervorgehe, ob es tatsächlich stattfand oder nicht, untersucht er zuerst die Traditionen und findet, daß nur Ibn Ǧarîr (aṭ-Ṭabarî) und das Kindheitsevangelium, das die Christen jedoch nicht als kanonisch betrachten, davon berichten (28). Su. V,100 (29) scheine jedoch darauf hinzuweisen, daß das Wunder wirklich geschah, da es sonst sinnlos sei, hier von einem Gnadenerweis (*niʿma*) zu sprechen.

Die Fähigkeit zu solchen Wundern habe Christus durch seine Konstitution. Die Sufis meinen, daß in der Person Jesu die Geistnatur (*rûḥânîya*) noch mehr als bei anderen Geistträgern (d.h. Heiligen) dem Körperlichen überlegen ist, da er durch den Geist empfangen wurde. Damit ist es ihm möglich, mit seinem Geist leblose Körper zu veranlassen, sich zu bewegen. Außerdem vermag er durch seine "*rûḥânîya*" solche Geister, die sich von ihren Körpern getrennt haben, zur Rückkehr und Wiedervereinigung mit ihrem jeweiligen Körper zu bewegen (d.h. Tote aufzuerwecken). Diese Fähigkeit Christi erstrecke sich jedoch nicht auf solche Toten, die bereits in Verwesung übergingen.

> Das, was die Christen über die Totenauferweckungen Christi berichten, bestätigt das (Gesagte). Sie berichten, daß er ein Mädchen auferweckte, bevor es begraben wurde, und daß er Lazarus auferweckte, bevor er verweste, usw. (30).

Auch die Krankenheilungen und andere Wunder geschahen durch die Kraft der Geistnatur Christi.

Für Rašîd Riḍâ ist es keine Frage, daß die Bezeichnung Christi als "Wort" nicht im Sinne einer Logoschristologie zu verstehen sei, sondern daß die Bezeichnung "Wort Gottes" auf Christi Entstehung durch ein unmittelbares Schöpferwort Gottes hinweise. Das "Wort Gottes" sei nichts anderes als sein Schöpferwort, durch das a l l e s entstehe (31).

In diesem Sinne möchte er auch den Anfang des Johannesprologs Joh. 1,1 ff. verstehen. Aber Rašîd Riḍâ verkennt nicht, daß in denselben Versen auch die Logoschristologie anklingt, die später in das christliche Dogma einging. Das Johannes-Evangelium, so führt er aus, entstand wahrscheinlich erst im letzten Jahrzehnt des ersten Jahrhunderts. Da die ihm zugrunde liegende Christologie vorher unbekannt war, ist zumindest soviel sicher, daß sie nicht auf Christus selber zurückgeht und auch den anderen Jüngern Jesu unbekannt war. Bei einer Lehre, die so zentral für das spätere Christentum wurde, sei dies sehr bemerkenswert, und mit einer gewissen Genugtuung weist er auf das "Bibellexikon" des einstigen Rektors der Amerikanischen Universität in Beirut, George Post, hin, der die johanneische Logoschristologie mit der Lehre des jüdischen, im ägyptischen Alexandria beheimateten Philosophen Philo in Verbindung brachte (32).

Besonderes Mißfallen erregen die ethischen Prinzipien der Bergpredigt. Durch die Forderung der Duldsamkeit und Feindesliebe werde allen jenen das Handwerk erleichtert, die Ungerechtigkeit und Gewalt zur Durchführung ihrer selbstsüchtigen Ziele einsetzen (33). Jesus habe keineswegs die Tora und das ihr zugrunde liegende legalistische Prinzip außer Kraft gesetzt, sondern sie vielmehr bestätigt und nur einige ihrer Härten beseitigt (34). Diese Ansicht sieht er darin bestätigt, daß die Summe des mosaischen Gesetzes (*nâmûs*), die 10 Gebote, die mit dem Einheitsbekenntnis (*tauḥîd*) beginnen, von Christus ausdrücklich bekräftigt wurde. Auch in seiner Verkündigung war der "*tauḥîd*" das erste Gebot, das die anderen einschloß. Immer wieder wird in diesem Zusammenhang, in dem Rašîd Riḍâ auf die Verkündigung des "*tauḥîd*" zu sprechen kommt, der Vers Joh. 17,3 erwähnt, in dem die islamische Christologie in nuce zusammengefaßt ist:

> Das ist das ewige Leben, daß sie dich erkennen, den einen wahren Gott, und den du gesandt hast, Jesus Christus.

In diesem Vers sieht er eins der wenigen Fragmente im Neuen Testament, die noch direkt auf die Verkündigung Jesu selbst zurückgehen. Der koranische Ausgangspunkt für die Christologie Rašîd Riḍâs ist Su. V,116:

> Und wenn Gott sagt: Jesus, Sohn der Maria! Hast du zu den Leuten gesagt: "Nehmt mich und meine Mutter zu Göttern"? Er sagt: Gepriesen seist du! Ich darf nichts sagen, wozu ich kein Recht habe.

In dem Lobpreis (*tasbîḥ*) Jesu sieht Rašîd Riḍâ das klare Bekenntnis zur absoluten Andersartigkeit Gottes, der durch keine irdischen Attribute beschrieben werden kann (im islamischen Kalam wird dies "*tanzîh*" genannt) (35). Der Sendungsauftrag Christi war es, das Evangelium (*inǧîl*) zu überbringen. Bei der Erklärung von Su. III,3 weist er darauf hin, daß bei den Christen vier Evangelien bekannt sind, deren ältestes wenigstens vier Jahrzehnte nach dem Ende des irdischen Auftretens Jesu geschrieben wurde, und die auch untereinander abweichen. "Das" Evangelium, das auf Jesus zurückgehen könnte, gibt es nicht. Darauf gibt er eine, von Muḥ. ʿAbduh inspirierte, Deutung des Wortes "*inǧîl*", die sich im ganzen Kommentar wieder findet:

> In der Meinung des Korans ist das "inǧîl" das, was Gott seinem Gesandten Jesus, dem Sohn der Maria, offenbarte: Die Botschaft (bišâra) von einem Propheten, der das (göttliche) Gesetz, die Herrschaft und die Anordnungen Gottes zum Abschluß bringt. Darauf weist der Ausdruck (inǧîl) hin (36).

Allerdings gehört dieser für R. Riḍâ zentrale Aspekt zu den Dingen, die die Christen nach Su. V,14 vergessen haben. Dennoch gibt es einige Rudimente dieser Botschaft in den kanonischen Schriften, etwa in Apk. 19,11:

> Ich sah den Himmel offen, und siehe, da war ein weißes Pferd. Und der darauf saß, hieß Treu und Wahrhaftig. In Gerechtigkeit richtet er und kämpft er.

In dieser Vision werde der Prophet des Islam, nicht aber Christus beschrieben. "Treu" (*amîn*) und "wahrhaftig" (*ṣâdiq*) sind Namen Mohammeds; außerdem war er es, der richtete und Kriege führte, während von Christus derartiges nicht berichtet wird (37).

Auch die Parakletverheißung wird von Rašîd Riḍâ erwähnt, in der er aufgrund der von ihm vorausgesetzten Wortbedeutung (*paraklêtos* = *mu'azzin*, Tröster = *muḥammad* oder *aḥmad*) die Ankündigung Mohammeds vernimmt, zumal auch der "Geist der Wahrheit" (*rûḥ al-ḥaqq*) einer der Namen Mohammeds sei. Er macht auf die Konsequenzen, die diese exegetischen Erkenntnisse für die Dogmatik haben, aufmerksam:

> Wenn die Aussage des Johannes meint, daß der Geist der Wahrheit, den Christus ankündigte und (von dem er sagte,) daß er nach ihm komme, (wenn) sie mit dem Wort "Ausströmen" das meint, was (die Christen über den Geist als dritte Hypostase der Gottheit) sagen, dann machen sie Mohammed zur dritten Hypostase oder gar zu einer vierten, und von der Trinität gelangen sie dann zur Quaternität (38).

Wenn R. Riḍâ es auch nicht explizit sagt, so läßt sich doch das, was er als Quintessenz der Verkündigung Jesu betrachtet, in den später von den Muslimen formulierten Bekenntnis zusammenfassen: Es gibt keine Gottheit außer dem einen Gott, und Mohammed ist der Gesandte dieses einen Gottes.

Es scheint, als habe Rašîd Riḍâ die neutestamentlichen Schriften, vor allem die Evangelien, eingehend studiert. Da sie, wie gesagt, nicht auf Christus selbst zurückgehen, begegnet er ihnen mit größtem Mißtrauen. Er sagt nicht, daß am Text selbst spätere Veränderungen vorgenommen worden seien. Allerdings haben sich zwischen dem Ende der Verkündigung Jesu und der schriftlichen Abfassung neue Gedanken in das Christentum eingeschlichen, die aus dem Heidentum kamen und damit die christliche Lehre immer mehr mit heidnischen Elementen durchsetzten. Der Grund dafür war, daß Jesus eben meistens in Gleichnissen gesprochen habe, die auch die Jünger nicht immer verstanden, und die deshalb verschiedene Interpretationen hervorriefen. Es kam zu Spaltungen unter den Christen und damit auch zu verschiedenen Evangelientexte. Besonders Paulus wird für diese Entwicklung zum Heidentum verantwortlich gemacht. Es sei bekannt, daß er zunächst ein Feind des Christentums war. Aus dogmatischen Gründen trennte sich Paulus von seinem einstigen Lehrer und Mitarbeiter Barnabas. Barnabas selbst berichtet, daß Paulus der erste gewesen sei, der "neue Lehren, die anders waren als die des Messias", verkündet habe.

Das "Barnabas-Evangelium"

Rašîd Riḍâ beruft sich dabei auf das "Barnabas-Evangelium", als dessen Verfasser er offensichtlich den Apostel Barnabas ansieht (39). Er äußert sich nicht über das Verhältnis dieser Schrift zu dem Jesus offenbarten "Evangelium". Da sie jedoch korrekt die islamische Christologie wiedergibt, macht er häufigen Gebrauch von ihr. Dennoch scheint er ihr nicht mehr - aber auch nicht weniger - Autorität zuzuerkennen als den kanonischen Evangelien. Trotz aller Kritik im einzelnen findet er jedoch selbst in den Evangelien keine Stelle, die ausdrücklich die Trinität lehre (40).

Rašîd Riḍâ zweifelt daran, daß die Evangelien, die im 1. christlichen Jahrhundert entstanden, mit denen identisch sind, die im 4. Jahrhundert kanonisiert wurden, da es unsicher sei, ob die Christen durch die vorhergehenden Jahrhunderte der Verfolgungen hindurch ihre ursprünglichen Schriften hatten retten können. Im 4. Jahrhundert sieht er - wie die Muslime allgemein - die entscheidende Zäsur in der Geschichte des Christentums, in der diese Religion sich endgültig von ihrem prophetischen Ursprung trennte. Die konstantinische Wende brachte die Machtergreifung des Christentums, und ihr folgte, auf den Fuß die - nur mit Macht durchgesetzte - Verkündigung des Trinitätsdogmas auf dem Konzil von Nicäa 325). Damit öffnete die Kirche ihre Tore für den Einbruch heidnischer Lehren und Mythologien, und die Herrscher begannen, dieser Wende auch äußerlich Rechnung zu tragen, indem sie die Kirchen mit Objekten der Anbetung vollstopften, bis sie wie heidnische Tempel aussahen. Wurden in Indien und anderswo Standbilder und Tiere verehrt, so ist es nun im Christentum der Mensch, der angebetet wurde (41).

Die christliche Lehre von der Kreuzigung und Erlösung

Die wichtigste der neuen Lehren war nach Rašîd Riḍâ die von der "Kreuzigung und Erlösung". Sie sollte hinfort die Grundlage der christlichen Religion sein, und da sie den "*tauḥîd*" durch den "*taṯlîṯ*", die aus dem Heidentum übernommene Anbetung einer Götterdreiheit, ersetzte, war es der vornehmste Auftrag des letzten Propheten (d.h. Mohammeds), den reinen "*tauḥîd*" wieder herzustellen.

Die Frage, ob Jesus gekreuzigt worden ist oder nicht, wäre an sich bedeutungslos, wenn nicht die Christen auf der Voraussetzung, daß sie tatsächlich geschehen sei, ihre Erlösungslehre aufgebaut hätten. Der Koran erkläre jedoch, daß diese Voraussetzung falsch sei: Christus sei gar nicht gekreuzigt worden. Die Erklärung des Verses Su. IV,157 nimmt Rasid Rida deshalb zum Anlaß, ausführlich seine Meinung über "das Dogma der Kreuzigung und Erlösung" darzulegen (42).

Zuerst referiert er über die christliche, den ersten Kapiteln der Genesis entnommene Sündenlehre. Da Gott sowohl barmherzig als auch gerecht sei, kam er durch den Sündenfall Adams in Verlegenheit. Wenn er Adam und seine Nachkommen mit ewiger Verdammnis bestrafe, so würde das seiner Barmherzigkeit widersprechen; bestrafe er sie nicht, so sei er nicht gerecht. Erst vor 1912 Jahren (vom Zeitpunkt an gerechnet, zu dem Riḍâ diese Zeilen schrieb) sei Gott ein Ausweg eingefallen, indem er seinen Sohn - das sei er selbst - in den Leib einer Frau eingehen ließ. Nachdem er eine Zeitlang mit den Menschen gelebt habe, verhöhnten ihn seine Feinde und beschlossen, ihn auf die gräßlichste Art und Weise umzubringen, nämlich am Kreuz. Er ertrug jedoch den Fluch dieses Todes und das Kreuz, um damit die Menschen von ihren Sünden und von der Strafe zu erlösen (hier kann R. Riḍâ den Ausruf nicht unterdrücken: "Gepriesen sei dein Herr, der Herr der Stärke, vor dem, was sie ihm andichten!") (43). Da Gott nun seinen unschuldigen Sohn sterben ließ, sei jedoch der Ausgleich zwischen der Barmherzigkeit und der Gerechtigkeit Gottes immer noch nicht hergestellt. Die Einsicht der Vernunft (*ad-dalîl al-ʿaqlî*), so resümiert Rasid Rida, lehne deshalb diese ganze Lehre ab; sie widerspreche jedem juristischen Prinzip.

Ein Hintergrund von Riḍâs Polemik

R. Riḍâs Ausführungen sind auf dem Hintergrund eines Erlebens zu sehen, das er in diesem Zusammenhang berichtet. Nachdem er in der Kairoer Muḥ.-ʿAlî-Straße einer Missionspredigt über das "Kreuzdogma" (44) in einer englischen Schule zugehört hatte, bat er, darauf antworten zu dürfen. Dies wurde mit der Begründung abgelehnt, daß für Diskussionen die englische Bibliothek zur Verfügung stünde. Darauf verließen die anwesenden Muslime unter dem Ruf der Šahâdatân "*Lâ ilâh illâ llâh, Muhammad rasûl Allâh*" die Versammlung (45). Die Furcht des Predigers vor der Diskussion mag Rašîd Riḍâ in seiner Überzeugung gestärkt haben, daß es über diese Lehre nichts zu diskutieren gäbe.

Nach islamischer Auffassung liege die Rechtschaffenheit des Menschen vor Gott darin, daß er die heidnischen Glaubenslehren und die unmoralischen Sitten ablege.

> Gott schuf jeden Menschen so, daß er mit den (ihm) angeborenen Kräften sowohl zu lasterhaften und schlechten Taten als auch zu solchen der Gottesfurcht und zu guten Taten in der Lage ist (46).

Die christliche Lehre von der Sünde widerspreche der Schöpfungsordnung, der zufolge vom Menschen nicht mehr verlangt werde als das, was er zu tun imstande sei.

Ebenso wenig wie die Sündenlehre habe die christliche Erlösungslehre etwas mit der "Religion Gottes" zu tun. R. Riḍâ zitiert einige europäische Religionsgeschichtlicher seiner Zeit, die die christliche Erlösungslehre (einschließlich des Opfertodes eines Gottes) mit entsprechenden Vorstellungen der Inder verbinden oder in ihren Darstellungen auf Ähnlichkeiten hinweisen (47).

Wer starb am Kreuz?

Aber nicht nur der religionsgeschichtliche - und das heißt für ihn: der heidnische - Hintergrund, sondern auch der exegetische Befund ist für R. Riḍâ der Beweis dafür, daß dieser Lehre jegliche theologische Relevanz abgeht. Daß es nicht Jesus war, der am Kreuze starb, ist für ihn aufgrund des koranischen Zeugnisses keine Frage mehr. Nur die Frage, wen an Christi statt gekreuzigt worden sei, veranlaßt ihn zu einigen kurzen Bemerkungen. Für ihn gibt es keinen Zweifel, daß Judas derjenige war, der mit Jesus verwechselt wurde und an seiner Stelle starb - diese Ansicht hatten schon die Kerynthianer oder Karpokratianer vertreten, wie R. Riḍâ ausführt. Nach dem Verrat hatte große Reue den Judas gepackt. Als die Juden nach - dem inzwischen entrückten - Jesus suchten und Judas fanden, ließ er sich widerstandslos abführen, um am Kreuz für seine Freveltat, nämlich den Verrat an Jesus, zu büßen. Die anderen Jünger fanden ihn nach der Kreuzigung nicht mehr und kamen deshalb auf die Idee, daß er Selbstmord begangen habe. Dies habe Judas zwar auch tatsächlich vorgehabt, doch seien seine Reue und sein Glaube so groß gewesen, daß er dankbar den Kreuzestod als Sühne auf sich nahm.

Daß ein anderer als Christus gekreuzigt worden sei, werde auch daran deutlich, daß der, der am Kreuze hing, sich von Gott verlassen fühlte und schon vorher darum bat, daß dieser Kelch an ihm vorübergehen möge. Das sei schließlich sinnlos gewesen, wenn der Gekreuzigte gerade wegen der Kreuzigung auf die Erde gekommen wäre.

Auch die verbreitete Legende, daß der Messias nach der Kreuzigung zusammen mit dem Apostel Thomas nach Indien ausgewandert sei, wird von R. Rida besprochen. Diese Legende war zu seiner Zeit gerade von Mîrzâ Gulâm Ahmad aus Qadyan, dem Gründer der Ahmadiyya-Bewegung, der Vergessenheit entrückt und durch die Interpretation des Koranverses Su. XXIII,50 exegetisch untermauert worden (48). Sie stützt sich auf lokale Traditionen im Norden Indiens, die besagen, daß vor 1900 Jahren ein Prophet aus dem Westen in Kaschmir aufgetreten und in der Stadt Śrinagar gestorben und beerdigt worden sei. Sein Grabmal werde dort noch heute verehrt.

Zum Verhältnis von Muslimen und Christen

Am Schluß dieses Abschnittes geht R. Riḍâ noch auf die Frage ein, ob ein Zusammengehen von Islam und Christentum möglich sei. Nachdem er den gescheiterten Versuch eines griechisch-orthodoxen Archimandriten, auf der Grundlage der Evangelien und des Korans Muslime und Christen zu einer Gemeinschaft zu vereinigen, erwähnt hat, sagt er:

> Die Wahrheit ist, daß der Islam die Religion Mohammeds, Christi und aller Propheten ist. Unmöglich ist die Vereinigung der Religion des Koran, in den von keiner Seite her ein Fehler eingedrungen ist, mit der paulinischen Religion, die darauf, daß drei in Wahrheit eins und eins in Wahrheit drei seien, und auf dem heidnischen Dogma von der Kreuzigung und Erlösung gründet (49). Wie ist eine Vereinigung zwischen dem Einheitsbekenntnis (tauḥîd) und dem Dreiheitsbekenntnis (taṯlîṯ) möglich? Zwischen dem Dogma von Heil des Menschen und seiner Seligkeit aufgrund seines Wissens und Tuns, und dem Dogma von seinem Heil durch den Glauben, daß sein Herr (Gott) sich selbst verflucht hat und selbst sich für seine Diener (die Gläubigen) strafte? ... Niemand unternimmt es, die Religion der Einheit (tauḥîd) und des Zusammenschlusses (der Menschen unter dem Bekenntnis zu Gott) zu propagieren, niemand beschützt ihre Bekenner, niemand gibt Geld (für sie) aus, um die Menschen zu ihr zu führen; für die Religion der Vielheit (taʿdîd) und der Erlösung (dagegen) werden Unsummen von Dinaren ausgegeben, Tausende von Disputanten und Arbeitern werden für ihre Propaganda angeworben, und die großen Mächte beschützen sie mit Kanonen und Kriegsflotten (50).

Mehr noch als für Muḥammad ʿAbduh ist für Rašîd Riḍâ das Christentum die Religion, die zur Aufrechterhaltung ihrer Existenz das Bündnis mit der säkularen Macht eingehen muß. Während für ʿAbduh sich die Machtentfaltung der Kirche mit ihren negativen Folgen vor allem auf die Gewissen der Gläubigen auswirkt, indem sie diese zum blinden "*taqlîd*" und damit zur Ausschaltung der Vernunft auffordert, spielt sie für R.

Riḍâ ihre Rolle vor allem in der Politik. ʿAbduh, mehr meditativ veranlagt als sein Schüler, sieht in der Verkündigung Jesu an erster Stelle den Aufruf, den "*taqlîd*" jeglicher Art zu überwinden und zu einem religiösen Bewußtsein zu gelangen, das durch die freie Entfaltung der Vernunft geprägt ist und nicht nur dogmatische Spaltungen, sondern auch die gesellschaftlichen Gegensätze überwindet. Die Verwirklichung dieses Zieles steht noch aus. Die Botschaft Jesu behält deshalb ihre uneingeschränkte Gültigkeit auch für die Zukunft.

Anders für Rašîd Riḍâ, den Syrer. Für ihn erschöpft sich die Bedeutung Jesu in der Rolle eines heilsgeschichtlichen Vorläufers, die mit dem Auftreten des "Siegels der Propheten" ihr Ende gefunden hat: damit gehört die Bedeutung Christi der Vergangenheit an. ʿAbduh kann der Botschaft aller Propheten unabhängig voneinander Wahrheitsmomente entnehmen; sie waren schließlich alle Gesandte Gottes. Die eigentliche Heilszeit jedoch beginnt für R. Riḍâ erst mit Mohammed, und nur die von ihm vertretenen Prinzipien - genauer müßte man wohl sagen: diejenigen, die im Islam auf ihn zurückgeführt wurden - können die Zukunft gestalten. Das heißt für ihn: die Macht, die sich das Christentum entgegen dem Beispiel seines ("angeblichen") Gründers und damit entgegen dem Heilsplan Gottes angeeignet hat, muß wieder in islamische Hände zurückgelangen. Der prophetische Staatsmann war Mohammed, nicht der Messias.

Taufîq Ṣidqî

Von Rašîd Riḍâ beeinflußt, aber noch schärfer und verständnisloser in seiner Kritik am Christentum war Taufîq Ṣidqî.

Muḥammad Taufîq Ṣidqî (1891-1920), Arzt am Staatsgefängnis in Ṭurra, südlich von Kairo, war Freund und Schüler von Rašîd Riḍâ. Gegen seine heftigen Polemiken wußten sich die Christen auf die Dauer nicht anders zur Wehr zu setzen, als daß sie schließlich einen Erlaß von den Behörden erwirkten, in dem es ihm untersagt wurde, weiterhin seine Schmähschriften zu veröffentlichen (51). Da sich seine Gedanken mit denen Rašîd Riḍâs vielfältig berühren, brauchen wir sie nicht noch einmal im einzelnen auszuführen. Wir erwähnen lediglich seine wichtigsten Argumente.

Zum Opferverständnis der Christen

In seiner "Ansicht über die Geschichte von der Kreuzigung des Messias und seiner Auferstehung von den Toten" (52), geht es ihm vor allem um die Ereignisse, die sich um die Kreuzigung (des Judas) abspielten und um die Beziehungen zwischen den indischen Religionen (vor allem dem Buddhismus) und dem Christentum.

Zunächst liegt ihm noch mehr als R. Riḍâ am - "wissenschaftlichen" - Nachweis, daß solche Ähnlichkeiten, wie sie zwischen Jesus und Judas bestanden haben, nichts Außergewöhnliches sind und nachweisbar oft zu Verwechslungen führten. Seine zahlreichen Beispiele bringt er aus seinem Fachgebiet, der Gerichtsmedizin. Bei der Identifizierung seien oft sogar die nächsten Angehörigen Irrtümern zum Opfer gefallen; damit antwortet T. Ṣidqî auf die mögliche Frage, warum nicht einmal die beiden Marien und Johannes den Gekreuzigten richtig erkannt hätten. - Seine Ansichten über die Lehre von der Kreuzigung und Erlösung führt er in einer längeren Anmerkung aus:

> Wenn der Glaube der Christen an die Kreuzigung und die Erlösung der Menschen durch sie zutrifft, warum hat Christus sich dann nicht selbst getötet oder seine Jünger aufgefordert, ihn als Opfer für Gott zu töten, anstatt daß er die Juden in diese schwere Sünde stürzte? (Es ist) als ob Gott, nachdem er diese Maßnahme zur Erlösung der Menschen aus der Macht des Satans beschlossen hatte, nicht vermocht hätte, das ihm liebste Volk durch die (Maßnahme ebenfalls) zu erlösen, (das Volk,) das vor aller Welt vorgezogen wurde, das er - wie sie sagen - durch die Offenbarung, durch Propheten (wörtl.: durch Prophetentum), durch gewaltige Wunder seit alten Zeiten ausgesondert hat, dem er wie keinem anderen Volke sonst seine Fürsorge zukommen ließ, bis er es zum einzigen Vermittler machte, durch den die ganze Menschheit zu seiner Religion der Wahrheit geführt würde! Waren nicht diese Leute würdiger für die Erlösung als alle anderen? Warum also ließ er sie dann dieses schwere Verbrechen, daß sie Christus kreuzigten, begehen, ohne daß er (selbst) es wollte, wo es ihm doch möglich war, seinen Sohn - diesen Unschuldigen - darzubringen, ohne sie in diese große Sünde fallen zu lassen?! Zeigt das nicht - wenn es wirklich wahr wäre -, daß der Satan mit Erfolg die Vernichtung der Geliebten ihres Gottes und seines auserwählten Volkes betrieben hat, und daß dieser "Gott" (haḏâ l-ilâh) zu schwach ist, sie aus seinen Klauen zu befreien, nachdem er so lange darüber nachgedacht hatte. Schließlich kreuzigte er sich selbst - und trotzdem blieb seine List erfolglos! Wie traurig, ein solcher schwacher "Gott", den der Satan besiegte und zur Reue über seine Schöpfung, die Menschen, und zur Trauer veranlaßte (Gen. 6,6 f.)...
>
> Wenn es wahr ist, daß Christus für sich unter den Juden die Göttlichkeit beanspruchte (Joh. 8,58; 10,30.33), worin besteht dann ihre Sünde, wenn sie ihn töteten und sie damit nichts anderes taten, als daß sie den Befehl Gottes ausführten, den er ihnen durch Mose hatte zukommen lassen (Dtn. 13,1)? ... (53).

Taufîq Ṣidqîs heftige Polemik gegen die Lehre von der Kreuzigung und Erlösung, die er durch viele Bibelzitate zu stützen sucht, ist oft so schwungvoll, daß sich der Leser nicht selten fragen muß, ob für ihn wirklich Judas am Kreuze starb oder nicht doch Jesus. Selbst der Herausgeber dieser Schrift, Rašîd Riḍâ, fühlt sich offensichtlich gelegentlich irritiert und veranlaßt, eine klärende Bemerkung hinzuzufügen, die den Leser vor Mißverständnissen bewahren soll.

Die christliche Erlösungslehre und die Gerechtigkeit Gottes

Die Bibel, insbesondere das Neue Testament, sieht T. Ṣidqî voller Widersprüche. Das Gebot Christi kurz vor seiner Festnahme zum Beispiel, daß seine Jünger Schwerter kaufen sollten (Luk. 22,36 ff.), und das später einer von ihnen dem Sklaven des Hohenpriesters ein Ohr abschlägt, stimme nicht mit dem Gebot der Feindesliebe überein. Wie können übrigens, so fragt T. Ṣidqî in diesem Zusammenhang, die Christen Mohammed schmähen, weil er seine Feinde bekämpfte, während Christus ebenfalls zu den Waffen zu greifen bereit war und nur in der Stunde der Schwachheit zum Frieden rief (54)? Wenn Jesus, der Sohn Gottes, zur Erde kam, um zu sterben und die Sünde der Welt zu vertilgen, warum verteidigte er sich dann? Warum rief der Sohn Gottes, der vom Geist erfüllt war, einen Engel an, damit er ihn stärke, da doch in seiner Menschheit zwei göttliche Hypostasen, nämlich der Sohn und der heilige Geist, mit ihm vereint seien (Joh. 1,32)? Halten die Christen das für die Gerechtigkeit Gottes, daß er die Frevler (Adam und seine Nachkommen) erlöst, seinen unschuldigen Sohn aber gegen dessen Willen kreuzigen läßt, dieser ihn vielmehr um Hilfe anruft, er aber ihm nicht zu Hilfe kommt - wo ist da seine Gerechtigkeit und Gnade? Wenn dieser "Gott" nicht einmal seinem Sohn gegenüber gerecht und gnädig ist, wie will er es dann seinen Dienern (d.h. den Menschen) gegenüber sein (55)?

T. Ṣidqî glaubt nicht, daß Paulus der eigentliche Begründer der Lehre von der Gottheit Jesu sei. Vielmehr habe er nur die Grundgedanken der Petruspredigt in Act. 2, daß Jesus Mensch und der erwartete Messias sei, daß er gekreuzigt wurde, aber vom Tode auferstand, daß Gott ihn zu einem Herrn (*rabb*) und Gebieter (*saiyid*) machte, weiter ausgeführt. Stellen wie Kol. 1,15; 1.Kor. 8,6 weisen wohl auf die Präexistenz Christi vor aller übrigen Schöpfung hin, zeigen aber entsprechend Prov. 8,22 ff. auch den niederen Rang Christi, seine Demut. Sein Geschaffensein widerspreche jedoch seiner ewigen Existenz. Erst unter dem Einfluß der Stoiker und jüdischer Philosophen in Alexandria, besonders Philos, stellten die Christen Jesus Gott gleich. Davon sei jedoch im ganzen Neuen Testament nichts zu spüren, bis heute hin finde sich dort kein Text, der unmißverständlich von der Gottheit Jesu spreche (56).

Eine Rangfolge der Religionen

Die Bedeutung des Ölberges im Leben Jesu, auf dem er, wie Taufîq Ṣidqî unter Hinweis auf Lk. 4,1.5.9 meint, auch die erste Offenbarung empfangen habe, führt schließlich zur Hauptthese des Buches, zu der ihn der folgende koranische Abschnitt inspiriert hat:

> * Bei den Feigen- und Ölbäumen * beim Berg Sinai * und bei dieser sicheren Ortschaft ... usw.(57).

In diesen Versen sieht er gewissermaßen ein Symbol für die Werteskala der Religionen. Der Feigenbaum sei der heilige Baum des Buddha, in seinem Schatten erhielt er seine Erleuchtungen - Ṣidqî gebraucht das arabische Wort für "Offenbarung", *waḥy* -, und unter ihm wurde er vom Satan - wie Christus vergeblich - versucht. Auch Buddha war ein wahrer Prophet, nur wurden seine Lehren später noch mehr verdreht als diejenigen Christi, da er sie nicht aufgeschrieben hatte.

Der Ölbaum symbolisiere die Religion Christi. Die Ähnlichkeit beider Religionen, die er als "Gnadenreligionen" bezeichnet, komme durch das gemeinsame Symbol eines Früchte tragenden Baumes zum Ausdruck. In der Reihenfolge, in der sie genannt werden, nimmt der Grad ihrer Verfälschung ab; der Buddhismus habe sich also noch weiter von seinem prophetischen Ursprung entfernt als das Christentum. Nach diesen beiden komme das mosaische Judentum, symbolisiert durch den Berg Sinai. Die "sichere Ortschaft" schließlich, mit der Mekka und das Heiligtum der Kaʿba gemeint seien, verweise auf den Islam, der sich unverfälscht erhalten habe. Diese beiden Religionen, deren Symbole der Berg bzw. die in Bergen eingebettete Ortschaft (Mekka) sind, nennt T. Ṣidqî "Religionen der Gerechtigkeit" (58).

Die Nähe zwischen Buddhismus und Christentum, die in den Koranversen zum Ausdruck komme, werde durch die Grundlehren beider Religionen bestätigt.

Auch für T. Ṣidqî ist, wie für R. Riḍâ, die Frage der Kreuzigung nur deshalb wichtig, weil die Christen sie von der historischen auf die dogmatische Ebene gehoben haben und auf ihr ihre "heidnische" Erlösungslehre aufbauen. Anhand eines Buches "Heidnische Glaubenslehren in der christlichen Religion", dessen Verfasser er nicht nennt, gibt er eine Synopse von Parallelstellen aus Lebensbeschreibungen Krishnas (!) und Jesu (59). Während die Angaben über Krishna, nach den Anmerkungen zu urteilen, teilweise dem *Vishnu-Purana*, vor allem aber dem Buche "*Die Religion der Inder*" von Maurice Williams und enzyklopädischen Sammelwerken entnommen sind, bezieht der Verfasser seine Beispiele über das Leben Jesu im wesentlichen aus den kanonischen und apokryphen Evangelien, hier besonders aus dem Kindheitsevangelium. Da derartige Synopsen aus der

Literatur des vorigen Jahrhunderts zur Genüge bekannt sind, können wir uns hier eine Wiedergabe ersparen (60).

Das Ziel, das Muḥammad Taufîq Ṣidqî mit seinem Buche verfolgt, ist ein negatives. Ihm kommt es darauf an, durch den Aufweis innerer Widersprüche und äußerer Abhängigkeiten den heidnischen Ursprung und, als dessen unvermeidbare Begleiterscheinung, die Absurdität der christlichen Lehren zu deklarieren. Ein positives Interesse an Christus oder Andeutungen für den Versuch, zu einem adäquaten Verständnis des christlichen Glaubens zu kommen, sucht man bei ihm vergeblich.

Kapitel 7

Das Ende der apologetischen Polemik und die Kontroverse zwischen Šaltût und Ġumârî um die Wiederkunft Christi

Mit seiner Interpretation der Verkündigung Jesu hatte Muḥammad ʿAbduh die Grenzen einer apologetisch ausgerichteten Polemik überschritten. Als er die Forderung, die Vernunft zum Kriterium in den Fragen der gesellschaftlichen und kulturellen Neuordnung zu nehmen, neben anderen Autoritäten auch auf Jesus zurückführte, konnte er sich dabei weder auf den Koran noch auf die islamischen Jesustraditionen berufen. Somit hatte ʿAbduh die Möglichkeit eröffnet, jenseits der überkommenen dogmatischen Prämissen und unvoreingenommen durch polemische Auseinandersetzungen die Frage aufzugreifen, was Christus und seine Verkündigung für die islamische Gesellschaft bedeuten könne. Wie in den meisten seiner Programme, so ist er auch hier nicht über den Ansatz hinausgekommen. So wäre es die Aufgabe seiner Schüler gewesen, auf den von ihrem Lehrer eingeschlagenen Wege weiterzugehen und nach konkreten Aussagen zu suchen. Doch es scheint, als sei ihnen dieses neue Terrain nicht ganz geheuer gewesen. Sie zogen es jedenfalls vor, die von der klassischen Polemik gesteckten Grenzen zu respektieren und brachten deshalb auch keine neuen Gesichtspunkte zum Verständnis Christi im Islam zur Geltung. Was sich in ihren Schriften an neuem Material über Christus findet, bedeutet lediglich eine quantitative Bereicherung des Arsenals, aus dem die Waffen zum Kampf gegen die christliche Christologie seit jeher geholt wurden, und man könnte nicht einmal behaupten, daß sie sie wirkungsvoll in Anschlag gebracht hätten. Denn noch weniger als die Intention der christlichen "Lehre von der Kreuzigung und Erlösung" verstanden sie die indischen "Parallelen", die von ʿAbduhs Schülern einfach aus europäischen Büchern abgeschrieben wurden, ohne daß sie sich weiter um eine kritische religionsgeschichtliche Einordnung bemühten. Damit war das Thema "Christus im Islam" wieder auf den unfruchtbaren Boden der mit apologetischen Motiven durchsetzten Polemik abgeschoben und verlor, wie die Apologetik selbst, für einige Zeit jegliches Interesse.

Die vorrangige Bedeutung politischer Fragen nach dem 1. Weltkrieg

Begünstigt wurde diese Entwicklung durch die geistige und politische Situation, in die der Orient und gerade auch Ägypten nach dem Ende des 1. Weltkrieges gerieten. Auf der politischen Ebene waren es nun die Briten und Franzosen, die die Unabhängigkeit vor allem der ehemals türkischen arabischen Provinzen verhinderten und die Länder des "Fruchtbaren Halbmondes" unter sich aufteilten. Auch das kulturelle Leben wurde von ihnen beeinflußt. Mit muslimischen Augen gesehen waren sie aber Ungläubige. Hatte man mit den Türken wenigstens die Religion und teilweise auch die Geschichte gemein gehabt, so galt es nun, die Frage zu beantworten, ob auf breiter Grundlage beides gegen die neuen Machthaber im Nahen und Mittleren Osten zur Geltung zu bringen oder ob, gemeinsam mit ihnen und unter Zurückstellung des eigenen Erbes, trotz der entstehenden Feindschaft das Gemeinwohl nach westlichen Prinzipien zu ordnen sei.

Angesichts dieser neuen Herausforderung brach endgültig auseinander, was im Denken ʿAbduhs, wenn auch unter unvermeidbaren Spannungen, noch nebeneinander stand: die Wechselbeziehung zwischen Offenbarung und Vernunft. Sah sich der Kreis um Rašîd Riḍâ alsbald in die Lage versetzt, die Ansprüche der Offenbarung gegenüber den Forderungen der Vernunft zu verteidigen. so war es für andere Schüler ʿAbduhs, von denen einzelne ihre Studien in Frankreich fortgesetzt hatten wie die Brüder Muṣṭafà und ʿAlî ʿAbd ar-Râziq oder Ṭaha Ḥusain, nicht mehr möglich, der Vernunft die Priorität in den Entscheidungen abzusprechen und unkritisch das aufzunehmen, was beanspruchte, als offenbarte Wahrheit anerkannt zu werden. In einer Zeit, in der die Fragen des staatlichen Aufbaus (1922 erhielt Ägypten eine neue Verfassung, durch die die konstitutionelle Monarchie eingeführt wurde), des nationalen Selbstverständnisses und der kulturellen und geschichtlichen Identität die Debatten der Intellektuellen beherrschten, ist es deshalb nicht zufällig, daß sich zuerst im politischen Bereich die Scheidung der Geister offenbarte. Es ging letztlich um die Frage, ob Ägypten integrer Bestandteil der arabischen Nation und der islamischen Gottesgemeinde oder eine eigenständige, geschichtlich gewachsene nationale Einheit sei, ob das Staatswesen auf der Grundlage des religiösen Rechts, der *šarîʿa*, aufgebaut werden müsse, und welche Bedeutung in diesem Zusammenhang dem Khalifat zukomme, in dem die Muslime das Symbol ihrer religiös-politischen Einheit und das Band zwischen der Gegenwart und der Vergangenheit bis hin zum Propheten sahen - es wurde im März 1924 durch ein Edikt der republikanischen türkischen Regierung aufgehoben (1).

Rašîd Riḍâ und seine Anhänger setzten sich kompromißlos dafür ein, daß alle diese Fragen im Sinne der islamischen Tradition beantwortet werden müßten; der ägyptische König hoffte zeitweilig, daß ihm die Khalifenwürde zugesprochen würde. Als nun ʿAlî ʿAbd ar-Râziq 1925 in einem Buche die Meinung vertrat, der Anspruch des Khalifats auf politische Macht sei eine spätere Einrichtung und könne nicht auf Mohammed, dem es nur um die religiöse Leitung der Gemeinde ging, zurückgeführt werden, wurde er auf Betreiben des Riḍâ-Kreises und der Azhar-Gelehrten seines Amtes als Jurist an einem islamischen, jedoch dem Justizminister unterstehenden Gericht enthoben. (2).

Auf der anderen Seite standen jene Intellektuellen aus der Schule ʿAbduhs, die den französischen Positivismus zum Kriterium ihres Denkens genommen hatten und in der europäischen Wissenschaftsgläubigkeit ihre neue Religion erblickten. Für sie waren Christentum und Islam eher Episoden in der langen Geschichte Ägyptens, während sie ihr Vorbild in der pharaonischen Kultur suchten, durch die Ägypten zu Macht und Reichtum gekommen war. Daß diese Kultur heidnisch war, berührte sie wenig; wichtiger war, daß es, wie sie meinten, die Vernunft gewesen sei, die jene Kultur beherrschte und die von ihr geschaffenen Ordnungen garantierte (3).

Doch mit der wachsenden Krisenstimmung und dem Kulturpessimismus, die im Europa der zwanziger Jahre um sich griffen, wurde auch das Vertrauen der orientalischen Liberalen in die Vernunft mehr und mehr erschüttert.

> Der Westen hat den Geist der Ethik vernachlässigt, weil die Methode der Wissenschaft sich nur auf das sinnlich Fühlbare verläßt.

So schrieb 1929 Muḥammad Ḥusain Haikal (4), und er empfand mit seinen Freunden, daß ein umfassenderes Prinzip notwendig sei, um die soziale Ordnung, die das Zusammenleben der Individuen ermöglicht und sie vor dem intellektuellen Anarchismus schützt, zu garantieren. Dieses Prinzip fanden sie in den Lehren des Islam, dem sie sich nun mit neu erwachtem Interesse zuwandten. Vor allem sein geschichtlicher Ursprung beschäftigte sie, und im Leben Mohammeds suchten sie nach Elementen und Vorbildern, aus denen sie lernen konnten, die Probleme der eigenen geschichtlichen Situation zu meistern (5).

So war von der allgemeinen geistigen Situation her wenig Anlaß gegeben, die Kontroverse um Christus fortzusetzen. Dringlicher war es, das eigene Selbstverständnis zu klären, die Apologetik und Polemik traten in den Hintergrund. Und auch jene Kontroverse um Christus, die während des 2. Weltkrieges einiges Aufsehen hervorrief, war in ihrer Bedeutung auf den islamischen Bereich beschränkt und ergab keine neuen Aspekte für eine islamisch-christliche Auseinandersetzung. Da sie jedoch einige typische Seiten des Christusbildes der Muslime beleuchtet, sei sie hier mitgeteilt.

Eine Anfrage der Ahmadiyya an die Azhar

1942 veröffentlichte der damalige Lehrer und spätere Šaiḫ al-Azhar (6), Mahmud Saltut, eine *Fatwa* (religiös-juristisches Gutachten), die den Titel "*Rafʿ ʿIsà*" (Die Entrückung Jesu) trug (7). Es ging darin um die Frage, die ein indischer, der Ahmadiyya-Bewegung angehörender Offizier an das Kollegium der Azhar-Gelehrten gerichtet hatte: ist Jesus nach Meinung des Korans und der Sunna lebendig oder tot? Wie wird derjenige Muslim beurteilt, der leugnet, daß Christus (gegenwärtig im Himmel) lebendig sei? Wie wird derjenige beurteilt, der nicht an Christus glaubt, wenn feststeht, daß er jetzt lebendig ist und am Ende der Zeiten ein zweites Mal zur Erde kommen wird?

In seiner Antwort auf diese Fragen untersucht Šaltût zunächst die drei entscheidenden Stellen aus dem Koran (8) und kommt zu dem Schluß, daß Christus auf Veranlassung Gottes zuerst wie alle Menschen gestorben sei und dann, damit sein Körper vor seinen Feinden geschützt würde, entrückt wurde. Es finde sich jedenfalls im Koran kein Hinweis darauf, daß Christus jetzt im Himmel lebe. Was ferner die im Hadîṯ enthaltenen Berichte um die Wiederkunft Christi vor dem Jüngsten Gericht und die Aufgaben, die er dann zu erfüllen habe, betreffe, so seien sich die islamischen Gelehrten darüber uneinig, ob die lückenlose Aufeinanderfolge (*tawâtur*) der frühesten Tradenten dieser Hadîṯe hinreichend gesichert sei.

Der Dissensus der Gelehrten habe zur Folge, daß diese Hadite zu den *Adiaphora* zählen, an die zu glauben nicht zu den Pflichten eines Muslims zähle. Wer also nicht glaubt, daß Christus leiblich-lebendig entrückt wurde, jetzt im Himmel lebe und auf die Erde zurückkommen werde, verlasse nicht den Islam, sondern zähle auch weiterhin zu den Gläubigen.

Diese *Fatwa* wurde von der Ahmadiyya, jener von dem bereits erwähnten Mîrza Ġulâm Aḥmad aus Qadyân (9) gegründeten islamischen Sekte aufgegriffen und in einer in Beirut veröffentlichten Abhandlung ihrer eigenen Theologie nutzbar gemacht (10). Für sie war, wie wir sahen, Christus in Kaschmir gestorben und begraben; ist er aber tot, so ist damit auch an eine Wiederkunft vor dem Ende der Zeiten nicht zu denken. Unter den endzeitlichen Aufgaben Christi, von denen im Hadîṯ berichtet wird, fand Ġulâm Aḥmad eine, die er in besonderem Maße nun als seine eigene Aufgabe betrachtete, nämlich die Überwindung der verschiedenen Religionssysteme und die Zusammenführung ihrer Gläubigen in der einen, alles umfassenden "islamischen" Gottesgemeinde. Um sich selbst und seinen Zielen den nötigen Respekt zu verleihen, betrachtete sich Ġulâm Aḥmad als einen neuen Propheten, und an diesem Punkte entzündete sich der Streit mit dem orthodoxen Islam, für den Mohammed der letzte Prophet war und jeder Widerspruch gegen diesen Glaubenssatz Ketzerei ist. Mit Šaltûts *Fatwa* war nun eine der wesentlichen Barrieren zwischen der Ahmadiyya und der Orthodoxie gefallen. Denn wenn Christus tot ist, dann gibt es keinen Beweis mehr gegen den Anspruch Ġulâm Aḥmads, selbst der endzeitliche Messias zu sein, von dem die Tradition berichtet. Da er ferner als Messias zu Recht behaupten kann, es sei sein Auftrag, die Religionen unter dem Schild des Islam zu vereinigen, kann ihm auch sein Anspruch auf das Prophetenamt nicht mehr bestritten werden. Die Nachfolger Ġulâm Aḥmads ließen sich diese günstige Gelegenheit nicht entgehen und betrachteten sogleich diese *Fatwa* als offizielle Anerkennung der Lehren ihres Meisters seitens der altehrwürdigen und überall von den Muslimen respektierten Azhar.

Der entschiedene Widerspruch der orthodoxen Gelehrtenschaft konnte somit nicht ausbleiben und folgte auch alsbald. Nachdem Šaiḫ Šaltût kurz und polemisch erste Einwände gegen seine *Fatwa* zurückgewiesen und seine Meinung noch einmal gegenüber denen, "die sich auf das Alte versteifen", bekräftigt hatte (11), verfaßte der ebenfalls an der Azhar lehrende, in Fez (Marokko) beheimatete Šaiḫ ʿAbd Allâh Muḥammad aṣ-Ṣiddîq al-Ġumârî eine ausführliche Gegenschrift, der er den Titel "*Aufrichtung des Beweises über die Wiederkunft Jesu am Ende der Zeiten*" gab (12). In diesem Buche untersucht Ġumârî ausführlich 22 Hadîṯe, in denen von der Wiederkunft Christi die Rede ist. Nachdem er festgestellt hat, daß sie von zuverlässigen Tradenten weitergegeben wurden und auch gesichert ist, daß ihre Aufeinanderfolge (*tawâtur*) nicht durch fehlende Glieder unterbrochen ist, kommt er zu dem Ergebnis, daß diese Traditionen über Christi endzeitliche Aufgaben zu den Fundamentalia gehören, an die der Muslim, sofern er rechtgläubig sein will, zu glauben hat.

Einige Jahre später kam Ġumârî noch einmal auf dieses Thema zurück und versuchte noch ausführlicher als in seinem ersten Buche nachzuweisen, wie groß die Bedeutung der zur Debatte stehenden Traditionen für den muslimischen Glauben sei (13). In diesem zweiten Buche zog Ġumârî nicht nur die Hadîṯe, die direkt über die Wiederkunft Christi etwas aussagen, heran, sondern auch u.a. jene Traditionen über die "Himmelsreise Mohammeds", die zu berichten wissen, daß der islamische Prophet Christus leibhaftig im zweiten Himmel sah. Während Gott den Geistern der anderen Propheten, denen Mohammed ebenfalls begegnete, das Aussehen ihrer (früheren) Körper gegeben hatte - da sie starben, können sie erst im Tage der Auferstehung Leben und Körper neu erhalten -, hat Christus seinen irdischen Körper behalten, um seine endzeitlichen Aufgaben auf der Erde erfüllen zu können (14).

In der Auseinandersetzung zwischen Ġumârî und Šaltût ging es um inner-islamische Differenzen; das Verhältnis zum Christentum wurde nicht berührt. Umso deutlicher mag es dem christlichen Leser dieser Schriften werden, wie andersartig die Implikationen sind, die im islamischen Bereich die Debatte um Christus begleiten können.

Kapitel 8

Ein ägyptischer Literat: ʿAbbâs Maḥmûd al-ʿAqqâd

Leben und Werk al-ʿAqqâds

ʿAbbâs Maḥmûd al-ʿAqqâd wird in der arabischen Welt als einer der bedeutendsten Literaten und Kulturkritiker angesehen. Er wurde 1889 in Aswan (Oberägypten) geboren. Die Familie seines Vaters stammte aus dem Nildelta, wo sie in al-Maḥallat al-kubrà durch ihre Textilweberei bekannt war (1). Sein Vater war nach Aswan verzogen. Dort arbeitete er zuletzt als Kustos und Direktor des Stadtarchivs. Seine Mutter war die Enkelin eines Kurden, der im Heere Muḥammad ʿAlis gedient hatte. Bereits als Kind erhielt ʿAbbâs al-ʿAqqâd Unterricht bei Šaiḫ Aḥmad al-Ǧadâwî, der an der Azhar in Kairo studiert hatte, zu dem Kreis um Ǧamâl ad-dîn al-Afġânî gehörte und von daher auch zu den Freunden Muḥammad ʿAbduhs zählte. Wenn ʿAqqâd die beiden Reformer auch nicht selbst gekannt hat, so war er doch schon früh mit ihrem Gedankengut durch die Vermittlung von Šaiḫ Ǧadâwî vertraut geworden (2).

Nach Beendigung der Grundschule brach ʿAqqâd seine Schulausbildung ab. Später eignete er sich gründliche Kenntnisse der englischen Sprache an. Mit 14 Jahren hatte er die Schriften Th. Carlyles studiert (3). Obwohl er starke Neigungen zur Landwirtschaft und zur "Beobachtung der Natur" empfand, begann er ab 1907, zeitkritische Artikel in der von Muḥ. Farîd Waǧdî edierten Zeitschrift "*Maǧallat ad-dastûr*" zu veröffentlichen und sich damit dem kulturellen Leben zuzuwenden. Nachdem er kurze Zeit in Zaqaziq in der Finanzverwaltung der Provinz Šarqiya tätig gewesen war, kehrte er 1912 nach Kairo zurück und übernahm einen Posten im Waqf-Ministerium. Zur gleichen Zeit wurde er Mitarbeiter an der Zeitschrift "*al-Ǧarîda*", deren Herausgeber Aḥmad Luṭfî as-Saiyid war (4). Nach dem 1. Weltkrieg fand man ʿAqqâd unter den Anhängern Saʿd Zaġlûls, und er galt als einer ihrer publizistischen Wortführer. Das heißt nicht, daß ʿAqqâd sich als Politiker verstand. Vielmehr sah er darin erfüllt, was er selbst als die Hauptaufgabe des Literaten bezeichnet hatte: die Verkündigung der Religion der Freiheit (*at-tabšîr bi-dîn al-ḥurrîya*) (5).

Später, d.h. in den dreißiger Jahren, wandte sich ʿAqqâd jedoch mehr und mehr ausschließlich kulturellen Fragen zu. Sein geschliffener Stil, der in Poesie und Prosa im gleichen Maße die

Beherrschung der Sprache und ihren oft eigenwilligen Gebrauch verrät, seine oft verletzende Schroffheit, mit der er alles abwies, was seinem ästhetischen Empfinden zuwider war - so wandte er sich u.a. gegen den Gebrauch der Volkssprache in der Literatur und gegen das platte Nachahmen der klassischen Kultur - , machten ihn zu einer der markantesten Persönlichkeiten des ägyptischen Geisteslebens. Er starb 1964 und wurde in Aswan begraben. Es ist geplant, sein Grabmal zu einem Mausoleum auszubauen.

Die ʿAbqarîyât *ʿAqqâds*

Seit dem 2. Weltkrieg erschien eine Reihe von Werken, in denen ʿAbbâs Maḥmûd al-ʿAqqâd dem "Genius" (*ʿabqarîya*) des Propheten und anderer Persönlichkeiten, die entweder zur frühen Geschichte des Islam gehören oder aus anderen Gründen Bedeutung für die Geschichte - auch hier vor allem für die des Islam, doch hat er auch ein Buch über Gandhi geschrieben - besitzen, nachzuspüren suchte. Ihm ging es dabei vor allem um die Frage, wie diese Persönlichkeiten die ihnen gegenwärtige Konstellation der Geschichtskräfte erfaßten und kraft ihrer Imagination und Eingebung (*waḥy*) ein neues Kapitel in der geschichtlichen Entwicklung der Menschheit eröffneten. Dieses von Carlyles Gedanken durchzogene Spätwerk trug ihm großen Kredit in der arabischen und darüber hinaus in der islamischen Welt ein (6).

Auch sein Buch "*Ḥayât al-Masîḥ*" (Das Leben Christi) erschien im Rahmen der "ʿAbqarîyât" und trug bei seiner 1. Auflage den Titel "*ʿAbqarîyat al-Masîḥ*" (Der Genius Christi) (7). In der Zeit zwischen der 1. und der 2. Auflage, die 1957 erschien, hatte ʿAqqâd Kenntnis von den Schriftrollen erhalten, die im Wadi l-Qumran gefunden worden waren. Diese Funde verursachten unter Historikern und Theologen ziemliches Aufsehen (7a). Doch auch nach dem Studium der Schriftrollen sieht sich ʿAqqâd nicht veranlaßt, seine ursprünglichen Ansichten über die Bedeutung der Person Christi und seiner Verkündigung in der damaligen Welt neu zu formulieren. Das Buch ist daher im großen und ganzen das gleiche geblieben, abgesehen vom neuen Titel und von einem Abschnitt über "die neuen Entdeckungen im Wadi l-Qumran", in dem er noch einmal seine Sicht der Geschichte Christi begründet.

ʿAqqâd teilt seinen Lesern zunächst kurz mit, worum es sich bei den Qumran-Funden handelt und was in den Schriftrollen steht. In ihrem Inhalt sieht er die Bestätigung dessen, was er schon in "ʿAbqarîyat al-Masîḥ" als Ergebnis seiner Untersuchungen zusammengefaßt hatte, daß nämlich

> das Neue in der Angelegenheit (d.h. in der Botschaft Christi) auf die Wirksamkeit Christi (allein) zurückgeht bzw. auf seinen originellen Triumpf in der Welt des Geistes. Jede Ähnlichkeit zwischen ihm und den religiösen Richtungen

vor seiner Zeit hört bei Äußerlichkeiten und Formen auf (8).

Bei den Essenern, zu denen die Gemeinschaft von Qumran wahrscheinlich gehörte (9), zeigt sich dasselbe Bild wie bei den anderen jüdischen Gruppen der Zeit: die Erstarrung in einem Glauben, der sich am Buchstaben festhält und damit der Freiheit des Geistes Einhalt gebietet. Nicht nebensächlich sei, daß diese Gemeinschaft in derselben Wüste lebte, in der Johannes der Täufer und Christus zuerst auftraten: dadurch werde sichtbar und bestätigt, wie sehr die zeitgenössischen Glaubensüberzeugungen des jüdischen Volkes der Botschaft Christi bedurften, um zu einem lebendigen Gottesglauben reformiert zu werden.

Das Neue in der Botschaft des Messias

Die Essener mit ihrem nomistischen Rigorismus bereiteten diese neue Botschaft so vor wie die Krankheit die nachfolgende Heilung. Dies sei aber auch der einzige Beitrag, den die Qumran-Gemeinde zur Entstehung des neuen Glaubens lieferte und liefern konnte. Denn der Glaube ist eine Sache des Denkens und des Gewissens, nicht der Buchstaben und äußerlichen Formen. Darin liege das radikal Neue in der Botschaft Jesu, das keine Anknüpfungspunkte bei den im Volke lebendigen Glaubensrichtungen habe. Wohlgemerkt: bei den im Volke lebendigen Glaubensrichtungen. Keineswegs sagte sich Christus damit von der für die Israeliten konstitutiven prophetischen Botschaft los, die vor ihm Mose überbracht hatte und die von den Propheten Israels immer wieder verkündet und bestätigt wurde. Vielmehr führte er sie weiter, indem er die Taten nicht aus blindem Gehorsam dem Gesetz gegenüber, sondern aus dem Verantwortungsbewußtsein des Gewissens ableitete (10).

Damit stieß Christus freilich auf den erbitterten Widerstand der Hüter des Althergebrachten. Die Folge dieses Widerspruches war, daß er - der "inneren Logik der Dinge" folgend (11) - seine Verkündigung über die Grenzen des Judentums hinaus an die Völker richtete. Diese universale Ausweitung ist also keine Folge der Ausbreitung der christlichen Gemeinden über die Grenzen Palästinas hinaus, die vor allem durch die Tätigkeit des Apostels Paulus vorangetrieben wurde und zu Spannungen mit der stärker den jüdischen Traditionen anhängenden Jerusalemer Urgemeinde führte, sie ist vielmehr durch Jesus selbst bewußt und als Antwort auf die jüdische Reaktion eingeleitet worden (12). ʿAqqâd nimmt damit zu den Vorwürfen der Jerusalemer Gemeinde Stellung, die den Heidenaposteln verübelte, andere Attribute und Methoden zur Beschreibung der Wirklichkeit Gottes zu gebrauchen als die, die Christus selbst erwähnte und die in den heiligen Büchern stehen. ʿAqqâd gesteht dem Apostel Paulus zu, das für die ganze Welt bestimmte prophetische Erbe Christi besser verwaltet zu haben als die konservativen judenchristlichen Anhänger des Messias - demselben Paulus, der wegen seiner "heidnischen Erneuerungen", die er der prophetischen Botschaft Jesu "hinzugefügt" hatte, das Ziel der heftigsten Angriffe seitens der Muslime gewesen ist.

Darüber hinaus hat ʿAqqâd jedoch bereits hier eine der Hauptthesen seines Christus-Buches zur Geltung gebracht. Mit Nachdruck sucht er damit einen Punkt in der islamischen Prophetologie und besonders in der Christologie zu klären, der seit den Tagen Mohammeds eigentlich nie zu einer eindeutigen Definition gelangte und auf der Frage beruhte: Welchen Radius hatte der prophetische Auftrag Christi? Zur klassischen Definition des Prophetentums gehört, daß der Prophet nur zu einem bestimmten Volke gesandt wird, Christus also zu den Israeliten (13). Erst mit Mohammeds Sendung wird diese nationale Beschränkung durchbrochen, erst er sei der Gesandte an die ganze Menschheit. Andererseits ist der Islam seit Beginn seines Bestehens dem Christentum als einer Weltreligion begegnet, die einen eigenen Anspruch auf Universalität vertrat. ʿAqqâd versucht nun nicht auf billige Weise, hier eins unter anderen Indizien aufzusuchen, das zeigen soll, wie weit sich das geschichtlich gewordene Christentum von seinem Ursprung entfernt hatte. Vielmehr sieht er den Universalismus in Christus selbst begründet. In der politischen und geistesgeschichtlich-religiösen Situation, in der Christus auftrat, mußte seine Botschaft zwangsläufig die lokalnationalen Schranken brechen.

Das zweite Kapitel leitet ʿAqqâd mit einer Meditation über einige Koranverse ein, in denen vom "gesegneten Baum" die Rede ist, vom Olivenbaum, dessen Früchte das Öl liefern, mit dem die Gesalbten Gottes geweiht werden (14). Diese Gesalbten waren, so referiert ʿAqqâd anschließend, zunächst die Könige Israels. Da sie von Gott zur Leitung des Volkes erwählt waren, wurde der Titel "Messias" auch metaphorisch für "Erwählter" gebraucht. Nach dem Untergang der davidischen Dynastie und der Zerstörung des ersten Tempels wandelte sich, gefördert durch die Verkündigung der Propheten, die Vorstellung vom Gesalbten. Nicht mehr im machtvollen Herrscher, sondern im demütigen, zum Opfer bereiten Prediger wurde der Typ des Messias, des "Erwählten", gesehen (15).

Die prophetische Rolle Christi

Danach geht ʿAqqâd auf das Prophetentum ein. Dies hatte unter den Israeliten einige charakteristische Merkmale entfaltet. Während im allgemeinen zwischen dem Auftreten der verschiedenen Propheten eine mehr oder weniger große Zeitspanne (*fatra*) liegt, fällt in Israel die Vielzahl auf, in der die Propheten oft gleichzeitig auftraten. Sie waren, so meint ʿAqqâd, eine Art von Gelehrten, die die Bücher der früheren Propheten auslegten, aber auch falsche Anweisungen geben konnten; das führte dann zum Widerspruch anderer Propheten. Ihre Inspiration suchten sie gelegentlich durch asketische Übungen zu erlangen, doch war die Mitteilung der Offenbarung nicht daran gebunden, wie denn auch solche Leute Offenbarungen empfingen, die keine Propheten waren. Somit war das Prophetentum in Israel etwas alltägliches, das weder Furcht noch Erstaunen, sondern eher Mißtrauen weckte.

Dies bedeutete für Christus, daß seine Zeitgenossen seinem Anspruch gegenüber sehr kritisch waren. Bei der Vielzahl der Propheten und den hochgespannten Erwartungen, die man an das Kommen des verheißenen Predigers knüpfte, war außerdem die Furcht vor einer Enttäuschung sehr groß.

ʿAqqâds anschließende Beschreibung der jüdischen Gruppen zur Zeit Jesu und ihrer Lehren - erwähnt sind die Pharisäer, die Sadduzäer, die Essener und Samaritaner sowie die Bedeutung der Schriftgelehrten und das Synhedrion - brauchen wir hier nicht im einzelnen zu referieren, da er sich dabei auf allgemein bekanntes Material stützt. Wichtig ist ihm, daß das Synhedrion allen Predigern vom kommenden Reich ablehnend gegenüberstand. Diese Furcht drücke nicht nur Angst vor einer möglichen politischen oder sogar militärischen Konfrontation mit den Römern aus. Der Grund dafür war vielmehr, daß seine Mitglieder die Fragwürdigkeit der Argumente erkannten, mit denen sie die Bedeutung dieser Institution religiös legitimieren wollten. So vermieden sie tunlichst jede Exponierung in dogmatischen Fragen, die die Aufmerksamkeit auf sie hätte ziehen können. Sie fürchteten, daß ihnen die Macht aus den Händen gleiten könnte, sobald diese Fragwürdigkeit ans Licht gestellt würde.

Das wichtigste Ziel jedoch, das ʿAqqâd mit diesem Abschnitt verfolgt, ist die Widerlegung aller Versuche, die Historizität der Person Christi anzuzweifeln oder sie gar zu bestreiten:

> Die Definition dieser Gruppen (d.h. der eben genannten jüdischen Gruppen zur Zeit Jesu) ist nötig, um die Stellung des neuen Glaubens inmitten der vorhergehenden Glaubensrichtungen unter den Israeliten festzustellen. Noch unter einem anderen Gesichtspunkt ist sie nötig, denn sie ist - wie wir meinen - der stärkste Beweis gegen die modernen Kritiker, die seit dem 18. Jahrhundert erschienen und mit denen die Lust zur Kritik und zum Skeptizismus so weit durchging, daß sie den Zweifel an den Texten und Traditionen bis zum Zweifel an der Existenz Christi selbst für möglich hielten; so meinten sie, daß seine Persönlichkeit zu den legendären Persönlichkeiten gehöre.
>
> Die Ansichten dieser Kritiker fallen jedoch dahin, wenn man nur die Grundlagen jener (religiösen) Richtungen kennt, die zur Zeit der Geburt (Christi) bekannt waren. Die Botschaft Christi korrigierte j e d e dieser Richtungen, (und zwar von) verschiedenen Aspekten (her betrachtet), und diese Korrekturen insgesamt gehen zurück auf eine Größe, die von Prinzipien und Idealen geformt wird, wie es nur einer von

allen diesen Richtungen unabhängigen "Persönlichkeit" möglich ist, die ihre religiösen Praktiken und Überzeugungen so aufeinander abstimmt, daß sie der Prüfung durch das Denken wie durch den Glauben standhalten (16).

Die Situation im Imperium Romanum zur Zeit Christi

Die Lage Palästinas und der anderen eroberten Provinzen im römischen Imperium war ziemlich hoffnungslos. Wohl gilt das Zeitalter des Augustus als "prächtig", doch beruht diese Pracht allein auf der Macht des Schwertes unter Ausschluß aller anderen Kräfte, die der Mensch besitzt, und sie entstand nach der grausamen Niederschlagung einer Reihe von Revolutionen, zu deren Anführern auch aus dem Osten stammende Sklaven gehörten. In diese von Staatsterror und Rechtsunsicherheit geprägte Situation hinein, in der sich alle Untertanen befanden, die nicht römisches Bürgerrecht genossen, sprach, so meint ʿAqqâd, Christus das Wort: "Die Füchse haben Höhlen und die Vögel haben Nester, doch des Menschen Sohn hat keinen Platz, wo er sein Haupt hinlege" (17).

Eins der brennendsten Probleme für die Juden war es damals, wie sie sich dem römischen Staat gegenüber zu verhalten haben. Als Jesus geboren wurde, stand gerade ein Teil des jüdischen Volkes in Aufruhr gegen die Römer, da durch den Zensus der Eindruck erweckt wurde, die Juden würden nun als die Sklaven des Kaisers betrachtet. Dies hätte jedoch ihrem Glauben widersprochen, daß nämlich allein *JHVH*, Gott, ihr König sei. Das gleiche Problem wird durch die Frage angeschnitten, wie es sich mit dem Zinsgroschen verhalte; auch hier sahen sie ein Zeichen dafür, daß sie dem Kaiser zu gehorchen hatten, und nur unvollkommen wurde dieser Eindruck dadurch abgeschwächt, daß sie gleichzeitig die Tempelsteuer bezahlten - wodurch die Abgabenlast nur noch vergrößert wurde. So führte die politische Lage dazu, daß im Zeitalter der Geburt Christi Hoffnungslosigkeit über den Dörfern und Städten Palästinas lag (18).

Das Volk versuchte, diese "leiblichen" Krankheiten durch "geistliche" Heilmittel zu behandeln. Etliche Wellen religiöser Bewegungen entstanden im Osten und überzogen das Römische Reich bis hin zur Hauptstadt. Diese Beobachtung ist für ʿAqqâd deshalb von besonderer Bedeutung, weil sie von Einfluß auf die Beurteilung des Genius Christi im Rahmen seiner geschichtlichen Situation ist; die von ihm verkündigte Religion nahm schließlich denselben Weg. Zunächst jedoch zeigt die Vielzahl dieser Kulte und die Intensität, mit der ihre Anhänger in ihnen lebten, daß die Unzufriedenheit mit den bestehenden Religionen, die sich unaufhaltsam der inneren Auflösung zubewegten, groß und die Suche nach einem neuen, universalen Glauben, der die alten Gepflogenheiten (*taqâlîd*) und Glaubensvorstellungen (*muʿtaqadât*) ersetzt, allgemein waren. Erleichtert wurde diese Tendenz dadurch, daß sich die griechische Sprache immer mehr zu einer Weltsprache entwickelte; u.a. wurde auch die Tora in sie übersetzt und fand damit - und mit ihr der alttestamentliche Gottesglaube - weitere Verbreitung (19). Damit waren die Mittel zur interreligiösen Kommunikation geschaffen, und es war ein universales religiöses Verlangen entstanden, bereit, die neue Botschaft aufzunehmen.

Ein dritter Strom der Zeit, der die Völker des damaligen Unviversums zur Aufnahme der universalen Botschaft Christi vorbereitete, war die Philosophie, die, wie ʿAqqâd ausführt, in ihren Hauptrichtungen - Pythagoräern, Stoikern, Epikuräern, später auch durch Philo - auch in Palästina, vor allem aber in Galiläa Eingang gefunden hatte (20).

Galiläa findet überhaupt das besondere Interesse al-ʿAqqâds, da er in ihm das Land sieht, in dem Christus geboren und aufgewachsen ist. Er beschreibt es als eine Art Schmelztiegel, in dem sich nicht nur die verschiedenen religiösen, philosophischen und populärwissenschaftlichen Strömungen der Zeit getroffen hatten, sondern in dem sich auch verschiedene Völkerschaften miteinander vermischten wie etwa Juden, Griechen, Phönizier und Araber, deren Aussprache des Aramäischen einen "ausländischen Akzent" hatte, der z.B. die Jünger Jesu in Jerusalem als Galiläer verriet. Durch diesen Pluralismus hatte sich in Galiläa nicht die geistige und religiöse Erstarrung ausbreiten können, die in Judäa die mosaische Religion befallen hatte; doch hatte dies andererseits den Groll der Juden zur Folge, die in der religiösen Toleranz und Vielseitigkeit der Nordpalästinenser eine Gefahr für den überkommenen Glauben sahen. Doch aus demselben Grunde war, wie ʿAqqâd ausführt, Galiläa nun besonders dafür geeignet, daß dort zuerst die Botschaft Christi von der Brüderlichkeit und Menschlichkeit verkündet wurde, die die nationalen Grenzen überschritt und an die Menschen der ganzen *Oikumene* gerichtet war (21).

Damit haben wir jedoch dem vorgegriffen, was ʿAqqâd im dritten Kapitel behandelt. Noch einmal setzt er sich ausführlich mit den Argumenten der neuzeitlichen Skeptiker auseinander, die die Existenz Christi wie die Existenz anderer Propheten bezweifeln.

Er kritisiert, daß sich die Historiker früherer Epochen vor allem darum bemühten, religionsgeschichtliche Parallelen zwischen dem Christentum und anderen Religionen aufzuspüren, ohne es für nötig zu halten zu erklären, wie sie sich selbst denn praktisch die Entstehung des Christentums vorstellen. Bisher sei es noch nicht vorgekommen, daß sich verschiedene Elemente von selbst zusammentaten und sich der Umwelt als neue Religion präsentierten (22). Warum fragt man nicht nach den Gründen dafür, daß sich die älteste Christenheit stets auf Christus bezog? Die älteste Vergangenheit der Christenheit zu rekonstruieren wäre vernünftiger gewesen als spätere Parallelen zu konstatieren, die seit dem 3. Jahrhundert sicher zahlreicher werden, für die Erhellung der ursprünglichen christlichen Botschaft jedoch belanglos sind (23).

Was Christus lehrte, ist in den Evangelien erhalten. In ihren Berichten läßt sich die "vernünftige Entwicklung" (*at-taṭauwur al-maʿqûl*) (24) ablesen, die die Botschaft Christi durchlief. Zunächst war sie national eingeschränkt, später jedoch weitete sie sich zu universaler Bedeutung aus und galt der ganzen Menschheit. Der stärkste Beweis für die Historizität des Verkündigers, so betont ʿAqqâd noch einmal, ist die Tatsache, daß seine Verkündigung allen anderen zeitgenössischen Richtungen widerspricht. Daß sie selbst nicht ohne innere Widersprüche ist, zeigt, wie lebendig und aktuell sie war.

Zu den Inhalten der Botschaft Christi

Das vierte Kapitel über die Verkündigung beginnt ʿAqqâd mit der Feststellung, daß die Geschichte der Religionen eins bestätige, nämlich

> die Kontinuität der Schöpfungsordnungen in den großen Ereignissen der Menschheit. Jede Phase (in der Geschichte) der Religion oder der Welt ereignet sich erst dann, wenn ihr Präludien vorangegangen sind, die ihr Eintreten vorbereiten. Ihre Gültigkeit für die Welt liegt darin, daß sie mit deren Erfordernissen und Gründen (, die das Kommen der Religion veranlassen,) übereinstimmt. Von dieser Regel macht auch das Christentum keine Ausnahme (25).

Es kam in einer Zeit, die durch Herrschsucht und Intoleranz, durch Grausamkeit und Haß, durch soziale Ungerechtigkeit und Versteinerung und Blendung der Rechtsprinzipien - so interpretiert ʿAqqâd das Bildnis der *Justitia*, die mit verbundenen Augen die Waage in der Hand hält - charakterisiert wurde. Auf diese Situation war die Botschaft Christi abgestimmt, deren Hauptelemente darin bestehen,

> daß Gott der Herr der Menschenkinder (banî l-insân) und daß er (d.h. Christus) Menschensohn (ibn al-insân) sei, daß die Liebe die beste Tugend und daß die beste Liebe die Feindesliebe sei; daß Großmut sei, dem zu geben, der dich bittet, noch großmütiger sei es, mehr zu geben als das, was erbeten wurde, oder ganz ohne (vorherige) Bitte zu geben; daß nicht Reichtümer das Himmelreich erobern; daß das, was dem Kaiser gehört, auch dem Kaiser (zu geben), das (jedoch), was Gott gehört, Gott (zu geben) sei; daß solche Ehre, um die sich diejenigen streiten, die sie beanspruchen, nicht beansprucht werden und nicht Gegenstand eines Streites sein darf (26).

Seitens derer, die den alten Ordnungen verbunden waren, empfing diese Religion den stärksten Widerstand, da sie alsbald merkten, daß Altes und Neues sich gegenseitig ausschlossen und sie deshalb im Neuen eine Bedrohung ihrer Existenz sahen. ʿAqqâd spricht davon, daß Christus die Menschen vor die Entscheidung stellte, ihre "*qibla*" zu wählen. Dieser Begriff besitzt für die Muslime im Blick auf die Geschichte des Islam eine große Bedeutung, er bezeichnet die Richtung, in die der Fromme sein Gebet verrichtet - im Islam also die Richtung nach Mekka. In den ersten Jahren der Verkündigung Mohammeds wurde jedoch in Richtung Jerusalem (wie bei den Juden und einigen Christen) oder in Richtung Osten (wie bei anderen Christen) gebetet. Nach der Konstituierung der islamischen Urgemeinde in Medina und dem endgültigen Bruch mit den Juden und Christen änderte Mohammed die *qibla* und verrichtete fortan mit seiner Gemeinde das Gebet in Richtung auf das "Haus Gottes" in Mekka. Dort sah er von nun an den Ort der wahren Verehrung des Einen Gottes, und als *hieros logos* für den Kult an der Kaʿba diente ihm die Abrahamlegende (27). Mit der Änderung der *qibla* war der Bruch mit den anderen beiden Buchreligionen sinnenfällig vollzogen, gleichzeitig dokumentierte sie die Selbständigkeit der eigenen Religion und der Gemeinschaft, die sie annahm.

Für ʿAqqâd waren nun die Zeitgenossen Christi ebenfalls aufgerufen, sich für eine *qibla* zu entscheiden, und zwar entweder für die *qibla* des Geistes oder die des Fleisches, - zu wählen, ob ihr Tempel das Gewissen oder das Bauwerk aus Holz und Stein ist (28). Eine der konkreten Fragen, bei der die Meinungen der beiden gegensätzlichen Parteien, d.h. Jesu und seiner Gegner, aufeinanderprallten, war die der Sündenvergebung. Den Hütern eines buchstäblichen Verständnisses des Gesetzes (*šarîʿa*) bot sich in den Sünden des Volkes eines ihrer einträglichsten Handelsgüter an. Da Christus aber in geistlicher Vollmacht denen, die aufrichtige Reue zeigten, die Sünden vergab, suchten nun seine Gegner ihn in eine Situation zu locken, in der er sich entweder als - unrechtmäßiger - Richter oder als Leugner der *šarîʿa* bloßstellt, etwa im Falle der Ehebrecherin (29). Doch Christi Antwort umging die ihm gestellten Fallen. Allerdings stellen sich Zweifel darüber ein, ob ʿAqqâd wirklich verstanden hat, worum es in dieser Perikope geht; denn er meint, daß Christus aus drei juristischen (!) Prinzipien das von ihm verlangte Urteil umging: weil keine formelle Anklage, keine Zeugen und kein Indiz vorhanden seien (30).

Christi Aufgabe war es nicht, das alttestamentliche Gesetz (*šarîʿat an-namûs*) aufzulösen. Vielmehr erfüllte er es, indem er das Gesetz der Liebe (*šarîʿat al-ḥubb*) verkündete. Diese neue *šarîʿa* umfaßt wohl die alte, fügt ihr aber noch mehr hinzu. In ihr wird nicht nur das Notwendige ausgeführt, weil es Pflicht ist, sondern die Liebe handelt, ohne erst auf einen Befehl oder die Belohnung zu warten (31). Derjenige, der aus dieser Liebe lebt, begnügt sich nicht mit dem Hinweis auf die richtige Genealogie - an deren Spitze Abraham als Stammvater des Gottesvolkes steht - und auch nicht mit der genauen Kenntnis aller Vorschriften; sie ist vielmehr Tat. Diese Regel gilt ganz allgemein für die Religion: nicht im Wissen, sondern im Tun zeigt sich der Gehorsam, den die Religion fordert, und die Instanz, die den Menschen auf seine innere Intention hin zur Rede stellt, ist das Gewissen. Das Kriterium, an dem die Tat gemessen wird, ist der Mensch, ist ihre Auswirkung auf den Menschen. ʿAqqâd meint, unter Berufung auf Albert Schweitzer, daß Christi Gebote von der Überzeugung des nahen *Eschaton* (Weltendes) her verstanden und deshalb durchaus wörtlich genommen werden sollten, vorausgesetzt, daß nicht wieder ein Buchstabenglaube gezüchtet würde, den Christus ablehnte.

Christus ging es vor allem um die Korrektur des Zentrums, aus dem heraus der Gläubige lebt (32), nicht so sehr um die Korrektur des Umfanges, in dem die Religion von den Gläubigen gute Werke fordert. Der Besitz z.B. wird erst dann zur Sünde, wenn er in die Lebensmitte des Menschen tritt. Besitz zu haben, ohne ihm zu dienen, ist jedoch keine Sünde (33).

Im Schlußparagraphen dieses Kapitels, in dem ʿAqqâd über das "Reich der Himmel" schreibt, fragt er zunächst, was aus den Botschaften Mohammeds und Christi geworden wäre, wenn Mekkaner und Israeliten die Botschaft beider Propheten ohne Widerstand angenommen hätten. Er meint, daß beide Botschaften dann vom alten Glauben absorbiert worden wären und keine Veränderung der Welt hätten bewirken können. Als Beispiel dafür sieht er die Ebioniten an, die sich letztlich nicht weiter als bis zu einer jüdischen Sekte entwickelten und nach ihrem Untergang weder im Judentum noch im Christentum Spuren hinterlassen hätten. Der allgemeine Widerstand verhalf jedoch beiden Religionen, sich ihrer universalen Bedeutung bewußt zu werden und ihre Botschaft in der *Oikumene* zu verbreiten. ʿAqqâd fragt, warum dann die Propheten nicht gleich dorthin gerufen werden, wo ihre Sendung angenommen würde. Seiner Ansicht kann das geistige Bewußtsein, durch das die verschiedenen Religionen der Menschheit schließlich in einer Universalreligion vereint werden (*tauḥîd al-ʿaqîda*), nur in den Schrift- oder göttlichen Religionen entstehen, da nur in ihnen der absolute Gottesglaube vorgegeben ist, auf dem die Botschaft der Propheten beruht (34). Zu den ewigen Weisheiten gehöre es jedoch, daß der Prophet gerade dann erscheine, wenn die Welt ihn brauche. Es wäre unvernünftig, hier von einem Zufall zu sprechen. Vielmehr zeige sich hier die dem Lauf der Geschichte innewohnende "Leitung". ʿAqqâd spricht nicht von einem Subjekt dieser Leitung, vielmehr scheint er an ein Gesetz zu denken, das der Weltgeschichte immanent ist, an eine Art *Logos* also. Aufgrund dieses Gesetzes hat das von Christus verkündete "Himmelreich" die Weltreiche schließlich erobert:

> Der "Galiläer" siegte schließlich mit seinem himmlischen Reich über die Reiche der Cäsaren. Die Cäsaren gesellten

sich dann zu seiner Folgschaft und nahmen von ihm, was sie (vorher) im Namen des Cäsar oder im Namen des Gottes entgegengenommen hatten (35).

Christus als Lehrer

Die "Werkzeuge" der Verkündigung, von denen ʿAqqâd im fünften Kapitel spricht, sind Christus, der Lehrer, und die Jünger als seine Schüler.

Christus wird von ʿAqqâd als der Lehrer angesehen, der vor allem anderen die heiligen Schriften auslegt. Dabei gilt sein besonderes Interesse den prophetischen Büchern, während die Gesetzestexte zurückstehen. Als Galiläer müßte Christus - nach Ansicht ʿAqqâds - neben Hebräisch und Aramäisch auch Griechisch verstanden haben, so daß ihm zumindest die Schriften der alexandrinischen Juden nicht unbekannt gewesen sein dürften. Seine Lehre ist nicht planmäßig vorbereitet, sondern sie war stets auf bestimmte Situationen bezogen, die sie interpretiert und beurteilt. Neben ihrer Aktualität beruhte ihre Wirkung auch auf der Einzigartigkeit des sprachlichen Ausdrucks Christi, den die Evangelien bewahrt haben und der den besten Zugang bietet, den Charakter des Lehrers zu verstehen. Der Vorzug der anderen "Werkzeuge" der Verkündigung, die die Botschaft Christi weitertrugen, liegt nicht in ihrer Persönlichkeit, sondern darin, daß sie als erste dem Ruf des Propheten Folge leisteten und seine "kleine Gemeinde" (*al-ummat aṣ-ṣaġîra*) bildeten, bis später die "große Gemeinde" wuchs. Diese Beschreibung erinnert an die Beurteilung der "*muhâǧirûn*", der ersten Anhänger Mohammeds in Mekka, die in der Geschichte des Islam ebenfalls einen Ehrenplatz als "Gläubige der ersten Stunde" einnehmen, denn nicht erst bei den späteren Triumphen, sondern bereits während der anfänglichen Widerwärtigkeiten und Verfolgungen hatten sie dem Propheten die Treue gehalten.

Darüber hinaus waren die Jünger jedoch mit denselben Schwächen und Fehlern versehen wie die übrigen Menschen. Deshalb forderte Christus nicht, daß sie und die übrigen Menschen eine absolute Vollkommenheit in ihrem Glauben erreichen, die höher sei als das Bekenntnis (36) und die Bereitschaft, die Fehler zu korrigieren. In dieser Bereitschaft lebten die Jünger, deshalb wurden sie denen zu Vorbildern, die sich ihnen im aufrichtigen Bekenntnis der eigenen Unvollkommenheit anschlossen (37).

Zunächst wußten die Jünger nicht, wer Christus wirklich war, da sich viele um ihn gesammelt hatten, die nicht zwischen wörtlicher und übertragener Rede unterscheiden konnten. Die Scheidung zwischen echten Anhängern und Mitläufern zeigte sich zuerst in den Taten (38), die offenbarten, wer zu den Söhnen Gottes und wer zu den Söhnen Satans gehörte.

Die wahren Jünger waren zunächst meist einfache Leute, zu denen sich erst später auch Gebildete (Nikodemus, Lukas) gesellten, schließlich auch Paulus, den ʿAqqâd als "Gelehrten in der Systematik der Religion" (*ustâḏ fî fiqh ad-dîn*) charakterisiert. Sie fühlten sich durch den Eifer der Jünger angezogen, die mit roher Gewalt unterdrückt wurden, weil sie aus der Ordnung der etablierten Religion und der Volkssitte ausgebrochen waren. Man warf ihnen vor, sie wollten die Anarchie. Doch merkten die Ankläger nicht, daß sie selbst für die Anarchie sorgten, denn die Anarchie entsteht nicht dadurch, daß die Vertreter der Ordnung (*šarîʿa*) kritisiert werden, sondern sie entsteht, wenn die *šarîʿa* in die Hände der Starrköpfe gerät (39). Die Ordnung, die Christus in seiner Gemeinde eingeführt hatte, beruhte nicht auf starrem Festhalten an Formen, sondern auf dem Prinzip der Selbstverleugnung und der Liebe, das in der Fußwaschung einen sinnenfälligen Ausdruck fand.

Was schließlich die Methode der missionarischen Verkündigung betrifft, so paßten sich die christlichen Missionare den Organisationsformen an, die die heidnischen Kulte bei ihrer Ausbreitung entwickelt hatten. Aber auch gegenüber heidnischen Bräuchen und Vorstellungen zeigten sich die Apostel nachsichtig (40). Dadurch drangen zunächst heidnische Elemente in die christlichen Glaubensvorstellungen ein, doch verschwanden diese alsbald nach der Konversion der Heiden. Ohne gegen diese Methode zu polemisieren versucht ʿAqqâd, Verständnis dafür zu wecken, daß sie im Interesse der Vergrößerung und Stärkung der Gemeinde die beste gewesen sei (41).

Heftige Polemik dagegen richtet ʿAqqâd gegen die "neuen, ketzerischen Ansichten" (*bidaʿ*), die im 20. Jahrhundert entstanden sind: daß man nämlich die Propheten der Unwahrhaftigkeit zeiht, wenn man in ihrer Verkündigung Elemente findet, die man heute nicht mehr hinnimmt (42). Doch echten Glauben erweckt nur, wer selbst fest an seine Botschaft glaubt und seinen Zeitgenossen etwas sagt, was ihnen hilft, antwortet ʿAqqâd. In diesem Zusammenhang ist nach ihm die Meinung völlig unsinnig, daß der Glaube der Anhänger Jesu wegen dessen Wundern entstanden sei. Umgekehrt sei vielmehr der Glaube an die Wunder erst dann möglich, wenn vorher überhaupt schon Glaube da ist. Damit kritisiert allerdings ʿAqqâd auch die traditionelle islamische Meinung, daß jeder Prophet auch vor Ungläubigen in Zusammenwirkung mit Gott Wunder ausführen kann, die seine göttliche Sendung bestätigen und dadurch Glauben wecken sollen.

Zur Bedeutung der christlichen Schriften

Im sechsten und letzten Kapitel schließlich behandelt ʿAqqâd die vier Evangelien. Nachdem er sich dafür eingesetzt hat, trotz der (anerkannten) Quellentheorie und der relativ späten Entstehung der kanonischen Evangelien in ihnen die einzige sichere Stütze für unsere Kenntnis der Geschichte und Person

Christi zu erblicken - auch wenn sie nicht alles über Christus Bekannte enthalten, z.B. gebe es auch in den Acta Logien, die sich nicht in den Evangelien finden, und auch wenn sie untereinander manche Verschiedenheiten aufweisen -, wendet er sich wieder Problemen zu, die mit der Persönlichkeit Jesu zusammenhängen, wie sie uns aus den Evangelien entgegentritt:

> Wir folgen in unserer Untersuchung jedoch einem anderen Weg als dem der Historiker, (die) die Tatsachen und Nachrichten (erforschen). Wir untersuchen sie nicht, weil sie historische Tatsachen sind, oder wegen der Absichten, die ihre Schreiber und Tradenten verfolgten, sondern wir sammeln die Tatsachen und Nachrichten und fragen, was hinter ihnen steht an Hinweis(en) auf die Persönlichkeit des Gesandten (43).

Noch einmal kommt ʿAqqâd auf die Wunderfrage zu sprechen:

> Es liegt uns daran, hier unseren Standpunkt über die außergewöhnlichen Dinge und Wunder, wie sie in der Religionsgeschichte vorkommen, deutlich zu machen. Wir fragen: Ist ein bestimmtes Wunder notwendig zur Erklärung irgendeines Problems? Wenn das Problem leicht ohne Wunder erklärt werden kann, dann ist es unnötig, über seine Möglichkeit oder Unmöglichkeit zu disputieren. Denn eine Erklärung, die von allen Menschen angenommen wird, ist wertvoller als eine Erklärung, die uns zu einer Prüfung der Möglichkeiten und zu einer Überprüfung der Tradenten zwingt (44).

Für ʿAqqâd ist also das Kriterium für die Wahrheit oder Unwahrheit des Wunders die Notwendigkeit, die dazu führt, daß sich das Wunder ereignet. Damit verlagert er allerdings das Problem auf eine neue Ebene, denn in der klassischen Kritik am Wunder war die Aufhebung des Kausalitätsprinzips der Stein des Anstoßes gewesen. Dessen ist sich allerdings auch ʿAqqâd bewußt. Er meint jedoch, daß man keinen prinzipiellen Unterschied machen könne zwischen der Annahme einer *causa efficiens* und der Annahme, Wunder seien möglich; halte man das eine für möglich, dann könne man das andere nicht leugnen. Da die Vernunft die *causae* der Naturereignisse nicht anders als mit dem Hinweis auf den Schöpfer begründen könne, kann sie auch über die Wunder keine letztgültige Auskunft geben (45).

Das eigentliche Wunder, das auf Jesus bezogen ist, sei nicht seine Geburt, seien nicht Ereignisse in seinem Leben, sondern sei die Tatsache, daß der Sohn des Zimmermannes, der in einem unbekannten Dorf in einem besiegten Land aufwuchs, durch sein Wort ein Weltreich eroberte, das in sich gestärkt war, sodaß die Helden der Völker nicht einmal einen Distrikt von ihm zu erobern vermochten (46). Was die Evangelien betrifft, so seien sie keine Biographie, in der die Reihenfolge der Ereignisse im Leben des Messias genau aufgezeichnet ist. Dennoch lasse sich aus ihnen der Werdegang erkennen, den Christus innerlich bis zum ersten prophetischen Auftreten durchlief. Der entscheidende Wendepunkt im Leben Christi, so führt ʿAqqâd aus, war die Begegnung mit Johannes dem Täufer. Waren die Worte des Täufers die erste prophetische Offenbarung innerhalb der Botschaft Christi? Jedenfalls wurde sein Gewissen den Versuchungen durch die Aussicht auf materielle Güter und die Möglichkeiten der Macht ausgesetzt. Doch die Meditation über den Inhalt seiner Botschaft hielt Christus von einem Nachgeben ab. Der Kern dieser Botschaft (*risâla*) wurde von ihm als Geist, als Heiligkeit erkannt (47).

Auch hier weckt die Darstellung ʿAqqâds, zumindest für den muslimischen Leser, Erinnerungen an die vorprophetische Periode im Leben Mohammeds. Auch der Prophet des Islam zog sich vor seinem ersten öffentlichen Auftreten längere Zeit in eine Höhle am Berge Ḥîrâ' zurück, in der er um seinen Glauben ringen mußte, bis dem Verzweifelten schließlich die erste Offenbarung zuteil wurde.

Die Erkenntnis, zu der Christus schließlich kam, mußte in der Folgezeit, angeleitet durch die Gesinnung seines Gewissens (*ṭawîya ḍamîrihi*), in seinem Leben verwirklicht werden. Ausdrücke wie die, daß er das Licht der Welt, das Brot des Lebens, der wahre Weinstock, daß er Gottessohn und Menschensohn sei, sind Hinweise darauf, daß der Maßstab dieses Lebens nicht mehr im materiellen Bereich liege. Auch die Gottessohnschaft - sei es diejenige Christi oder die seiner Anhänger - ist, wie ʿAqqâd an einigen Schriftstellen ohne zu polemisieren nachzuweisen versucht, im Sinne der "Zeugung aus dem Geist" zu verstehen und verwirklicht sich im Leben aus dem Geist (48). Zum letzten Male wurde dieser Grundsatz auf die Probe gestellt, als Christus bei seinem letzten Besuch in Jerusalem merkte, daß diesmal die offene Auseinandersetzung mit den Autoritäten unausweichlich war. Christus mußte seine Jünger davor warnen, einen Kriegszug zur Beseitigung der Priesterherrschaft zu beginnen: damit wären sie in die Denk- und Aktionskategorien zurückgefallen, aus denen er sie hat befreien willen. Vielmehr ging es in dieser Situation darum, den Mut nicht zu verlieren, da der gegenwärtigen (scheinbaren) Schwäche der Sieg des Reiches des Geistes folgen werde.

Mit der Tempelreinigung endet für ʿAqqâd das, was im Leben Jesu historisch nachweisbar ist. Was danach kommt, sei eine Sache des Glaubens. ʿAqqâd beruft sich, um seine Ansicht zu stützen, auf die Unstimmigkeiten in den Berichten über die Gefangennahme, vor allem aber auf die juristischen Unklarheiten um den "Prozeß Jesu". Auch die Auferstehungsberichte gehören nicht mehr in den Bereich der Historie, meine ʿAqqâd. Die von der Ahmadiyya aufgegriffenen Traditionen über das Grabmal Christi in Indien, mit denen die Koranverse Su. XXIII,50 und Su. III,55 erklärt werden sollen, erwähnt ʿAqqâd, ohne sie allerdings zu kommentieren. Das Ziel des Buches sei, so faßt ʿAqqâd noch einmal zusammen, die Erhellung des Genius Christi in seiner Zeit, die Antwort seiner Botschaft auf die Fragen, die die Umwelt an ihn stellte. Alles, was darüber hinaus an Fragen auftreten mag, sei nicht Thema dieses Buches.

Erinnerung an Dostojewsky

In einem Ausblick geht ʿAqqâd auf die Frage ein, was Christus sagen würde, wenn er heute auf die Erde käme. ʿAqqâd knüpft dabei an die Szene zwischen dem Großinquisitor und Karamasov aus Dostojewskys Roman "*Die Brüder Karamasov*" an. Das Ergebnis, zu dem Christus kommen würde, wäre niederschmetternd. Die Menschheit, an die die Botschaft gerichtet war - ʿAqqâd schränkt seine Bemerkungen also nicht auf die Christen ein - habe versagt. Sie habe der Botschaft ihre Dynamik geraubt und sie wieder in ein System gepreßt, das der alten Ordnung entspreche.

> Die Freiheit des Gewissens ist keine Forderung, die irgendwo begrenzt ist, zu der sich der Mensch auf den Weg macht, die er schließlich erfüllt, danach sich von ihr abwendet und auf jede andere Mühe verzichtet. Vielmehr ist die Freiheit des Gewissens ein ständiges Ringen (ǧihâd) und eine erschöpfende Aktivität, durch die sich der Mensch Stück um Stück vorwärtsbewegt, Stufe um Stufe höher steigt. Keinen Tag läßt er von diesem Streben ab, außer, um nach einem neuen (Ziel seines) Strebens Ausschau zu halten. Das Böse läßt er nicht auf seinem Wege liegen, sondern er sucht die Begegnung mit ihm und bekämpft es; er begegnet ihm nicht im Frieden (49).

Das Entscheidende, zu dem das Gewissen aufruft, ist nicht nur das Denken, sondern auch und vor allem das Tun:

> Wenn wir eines Tages sagen, daß der Mensch dieser Zeit sich um das Gute bemühte, es aber nicht erreichte, dann können wir mit Bestimmtheit sagen, daß er besser ist als der, der sich weder um (das Gute) bemüht noch es kennt, und daß dieser ohne Bemühung und ohne Wissen handelt, gerade so wie die wilden Tiere (50).

Glauben bedeutet, daß der Gläubige ständig auf dem Weg zum Guten ist; dazu ruft ihn sein Gewissen auf. Dieser Glaube geht jeden Menschen an; dies den Menschen vorzuhalten ist die einzige Aufgabe der Propheten. Ihre Verkündigung, das will wohl ʿAqqâd damit sagen, soll die Stimme des Gewissens im Menschen stärken.

ʿAqqâds Bemühungen um eine neue Würdigung Christi

Die Fragestellungen, denen ʿAqqâd in seinem Buche über Christus nachgeht, sind für die christliche Theologie nicht mehr die aktuellsten. Das besagt jedoch nicht, daß dieses Urteil ohne weiteres auf die islamische Theologie mit ihrer anderen Tradition und ihren anderen Problemen einschließlich ihres anderen Christusbildes zutrifft. Wir versuchen deshalb, ʿAqqâds Gedanken von der Situation her zu verstehen, in die hinein er sie aussprach.

Zunächst fällt auf, daß sich ʿAqqâd redlich - mit welchem Erfolg auch immer - um ein geschichtliches Verständnis der Botschaft Christi bemüht. Daß dieses Verständnis nur dann möglich ist, wenn man die Botschaft in ihrer eigenen geschichtlichen Situation und nicht aufgrund eines von außen herangetragenen heils- oder offenbarungsgeschichtlichen Schemas, wie es sonst in der islamischen Theologie weithin üblich ist, sieht, ist eine Erkenntnis, die für die künftige Beurteilung Christi und des Christentums seitens der Muslime von Bedeutung werden kann, sofern ihr die nötige Aufmerksamkeit geschenkt wird.

Mit seinem Buche hat ʿAqqâd den klassischen Turnierplatz der Polemiker verlassen und sich auf ein Feld begeben, auf dem nicht allein ein sinnvolles Treffen mit der christlichen Theologie möglich ist, sondern auf dem auch nach Regeln gespielt wird, die nicht von vornherein durch einseitige theologische Prämissen belastet sind und deshalb ein "*fair play*" unmöglich machen würden. Gewiß, es geht ʿAqqâd nicht um das geschichtlich gewordene Christentum und dessen Interpretation der Botschaft oder der Person Christi. Hier wäre auch von ʿAqqâd manche Kritik zu hören gewesen, die uns von früher her bekannt ist. Ihm geht es jedoch allein um die Bedeutung Christi in der Geschichte. Dadurch, daß er sich bei seiner Beschreibung Christi auf die Evangelien stützt und sich bei seiner Interpretation durch europäische Literaten inspirieren läßt, bringt er seinen muslimischen Lesern Christus von einer Seite her nahe, die ihnen bisher unbekannt war. Für sie genügte es, die koranischen *data* zu kennen. Was darüber hinaus in den Evangelien über Christus berichtet wird, war für sie unbedeutend; was zum Koran im Widerspruch steht oder zu stehen scheint, war menschliche Erfindung. ʿAqqâd dagegen erwähnt koranische Aussagen über Christus nur einmal, und zwar, wie erwähnt, im Zusammenhang mit den von der Ahmadiyya aufgegriffenen Berichten über das "Grabmal Christi" in Kaschmir. Über das "Barnabas-Evangelium" verliert er kein Wort (51).

Mit Nachdruck betont ʿAqqâd den universalen Charakter der Botschaft Christi. Damit erscheint sie für den muslimischen Leser ebenfalls in einem neuen Lichte. Bisher war es *communis opinio*, daß sie - wir wiesen darauf hin - für die Israeliten bestimmt war und die mosaische Religion reformieren sollte. Daß sie später in die Welt der Heiden einbrach und sich, unter dem Einfluß der "heidnischen" Elemente, die in sie eingedrungen waren, zu einem eigenständigen dogmatischen Gebilde entwickelte, das bewußt den Anspruch auf universale Geltung erhob und schließlich die Macht im *Imperium Romanum* übernahm, wurde als deutliches Zeichen der Korruption dieser Religion angesehen und verdammt. Diese Diastase zwischen Christus und der späteren Geschichte, die seine Verkündigung hatte, wird von ʿAqqâd zurückgewiesen. Er sieht nicht mehr die paulinische Verkündigung im Gegensatz zur ursprünglichen Botschaft des Messias. Für ihn ist sie vielmehr die konsequente Weiterführung dessen, was Christus begonnen hatte; wäre sie nicht gewesen und hätte die am Judentum orientierte Urgemeinde in Jerusalem sich durchgesetzt, dann wäre die geschichtliche Stunde Christi ungenutzt verstrichen.

Doch ebenso wenig, wie die Bedeutung Christi regional auf die Anhänger der mosaischen Religion eingeschränkt war, ist sie es nach ʿAqqâd zeitlich auf die geschichtliche Epoche der Zeitenwende. Vielmehr hat seine Botschaft von ihrer ersten Verkündigung an Bedeutung auch für die Nachwelt, und zwar für die Christen sowohl wie für die Nichtchristen. Vergleicht man, was ʿAqqâd in seinem Buche "*Allâh*" (Gott) (52) ausführt, dann kann man sagen, daß seiner Meinung nach auch durch die Sendung Mohammeds nicht in den Schatten gestellt wurde, was Christus etwa 600 Jahre früher verkündet hatte.

Christus und Mohammed

Wenn dem so ist, dann stellt sich allerdings die Frage, worin nun das Besondere der Verkündigung Mohammeds liege, zumal erst er als der eigentliche Gesandte an die Völker angesehen wird. ʿAqqâd sieht den Unterschied zwischen der Botschaft Christi und der Mohammeds so:

> Wenn die Botschaft des Christentums (darin besteht), daß sie als erste Religion den Gottesdienst (auf der Grundlage des) "menschlichen Gewissens" aufrichtete und den Menschen die Barmherzigkeit des Himmels verkündete - dann ist es die unzweideutige Botschaft des Islam, daß er als erste Religion die Idee von Gott vollendete und korrigierte von dem, was ihr in den Stadien der vergangenen Religionen an Akzidentien zugefügt worden war.
>
> Die Idee von Gott im Islam ist eine "vollendete Idee", in der kein Teilaspekt über einen anderen die Oberhand gewinnt (53).

Durch den Islam wird nicht aufgehoben, was Christus verkündet hat. Ist das Christentum vornehmlich am Handeln des Menschen interessiert sowie an der religiösen Motivation, die hinter dem Handeln steht, so legt der Islam - gründend auf den früheren prophetischen Botschaften - noch einmal abschließend die theoretischen Grundlagen dar, auf denen das religiöse Bewußtsein bzw. der Gottesglaube beruht.

In ʿAqqâds Ausführungen spielt das Gewissen eine bedeutende Rolle, doch gibt er keine Definition dessen, was er sich genau darunter vorstellt. Vergleicht man, was er über die Offenbarung (oder: Eingebung, *waḥy*) sagt, dann scheint es jedoch, als sei für ihn das Gewissen die eigentliche Quelle der Erkenntnis, während die Offenbarung mehr die Funktion der Rechtleitung erhält und den Gläubigen in seiner Erkenntnis bestärkt (54). Die Offenbarung spielt damit, wie bei Muḥammad ʿAbduh, keine dominierende Rolle, sondern eher die einer zusätzlichen Größe, die nicht neue Kenntnis vermittelt, sondern Bekanntes bestätigt.

Muḥammad ʿAbduh sah in der Vernunft die Quelle der Erkenntnis; sein Postulat, in der Vernunft die letzte Instanz zu sehen, die in Fragen der Religion und des Lebens urteilt, richtete sich deshalb an die Anhänger beider Religionen, an Christen und Muslime, da er keinen prinzipiellen Unterschied zwischen beiden anerkannte. ʿAqqâd dagegen differenziert sehr wohl zwischen den beiden Religionen und kann beiden einen eigenen Schwerpunkt zubilligen, einen Schwerpunkt, der eben von der jeweiligen geschichtlichen Situation her zu verstehen ist, in der Christentum und Islam erschienen.

Der Schwerpunkt der christlichen Verkündigung liegt nach ʿAqqâd darin, daß der Mensch sein Tun vor dem Gewissen zu verantworten hat. Es ist die geistige Integrität, die das Handeln qualifiziert. Doch geht ʿAqqâd nicht der Frage nach, welche Folgen aus dieser "*qibla*" für den Einzelnen entstehen können. Ihn interessiert nicht so sehr das gläubige Individuum als vielmehr die Gesellschaft, vor allem die Auswirkungen, die die christliche Botschaft auf die Umformung des kollektiven Bewußtseins der Gesellschaft - oder in seinen Worten: der Menschheit - hat.

Die Bedeutung des Gewissens

Doch auch hierüber spricht er nur sehr allgemein. Das Wesentliche, das er mit seinem Buche deutlich machen will, ist, daß Christus in der Stunde auftrat, als die damalige *Oikumene* durch politische Tyrannei und in der Sehnsucht danach, daß die religiöse und geistige Leere durch eine neue religiöse Botschaft gefüllt würde, geeint und damit fähig war, seine Lehren aufzunehmen. Es geht ʿAqqâd um den Übergang vom Heidentum zum Christentum innerhalb des *Imperium Romanum*, und das Reich der Himmel ist empirisch dort, wo die christliche Verkündigung die tragende Macht in der Gesellschaft geworden ist. Doch da ʿAqqâd sich über das Verhältnis von Macht - auch von "christlicher" Macht - und Gewissen nicht näher äußert, bleiben seine Gedanken über die für ihn so wichtige Funktion des Gewissens im Schematischen und Unkonkreten stecken.

> Das Reich des Himmels ist im Gewissen, nicht aber in Palästen und Thronen (55).

Da dieses Reich dennoch eine gesellschaftliche Größe ist, bleibt die Frage offen, wo in ihr das Gewissen seinen Sitz und Wirkungsbereich hat.

ʿAqqâd hatte in seiner Jugend das Glück, daß er an der Formung einer neuen Gesellschaft aktiv mitwirken konnte, auch wenn dies manche Schwierigkeiten für ihn brachte. Doch ist ihm offensichtlich durch seine eigene Erfahrung die andere Möglichkeit des Verhältnisses von Individuum und Gesellschaft aus dem Blickfeld geraten, daß nämlich in bestimmten Situationen das Individuum sich nicht mehr mit der Gesellschaft identifizieren kann und sich deshalb gegen sie richten muß. Wäre er den Fragen, die sich aus einer solchen Situation ergeben, nachgegangen, dann hätte er wahrscheinlich auch etwas über Gethsemane - wenn schon nicht über Golgatha - sagen können.

Es mag deshalb hier der Ort sein, auf Muḥ. Kâmil Ḥusains Buch "*Qarya ẓâlima*" (Die Stadt des Unrechts) hinzuweisen (56). In diesem Buche beschreibt der Verfasser den Karfreitag in Jerusalem und die Folgen, die Jesu Aufruf zum alleinigen Gehorsam gegenüber dem Gewissen (und damit gegenüber Gott) für diejenigen hat, die von diesem Aufruf getroffen werden (57). Mit Leidenschaft schildert K. Ḥusain den aussichtslosen Kampf dieser Menschen gegen das Kollektiv einer auf Tradition und Gesetz gegründeten Gesellschaft. Jeder Ausbruch aus dem allgemeinen Consensus (*iǧmâʿ*), den ein durch sein Gewissen vom anonymen Glied der Masse zum verantwortungsbewußten Individuum gewordener Mensch versucht, wird von dieser Gesellschaft als Angriff auf ihre Existenz gewertet, und sie gibt sich erst dann zufrieden, wenn mit der Vernichtung dieses Individuums die Gefahr abgewehrt ist.

Dies ist das Thema, das Kâmil Ḥusain exemplarisch durch die Verkündigung Jesu und sein Geschick aufgeworfen sieht. Für ihn ist es letztlich belanglos, ob Christus tatsächlich gekreuzigt worden ist oder nicht; darüber liegt nach wie vor die Finsternis, die Golgatha an jenem Freitag umhüllte. Wichtig ist allein, daß die etablierte Gesellschaft - repräsentiert durch die Führer der Juden und die römischen Militärs - ihre Absicht durchzusetzen gedachte, diese Botschaft mitsamt ihrem Gründer und seinen Anhängern zu vernichten, um selbst als Kollektiv weiterbestehen zu können.

Kâmil Ḥusain greift mit Nachdruck jedes Konzept von Gesellschaft an, in dem das Individuum abgewertet wird:

> Die Menschen irren sich, wenn sie glauben, daß die Gesellschaft größer als das Individuum, und daß ihr Wohl wichtiger als das Wohl des Individuums sei, und daß es (im Interesse) ihres Wohlergehens erlaubt sei, das Gewissen ihrer Glieder zu übersehen. Die (Idee der) Gesellschaft ist ein Götze, zu dessen Verehrung euch diejenigen aufrufen, denen dieser Götzendienst nützt. Sie gaukeln euch vor, daß die

> Gesellschaft glücklich ist, selbst dann, wenn ihre eigenen Glieder dies keineswegs sind (58).

Die Kritik, die Kâmil Ḥusain an der Gesellschaft übt, geht davon aus, daß sie als Kollektiv kein Gewissen haben kann. Dies führt dazu, daß Kategorien wie Schuld oder Sünde neutralisiert werden; das Schuldgefühl, das ein Glied dieses Kollektivs vielleicht bei einer ungerechten Entscheidung empfinden könnte, wird automatisch auf das ganze Kollektiv verlagert und hört damit auf zu bestehen. Dieses Konzept der kollektiven Gesellschaft wird, nach Kâmil Ḥusain, von der Religion radikal in Frage gestellt:

> Die Religion hat es mit dem Gewissen zu tun, die Gesellschaft jedoch hat kein Gewissen. Nur indirekt kann deshalb das Gewissen die Ordnung und die Gesellschaft einschließlich ihrer Politik beeinflussen, nämlich dadurch, daß es die Individuen beeinflußt. Wenn jedes Individuum darauf achten würde, nicht das zu verlassen, was ihm sein Gewissen eingibt, dann wäre das Böse unmöglich, sowohl bei den Individuen als auch in der Gesellschaft (59).

Das Gewissen ist es, was Gott in den Menschen einblies, als er ihn schuf - nicht die bloße Vernunft, mag im Blick auf die islamischen Modernisten und ihre Anthropologie hinzugefügt werden. Somit ist es nicht die Vernunft, führt Kâmil Ḥusain weiter aus, die den Menschen etwa vom Tiere unterscheidet. Wo der Mensch das Gewissen - und damit Gott - verliert, ist er nichts anderes als ein mit Vernunft begabtes Tier (60). Für Kâmil Ḥusain ist - anders als für ʿAqqâd - die Funktion des Gewissens vor allem eine negative: nämlich vor dem Unrecht zurückzuhalten und zu warnen (61). Das aktive Pendant zum Gewissen ist die Vernunft. Doch können beide, Vernunft und Gewissen, nur dann den Menschen zu verantwortlichem Handeln veranlassen, wenn die Wechselbeziehung zwischen beiden eng ist. Wo die Vernunft zurücktritt und allein das Gewissen dominiert, wird die Handlungsfähigkeit des Individuums paralysiert. Dies geschah beispielhaft bei den Jüngern, deren überempfindliches Gewissen sie im Augenblick der Bewährung - bei der Gefangennahme Jesu - zu Versagern werden ließ (62). Pilatus dagegen, den K. Ḥusain als Sucher nach der Wahrheit charakterisiert, wurde zum Agnostiker, weil die Vernunft, in der er das Prinzip der von ihm bewunderten jüdischen Religion sah, ebenfalls im entscheidenden Augenblick versagte und das offenbare Unrecht der Verurteilung Jesu nicht verhindern konnte (63).

Viel stärker als ʿAqqâd hat K. Ḥusain erkannt, daß die Botschaft vom "Reich Gottes" keinen Anspruch an die kollektive Gesellschaft, sondern vielmehr zuerst einen Anspruch an den einzelnen richtet, durch den er in eine persönliche Verantwortung für sein Handeln innerhalb der Gesellschaft gestellt wird. Diese Verantwortung kann er auf kein anonymes Kollektiv abwälzen, sondern er muß sie allein tragen - und möglicherweise dabei untergehen.

Kapitel 9

Ein islamischer Gelehrter: Fatḥî ʿUṯmân

Fatḥî ʿUṯmân gehört zu jener Gruppe jüngerer ägyptischer Gelehrter, deren geistige und intellektuelle Haltung sowohl durch die traditionelle, von der Azhar vermittelte islamische Bildung als auch durch die an den staatlichen ägyptischen Universitäten herrschende wissenschaftliche Methodik geprägt wurde. Eine konservative Grundhaltung verbindet sich bei ihm mit dem Bestreben, den Fragen der modernen Welt gegenüber offen zu sein. Auch die religiösen Phänomene der nichtislamischen, vor allem der christlichen (westlichen) Welt weckten sein Interesse und sein Bemühen, sie durch vorurteilslose, um Objektivität bemühte Analyse verstehen zu lernen.

Leben und Werk F. ʿUṯmâns

Fatḥî ʿUṯmân wurde 1928 als Sohn eines frei tätigen Ingenieurs in al-Minyâ (Oberägypten) geboren (1), in einer Stadt, deren Bewohner sich durch ihr gemäßtigtes Temperament und ihre geistige Offenheit auszeichnen. Mit 14 Jahren verlor er den Vater. Nach dem Besuch der Primar- und Sekundarschule in Minya studierte er von 1944 bis 1948 Geschichte an der Kairoer Universität in Giza und von 1956 bis 1960 Jura an der Universität in Alexandria. Den Titel des *Master of Arts* erwarb er 1962 an der Kairoer Universität mit einer Arbeit über "*Die islamisch-byzantinischen Grenzen zwischen kriegerischer Auseinandersetzung und kultureller Beziehung*" (2). In den Jahren zwischen seinen Studien hatte F. ʿUṯmân von 1948-1952 an staatlichen Oberschulen und von 1952-1956 an mit der Azhar verbundenen "*maʿâhid dînîya*" (religiösen Instituten), die ebenfalls offiziell den Status von Sekundarschulen haben und vor allem zum Studium an der Azhar-Universität vorbereiten, unterrichtet. 1961 gehörte er einem der verschiedenen Kommittees an, die die Neuordnung der Azhar-Universität vorbereiteten, danach war er u.a. im "Büro für islamische Kultur" Leiter der für Übersetzungen zuständigen Abteilung sowie Leiter des Büros des Ministers für Auqâf und Angelegenheiten der Azhar. Später ging nach Algerien und arbeitete dort als "*Mustašâr*" (Berater) im Ministerium für Auqâf in Algier.

Das Buch "*Mit Christus in den vier Evangelien*" erschien 1961 in erster Auflage (3), die zweite, stark erweiterte Auflage folgte 1967 (4). Im Vorwort zur 1. Auflage berichtet F. ʿUṯmân, daß ihn bereits in der Schulzeit die Polemik interessiert habe, die das Buch des koptischen Priesters Ibrâhîm Lûqâ "*Das Christentum im Islam*" hervorgerufen hatte (5). Doch damit stand der erste Eindruck, den er vom Verhältnis der beiden großen Religionen Christentum und Islam zueinander erhalten hatte, unter der Erfahrung der dogmatischen Polemik, die die Geschichte zwischen beiden Religionen charakterisiert. Mit dem Eintritt in die Universität verstärkte sich jedoch sein Verlangen, auf wissenschaftlicher Ebene tiefer in das Verständnis der anderen Religion einzudringen. Zwei Vorlesungen seien es vor allem gewesen, die ihn dazu angeleitet hätten: in der einen ging es um die Geschichte des Mönchtums, die Entstehung der europäischen Universitäten und die Kreuzzüge, in der anderen wurde die Geschichte des Protestantismus und des Katholizismus, vor allem in der Zeit der Reformation und Gegenreformation, behandelt (6).

Beim weiteren Studium des Korans und der islamischen Geschichte entdeckte er, daß der "*ahl al-kitâb*" bzw. "*ahl aḏ-ḏimma*" (7) von den ersten Anfängen des Islam an eine bedeutende Rolle im dogmatischen wie im sozialen Gefüge dieser Religion gespielt habe. Nicht erst, seitdem die Muslime Philosophie studierten, sich der Mystik (*taṣauwuf*) zuwandten oder Syrer, Nestorianer und andere kennenlernten, sei über die Gegensätze hinweg auch Wesentliches an gemeinsamen Überzeugungen festzustellen, sondern bereits die Prophetenlegenden des Korans sind Elemente, die auf Verbindendes hinweisen. Ohne das Trennende, das sich einerseits in der christlichen Lehre vom Kreuz und in der Bezeichnung Christi als "Sohn Gottes" und andererseits in der Leugnung des göttlichen Ursprungs des Korans und des Prophetentums Mohammeds äußert, zu ignorieren, sieht F. ʿUṯmân doch wenig Sinn darin, in der Art des "*Mîzân al-ḥaqq*" die "Wahrheiten" beider Religionen gegenseitig aufzuwiegen und am Schluß festzustellen, daß die eigene natürlich die richtigere Religion sei (8). Vielmehr müsse es ruhiger und sachgemäßer Forschung darum gehen, über das Trennende hinweg jene religiösen Wahrheiten aufzuspüren, die zu den *Fundamentalia* jeder wahren Religion gehören müssen und zu deren Kenntnis deshalb jeder religiöse Mensch (*mutadaiyin*, d.h. der dem *dîn* anhängt) verpflichtet sei. So bestehe auch das Neue Testament keineswegs nur aus Aussagen über die Trinität und das Kreuz, sondern es enthalte auch ethische Prinzipien (*aḫlâqîyât*), die den Muslim nicht weniger als den Christen angehen.

Methodische Überlegungen zum Religionsvergleich

F. ʿUṯmân betont, daß jede Religion nur von ihrem eigenen Selbstverständnis her interpretiert werden könne. Deshalb lehnt er auch von Muḥ. ʿAbduh berichtete Versuche, die *Basmallah* in Angleichung an die christliche Formel "Im Namen Gottes: des Vaters, des Sohnes und des Heiligen Geistes" zu interpretieren, als sinnlos ab. Nach diesen Deutungen sei dann "*Allâh*" das Wesen, die beiden anderen Namen seien Attribute, nämlich "*ar-Raḥmân*" die schöpferische Emanation aus dem Wesen Gottes, und "*ar-*

Raḥîm" betone die sich stets gleichbleibende Beständigkeit der göttlichen Substanz, zu der die Emanation zurückkehre und aus der die Kraft hervorgehe, die Vater und Sohn miteinander verbindet. "*Ar-Raḥmân*" entspräche dann dem Sohn und "*Ar-Raḥîm*" dem Geist. Zu dieser Auslegung bemerkte ein Kommentator: "Wenn die Gläubigen unter den Christen diese Erklärung annehmen würden, dann wäre der größte Knoten der Entfremdung zwischen dem christlichen und dem islamischen Glauben gelöst" (9). Für so einfach hält F. ʿUṯmân die Lösung dieses Knotens jedoch nicht. Es dürfe nicht darum gehen, oberflächliche Übereinstimmung zu konstruieren, denn damit werden der Blick ins Innere der einzelnen Religion getrübt und die eigentlichen Probleme gar nicht gesehen.

Mit Muḥ. Abû Zahra (10) ist sich F. ʿUṯmân einig darin, daß es nicht leicht sei, sachgemäß über einen Glauben zu schreiben, dem man selbst nicht anhänge. Dennoch könne man sich im Interesse der Erkenntnis der Wahrheit einer solchen Aufgabe nicht entziehen. Der kürzeste und sicherste Weg, das Christentum von seinen Voraussetzungen her zu verstehen, sei das Studium der vier kanonischen Evangelien.

Um dieses methodische Vorgehen zu rechtfertigen, beruft sich F. ʿUṯmân auf ʿAqqâd (11). Es ist für ihn nicht unwichtig, die Autorität dieses Literaten auf seiner Seite zu wissen, denn ʿAqqâd war es, der sich als erster konsequent an diese Methode gehalten hat, und nicht viele waren es bisher, die ihm darin zu folgen wagten. So selbstverständlich sie für den Historiker und Religionswissenschaftler ist, so heftig hat sich noch bis in die neueste Zeit das Kollegium der Azhar-Šaiḫs gegen die damit verbundene "Aufwertung" der christlichen Urkunden gesträubt.

Aber F. ʿUṯmân geht es nicht um Werturteile, sondern darum, diese andere "große Religion" aus der Sicht ihrer eigenen Gläubigen zu verstehen. Und schließlich möchte er Muslimen und Christen zeigen, daß der Gegensatz zwischen ihnen geringer ist, als sie meinen, und daß jenseits der dogmatischen Dispute auch in den Evangelien die Maxime, "das Gute zu gebieten und das Böse zu verbieten", vorhanden sei (12). Dieses Bewußtsein einer tiefen religiösen Zusammengehörigkeit sei gerade in der gegenwärtigen Zeit neu zu wecken, in der beide Religionen denselben Gefahren seitens des modernen Rationalismus - sofern er sich antireligiös äußert - ausgesetzt sind, und die Anhänger beider Religionen sollten sich fragen, ob sie sich nicht auf der Grundlage dessen, was sie gemeinsam haben, zu einer gewissen Zusammenarbeit im religiösen, sozialen und kulturellen Bereich finden könnten.

Damit hat F. ʿUṯmân auf das Ziel seines Buches hingewiesen, in dem er als bewußter und seinem Glauben keineswegs untreu gewordener Muslim durch seine Untersuchung der Evangelien Muslimen und Christen einen solchen Weg zu gegenseitigem Verständnis und zur Überwindung der trennenden Mauern weisen will. Ausführlich berücksichtigt er in seiner Darstellung auch christliche Literatur, soweit sie im Arabischen zugänglich ist. Bei seinen umfangreichen Zitaten fällt es allerdings manchmal schwer, seine eigene Meinung von der des zitierten Autors genügend abzuheben (13).

Bevor F. ʿUṯmân daran gehen kann, die ihm wichtigen Lehren aus dem Neuen Testament und vor allem aus den vier Evangelien herauszuarbeiten, muß er zunächst definieren, wie er diese Schriften beurteilt, und damit begründen, unter welchen Voraussetzungen er ihnen Autorität zubilligen kann.

> Die (vier kanonischen) Evangelien sind eine Sammlung von Erinnerungen an Ereignisse und Gespräche, die im Gedächtnis der ersten Jünger aufbewahrt wurden (14).

Damit will er sagen, daß sie nicht mit der Offenbarung, "dem" Evangelium, identisch sind. Da sie jedoch auf die ersten Jünger zurückgehen, sind sie qualifiziert, als vorbildliche Aussagen über das in ihnen Berichtete zu gelten, ähnlich wie der *Ḥadîṯ* der islamischen Tradition, der auf die Berichte der Gefährten Mohammeds zurückgeht. Diese Qualität wird auch durch gewisse Unterschiede in ihren Berichten und Tendenzen nicht aufgehoben. Ihre Glaubwürdigkeit wird vielmehr auch dadurch erhöht, daß sie negative Züge nicht unterschlagen, z.B. Christi anfängliche Zweifel an seiner Sendung, sein Zugeständnis, die Zukunft nicht zu kennen, seinen Schmerzensschrei am Kreuz. Hinter allem wird, wie F. ʿUṯmân unter Berufung auf ʿAqqâd betont, die lebendige Wirklichkeit des Propheten und seiner Botschaft sichtbar.

Die Frage der Wunder, die das Thema vergangener Debatten war, ist nicht mehr das, was uns heute an Christus interessiert (15). Vielmehr bewegt uns die Frage nach dem Menschen, seinem Verhältnis zur Religiosität (*tadaiyun*) und, damit verbunden, seinem Verhalten zur und in der Gesellschaft. Gehört die Religion (*dîn*) wesentlich zum Menschsein des Menschen oder nicht? In einem Kapitel unter der Überschrift "Der Mensch lebt nicht vom Brot allein" geht er auf diese Frage ein (16). Die Antwort der geoffenbarten Religion(en) ist einheitlich und eindeutig: Glaube und sozial verantwortliches Verhalten existieren nur, wenn sie sich gegenseitig bedingen. Wo jedoch das eine fehlt, wird man vergeblich nach dem anderen suchen. Dies ist eine der Grundthesen seines Buches.

Christen und Muslime stehen gemeinsam vor dem Problem, daß die meisten Menschen heute, angeregt durch die selbstbewußten Ansprüche einer pseudowissenschaftlichen Rationalität, sich dem Materialismus hingeben. Der Materialismus hat seiner Meinung nach jedoch nicht die Kraft, ethische Maßstäbe zu entwickeln und sie in der Praxis durchzuführen und damit das soziale Verhalten der Menschen vor einem Abgleiten in den Anarchismus zurückzuhalten. Indem er die Bindung an eine "höhere neutrale Macht" (17) aufhebt, schafft er ein Vakuum, das durch Begierden und Launen ausgefüllt wird, die ihrerseits zu Unfrieden, Streit und Ungerechtigkeit führen. Damit wendet sich der Mensch von sich selbst und von seiner Natur (*fiṭra*) (18) ab. Die Seele, die untrennbar zu seinem Wesen gehört, ist auf den Glauben an ihren Schöpfer angewiesen; durch ihn erhält sie ihre Kraft, über ein "ausgeglichenes Individuum" (*farḍ mutawâzin*) an der Formung einer in sich solidarischen Gesellschaft mitzuwirken (19). Denn jeder, der einem echten Glauben lebt, legt Gott gegenüber Rechenschaft über sein Verhalten zu den Menschen ab.

Der Glaube als Motivator sozialen Handeln

Die von den Menschen gefundenen Glaubenssätze (*ʿaqâʾid*), so führt F. ʿUṯmân weiter aus, überlassen den Menschen der Welt, die ihn umgibt. In ihr hat er sich einzurichten, und der Kanon, der sein Handeln bestimmt, ist das Streben nach dem Nützlichen und dem für ihn selbst Vorteilhaften. Damit ist es dem Menschen unmöglich, tiefere ethische Prinzipien zu entwickeln wie etwa die der Seligpreisungen, in denen der Messias die "Richtschnur" (*šarîʿa*) der Ethik über das Vordergründig-Notwendige hinaus vertieft und ihr einen über die gegenwärtigen Verhältnisse hinausreichenden Horizont aufweist (20).

Der Glaube an Gott ist keine mathematische, auch keine astronomische Aufgabe, durch deren Lösung man Gott neue Attribute hinzufügen oder andere streichen könnte. Vielmehr geht es in ihm um ethische und soziale Dinge. Es ist ein Irrtum zu meinen, daß der Glaube sich ausschließlich für das Individuum interessiert, um aus seinen verschiedenen Teilen (Leib, Geist, Seele) eine Einheit zu gestalten; vielmehr sammelt er die zerstreuten Menschen zu einer Gemeinschaft, er verbindet die gesellschaftlichen Schichten zu einer Einheit, er verbindet die Völker, schließlich auch die Generation und Epochen.

Die religiösen Menschen begnügen sich nicht damit, ihren Glauben für sich selbst und individuell zu pflegen, sondern sie entnehmen ihm die Maßstäbe für eine neue Gesetzgebung (*tašrîʿ*) (21), die die Gleichheit der Geschöpfe vor dem Schöpfer, die Freiheiten und die gegenseitige Verantwortung festlegt. Der Glaube läßt den Gläubigen auf diese Gesetzgebung achten, denn damit dient er Gott gemäß dessen Forderungen, die darauf hinzielen, dem Menschen ein würdiges und lebenswertes Leben zu ermöglichen (22).

Fatḥî ʿUṯmân macht sich die Ansicht ʿAqqâds zu eigen, daß in der Zeit Christi die soziale Frage das vordringliche Problem war, das einer Lösung auf religiöser Basis bedurfte. Da sich die Führer der vorhandenen offenbarten Religion, nämlich des Judentums, dieses Problems nicht annahmen, war hier das zentrale Thema für die Verkündigung des neuen Propheten vorgegeben. Seine besondere Aufgabe bestand darin, den Schein der religiös übertünchten heuchlerischen Worte bloßzustellen und das

Gesetz (*šarîʿa*) der Liebe aufzurichten. In ihm konnte es, wie die Anhänger Christi bereits auf dem Jerusalemer Apostelkonzil merkten, nicht mehr vorrangig um die minutiöse Wahrung der jüdischen Ritualvorschriften gehen. Die Riten gehen auf bestimmte Sitten einer besonderen Gruppe zurück, sind jedoch nicht wesentlicher Bestandteil der prophetischen Botschaft. Doch müssen selbstkritische Christen ebenso wie er, F. ʿUṯmân, als selbstkritischer Muslim feststellen, daß der Gesetzeskodex (*nâmûs*) heute immer noch bei vielen Anhängern der offenbarten Religionen stärker in Kraft ist als die *šarîʿa* der Nächstenliebe. Wenn jemand mit auch noch so großer Akribie bis hin zur Sekunde die Gebets- und Fastenzeiten (im *Ramaḍân*) einhält, so hat das immer noch nichts mit der Religion Gottes zu tun, solange nicht mit zumindest der gleichen Akribie entsprechend des Besitzes den Armen die *Zakât* gegeben wird, und man sich überhaupt auch während der Stunden des übrigen Tages um Gottes Forderungen kümmert.

Der Glaube ist kein Spektakel, an dem man je nach Belieben teilnehmen oder ihm zusehen kann, sondern er fordert die Änderung des Standpunktes und die "Wahl der *qibla*" (23), auch dann, wenn die Botschaft der Liebe mit dem Haß der Hüter erstarrter und den Menschen mißachtender religiöser Zeremonien beantwortet wird wie im Falle Jesu, und man das Schwert zum Kampfe gegen Vernunft und Glauben (*îmân*) schwingt (24).

Glaube und Gesetz

Mit der Gegenüberstellung von *nâmûs* und *šarîʿa* greift F. ʿUṯmân ein Thema auf, das nicht nur für die vom Judentum sich emanzipierende junge Christenheit von entscheidender theologischer Bedeutung war - neben Mt. 5,17 ff. zitiert er u.a. ausführlich aus Röm. 2 und 3 sowie Gal. 2 und 3 - , sondern das auch in der Geschichte des Islam vor allem in Krisenzeiten immer wieder verhandelt wurde, zumal die *šarîʿa* dynamischer ist als das übliche islamische Verständnis, für das "*šarîʿa*" weithin identisch geworden ist mit den aus Koran und Sunna abgeleiteten und im Mittelalter formulierten Rechtsvorschriften. Soweit diese in ihrem buchstäblichen Sinn als verbindlich betrachtet werden, könnte F. ʿUṯmân sie durchaus ebenfalls als *nâmûs* bezeichnen. Zur *šarîʿa* werden sie erst, wenn man durch die Texte hindurch zu dem durchdringt, was jenseits der Texte steht, nämlich zur Forderung der Liebe. Diese Forderung zu erfüllen ist nicht Sache der Buchstabentreue, sondern des Gewissens, und ihr Ziel ist die Aufhebung der zwischenmenschlichen Schranken und Diskriminierungen, die Wiederherstellung der Gleichheit. Damit hat die *šarîʿa* dasselbe Ziel, wie die *ʿaqîda*, der (dogmatische) Glaube, beide sind die komplementären Seiten derselben Sache.

In seinem Buch "*Al-fikr al-islâmî wa-t-taṭauwur*" (Das islamische Denken und die Entwicklung) bestätigt F. ʿUṯmân in anderem Zusammenhang die Richtigkeit dieser Deutung (25). Hier ist es die Vernunft (*ʿaql*), die über die Anwendung zeitbedingter Vorschriften der (kodifizierten) *šarîʿa* urteilt. Ihrem Wesen nach ist die *šarîʿa* jedoch "kein festgezogener Knoten und auch kein geschlossener Kreis (26), sondern der Befehl Gottes an die Menschen" (27) in Koran und Sunna und deshalb von den von Rechtsgelehrten geschaffenen Gesetzestexten zu unterscheiden. Um die Dynamik der so verstandenen *šarîʿa* wieder zur Geltung zu bringen, setzt F.ʿUṯmân sich für die Neubelebung des *iǧtihâd* ein (28) und bekennt sich damit zum Reform-Islam.

Die Frage nach der wahren *šarîʿa* führte ihn zu dem Problem des *iǧtihâd*. In seinem Buche über Christus geht er zwar nicht ausdrücklich auf dieses Problem ein, und doch gehört es zu dem großen Fragenkreis, der das Thema des Buches über Christus ist: nämlich die verantwortliche Haltung des Menschen in der Gesellschaft und Sinn und Inhalt der *šarîʿa*, die als Richtschnur dieser Haltung dient. Mit diesen Fragen verbunden ist der Angriff auf die traditionelle religiöse Autorität, die sich wegen ihres starken Legalismus und Traditionalismus (*taqlîd*) als unfähig erwies, in der neuen Zeit eine führende Rolle zu übernehmen. Die Forderung nach *iǧtihâd* drückt in islamischer Terminologie das aus, was Fatḥî ʿUṯmân als das Beispielhafte am Leben Jesu festhalten möchte: eine unbedingte Liebe zur Wahrheit und die daraus folgende unbeugsame Kritik an allem Scheinheiligen und im Formalismus Erstarrten. Die *šarîʿa* ist kein Kodex, sondern die Forderung Gottes, die immer wieder neu auf die Gegenwart bezogen werden muß; das geschieht durch *iǧtihâd*, und es scheint uns deshalb gerechtfertigt, einen Augenblick bei diesem Problem zu verweilen.

Das Problem des Iǧtihâd

Die Forderung nach einer Neubelebung des *iǧtihâd* ist nicht neu. Das "Tor des *iǧtihâd*" war nach Festigung der sunnitischen Rechtsschulen im 10./11. Jahrhundert geschlossen worden, d.h. sein Gebrauch war nicht länger gestattet, mit Ausnahme bei den Hanbaliten, aus deren Kreisen dann auch bedeutende Traditionskritiker kamen wie etwa Ibn Taimiya (661/1263-728/1328), und bei den Schiʿiten. Die Forderung, das "Tor des *iǧtihâd*" wieder zu öffnen gehörte nicht nur zu den Programmpunkten der aus der hanbalitischen Tradition kommenden Wahhabiten seit dem 18. Jahrhundert, sondern fand sich auch immer wieder in den programmatischen Schriften von al-Afġânî, desgleichen bei den indischen Reformern von Sir Ahmad Khan bis zu Syed Amir Ali. Einer der eifrigsten neueren Befürworter des *iǧtihâd* war der von F. ʿUṯmân verehrte muslimische indische Philosoph Muhammad Iqbal, der "geistige Vater Pakistans" (st. 1938). Aber auch auf den panislamischen Kongressen, die in den ersten sechziger Jahren in Kairo unter der Leitung der Azhar stattfanden, gehörte der *iǧtihâd* zu einem der stets wiederkehrenden Themen, wenn auch das geistige Klima dieser Zusammenkünfte kaum dazu angetan war, zu neuen Durchbrüchen zu ermutigen. Und doch zeigt es sich, daß das traditionelle Gefüge der islamischen *umma*, dessen Gerüst die *šarî'a* war, in immer weiteren Kreisen in Frage gestellt wird.

An der maßgeblichen Bedeutung der *šarî'a* hatte noch kaum Muḥ. 'Abduh zu rütteln gewagt oder nicht rütteln wollen. Seine Kritik richtete sich nicht so sehr gegen die *šarî'a* selbst, sondern gegen jene Muslime - und das war die überwiegende Mehrzahl -, die mit der *šarî'a* nichts mehr anzufangen wußten oder sie mit dem traditionellen *Fiqh* verwechselten und ihm blind anhingen, für die die *šarî'a* tot war, auch wenn sie dies keinesfalls zugestehen würden. Aus demselben Grunde griff er nicht die islamischen Ämter an, sondern deren Inhaber. Zum *iǧtihâd* hat er sich kaum ausführlich geäußert (29), auch wenn er ihn auf der Grundlage seiner Kritik am *taqlîd* (blinder Traditionshörigkeit) der Rechtsgelehrten seiner Zeit selbst praktizierte. Er bewahrte sich große Freiheit gegenüber überkommenen Vorschriften und früher gefaßten Entscheidungen der Gelehrten. Gelegenheit dazu hatte er vor allem, nachdem er zum Groß-Mufti von Ägypten ernannt worden war (1899). Den gutgemeinten Rat, in seinen Fatwas und Kritiken, die selbst den Khediven einschlossen und das Verhältnis zwischen beiden Männern nicht eben freundschaftlich gestalteten, etwas Zurückhaltung zu üben, beantwortete er mit einer Bemerkung, die als sein Leitspruch und als erstes Indiz für ein neues Kriterium im Islam angesehen werden kann: "... Mein Gewissen (!) und meine Furcht vor Gott machen es mir unmöglich, mich in etwas zu fügen, das die *šarî'a* nicht erlaubt" (30).

Noch einmal zur Frage des Gewissens

Mit dem Gewissen (*ḍamîr*) brachte Muḥ. 'Abduh eine Größe ins Gespräch, die dem Koran fremd ist und auch sonst in der islamischen Literatur nicht gerade häufig vorkommt (31).

Selbst seine Schüler haben offensichtlich nicht viel mit ihr anzufangen gewußt. Und doch wäre sie geeignet, in der Krise, die die islamische *umma* gegenwärtig durchläuft, wertvolle Dienste zu leisten. Im gleichen Maße, in dem die *šarî'a* beim Aufbau moderner Staaten zurückgestellt wurde, verloren die islamischen Ämter ihre Bedeutung. Damit drohte die Gefahr, daß die Gläubigen, gewohnt, dem Urteil ihrer religiösen Führer zu folgen, orientierungslos wurden. Denn nun hing das Wohlergehen der Gesellschaft nicht mehr von den *'ulamâ'* als den Vertretern der *umma* ab, sondern von der Bereitschaft und Fähigkeit jedes einzelnen, Verantwortung zu übernehmen. Eine neue Autorität und Richtschnur mußte deshalb gefunden werden, an der sich das Handeln der einzelnen Mitglieder der Gesellschaft orientiert.

Für die Praxis bietet sich der *iǧtihâd* als ein methodischer Ausweg aus der gegenwärtigen Krise an. Doch ist damit die Frage nach der moralischen Autorität, vor der die durch *iǧtihâd* getroffene Entscheidung gerechtfertigt werden muß, noch nicht gelöst, denn eine *šarî'a*, die mit in der Geschichte festgelegten Verhaltensregeln und Urteilssprüchen identifiziert wird, kann diese Autorität nicht länger sein. Es ist nun bemerkenswert, daß jene Autoren, die sich mit den Lehren Christi auseinandersetzen, diese Autorität im Gewissen sehen. Da das Gewissen nur im Individuum existiert, geben sie diesem damit eine Bedeutung und eine Würde, die ihm in der klassischen *umma* vorenthalten waren - wohl der Grund dafür, daß es bei jenen Schriftstellern, die sich vornehmlich von der islamischen Tradition inspirieren lassen, keine Rolle spielt. Für sie gilt der Ruf des Propheten der *umma* als ganzer, zu der sich die Gläubigen zusammenschließen, und ihrem geistigen und materiellen Wohlergehen sollen die Vorschriften der *šarî'a* dienen (31a).

Es ist merkwürdig, daß der Hinweis auf die Bedeutung des Gewissens - auch dies ein von Muḥ. 'Abduh hinterlassenes und kaum gewürdigtes Erbe - erst durch die Begegnung mit den Lehren Christi zu einem tragenden Motiv in den Bestrebungen wird, die Bedeutung des unabhängigen, verantwortungsbewußten Individuums für eine gesunde Gesellschaft zu umschreiben (32). Wir begegneten ihm zuerst bei 'Aqqâd und sahen dann, daß Muḥ. Kâmil Ḥusain das Gewissen zum Leitmotiv seines Buches über den Karfreitag in Jerusalem machte; bei ihm führt der Gehorsam gegenüber dem Gewissen sogar in einen tödlichen Konflikt zwischen dem Individuum und der Gesellschaft und ihren Vertretern. Auch bei F. 'Uṯmân nimmt das Gewissen eine wichtige Stellung ein, wenn auch bei ihm eine eindeutige Definition fehlt. Fällt dem Gewissen bei Kamil Husain im wesentlichen die Aufgabe des Warnens zu, also eine mehr negative, in die Schranken weisende Aufgabe, so kann F. 'Uṯmân in ihm durchaus formende Kräfte sehen. Es ist der Katalysator, der die stets gleichbleibenden religiösen Grundsätze (*ad-dîn al-ḫâlid*) umformt, die den Menschen zu einem auf seine jeweils aktuelle Umwelt bezogenen Handeln antreiben (33), die ihn insbesondere die Mißstände und Ungerechtigkeiten der bestehenden Gesellschaftsordnung kritisieren lassen. Hier liegen auch die tiefen Wurzeln für die Aufstellung neuer Ordnungen seitens der "religiösen Menschen" (*al-mutadaiyinûn*) für die bereits erwähnte neue Gesetzgebung (*tašrî'*), die durchaus die Form schriftlich festgelegter Texte haben kann. Doch ist ein solcher Gesetzeskodex keine *lex aeterna* und nicht identisch mit der *šarî'a*. "*Tašrî'*" ist nicht als "Formung" oder "Erlaß der *šarî'a*" zu verstehen, sondern eher als "Konkretisierung der *šarî'a*" - der ewigen, nicht kodifizierbaren und mit dem Willen Gottes identischen - auf eine bestimmte geschichtliche Situation hin, und es ist das von der Religion inspirierte Gewissen, das dem Gesetzgeber (*mušarri'*), d.h. letztlich jedem Gläubigen, die Augen für die Erfordernisse der Zeit öffnet.

> Die Texte gehen über das hinaus, was hinter den Texten ist, sie stopfen jedes Loch zu, durch das die Hinterlistigen entrinnen möchten. Sie gehen zusammen mit dem Ruf zur Liebe und zur Toleranz, bis die Liebe unter den Menschen die

> Stelle des Gesetzes (qânûn) einnimmt. Sie machen es den Menschen überflüssig, daß sie in ihren Urteilen den Buchstaben des Gesetzes (nâmûs) anwenden, denn sie lassen hinter sich, was das Gesetzt von ihnen erfordert (und gehen weiter) zu dem, was dem Gewissen Ruhe gibt. "Schließlich haben wir die Schrift denjenigen von unseren Dienern, die wir ausgewählt haben, zum Erbe gegeben. Die einen von ihnen freveln nun gegen sich selber, (indem sie überhaupt nicht daran glauben). Andere nehmen einen gemäßigten Standpunkt ein (?) (ohne sich in ihrem Glauben bedingungslos auf Gott einzustellen?). (Wieder) andere werden mit Gottes Erlaubnis den Wettlauf nach den guten Dingen gewinnen. Das ist (dann) die große Huld (die Gott ihnen gewährt)" (Su XXXV,32) (34).

Mit der Absage an das erstarrte Gesetz und seine Hüter lösten sich Christus und seine Anhänger vom Judentum. Die Frage, die sich nun angesichts der geschichtlichen Entfaltung des Christentums stellt, ist die: War die von Christus verkündigte Religion trotz aller guten Ideen letztlich doch nur "eine Melodie süßer Stimmen über die Liebe und die Selbstverleugnung, das Aufgehen in Gott und dem Dienst am Menschen ... ohne mit einer unmittelbaren Lösung der Probleme der Betrogenen und Besiegten verbunden zu sein?" (35). Was tat Christus für die Unrecht Leidenden in der auf nationalen Klassenunterschieden aufgebauten römischen Gesellschaft? Ließ er sie, um sich mit der Verkündigung des Reiches der Himmel zufrieden zu geben?

Der Einfluß des Glaubens auf die sozialen Verhältnisse

Jesus war kein Revolutionär. Seine Predigt ging - ebenso wie später die Predigt Mohammeds - von den sozialen Gegebenheiten der Zeit aus und forderte explizit weder die Gleichberechtigung der Frau noch die Beseitigung der Sklaverei noch die Aufhebung der Klassenschranken. Wie etwa die Berichte über den Zinsgroschen und über die Ehebrecherin zeigen (36), vermied Christus einen direkten Zusammenstoß mit den beiden Mächten seiner Zeit, nämlich der staatlichen und der religiösen. Und dennoch untergrub seine Verkündigung die Säulen, auf denen die damalige Gesellschaftsstruktur ruhte. Indem sie die Prinzipien der Gerechtigkeit und der Gleichheit zum Maßstab für das Verhältnis der Menschen untereinander erhob, ersetzte sie die vordergründige ökonomische Betrachtungsweise, mit der die Klassenunterschiede gerechtfertigt wurden und, angesichts der geschichtlichen Entwicklung, nicht zu Unrecht gerechtfertigt werden konnten, durch eine tiefer gehende ethisch-religiöse. F. ʿUṯmân hält es für ein entscheidendes Mißverständnis zu meinen, daß sich z.B. die Maximen des Gehorsams und der Enthaltsamkeit an die Armen wenden, um sie, da ihnen sowieso nichts anderes als Gehorsam und Enthaltsamkeit zu üben möglich ist, mit ihrer jetzigen Lage auszusöhnen und sie auf den zukünftigen Lohn im Himmel zu vertrösten. Denn Christi Forderungen richteten sich primär gar nicht an die Armen und Benachteiligten, die immer wieder als die Erben des Reiches der Himmel genannt werden! Vielmehr waren die Reichen zuerst angesprochen und zur Buße aufgerufen:

> Die Enthaltsamkeit ist kein Narkotikum für die Seelen der Ausgestoßenen, vielmehr ist sie ein Alarmruf an den Charakter der Mächtigen und Besitzenden! Wenn a l l e Enthaltsamkeit üben würden, dann wäre das Kapital auf die Gesamtheit verteilt. Wenn jedoch eine Gruppe auf der Anhäufung von Besitz beharren würde, dann wären sie die einzigen, denen Luxus (wörtl.: der Schatz) und Wohlstand versagt sind, denen Enthaltsamkeit und (die Bereitschaft, von ihrem Überfluß) zu spenden, befohlen sind...; es sind nicht die Armen, die das, von dem sie sich enthalten sollen, sowieso nicht finden (37).

> Die Religion fordert Arbeit und Aktivität, damit die Produktion und der Wohlstand zunehmen; sie fordert Gerechtigkeit und Wohltätigkeit, damit die Güter in so viele Hände wie möglich gelangen...; von hier aus wird die Barmherzigkeit Gottes gegenüber seinen Dienern sichtbar (38).

Es ging Christus nicht um eine Abwertung des Besitzes als satanischer Versuchung, sondern darum, ihn als eine "Gnadengabe" (*niʿma*) anzunehmen und, Gottes Willen entsprechend, gerecht und gleich unter den Menschen zu verteilen.

Diese Grundforderung der Religion, die Gleichheit der Geschöpfe Gottes zu respektieren und für gerechte Verhältnisse in ihrem Zusammenleben zu sorgen, ist von den Jüngern und Aposteln unverfälscht weitergegeben worden, wie die neutestamentliche Literatur, aus der Fathi Utman reichlich zitiert, zeigt. Die vom Marxismus vertretene historisch-materialistische oder die psychologische Erklärung der Entstehung des Christentums aus den Zeitverhältnissen, durch die sich die Unterdrückten und Schwachen veranlaßt sahen, Heilmittel zur Linderung ihrer Not in der Form der Religion herzustellen, seien völlig aus der Luft gegriffen und Produkte einer voreingenommenen Phantasie. Seine Entstehung in Palästina läßt sich mit diesen Theorien nicht erklären, da sie seine ursprüngliche Intention nicht beachten. Bestenfalls nach seinem Übergreifen nach Europa mag das Christentum in diesem Sinne verstanden und aufgenommen worden sein, nachdem sich die neue Religion selbst mit den Reichen und Mächtigen verbündet hatte.

Doch trotz dieser spitzen Bemerkung verfällt F. ʿUṯmân nicht der Kurzsichtigkeit islamischer oder europäischer Kritiker des Christentums, die sich nun sogleich naiv und unkritisch zu einer pauschalen Verurteilung dieser Religion berufen fühlen. Vielmehr hält er sich auch bei der Betrachtung späterer Epochen den Blick offen für die Vielschichtigkeit, in der sich das Christentum dem Betrachter darbietet.

Für F. ʿUṯmân gibt es keinen Grund, die Lehren des Christentums abzuwerten. Er sieht in ihnen wesentliche Elemente der göttlichen Mitteilung an die Menschen, die auch nach der durch Mohammed übermittelten Botschaft des Islam nicht außer Kraft gesetzt worden sind. Wohl hat die Verkündigung Christi ihren eigenen geschichtlichen Ort, in den sie zuerst ihre Aufgaben zu erfüllen hatte. Doch zeigt sich ihr göttlicher Ursprung darin, daß sie in ihrer Bedeutung nicht auf jene Periode beschränkt, sondern universal ist:

> Das Christentum ist eine auf die Wirklichkeit bezogene Religion, die kam, um den Menschen in jeder Situation und der Gesellschaft in allen ihren Bedingungen hilfreich zu sein (39).

Damit gelten die ethischen Prinzipien dieser Religion auch dem Muslim, und F. ʿUṯmân wird nicht müde, durch häufige Gegenüberstellung biblischer und koranischer Aussagen ihre wesentliche Übereinstimmung festzustellen (40).

Das Zentrum der christlichen Botschaft sieht er in der Ermahnung zur Liebe und in der Forderung, für Gleichheit und Gerechtigkeit im individuellen wie im sozialen Leben zu sorgen. Diese Lehren gehören untrennbar zu den wesentlichen Elementen einer jeden prophetischen Botschaft, die, ohne daß beide Aspekte voneinander zu trennen wären, zum Glauben an Gott und an das Endgericht und zum Gehorsam gegenüber den aus diesem Glauben resultierenden Forderungen Gottes an das Leben der Gläubigen aufruft. Nur dann, wenn beide Aspekte in enger wechselseitiger Beziehung zueinander stehen, ist der Aufbau einer den Interessen des Menschen entsprechenden Gesellschaft nicht nur theoretisch möglich, sondern auch praktisch durchführbar. Es ist letztlich das für den Islam so charakteristische Bestreben, alle Bereiche der den Menschen umgebenden und ihn einschließenden Wirklichkeit in einer Einheitsschau zusammenzufassen, sie dem *tauḥîd* einzufügen, das auch den Hintergrund zu F. ʿUṯmâns Darstellung der christlichen Lehren abgibt. Und doch muß festgehalten werden, daß dieser *tauḥîd* dem biblischen Denken keineswegs fremd ist, sondern daß mit ihm der Islam ein Erbe bewahrt hat, das er einst vom Judentum und Christentum empfing. Mit seinem nachdrücklichen Hinweis auf die Einheit von Glaube und Ethik führt F. ʿUṯmân, der Muslim, die Christen zu einem der Themen, die bei ihnen oft nicht die nötige Aufmerksamkeit gefunden haben, die sie erfordern.

Zu den grundlegenden Unterschieden zwischen Christentum und Islam

Es ist Fatḥî ʿUṯmâns erklärtes Ziel, über die Kluft des Trennenden hinweg die Gemeinsamkeiten aufzuspüren, die Christentum und Islam miteinander verbinden, und er sieht sie vor allem in der Ethik und ihrer religiösen Begründung. Dennoch verkennt er keineswegs, daß im Bereich der *ʿaqâʾid*, der dogmatischen Glaubenslehren, wesentliche Unterschiede zwischen beiden Religionen bestehen. Am Schluß seines Buches, bevor er in einem abschließenden kurzen Paragraphen die Schlußfolgerungen aus seinen Darlegungen zieht, geht er noch einmal auf die klassischen Streitfragen zwischen Christen und Muslimen ein; der Unterschied liegt in den folgenden Punkten:

> ... in der Beziehung Christi zu Gott - oder dem Gedanken der Trinität;
> ... in der Frage, ob die Kreuzigung Christi stattgefunden hat - oder dem Gedanken der Erlösung;
> ... und natürlich in der Ansicht über das Prophetentum Mohammeds und die Religion des Islam (41).

In seinen Bemerkungen zu den ersten beiden Fragekreisen geht es Fatḥî ʿUṯmân nicht darum, erneut den islamischen Standpunkt unter dem Vorzeichen der klassischen Polemik darzustellen, vielmehr ist auch hier ein irenischer Grundton die Dominante. Zum ersten Punkt weist auch er auf die religionsgeschichtliche Verwandtschaft der Aussagen über die Gottessohnschaft und Trinität zu nichtoffenbarten Religionen hin. Doch zielt er mit diesen Feststellungen nicht darauf ab, sie als heidnisch zu klassifizieren. Vielmehr ist ihm die Beobachtung wichtig, daß gerade um diese zentralen Lehren immer wieder in der christlichen Dogmengeschichte heftig gekämpft wurde und sich nicht nur die Ketzer von den Orthodoxen schieden, sondern auch die Orthodoxen untereinander kaum zu einem Konsensus kamen. Damit ist deutlich, daß diese Frage nicht im Bereich der Vernunft, die als letzte Instanz über wahr und unwahr entscheidet, liegt und hier gelöst werden könnte, sondern auf einen Unterschied der Ansichten (*raʾy*) zurückgeht und damit auf einer Ebene liegt, der die Kriterien zur Feststellung der Wahrheit fehlen. Ferner reicht der "Unterschied der Ansicht" nicht aus, um eine grundsätzliche Gegnerschaft beider Religionen zu rechtfertigen; dies könnte nur durch ein Urteil der Vernunft geschehen.

Auch beim zweiten Punkt, der Frage, ob die Kreuzigung stattgefunden habe oder nicht, versucht Fatḥî ʿUṯmân über den Streit um Worte hinaus zu einer tieferen Betrachtung hindurchzudringen.

> In der Lehre von der Kreuzigung geht es nicht um bloße Ereignisse, die unter historischem Aspekt auf eine bestimmte Weise stattfanden oder auf eine andere Weise geschahen. Vielmehr geht es ihr um das aus dem Geschehen abgeleitete Ergebnis. Wir meinen damit den Gedanken der Erlösung (42).

Er weist darauf hin, daß im Islam die Voraussetzungen für eine der christlichen entsprechende Erlösungslehre fehlen: nämlich die Überzeugung, daß mit der Sünde Adams eine grundsätzliche Verderbtheit der menschlichen Natur eingetreten sei. Nach islamischer Ansicht blieben die Folgen des Ungehorsams auf Adams

Person beschränkt; ja, durch seine Buße (*tauba*) wurde ihm sogar die Vergebung zugesprochen (43).

Aber auch hier ist F. ʿUṯmân um den Aufweis einer von der traditionellen Polemik verdeckten Verwandtschaft zwischen christlichem und islamischem Denken bemüht. Zunächst wird für den Christen die Erlösung erst dann wirksam, wenn der Glaube seine Entsprechung in den Taten erfährt (44). Seine Taten aber sind es auch, die den Muslim hoffen lassen, am Tage des Gerichts auf die Fürsprache des islamischen Propheten rechnen zu dürfen. In beiden Religionen, so schließt F. ʿUṯmân, sind die mit dem Glauben verbundenen Taten der Schlüssel, um die Lossprechung von der Schuld und die Aufnahme ins Paradies zu erlangen.

Zur dritten strittigen Frage schließlich, dem Verhältnis der Christen zu Mohammed, nimmt er die im Neuen Testament ausgesprochene Warnung vor den falschen Propheten positiv auf, doch dürfe, so betont er, diese Warnung nicht eine sachliche Prüfung späterer prophetischer Botschaften durch die Vernunft verhindern. Die Christen beziehen die Parakletverheißung auf die dritte Person der Trinität. Doch lassen die Orthodoxen im Gegensatz zu den Katholiken den Paraklet nur vom Vater gesandt sein und fragen deshalb jene: mit welcher Vollmacht sendet Jesus dann den Heiligen Geist (45)? Doch auch dann, wenn die Christen Mohammed nicht als vom Vater gesandten Propheten anerkennen, so sollte sie nichts daran hindern, in Mohammed einen Rufer "zum Guten und zur Aufrichtigkeit" zu sehen, "der die Grundlagen des Glaubens an Gott und den Jüngsten Tag bestätigt" (46).

Der Monotheismus als gemeinsame Grundlage des Glaubens

Daß die Anhänger beider Religionen auch im gegenseitigen Respekt miteinander leben können, sieht er nicht nur in der Geschichte bestätigt, als z.B. die Christen Ägyptens und Syriens die muslimische Herrschaft der byzantinischen christlichen vorzogen, und auch Jahrhunderte später noch christliche Geschichtsschreiber auf das verhältnismäßig gute Zusammenleben der Anhänger beider Religionsgemeinschaften hinwiesen. Auch unter den heutigen Vertretern beider Religionen scheinen sich mehr und mehr Wortführer für das Ziel eines respektvollen Umganges miteinander einzusetzen. F. ʿUṯmân weist dabei auf den in der arabischen Welt sehr geschätzten ägyptischen Literaten Amîn al-Ḫûlî (47) und auf Kardinal König aus Wien hin. Letzterer hatte am 31. März 1965 in der Muḥammad-ʿAbduh-Halle der Azhar-Universität einen Vortrag über den "Monotheismus (*tauḥîd*) in der gegenwärtigen Welt" gehalten und sich darin für den Abbau der gegenseitigen Polemik ausgesprochen. Angesichts der Christen und Muslime in gleicher Weise bedrohenden Machtentfaltung des materialistischen Denkens sei es an der Zeit, die im Monotheismus wurzelnden Gemeinsamkeiten des Glaubens im gegenseitigen Hören aufeinander neu zu entdecken, ohne dabei die wesentlichen Unterschiede in den Glaubenslehren zu übergehen (48).

Diese Aufrufe des muslimischen Literaten wie des katholischen Würdenträgers zu einem friedlichen Miteinander unterstützt Fatḥî ʿUṯmân nachdrücklich. Am Beispiel des sowohl von seinen Zeitgenossen als auch von der Nachwelt hochverehrten ersten Khalifen Abû Bakr - er war der einzige der vier rechtgeleiteten Khalifen, der nicht von Mörderhand starb - zeigt er, daß das Interesse an "der Religion" (*dîn*) und ihrem Geschick in der Welt keine Angelegenheit ist, die sich in das Ghetto einer einzigen Religionsgemeinschaft einsperren ließe.

Ebenso wie Kardinal König tritt auch F. ʿUṯmân nicht dafür ein, daß die Unterschiede in den dogmatischen Systemen beider Religionen, in denen es schließlich um nichts Geringeres geht als um die Frage nach der Offenbarung der göttlichen Wahrheit, leichtfertig ignoriert oder unter den Tisch gekehrt würden; darauf wies er bereits in der Einleitung seines Buches hin. Und doch bietet die in beiden Religionen fest verwurzelte Ethik, deren gemeinsame Wurzeln im Glauben an den einen Gott als den Herrn der Welt liegen, eine breite Grundlage für den Respekt vor dem anderen, von dem man weiß, daß er, sofern er seinen Glauben ernst nimmt, für die Verwirklichung der göttlichen Forderung nach Gleichheit und Gerechtigkeit unter den Menschen eintritt.

Kapitel 10

Der Mensch angesichts Gottes

Am Ende unseres Ganges durch die Geschichte, die das Christusverständnis der Muslime durchlaufen hat, können wir feststellen, daß die klassische, von apologetischen Motiven geprägte Polemik nicht mehr allein das Feld beherrscht. Neben sie ist das Bemühen getreten, über das Trennende hinweg Gemeinsamkeiten aufzusuchen, die unter dem Schutt jahrhundertelanger Feindschaft und ihrer kriegerischen und psychologischen Folgen begraben wurden, die jedoch, wieder ans Tageslicht gebracht, ein neues Kapitel in den Beziehungen zwischen Muslimen und Christen einleiten könnten.

Als erster hatte Muḥ. ʿAbduh nach Wegen gesucht, auf denen die fruchtlos gewordene gegenseitige Polemik überwunden und ein Neuanfang im Verhältnis der prophetischen Religionen zueinander gewagt werden könnte. Er glaubte, im Rückgriff auf die Vernunft (*ʿaql, ratio*) den Schlüssel für seine Bemühungen gefunden zu haben. Keine der prophetischen Religionen - neben dem Islam und dem Christentum ging es Muḥ. ʿAbduh auch um das Judentum - würde bleiben können, was sie im Laufe der Geschichte geworden war. Alle Elemente, die der Vernunft widersprechen, müssen eliminiert werden, da sie im Rahmen der von Gott offenbarten einen Religion keinen Platz haben können. Denn Gott als der Schöpfer der Vernunft kann selbst nicht widervernünftig sein und folglich auch nicht verlangen, daß die Gläubigen Widervernünftiges als die göttliche Wahrheit anerkennen.

Die Rolle der Vernunft in der Religion

Für Muḥ. ʿAbduh bedeutete das Verhältnis von Offenbarung und Vernunft kein grundsätzliches, sondern lediglich ein historisches Problem. Es entstand, als die verschiedenen Lehrmeinungen in den Religionen begannen, die ursprüngliche prophetische Botschaft zu überwuchern, bis sie schließlich den Blick auf den wahren Kern der Religion verdunkelten und den Anschein erweckten, als seien sie selbst identisch mit der Offenbarung. Dies war an sich der alte Vorwurf, der immer wieder seitens der muslimischen Gelehrten gegen die Christen erhoben worden war. Das Neue an ʿAbduhs Kritik war jedoch seine kompromißlose Nüchternheit, mit der er erkannte, daß seine eigene Religion durchaus dieselbe Entwicklung durchlaufen hatte (1). Durch den Aufruf, den "*taqlīd*", die blinde Nachahmung der Traditionen, abzulegen und allein der Leitung der Vernunft zu vertrauen, hoffte er, daß Christen und Muslime gemeinsam den Weg zurück zur "Religion

Gottes" finden könnten. Es war, worauf bereits hingewiesen wurden, Muḥ. ʿAbduhs feste Überzeugung, daß die Erkenntnisse der Vernunft und das durch die Offenbarung mitgeteilte Wissen miteinander identisch seien (2).

Aber Muḥ. ʿAbduh irrte sich, wenn er glaubte, daß sein Verständnis von Vernunft mit dem der europäischen Rationalisten seiner Zeit im wesentlichen übereinstimmte. Wenn auch die grundlegenden dogmatischen Definitionen im Islam wie die Lehre von der Einheit Gottes (*tauḥîd*) ein größeres Maß an rationaler Durchsichtigkeit aufweisen als etwa die entsprechenden christlichen und damit einem philosophischen Monismus näher kommen als der Theologie, und wenn auch der islamische und der westliche Rationalist manche Überzeugungen teilen und sich etwa in der Reduktion der Christologie auf eine vorbildliche Ethik des Messias treffen (3), so scheiden sie sich dennoch bei der Frage nach der formalen Möglichkeit einer ans Wort gebundenen Offenbarung, die die Existenz eines jenseitigen oder zumindest verborgenen Gottes voraussetzt.

Nun ist der Muslim der festen Überzeugung, daß die Gottesfrage durch den Schöpfungsbeweis rational beantwortet werden kann (4). Doch wird ihn dann der westliche rationalistische Gesprächspartner darauf hinweisen müssen, daß nach Kants grundsätzlicher Kritik an allen Gottesbeweisen die Existenz Gottes nicht mehr als beweisbare Tatsache angesehen werden kann. Sie ist eine Frage des Glaubens, und je nach seiner eigenen Überzeugung wird dieser westliche Gesprächspartner diesen Glauben als Aberglauben oder als der Vernunft übergeordnete Erfassung der Wahrheit betrachten.

Damit sind die Grenzen deutlich, die einem von Muḥ. ʿAbduh ausgehenden Dialog zwischen Muslimen und Christen gesetzt sind. Die Berufung auf die Vernunft kann deshalb nicht zu einem gemeinsamen Glaubensgrund zwischen beiden Religionen führen, weil bereits die Definition der "Vernunft" sowie dessen, was aufgrund ihrer Erkenntnisse gesagt werden kann, Unterschiede deutlich macht, die ihren Grund in der verschiedenen Struktur des christlichen einschließlich des westlich-säkularen sowie des islamischen Denkens und seiner verschiedenen geistesgeschichtlichen Entwicklung haben. Der Muslim, dem bisher der v o n i n n e n, d.h. aus dem Islam selbst kommende Angriff des rationalen Denkens auf die V o r a u s s e t z u n g e n - nicht nur auf einige Ä u ß e r u n g e n - seines Glaubens erspart geblieben ist, glaubt, daß die Gotteserkenntnis eine Angelegenheit der Vernunft sei, während sich der Christ nach einem mehr als zweihundert Jahre dauernden Kampf mit dem rationalen Denken sagen lassen mußte, daß sie sich ausschließlich dem Glauben erschließt, während die *ratio*, sofern sie sich an die Prinzipien des wissenschaftlichen Denkens hält und nicht in den Dienst einer Ideologie tritt, in der Frage der Gotteserkenntnis neutral ist und sowohl mit der Existenz Gottes als auch mit seiner Nichtexistenz rechnen, jedoch weder das eine noch das andere beweisen kann. Damit ist der moderne Christ auf die biblische Feststellung zurückverwiesen, daß der Glaube an Gott bereits in formaler Hinsicht "höher ist als alle Vernunft", aus der Überzeugung heraus, daß über Gottes Wesen "an sich" keine Aussagen gemacht werden können, sondern daß dieses Wesen nur soweit erkennbar und definierbar ist, als es sich selbst mitteilt. Und diese Selbstmitteilung offenbarte keine Seinsattribute - der Muslim würde von "*ṣifât ḏâtîya*" sprechen (5) -, sondern Gottes "*engagement*" in der Schöpfung, seine personale Betroffenheit von den Handlungen und der Haltung der Menschen und seine ebenso personale Antwort darauf: daß er diesen Menschen nicht nach einem objektiven Gesetz verurteilen, sondern daß er ihn in direkter Begegnung mit seiner Liebe überwinden will.

Mit dieser Feststellung wird nicht behauptet, daß die Vernunft aus dem Bereich des Glaubens ausgeklammert ist. Vielmehr wird sie auch im christlichen Nachdenken über Gott eine entscheidende und scheidende (kritische) Rolle spielen, indem sie alle Elemente, die sich zwischen den Gläubigen und dem Geglaubten einzuschleichen versuchen, aufspürt und als Aberglauben entlarvt. Zu diesen Elementen gehört auch die blinde Übernahme alter und moderner dogmatischer Definitionen (*taqlîd*), deren ursprüngliche Funktion, nämlich die Abwehr wesensfremder Theologoumena, nicht mehr erkannt wird, sondern die nun als authentische Aussagen über die "Wahrheit", und das heißt über Gott, beanspruchen, selbst geglaubt zu werden, anstatt daß sie helfen, dem lebendigen Glauben Ausdruck zu verleihen (6). Hier hat ohne Zweifel die Vernunft die Aufgabe, immer wieder kritisch die zeitbedingte Aussageform daraufhin zu untersuchen, ob es ihr gelingt, auf den Wesenskern des Glaubens gültig hinzuweisen und den Weg zu Gott sowohl von der selbst unantastbar gewordenen *šarî'a* als auch von selbstherrlichen dogmatischen Formulierungen und Ideologien zu säubern, denen es nicht mehr gelingt, den Blick freizugeben auf die hinter ihnen liegende Wirklichkeit des lebendigen Gottes. Soweit sind wir mit Muḥ. 'Abduh einer Meinung. In die direkte Begegnung mit Gott, aber letztlich auch in die tiefste Erkenntnis Gottes, führt jedoch nicht mehr die Vernunft, die Gott nur beschreiben kann, sondern der Glaube, der vom Worte Gottes lebt und sich in der immer wieder neu zu formulierenden Antwort des Menschen, in seinem "Dialog" mit Gott, ausdrückt. Wo die Fähigkeit zu solcher stets neuer Formulierung des Glaubens nicht mehr gegeben ist, ist das lebendige Verhältnis zu Gott gestört. Dies ist auch von Bedeutung im interreligiösen Dialog, wo es in besonderer Weise darauf ankommt, in der Begegnung mit anderen Denk- und Glaubensstrukturen sich verständlich auszudrücken, wozu die in der eigenen Tradition gepflegten Ausdrucksformen oft nicht ausreichen.

Jesus Christus und seine geschichtliche Situation

ʿAqqâd wendet sich mit seinem Buche vorwiegend an muslimische Leser, denen er den Blick für die jeweils originelle geschichtliche Situation, in der die großen Gestalten der religiösen Geschichte auftraten, öffnen will. Wenn auch die - in der Regel nicht angegebenen - Quellen, aus denen er seine Kenntisse über die Zeitgeschichte Christi schöpfte, von zweifelhaftem historischen Wert zu sein scheinen, so ist doch einfach die Tatsache, daß er bewußt und konsequent die prophetische Gestalt in die geschichtliche Situation hineinstellt und nicht mehr umgekehrt die geschichtliche Situation von dem Auftreten des Propheten qualifiziert sein läßt, von beträchtlicher Bedeutung. Zwar hält auch ʿAqqâd daran fest, daß es Gott ist, der im entscheidenden geschichtlichen Augenblick den Propheten sendet. Doch scheint Gott wenig Einfluß auf den Ablauf der geschichtlichen Ereignisse selbst zu haben, die schließlich diesen Augenblick herbeiführen. Damit tritt er als der alleinige Lenker der Geschichte in den Hintergrund, wenn er denn überhaupt noch diese Funktion ausübt, und das allgemeine geschichtliche Geschehen läuft nach eigenem Gesetz ab.

Diese positivistische Geschichtsbetrachtung ist etwas Neues im sunnitischen Islam, für den die geschichtlichen Ereignisse direkte Auswirkungen des Handelns Gottes sind. In dem mangelnden Sinn der Muslime für die Eigengesetzlichkeit geschichtlicher Zusammenhänge und Abläufe hat man seitens der westlichen Kritiker stets eine der größten Hindernisse gesehen, die den Weg zu einer radikalen und effektiven Erneuerung des islamischen Denkens und der nötigen Standortbestimmung innerhalb der modernen Welt blockieren. ʿAqqâd wäre von dem Ausgangspunkt seines Denkens aus fraglos in der Lage gewesen, den islamischen Offenbarungspositivismus, der eine distanzierte und objektive Geschichtsbetrachtung verhindert, zu überwinden. Umso bedauerlicher ist es, daß er selbst ein zu wenig origineller Denker war, der die aus dem Westen übernommenen Ideen in eine fruchtbare Auseinandersetzung mit dem eigenen islamischen Erbe, dem er sich verpflichtet wußte, hätte führen können. Sein Verdienst ist es, daß er diese Ideen einem weiteren arabisch-sprachigen Leserkreis vermittelt hat. Die in die Tiefe gehende Auseinandersetzung mit ihnen steht jedoch noch aus.

Sofern diese Auseinandersetzung ʿAqqâds Buch über das Leben Christi betrifft, wird von ihr vor allem eine tiefere Reflexion über die Frage des Leidens Christi erwartet werden müssen. Das Leiden Christi, durch welches das Gewalt und Unrecht verbreitende Wesen des religiösen wie des säkularen Menschen ins Licht gestellt wurde, ist die Voraussetzung für den die christliche Gemeinde konstituierenden Glauben, daß Gott sich zu dem unschuldig Ermordeten als zu seinem Sohn bekennt und ihn mit dem neuen Leben beschenkt, und die Frage nach dem Sinn dieses Leidens und Sterbens führte die Anhänger Jesu Christi zur Einsicht in den Heilsplan Gottes. Indem ʿAqqâd die Geschichte

Christi bei der Tempelreinigung enden läßt, schließt er die entscheidenden Elemente aus dem Leben und der Persönlichkeit Jesu Christi aus, die Elemente, die nicht erst nach den Ereignissen in Gethsemane zum Tragen kommen, sondern die bereits vorher das Auftreten Christi und seine Lehre prägten, und die auch im sunnitischen Islam keineswegs übersehen werden, auch wenn der letzte Schritt bis zum Kreuzestod aus den wiederholt genannten Gründen nicht mitgegangen wird.

Wenn man jedoch in der Geschichte das Handeln Gottes entdecken will, dann muß, bevor eine bestimmte Geschichtsschau oder -philosophie ausgebildet wird, zunächst die ganze Geschichte mit allen ihren Ereignissen ernst genommen werden. Es geht nicht an, mit der Geschichtsbetrachtung dort ohne Angabe von Gründen aufzuhören, wo es einem gerade geeignet erscheint; zudem hätte man gerne die Kriterien gewußt, die ʿAqqâd zu seiner Ansicht veranlassen, gerade die Tempelreinigung sei das letzte historisch einwandfrei bezeugte Ereignis im Leben Jesu gewesen. Wahrscheinlich gründet ʿAqqâds Meinung darauf, daß er in ihr den ersten praktischen und machtvollen Schritt Jesu zur Verwirklichung der "Herrschaft Gottes" auf dieser Erde sah - gleich jenen Zeitgenossen Jesu, die in diesem Augenblick dasselbe hofften, sich jedoch wenig später, enttäuscht über ihren Irrtum, von ihm ab oder gegen ihn wandten.

Das Problem des "Reiches Gottes"

Tatsächlich hat das große Mißverständnis ʿAqqâds, das ihn blind machte für die Bedeutung des Leidens Christi, seine Wurzeln in seinem Verständnis des "Reiches Gottes" (oder des "Reiches der Himmel"). Gewiß konnte er dieses als "Reich des Geistes" bezeichnen, aber als Reich welchen "Geistes"? Es war ihm offensichtlich nicht möglich, sich ein "Reich" vorzustellen, dessen Stärke nicht auf der Hilfestellung weltlicher Macht beruht, sondern im bewußten Verzicht auf diese Macht und nach kurzer Zeit sogar in direktem Gegensatz zu ihr. ʿAqqâd versteht den Begriff "Reich Gottes" von der späteren Deutung her, die er im christlich gewordenen Römischen Reich und vor allem in Byzanz, das wegen seiner geographischen Nachbarschaft das Bild der Muslime vom Christentum entscheidend prägte, erhalten hatte. Nun kommt diese Deutung gewiß dem nahe, was sich die Muslime unter der "Herrschaft Gottes" vorstellen. Doch ist der Gegensatz evident, der zwischen dem politisch verstandenen "Reich" und dem besteht, was im Neuen Testament mit "Reich Gottes" gemeint ist. Gewiß wirkt es sich auch im Verständnis des Neuen Testaments gesellschaftlich aus, und die Beschränkung auf eine reine Innerlichkeit, wie sie durch eine falsche Interpretation von Lk. 17,21 nahe gelegt werden kann, geht nicht weniger am tatsächlichen Sinn dieses Ausdruckes vorbei als die spätere kaiserlich-römische. Dennoch vermissen wir bei ʿAqqâd jedes Gespür für die Hintergründigkeit, die das neutestamentliche Verständnis des Reiches Gottes bestimmt, und die es unmöglich macht, es in politische oder auch soziologische Kategorien einzuordnen oder es mit staatsrechtlichen *termini* zu beschreiben. Daß ʿAqqâd das im Neuen Testament im wesentlichen noch als künftig betrachtete Kommen dieses Reiches (abgesehen von seiner Präsenz im Wirken Christi) auf die konstantinische Wende bezieht, zeigt völlig, wie tief sein Mißverstehen geht (7).

In den Evangelien wird das "Reich Gottes" nicht dort gesucht, wo sich weltliche Herrschaft der "Herrschaft des Geistes" unterwirft, sondern dort angesagt, wo sich der Mensch durch den Willen Gottes, seine Gnade auszuüben, überwinden läßt. Dies geschieht in der Regel nicht bei denen, die im Lichte der Geschichte stehen und deshalb vor aller Augen sichtbar den Wechsel zwischen der Herrschaft der widergöttlichen Gewalt und derjenigen Gottes demonstrieren könnten, sondern bei den im Verborgenen lebenden "Betrübten und Verlassenen", die zuerst offen sind für das Gnadenangebot und gerade in ihrer Verlorenheit den gegenwärtigen Gott umso dankbarer und freudiger aufnehmen und sich seiner Herrschaft unterstellen. Wer in die Gefolgschaft Jesu eintritt, für den ist das Reich Gottes eine bereits jetzt das Leben bestimmende Kraft geworden. Damit ist es eine verborgene Wirklichkeit, unverständlich und unsichtbar denen, die als neutrale Betrachter oder als Neugierige mit blinden Augen nach ihm suchen, denn es äußert sich nicht in Machttaten des alles Unrecht und materielle Streben zerschlagenden Geistes, der dann doch schließlich die gleichen Mittel, wenn auch mit unterschiedlicher Motivation, einsetzen würde, sondern es äußert sich in der Schwachheit und Bedeutungslosigkeit derer, die auf eigene Macht verzichten und in die Nachfolge Christi eintreten, also *sub contrario* dessen, was im säkularen Sinne unter "Reich" verstanden wird.

Nun bleibt freilich dort, wo das Reich Gottes bereits eine gegenwärtige Wirklichkeit geworden ist, dennoch nicht alles beim Alten. Auch das Reich Gottes hat seine soziale Dimension. Aber diese wirkt zunächst im Leben der Gemeinde, zu der sich diejenigen zusammengeschlossen haben, die die Herrschaft Gottes über ihr Leben anerkennen. Im Zusammenleben der Glieder dieser Gemeinde wird nun nochmals deutlich, wie sich die gängigen Wertevorstellungen umkehren, denn es ist nicht auf dem Prinzip der Herrschaft, sondern auf dem des Dienens (*diakonein*) aufgebaut, und es wird nicht durch gesetzliche Vorschriften geregelt, sondern durch die Impulse der "brüderlichen Liebe" (*philadelphia*), die für den Anderen das Bessere sucht als für sich selbst. Die Verhaltensweisen innerhalb der Gemeinde bestimmen auch das Verhältnis ihrer Glieder zur "Welt", zu den "außerhalb" stehenden gesellschaftlichen Gruppierungen und ihren Gliedern. Das Ziel der Mission, das Hinausgehen aus der Gemeinde in die "Welt", ist nun ebenfalls nicht, daß die Herrschaft aus den Händen der alten Machthaber in die Hände neuer, möglicherweise christlicher, Herrscher übergeht, sondern auch hier der Dienst am Menschen, durch den die Nähe Gottes und seines Heilswillens angekündigt und zur Bereitschaft, ihn anzunehmen, ermuntert wird. In der Verkündigung Christi geht es ausschließlich um die Erneuerung des menschlichen Wesens (man könnte auch sagen: um die Wiederherstellung seines ursprünglichen, vom Schöpfer gewollten Wesens), die sich in der Annahme der Gottesherrschaft und im Bekenntnis zur Gottheit Gottes sowie in der Anerkennung der eigenen Kreatürlichkeit zeigt.

Ist das Verhältnis zu Gott in Ordnung und der Mensch mit sich selbst im Reinen, dann hat dies auch die Neuordnung der Beziehungen zum Mitmenschen zur Folge. Alle Versuche jedoch, in der Verkündigung Christi eine lediglich politische und/oder soziale Heilslehre zu sehen, deren Ziel der Umsturz der gesellschaftlichen Verhältnisse sei, liegen auf der Linie des Denkens derer, die rechtzeitig erkannten, daß ihre auf Christus gesetzte Hoffnung eine Illusion war, und die nun, enttäuscht und verbittert, sich an seiner Beseitigung beteiligten, das "Hosianna"durch das "Kreuzige" ersetzten oder, wie Judas, Christus zur Änderung seiner Haltung zwingen wollten und dadurch zum Verräter an ihm wurden. Es ist nicht überraschend, daß die Figur des Judas, dessen Schicksal durchaus tragisch ist, dort am sympatischsten gezeichnet wird, wo die Kritik an Jesu "unpolitischer" (d.h. aktionsfeindlicher) Haltung am stärksten ist. Unter den muslimischen Denkern trifft dies insbesondere auf Rašîd Riḍâ und Taufîq Ṣidqî zu, für die Judas geradezu zum Erzmärtyrer wird - freilich nicht als Selbstmörder, sondern als der Gekreuzigte - , dessen Untergang auf das Konto der "Weltfremdheit" Christi und seiner Anhänger geht (8).

Demgegenüber bleibt zu betonen, daß das christliche Verhältnis zur "Welt" ein dialektisches ist: sie ist das Feld, in das der Christ ebenso wie Christus zur Arbeit im Auftrage Gottes gesandt ist. Es ist die sündige Welt, d.h. die Welt, die sich von Gott abgewendet hat, und die Gott dennoch so liebt, daß er seinen Sohn in sie sandte, um ihr wieder den Weg zurück zu eröffnen. Doch wird der Christ ebenfalls die "Welt" nicht mit seiner "Heimat" identifizieren und sich nicht als "Kind dieser Welt" betrachten, nachdem er weiß, daß ihm die Gemeinschaft mit Gott offen steht. "Jedwede Form der Synthese mit der Welt ließe die Gemeinde als Salz der Erde verdummen und als Licht der Welt verdämmern" (9). Es geht im Leben und Glauben der Gemeinde nach innen wie nach außen einzig und allein um die Verwirklichung der Herrschaft des gegenwärtigen Gottes über den Menschen, die sich im Dienen und im kompromißlosen Verzicht auf alle Macht zeigt. Daß die so verstandene christliche Existenz durch ihre Umkehrung der gängigen Wertevorstellungen auf den Widerspruch oder gar die Feindschaft der Anhänger der alten Verhältnisse und Maßstäbe stößt, ist eine Erfahrung, die nicht erst die Gemeinde durchzustehen hatte, sondern die bereits das Geschick Jesu selbst bestimmte. Es ist jedoch das entscheidende Mißverständnis ʿAqqâds, wenn er meint, daß sich Jesus angesichts des Widerstandes daheim schon selbst und absichtlich an die Völker jenseits der Grenze des Judentums wandte und d a m i t seiner Botschaft jenen universalen Charakter gab, der ihr später eignete. Es scheint ʿAqqâd letztlich unmöglich zu sein, andere als geographisch-politische bzw. "geschichtliche" Maßstäbe für die Beurteilung der Botschaft Christi, ihrer Auswirkungen und ihres Zieles anzuwenden. Doch widerspricht seiner Ansicht nicht nur der tatsächliche Ablauf der Geschichte Jesu - statt in die hellenistische Völkerwelt ging er in das Zentrum des religiösen Widerstandes, nach Jerusalem - sondern auch der innere Trend der Botschaft Jesu steht allen Versuchen, den Widerständen der alten Ordnungen auszuweichen oder sie mit ihren eigenen Waffen zu bekämpfen, entgegen. Das Reich Gottes ist kein neues Glied in der Kette kommender und gehender Reiche, deren Unterschiede sich jeweils nur auf den herrschenden Personenkreis und dessen Ideologie, nicht jedoch auf die Methoden ihrer Machtausübung beschränken, sondern es ist das radikal Neue, das in keinerlei Weise an Bestehendes anknüpft und es weiter entwickelt, sei es im Sinne einer zur Vervollkommnung fortschreitenden Kontinuität oder einer geschichtsimmanenten Dialektik.

Dieses radikal Neue liegt zunächst in der illusionslosen Nüchternheit, mit der der Zustand des jeglicher Barbarei applaudierenden oder gar an ihr teilnehmenden Menschen gesehen und ernstgenommen wird. Die Wurzel des Übels, daß das Recht des einen für den anderen Unrecht bedeutet, liegt nicht an den Strukturen, sondern in der Natur dessen, der diese Strukturen geschaffen hat, in der Natur des Menschen. Solange diese Natur des Menschen - sei es im islamischen oder im christlichen oder in einem anderen Denken - verharmlost wird, wird vom Glauben an die in Christus gekommene Gnade Gottes, die nun selbst an die Stelle des menschlichen Subjekts treten und die Handlungen und Verhaltensweisen des Menschen bestimmen will, nichts anderes als eine unter anderen Morallehren bleiben, und zwar gewiß nicht die beste und einfallsreichste, wie die vielen Anleihen zeigen, die bereits im Neuen Testament an außerchristlichen Systemen, vor allem der Stoa, gerade in diesem Bereich der Ethik gemacht wurden.

Unterschiede der Anthropologie

Erst auf dem Hintergrund der neutestamentlichen Anthropologien und ihrem Verständnis der Sünde wird die ganze Tiefe des Glaubens an die gekommene Gnade und der dadurch ermöglichten neuen Existenz des Menschen erfaßt werden können, und erst dann, wenn begriffen ist, daß Gott sein autonom gewordenes Geschöpf nicht mit seiner Macht ("himmlische Heerscharen", vgl. Mt. 16,53), sondern mit seiner Liebe überwinden will, wird auch schließlich deutlich werden, daß sein Reich nichts mit Machtentfaltung oder Machtübernahme im politischen Sinne zu tun haben kann. Die Antwort Christi und seiner Anhänger auf die Nachstellungen und die Feindschaft der Mächtigen war nicht die Botschaft, daß die Armen und Unterdrückten in die Paläste der Reichen und Mächtigen und diese in die Slums der Proletarier befördert werden und damit letztlich doch alles beim Alten bleiben solle, sondern daß beide, Arme und Reiche, auf die neue Ebene der Gotteskindschaft geladen werden, um dort zunächst zu einem neuen menschlichen, brüderlichen Verhältnis zueinander zu kommen, das dann als Folge freilich auch ihr gesellschaftliches Verhältnis zueinander entscheidend verändern wird. Es geht dabei vor allem nicht um einen Austausch der Maßstäbe, an denen Lebensqualität gemessen wird, vielmehr werden diese Maßstäbe neu gesetzt und von dem bestimmt, was mit "Leben" gemeint ist: das vom Geist Gottes bewirkte Leben des ganzen Menschen, dessen "Seele" oder Selbst (*nefeš*, *psychê*) die Einheit seiner leiblichen und geistlich-göttlichen Elemente ist. Die so verstandene Lebensqualität geht allerdings den Reichen nicht weniger ab als den Armen, Kranken und Leidenden. Da letztere aber ihren Mangel am schmerzlichsten empfinden, sind auch sie die ersten Empfänger der Botschaft Christi vom nahen Gottesreich, dessen neue Lebensqualität sie in der Zuwendung zu Christus bereits zu spüren bekommen. Die Kritik an einer politischen Interpretation der Verkündigung Jesu darf also nicht zu dem Irrtum führen, als solle damit in alten Bahnen einem reinen spirituellen Verständnis das Wort geredet werden. Das wäre falsch, genauso falsch wie die politische Interpretation, weil beide das radikal Neue oder Andere in der Botschaft Christi, in der gerade diese Alternativen als obsolet entlarvt werden, ausklammern und damit in den Kategorien des "alten Äon" verhaftet bleiben.

Diese Differenzierung hat Faṭḥî ʿUṯmân beispielsweise sehr viel besser verstanden als ʿAqqâd, wenn er meint, daß nicht die Religion (*dîn*) selbst, sondern das von ihr in Bewegung gesetzte und angeleitete "religiöse Denken" (*al-fikr al-mutadaiyin*) die Beseitigung der ausbeutenden Systeme betreibt. Wem der Glaube zu einem neuen Leben verholfen hat, der wird nicht anders können, als die erfahrene Liebe und die von ihr ausgehende Gerechtigkeit auch dorthin zu tragen, wo er noch die alten Verhältnisse findet, und zwar ohne Rücksicht darauf, ob sein Erscheinen gewünscht ist oder, was wohl häufiger zutrifft, als lästig oder gar gefährlich angesehen und bekämpft wird. Als letzter Weg, seinem Glauben treu zu bleiben, bleibt ihm nur der Weg des Leidens, der oft genug beschritten werden mußte, zuerst von Christus selbst, um damit auch angesichts der letzten Konsequenzen die Andersartigkeit des Gottesreiches mit seiner über die Welt hinausgreifenden Wirklichkeit zu dokumentieren. Im extremen Falle vollzieht sich der Sieg über die alten Ordnungen im Untergang, angesichts der triumphierenden Mächtigen, die ihren eigenen unausweichlichen Untergang jedoch aus den Erwartungen ihres Lebens auszuschließen trachten und dabei die Chance der neuen Wirklichkeit des Lebens in seiner ganzen Fülle verpassen. Hier ist dann noch einmal ʿAqqâd recht zu geben wenn er meint, daß die Mächtigen nicht mit ihren eigenen Waffen bekämpft werden dürfen, falls das Neue tatsächlich etwas anderes als eine Neuauflage des Alten sein soll.

Diese Überzeugung ist einer der Grundpfeiler der christlichen Existenz, der zwar immer wieder kritisiert oder als Ausdruck der Schwäche lächerlich gemacht wurde, auf den der Christ jedoch solange nicht wird verzichten können, als er dem Ursprung seines Glaubens treu zu bleiben gedenkt. So sehr ʿAqqâds Versuch, über die klassische Polemik hinweg der positiven geschichtlichen Wirkung Christi und seiner Anhänger nachzuspüren, auch zu würdigen ist, so wird sein mangelnder Sinn für entscheidende Aspekte des christlichen Selbstverständnisses doch einen Dialog mit ihm nicht einfach gestalten. Daß gerade an der grundsätzlichen Frage des Leidens - selbst wenn wir die Frage nach der Kreuzigung einmal ausklammern - die Schwierigkeiten im Gespräch mit ʿAqqâd auftauchen, ist umso bedauerlicher, als der Koran selbst durchaus etwas vom Leiden der Propheten weiß, auch wenn dies später in Vergessenheit geriet (10). Und auch die frühe, vormedinensische islamische Gemeinde ist nicht eine "*umma qâhira*", eine *ecclesia triumphans* gewesen, sondern war Verfolgungen ausgesetzt, die ebenfalls ihre Märtyrer forderten und zu einer Vertiefung des Glaubens der Standhaften führten. Aber es ist nicht unsere Aufgabe hier, den Muslimen Lektionen über das "richtige" Verständnis ihrer Geschichte zu erteilen. Wir können nur feststellen, daß der Weg des unverfälschten christlichen Glaubens nicht in den geradezu mit Geschichte geladenen Prunk der Hagia Sophia führt, die dem byzantinischen Kaiser ebenso wie dem nachfolgenden osmanischen Khalifen gleichermaßen als Ort der Anbetung Gottes und als Ort der Darstellung herrscherlicher Macht dienen konnte, sondern in die Hütten der von der Geschichte übersehenen Entrechteten, an deren Schicksal auch der islamische Prophet nicht unbeteiligt vorbeiging.

Mit diesen Bemerkungen ist auch der Rahmen des Gesprächs abgesteckt, das mit Fatḥî ʿUṯmân geführt werden kann. Es wurde bereits darauf hingewiesen, daß er dem spezifisch christlichen Denken sehr viel mehr Verständnis entgegenbringt als etwa ʿAqqâd. Der Grund dafür ist zweifellos eine bessere Vertrautheit mit dem Neuen Testament, dem ʿAqqâd seinerseits nur in den Zitaten, die er in der von ihm durchgesehenen Sekundärliteratur fand, direkt begegnet zu sein scheint.

Gemeinsam gegen den Atheismus?

Fatḥî ʿUṯmâns Denken ist von den Gefahren beunruhigt, die er im Aufkommen und in der rapiden Machtausbreitung des materialistischen Atheismus sieht. Dabei geht es ihm nicht nur um den Kommunismus, der zur Verwirklichung seiner Gesellschaftsideologie bewußt den Einsatz seiner Machtmittel einplant und alles, was sich ihm entgegenstellt, wie etwa das religiöse Denken, zu vernichten trachtet. Auch der im Westen verbreitete und mehr und mehr auf die Länder der "Dritten Welt" übergreifende Materialismus, der sein Moralgesetz in der rücksichtslosen Übervorteilung und Ausbeutung des anderen sieht, wird von Fatḥî ʿUṯmân als eine der kardinalen Gefahren für die künftige

Entwicklung der Menschen und ihrer gesellschaftlichen Beziehungen zueinander gesehen. Den tieferen Grund dafür, daß jede Art von materialistischem Denken sich früher oder später gegen den Menschen und seine Würde auswirken muß, sieht F. ʿUṯmân darin, daß das richtende Gegenüber fehlt, das den Menschen zur Verantwortung für sein Handeln zieht. Dieses Gegenüber, Gott, kann durch keine menschliche Institution und der Glaube an Gott durch keine Ideologie ersetzt werden, da diese nie die Autorität des neutralen und absoluten Hüters des menschlichen Gemeinwohls einnehmen könnten. Desgleichen würde das Richteramt von denen, die die Macht hätten, usurpiert und das Recht entsprechend ihren Interessen korrumpiert. Jede von Menschen erdachte Ideologie wird notwendig parteiisch sein, da sie diejenigen, die ihr nicht anhängen, als minderwertig oder gefährlich einstufen und bekämpfen muß, ganz gleich, welche ethischen Qualitäten diese Gegner besitzen mögen. Nur in Gott dagegen haben alle Menschen unterschiedslos ein Gegenüber, das sich ihrer Verfügungsgewalt entzieht und deshalb nicht im Interesse dieser oder jener Gruppe manipuliert werden kann.

Mit dieser Beurteilung des Menschen und seiner - mangelnden - Fähigkeiten, ohne Gott für gerechte Verhältnisse zu sorgen, kommt F. ʿUṯmân dem christlichen Verständnis des Menschen sehr nahe, und hier besteht ohne Zweifel eine tiefere Gemeinschaft zwischen den Gläubigen des Islam und denen des Christentums als zwischen Christen und Atheisten. Und doch können wir uns auch hier nicht mit der Feststellung von zweifellos vorhandenen und endlich wiederentdeckten Gemeinsamkeiten zwischen Muslimen und Christen zufrieden geben, sondern müssen auch hier auf einige konzeptionelle Unterschiede verweisen, die im Dialog mit F. ʿUṯmân nicht verschwiegen werden können und bei der Begründung der Ethik entscheidende Bedeutung erlangen.

Einer dieser Unterschiede liegt in dem Verhältnis des Gläubigen zu Gott und umgekehrt. Es ist geradezu ein Stereotyp in der westlichen theologischen Beurteilung des islamischen Gottesbildes, "*Allâh*" mit einem orientalischen Despoten zu vergleichen, der allein die Herrschaft ausübt und allem den Garaus macht, was ihm seinen Herrschaftsanspruch streitig machen könnte. Dieser Gott thront dann jenseits der Welt, in beziehungsloser Einsamkeit. Erst am Tage des Gerichts wird er sich wieder mit ihr beschäftigen, und zwar dann als der Richter, der nach eigener Willkür über Gedeih und Verderb urteilt. Auch die oben in der Einleitung genannten Beurteilungen des Islam setzen ein solches Gottesbild im Islam voraus - ohne freilich zu fragen, ob es überhaupt religiöse Glaubwürdigkeit besitzen kann (11).

Mohammed und seine Anhänger sahen in Gott jedenfalls nicht den zu fürchtenden unberechenbaren Tyrannen, sondern den zu fürchtenden gerechten Richter, wie Daud Rahbar aufgrund ausführlicher Exegesen koranischer Texte und unter gleichzeitiger Kritik an der späteren islamischen Theologie und dem von ihr inspirierten westlichen Bild von "*Allâh*" nachgewiesen hat (12). Der Gesichtspunkt der Gerechtigkeit Gottes spielt in der koranischen Theologie eine entscheidende Rolle, der Gerechtigkeit, nach der der Mensch unparteiisch, ausschließlich nach seinen Werken, beurteilt wird.

Noch einmal zur Anthropologie

Nun hätte der Begriff der "Werkgerechtigkeit", falls man ihn im Islam anwenden würde, dort nicht den negativen Klang, der ihm vornehmlich im protestantischen Denken eignet. Der Grund dafür liegt in der von der christlichen grundsätzlich verschiedenen islamischen Anthropologie. Die negative Beurteilung der Fähigkeiten des Menschen, dem Gerechtigkeitswillen Gottes aus eigenen Kräften zu entsprechen, war Mohammed fremd und ist es den Muslimen bis heute geblieben. Die menschliche Natur (*fiṭra*) ist weder durch den Sündenfall Adams wesenhaft korrumpiert, noch sonst mit Schwächen versehen, die den Gehorsam Gott gegenüber grundsätzlich unmöglich machen. Der Mensch wurde von Gott so geschaffen, daß er alles, was Gott von ihm fordert, auch erfüllen kann, und Rašîd Riḍâ spricht nichts anderes aus als die authentische islamische Ansicht, wenn er bemerkt, daß der Mensch aufgrund seiner Natur sowohl zu lasterhaften als auch zu guten Werken in der Lage sei (13). Lediglich in der Beurteilung der Qualität seiner Werke kann der Mensch unsicher sein. Deshalb ist ihm in der Offenbarung und, wie die Prinzipien der islamischen Rechtswissenschaft (*uṣûl al-fiqh*) feststellen, in den "Gewohnheiten" (*sunna*) des Propheten der Maßstab mitgeteilt, den Gott bei der Beurteilung der menschlichen Werke anwendet (14). Die Kenntnis dieses Maßstabes ermöglicht es dem Menschen, selbst die Qualität seiner Werke zu erkennen, und er hat die Freiheit zu wählen, ob er sich in seinem Denken und Handeln an den in Koran und Sunna mitgeteilten Vorschriften und Prinzipien orientieren will oder nicht. Entscheidet er sich positiv, so steht seinem ewigen Heil - das ist des gläubigen Muslims feste und im Koran immer aufs Neue bestätigte Gewißheit - nichts mehr im Wege, denn es würde dem göttlichen Attribut der Gerechtigkeit widersprechen, wenn der dem göttlichen Willen Gehorsame dennoch verworfen würde.

Neben dieser recht dogmatischen Definition weiß natürlich auch der muslimische Gläubige um seine Fehlleistungen, die ihm immer wieder durch Ungehorsam gegenüber Gottes Geboten unterlaufen. Diese werden jedoch als aktuelle Sünden verstanden, die nicht auf eine Unvollkommenheit in der menschlichen Natur verweisen. Deshalb kann der Gläubige durch Buße (*tauba*) jederzeit Gott um Vergebung bitten, und diese wird ihm, wovon er fest überzeugt ist, auch am Gerichtstage gewährt, insbesondere wenn er sich sonst in seiner Glaubensorientierung zu recht auf die Lehren des Propheten Mohammed berufen kann.

Anders die christliche Anthropologie, auf die wir bereits hinwiesen. Sie geht von der Erfahrung - nicht also von einem theoretischen *a priori* - aus, daß auch die Kenntnis des Willens Gottes den Menschen nicht davor bewahren kann, die gute Schöpfung Gottes immer wieder in ihr Gegenteil zu verkehren, sei es gewollt oder ungewollt, bewußt oder unbewußt. Es ist nicht einfach ein *habitus*, sondern eine Macht, die aus dem zum Stellvertreter Gottes im Kosmos bestellten Menschen (15) einen Wegbereiter des Chaos macht, und zwar innerhalb des zwischenmenschlichen, sozialen Bereichs nicht weniger als außerhalb desselben, indem sie ihm einsuggeriert, er könne die Verbindung zu Gott lösen und fortan autonom, also selbst als Gott, herrschen.

Dieser Macht sind die Gläubigen oder, wie F. ʿUṯmân sagen würde, die "religiösen Menschen" (*al-mutadaiyinûn*) nicht weniger unterlegen als die "Heiden", Materialisten und Atheisten, wie Paulus zu Beginn seines Briefes an die Gemeinde in Rom ausführt. Der Unterschied zwischen ihnen besteht lediglich darin, daß die Gläubigen meinen, Gottes Segen zu ihren egoistischen Zielen zu besitzen, während die letzteren Gott gleich von vornherein aus ihrem Weltbild ausschließen.

Damit wird der Unterschied deutlich, der zwischen dem Menschenbild F. ʿUṯmâns und dem christlichen besteht, und der nicht nur graduell, sondern wesentlich ist. Gewiß macht es sich F. ʿUṯmân nicht leicht damit, die "*mutadaiyinûn*" etwa als die "Vollendeten" zu bezeichnen. Es genügt ihm nicht, daß sich der Gläubige - und sei es noch so ehrlich gemeint - zur Religion (*dîn*) bekennt und die vorgeschriebenen religiösen Pflichten einschließlich des Sprechens der Glaubensformeln, das ihn als Muslim ausweist, erfüllt. Vielmehr ist es erst das auf die konkreten Situationen bezogene religiöse Denken (*al-fikr al-mutadaiyin*), das zum selbst verantworteten Handeln antreibt und den Glauben zu einer dynamischen, das individuelle wie das gesellschaftliche Leben gestaltenden Kraft werden läßt. Doch ist F. ʿUṯmân offensichtlich der festen Überzeugung, daß es dem Menschen somit möglich ist, aus eigenem Antrieb und innerhalb der Geschichte die gerechte Ordnung aufzurichten, die Gott für seine Schöpfung vorgesehen hat.

Diesen Optimismus zu teilen würde einem christlichen Denker sicher schwer fallen, vielmehr sieht er, wie alle guten Vorsätze durch die Natur des Menschen pervertiert werden. Die Vollendung der Beziehungen im menschlichen Zusammenleben ist deshalb eine eschatologische Hoffnung, auf die der Gläubige hinlebt, von der er aber weiß, daß sie nur durch Gottes Handeln erreicht werden kann. Wir bemerkten, Muslime und Christen seien sich einig in der Überzeugung, daß der Mensch o h n e Gott nicht für gerechte Verhältnisse sorgen könne. Wir müssen aber nun differenzieren und hinzufügen, daß nach islamischer Auffassung der Mensch sich sehr wohl an Gottes Wegweisung (durch die Offenbarung und die von ihr abgeleitete *šarîʿa*), orientieren und seine Ordnungen einhalten kann, während nach christlicher Auffassung der Glaube das Eingeständnis der eigenen Unfähigkeit einschließt und dadurch Gott Raum gibt, selbst durch den Menschen zu handeln.

Adam, wo bist du?

Von dieser Voraussetzung wird es einem Christen schwerfallen, etwa in eine religiöse Front einzutreten, die als ihre Aufgabe die Bekämpfung des atheistischen, die Würde des Menschen und die Ehre Gottes gleichermaßen mißachtenden Denkens sieht. Die Botschaft Christi hat die Augen dafür geöffnet, daß auch der religiöse Mensch hinter der Kulisse seiner Frömmigkeit allzu bereit einem praktischen Atheismus huldigt, indem er wohl von Gott redet, aber ohne ihn lebt. Sie richtet sich deshalb an alle Menschen ohne Unterschied, und sie läßt sich in keine Front *pro* oder *contra* eine andere Front einpassen, da sie jedem Menschen, gleich auf welcher Seite er steht, das Spiegelbild seiner eigenen wahren Natur vor Augen hält. Die Botschaft Christi kann sich deshalb mit keiner Gruppe, und sei sie selbst christlich, identifizieren, da sie den Menschen aus jeder Gruppe, aus jeder Phalanx und aus jedem Klüngel, in denen er sich verstecken möchte, herausholt und vor die Gewissensfrage stellt: Mensch, wo bist d u ? Diese Frage läßt keinen Ausweg offen, sondern fordert zur Wahrhaftigkeit, zur Selbsterkenntnis und zum Eingeständnis des tatsächlichen Standortes des Menschen, sie macht alle Narkotika der Selbsttäuschung und des Selbstbetruges wirkungslos. Damit sind alle Schutzhüllen, mit denen sich der Mensch gegen Gott absichern will, zerbrochen und jedes Kollektiv, in dem er sich verstecken möchte, ist beiseite geschoben, und der Mensch ist offen und allein dem Anspruch Gottes ausgesetzt, der ihn nun seinerseits in den Dienst nimmt und als Sendboten seines Reiches wieder dorthin schickt, woher er gekommen ist. Auch F. ʿUṯmân gegenüber ist zu betonen, daß es sich nicht um die Errichtung einer "religiösen" Gesellschaft handeln kann, die sich im Gegensatz zur atheistischen oder materialistischen Gesellschaft sieht.

Der Gläubige im christlichen Verständnis hat nicht mit den einen gegen die anderen zu agieren, sondern er hat sie alle unterschiedslos und nicht zuletzt sich selbst vor Gottes durchdringende Frage zu stellen, wo s i e sind. Es ist keine Frage, sondern eine Selbstverständlichkeit, daß das "religiöse Denken", wie F. ʿUṯmân richtig betont, das Unrecht überall dort brandmarkt, wo es sich manifestiert, und als der Bestimmung und Würde des Menschen zuwiderlaufend bekämpft. Darüber sind sich nicht nur die Gläubigen des Islam und des Christentums, sondern, falls sie es tatsächlich ernst meinen, alle, die noch einen Blick für den Mitmenschen haben, einig. In dieser Hinsicht halten wir ein Zusammenwirken von Christen und Muslimen nicht nur für möglich, sondern gemeinsam mit F. ʿUṯmân für eine dringende Notwendigkeit angesichts der mannigfachen Schändungen, denen das Geschöpf Gottes seitens seinesgleichen ausgesetzt ist.

Wo das Gewissen vom echten Glauben an Gott getroffen ist, da kann es sich nicht beruhigen angesichts des zwischen den Menschen herrschenden Unrechts oder gar der Barbarei. Gott wird von Muslimen und Christen als der gerechte Gott geglaubt. Im Islam und im Christentum ist die Gerechtigkeit nicht nur ein Attribut, sondern sie wird als Wirkkraft Gottes verstanden, die auch in der Schöpfung Gerechtigkeit schafft und fordert. Jedes Unrecht ist deshalb Widerspruch gegen Gott und seine Schöpfungsordnung. Jeder Versuch, Unrecht zu entschuldigen oder zu erklären, ist unmöglich, und falls er doch unternommen wird, dann drückt er lediglich verwerfliche Heuchelei aus. Aber auch dann, wenn der Kampf gegen und die Beseitigung von Unrecht als Tat des Glaubens, der aus der Rechtfertigung (= Befreiung zur Gerechtigkeit) lebt, verstanden wird, so ist dies noch nicht identisch mit der Errichtung der Gottesherrschaft. Wenn sich das "religiöse Denken" nicht nur von der "Religion" (*dîn*), dem Wissen und Ernstnehmen der Existenz Gottes und seines Willens, sondern darüber hinaus auch von Gottes personaler Betroffenheit durch das Geschick des Menschen, durch sein Teilnehmen am Leiden seiner Geschöpfe, wodurch er selbst zum "leidenden Gott" wird, inspirieren läßt, dann eröffnet sich ihm eine weitere, zum christlichen Verständnis des Gottesreiches wesentlich hinzugehörende Dimension, die sich durch "Gesetzgebung" (*tašrîʿ*) allein und die damit erzielte göttlich inspirierte, gerechte Ordnung nicht mehr erfassen läßt: die Dimension des seelisch leidenden und kranken, des einsamen und hoffnungslosen Menschen, der sich nicht nach Gerechtigkeit, sondern nach Liebe sehnt und diese Liebe ebenfalls vom Reiche Gottes erwartet.

Kapitel 11

Gott und der Mensch

Durch ʿAqqads, besonders jedoch durch F. ʿUṯmâns Bücher ist das Gespräch zwischen Christen und Muslimen auf ein Niveau gehoben worden, das es im Laufe der langen gemeinsamen, im wesentlichen durch kriegerische und literarische Frontalangriffe gekennzeichneten Geschichte noch kaum erreicht hat (1). Im vorausgehenden Kapitel haben wir versucht, auf einige Fragen einzugehen, die durch beide Bücher im Blick auf den Menschen gestellt wurden. Dabei sind wir auf einige prinzipielle Unterschiede in der Beurteilung des Menschen gestoßen. Es bleibt uns nun noch die Aufgabe, weiter den Gründen nachzuspüren, die zu diesen Unterschieden führten.

Philosophie oder Theologie?

Dabei fällt auf, daß weder ʿAbbâs al-ʿAqqâd noch Fatḥî ʿUṯmân sich direkt mit der klassischen Polemik eingehend beschäftigen. Während ʿAqqâd sie gar nicht explizit erwähnt, schiebt F. ʿUṯmân sie beiseite, indem er dem alten kardinalen Dissensus zwischen islamischer und christlicher Theologie, der Frage der christlichen Christologie und, aufs engste damit verbunden, der Soteriologie, keine theologische, sondern nur eine philosophische Bedeutung beimißt ("Unterschied der Meinung", *iḫtilâf ar-ra'y*). Während theologische, auf die Offenbarung bezogene Gegensätze entweder überwunden werden müssen oder zu Schismen führen, können philosophische, d.h. durch das menschliche Denken entstandene Meinungsverschiedenheiten auch innerhalb derselben Gemeinschaft bestehen bleiben. Mit seiner Ansicht versucht F. ʿUṯmân in nobler Weise, die Unterschiede nicht aufs neue zu Gegensätzen zweier sich feindlich gegenüberstehender Parteien hochzuspielen. Aber das bedeutet auch, daß die von der klassischen islamischen Polemik aufgestellten Argumente und Definitionen nach wie vor ihre Gültigkeit haben und, auch wenn sie nicht mehr das Thema des Gespräches bilden, doch keineswegs überholt sind. Dem christlichen Verständnis der Person und des Werkes Christi stehen nach wie vor die alten Einwände entgegen, und selbst F. ʿUṯmân kann sich zu einem Buche wie "*Daʿwat al-ḥaqq*" von Manṣûr Ḥusain bekennen, in dem im alten Stile, wenn auch ohne die sonst übliche beißende Schärfe, die Gottessohnschaft oder Göttlichkeit Jesu aus der Bibel "widerlegt" wird (2). Wir können es deshalb nicht umgehen, noch einmal auf diese Fragen einzugehen und dabei vor allem den Motiven und Voraussetzungen nachzuspüren, die die Muslime zu ihrer Haltung bewegen. Dies ist umso dringender, als die Fragen um Christus für Christen keinesfalls, wie F. ʿUṯmân meint, zu den "*falsafîyât*" gehören, sondern das Zentrum der christlichen Theologie bilden. Um die Muslime besser zu verstehen, müssen wir zunächst noch einmal zu den Anfängen der islamischen Theologie und ihrem Verständnis des Christentums zurückgehen.

Im frühen Islam waren die Maßstäbe, an denen die außerislamischen Religionen im allgemeinen und die anderen geoffenbarten Religionen (*al-adyân as-samâwîya*, die himmlischen Religionen) wie Judentum und Christentum im besonderen beurteilt wurden, vorgegeben. Die Überzeugung, daß Mohammed die authentische Rede Gottes mitgeteilt erhielt und demnach alles, was damit nicht im Einklang stand, auf menschliche Meinungen zurückgehen müsse, weckte von vornherein Mißtrauen gegenüber den anderen Religionen, deren Anhänger sich weigerten, auch Mohammed in die Reihe der gottgesandten Propheten aufzunehmen. Wo deren Lehren in offenem Widerspruch zu den Lehren des Korans standen oder zu stehen schienen, konnte es keine Diskussion mehr geben, sondern nur Widerlegung (*radd*) und Verurteilung. Das Bedürfnis, eine andere Religion von ihren eigenen Voraussetzungen und inneren Triebkräften her zu verstehen, war den Muslimen früherer Epochen ebenso fremd wie den Christen. Die eigene Religion, der eigene Glaube waren es, in denen sich Gottes Wesen spiegelte und sich sein Wille am vollendetsten ausdrückte.

Diese Überzeugung ist auch die Quelle der antichristlichen und speziell der antichristologischen Polemik der Muslime. Um sie zu würdigen oder gar zu beantworten, genügt es nicht, mit den Methoden der Apologetik zu beweisen, daß die Polemiker am Wesenskern des christlichen Glaubens vorbeireden und ihre Argumente im Schematischen und Oberflächlichen stehen bleiben. Gewiß ist es auch unsere Überzeugung, daß die Muslime das Wesen der christlichen Botschaft nicht verstanden. Aber wir müssen doch weiter fragen, ob sie es von ihren Voraussetzungen aus überhaupt verstehen konnten. Von christlicher Seite aus hat man oft die christlichen Zeitgenossen dafür verantwortlich gemacht, daß die von ihnen gerade in Arabien so zahlreich vertretenen ketzerischen Ansichten von Anbeginn an ein falsches Bild vom Christentum in den Islam einfließen ließen, das dann später auch von den "Rechtgläubigen" nicht mehr korrigiert werden konnte. Aber die Andersartigkeit des islamischen Glaubens im Vergleich zum christlichen hat doch viel tiefere Wurzeln, als daß die Unfähigkeit zu gegenseitigem Verstehen mit einem Mißverständnis hinreichend zu erklären wäre.

Am Anfang der islamischen Verkündigung konnte nicht, wie bei der christlichen, der Glaube an den einen wahren Gott vorausgesetzt werden; vielmehr ging es darum, diesen Glauben zunächst einmal zu verwirklichen. Damit ist der Ausgangspunkt, oder besser: die Ausgangsfrage für Christentum und Islam jeweils grundverschieden. Ging es im Islam um die Erkenntnis des einen Gottes und seines Wesens (3), so spitzte sich im frühchristlichen

Denken die theologische Problematik in der Frage zu, wie sich der eine und gerechte Gott gegenüber dem abtrünnig gewordenen, ungerechten Menschen verhalte, dessen Unfähigkeit, den religiösen und ethischen Forderungen - beide bildeten eine unlösbare Einheit - dieses Gottes Gehorsam zu leisten, nicht länger zu verbergen war. Zur theologischen Frage gesellte sich also die anthropologische, und beide bildeten hinfort die beiden Pole, um die sich christliches Denken bewegte.

Seinen Höhepunkt fand dieses Denken, das um die Versöhnung zwischen Gott und Mensch kreiste, in der Christologie, und von seinem Ansatz aus konnte es, falls es nicht einseitig-häretischer Verkürzung zum Opfer fallen wollte, gar nicht anders als in dem "*vere deus et vere homo*" die Krone seines Bekenntnisses finden, da nur in Christus die Gegnerschaft zwischen Gott und Mensch überwunden ist.

Anthropologie - Theologie - Christologie

Für den frühen Islam und besonders auch für das Denken Mohammeds bedeutete die Anthropologie jedoch kein wesentliches Problem. Sein Denken war theologisch orientiert in dem Sinne, daß Gott für ihn die eine dominierende Realität ist, der gegenüber alles andere zur Zweitrangigkeit herabsinkt. Ausdruck dieser Ansicht ist seine konsequente Schöpfungslehre. Es ist, um im obigen Bilde zu bleiben, ein einpoliges Denken, das uns hier begegnet; jede Bewegung dieses Denkens kreist um einen Mittelpunkt, den Schöpfer, der allein das ihn umgebende Spannungsfeld, die Schöpfung mit allem, was in ihr ist, beherrscht.

Die Anthropologie ist für die islamische Theologie deshalb kein Problem von vorrangiger Bedeutung, weil sie eine grundsätzliche Verderbnis der menschlichen Natur (*fiṭra*) nicht kennt bzw. ablehnt (4) und der Mensch nicht jenen dämonischen Kräften unterliegt, die ihn, selbst gegen seinen Willen, nach der Überzeugung der frühchristlichen Denker in die Rebellion gegen Gott bringen, indem ihm seine Gottheit streitig gemacht und der Mensch versucht wird, selbst an die Stelle Gottes zu treten. Mit dieser Überzeugung fällt auch die Voraussetzung für jenes zweipolige Denken, das wir als charakteristisch für das frühchristliche Denken herausstellten. Wenn der Mensch als (zunächst unter dem Zeichen der Sünde) nach Autonomie strebender Gegner Gottes ausfällt, dann bleibt Gott in seiner Gottheit und Souveränität unangetastet, so wie es der Islam lehrt. Der Mensch bewegt sich unter Gott in dem Rahmen, den Gott für ihn abgesteckt hat. Er besitzt die Freiheit sich zu entscheiden, ob er sich mit diesem Rahmen zufrieden geben will oder nicht, d.h. ob er Gottes Vorschriften gegenüber Gehorsam leisten will. Seine von Gott so und nicht anders geschaffene und vor jeder Perversion bewahrte Natur verbietet es ihm jedoch von selbst, sich gleichsam in prometheischer Kühnheit in die Sphäre des Schöpfers aufzuschwingen. Auch im Ungehorsam bleibt er Geschöpf, und sein Verhältnis zu Gott bleibt letztlich auch dann noch ein sachliches, nämlich das zwischen dem Richter und dem zu Richtenden.

Theologie und Anthropologie sind im Islam zwei streng voneinander getrennte Bereiche, ohne tiefe Spannungen zueinander. Das Verhältnis, in dem der Mensch - der Gehorsame wie der Ungehorsame - zu Gott steht, ist juristisch klar umrissen, und alle Fragen, die den Menschen einschließlich seiner ethischen Fähigkeiten und religiösen Pflichten betreffen, sind juristischer und nicht theologischer Art. Diese Fragen werden deshalb in der Rechtswissenschaft (*ʿilm al-fiqh*) behandelt.

Die islamische "Theologie" - das arabische Äquivalent dieses christlichen Begriffs wäre "*Kalâm*" oder "*ʿilm at-tauḥîd*", die Wissenschaft von der Einheit Gottes (5) - beschäftigt sich dagegen mit der Lehre von Gott, seinem Wesen und seinen Attributen. Ihr Feld ist damit viel begrenzter als das der christlichen Theologie: ihr fehlt die anthropologische Komponente, und deshalb bezeichneten wir sie als einpolig. Für eine Christologie, die Theologie im engeren Sinne und Anthropologie zu umgreifen sucht, fehlt deshalb im Islam die Möglichkeit einer Entfaltung. Entweder muß sie sich im Rahmen der Anthropologie bewegen - und das ist tatsächlich der Ort, den sie im islamischen Denken eingenommen hat, womit sie allerdings den Raum des Geschöpflichen nicht mehr überschreiten kann. Oder aber die Muslime werden durch die Kompromißlosigkeit, mit der die Christen die Theologie von der Christologie her betreiben, dazu veranlaßt, beide ebenfalls einander gegenüberzustellen. In diesem Falle werden auf die Christologie dieselben Kategorien angewandt, die auch bei der Behandlung anderer Probleme der Wissenschaft von Gott gelten. Dies ist dann möglich, wenn, dogmatisch gesprochen, die Zweinaturenlehre auf eine Art "Monophysitismus" reduziert wird, der die menschliche Natur Christi in seiner göttlichen Natur aufgehen läßt und damit eine Behandlung innerhalb der Theologie rechtfertigt. Freilich werden dann auch jene Wesensäußerungen, die der Christ der menschlichen Natur Christi zuschreiben würde, theologisch bewertet und als Anthropomorphismen mit dem Verdikt der Ketzerei belegt. Die Bedeutung, die die Muslime der antichristlichen Polemik zuerkannten, ist keineswegs so groß gewesen, daß sie zur Ausbildung einer eigenen theologischen Thematik oder Terminologie geführt hätte. Vielmehr wird diese Polemik mit den Mitteln und Begriffen geführt, die sich den Muslimen bereits vorher bei der Klärung theologischer Fragen als nützlich erwiesen haben; das gilt bereits für den Koran und ändert sich auch später nicht.

Der Ort innerhalb des islamischen Kalam, der sich als geeignet zur Behandlung der reduzierten christologischen und darüber hinaus der trinitarischen Aussagen anbot, war die Attributenlehre. Und tatsächlich wurden sie seit den Tagen ʿAlî aṭ-Ṭabarîs unter diesem Aspekt behandelt. Es ist das große Verhängnis gewesen, daß es den christlichen Theologen nicht gelang, die

Unsachgemäßheit dieser Einordnung einleuchtend nachzuweisen, ja, daß sie sogar seit den Tagen des monophysitischen Theologen und Philosophen Yaḥyà b. ʿAdî selbst die Terminologie der islamischen Attributenlehre übernahmen (6). Damit machten sie es den Muslimen schlechterdings unmöglich, die tiefen Anliegen der Christologie im Blick auf das Verhältnis von Gott und Mensch auch nur noch zu erahnen, denn jenen mußte es nun so erscheinen, als sei die Lehre von Christus zusammen mit der vom Heiligen Geist ebenfalls im wesentlichen ein rein innergöttliches Problem. Und folglich konnten die muslimischen Theologen - selbst bei der Betonung der gegenteiligen Ansicht ihrer Gegner - in der Lehre von der personhaften Selbständigkeit der drei "Attribute" nichts anderes als die Einführung einer wesensfremden Pluralität in das Wesen Gottes verstehen, und gerade das war es ja, wovor sie sich selbst bei der Anerkennung göttlicher Wesensattribute ständig zu hüten hatten.

In der Geschichte der mittelalterlichen antitrinitarischen Polemik spiegelt sich die Geschichte, die die islamische Attributenlehre durchlaufen hat; in der antichristologischen Polemik geht es darüber hinaus um die Abwehr aller Versuche, in die Theologie ihr unangemessene Themenkreise einzuführen. Der Mensch ist nur unter dem Gesichtspunkt der Geschöpflichkeit Gegenstand theologischer Erörterungen. Dazu gehört freilich das Problem des freien oder unfreien Willens und die Frage, ob seine Tatkraft ihm selbst eignet oder ein jeweils aktuelles Wirken des allmächtigen Gottes darstellt. Über sein weiteres Verhältnis zu Gott gibt die islamische Rechtswissenschaft, *ʿilm al-fiqh*, die nötigen Auskünfte. Eine Erlösungslehre ist dem Islam fremd, weil ihm dazu die Voraussetzung, eine Lehre über die wesenhafte Sündhaftigkeit des Menschen, fehlt. Damit entbehrt er, um es noch einmal zu betonen, der Klammer, die die Lehre von Gott und die Lehre vom Menschen im christlichen Denken unlösbar miteinander verbunden sein läßt.

Die islamische Polemik kann ohne Schwierigkeit alle Aussagen, die über den Menschen Jesus gemacht werden, anerkennen, sofern sie im Bereich des Fiqh belassen werden. Mit der gleichen Entschiedenheit muß sie jedoch alles, was sich auf den "*vere deus*" bezieht, zurückweisen. Auf das Z i e l dieser Polemik trifft durchaus zu, was Walter Holsten über sie allgemein bemerkte, daß sie nämlich "zu allen Zeiten im wesentlichen dieselbe gewesen sei" (7). Das kann nach den Voraussetzungen, auf denen die islamische Theologie beruht, auch gar nicht anders sein. Aber aus den Darstellungen im ersten Teil dieser Arbeit wird auch deutlich, daß die Polemiker nicht einfach voneinander abgeschrieben, sondern von der jeweils zeitgenössischen aktuellen Diskussionslage innerhalb der islamischen Theologie her aufs neue die zentralen christlichen Lehren untersuchten. In ihren Schriften spiegelt sich keine erstarrte und unwandelbare "*theologia perennis*" - daß es so etwas geben könnte oder sogar müßte haben erst spätere Geschlechter nach der Institutionalisierung der as aritischen und maturidischen Schulen festgelegt - , sondern wird die Bemühung sichtbar, auf dem Hintergrund der sich wandelnden theologischen Gesprächslage immer von neuem auch zu jenen Fragen Stellung zu beziehen, die durch die Anwesenheit anderer Religionen gegeben sind und ihren Widerspruch herausforderten.

Die Gegenwart Gottes im Glauben

Das Ziel der islamischen Polemik war seit Anbeginn der Glaube an die Präsenz Gottes in der Person Jesu Christi. Den islamischen Gelehrten erschien dies als Blasphemie, die nur dem menschlichen Denken entsprungen sein kann, und bis zu F. ʿUṯmân wird sie als subjektive Meinung und damit als - im besten Falle - unmaßgeblich für den Glauben abgetan. Für das christliche Denken ist sie jedoch keine philosophische oder theologische Spitzfindigkeit, sondern die Antwort des Glaubens auf die Begegnung, in die Gott den Menschen mit sich geführt hat. In dieser Begegnung hat sich dem Menschen als derjenige mitgeteilt, der von sich aus die Kluft, die das feindselige Verhalten des Menschen zwischen Schöpfer und Geschöpf aufgerissen hat, überwinden will. Gott will nicht die Einsamkeit, die er durch Erschaffung des Menschen und der Welt beendet hat, in die er jedoch durch die Rebellion des Menschen zurückzufallen droht. Da sein Wesen Liebe ist, wäre Einsamkeit der kategoriale Widerspruch. Stärker als der gerechte Zorn Gottes ist deshalb seine gerechtmachende Liebe, mit der er den Menschen zu sich zurückholt und damit die "*ṣ'daqa*" (hebr.: "Gerechtigkeit", besser: das gegenseitige rechte Verhalten) wieder herstellen will. Diese Liebe gilt allen Menschen, den "Gerechten" und den "Ungerechten", da beider "Gerechtigkeit" sich vor Gott als Selbstgerechtigkeit entpuppt, die in die Isolation gegenüber Mitmensch und Gott führt anstatt in die Gemeinschaft mit ihnen. Beide, Gerechte und Ungerechte, werden als "Sünder", und das heißt als Beziehungslose, offenbar, aber beiden steht es offen, sich an die Liebe Gottes zu klammern. Dies ist es, was zunächst die Jünger durch die Person Christi erfuhren. Gewiß begriffen auch sie dieses Verhalten Gottes nicht von Anfang an. Und selbst als der, den sie als Propheten und Gerechten Gottes betrachtet hatten, am Kreuze starb, bemerkten sie noch nicht, worum es im Leben dieses Menschen gegangen war - sie waren in dieser Stunde nicht einmal gegenwärtig. Erst als der Auferstandene zu ihnen trat, wurde ihnen klar, daß Gott selbst unter ihnen gegenwärtig gewesen ist.

Die ständige Offenheit für Gott, die das Leben Christi charakterisiert hatte, war nicht die Haltung eines religiösen Schwärmers gewesen. Vielmehr war sie Ausdruck der Wirklichkeit, auf die Jesu Verkündigung nicht nur hinwies, sondern die sie selbst schuf: die Gemeinschaft zwischen Mensch und Gott, die allen jenen möglich wurde, die dem Verkündiger, Jesus, nachfolgten. Als er am Kreuze hing glaubte jeder, er sei von Gott verlassen. In der Auferweckung des Verkündigers hatte sich jedoch den Jüngern gezeigt, daß er eins war mit dem Verkündigten, der sich nun zu ihm als zu seinem Sohn bekannte. In diese Gemeinschaft zwischen Vater und Sohn wußten sich nun diejenigen einbezogen, die mit dem irdischen Jesus Gemeinschaft hatten.

Die Liebe Gottes, die in Jesus Christus offenbar geworden ist und alle Menschen einschließen will, ist das zentrale Thema der christlichen Botschaft. Diese Liebe fordert von den Menschen keine Vorleistungen, sondern ausdrücklich den Verzicht auf alles, was als Vorleistung angesehen werden könnte; sie erwartet von ihm nur, daß er sich ganz auf sie verläßt und sie dort ergreift, wohin Gott dem Menschen entgegengekommen ist: nicht im Himmel, sondern auf der Erde, nicht in einer abstrakten Idee, sondern in einer konkreten Person, in Jesus Christus. Der christliche Glaube ist davon überzeugt, daß dies der Wille Gottes ist und nicht das Ergebnis menschlicher Überlegung oder Meinung (*raʾy*), wie die Muslime annehmen. Wir müssen deshalb bestätigen, was Muḥ. Ḥusain Haikal feststellte und was Fatḥî ʿUṯmân aufnahm, daß in diesem Punkte der Gegensatz zwischen christlichem und islamischem theologischen Denken und Glauben nach wie vor unüberbrückbar ist (8). Beiden gemeinsam ist Christus als der Lehrer einer Ethik, die den Menschen in die Verantwortung vor Gott ruft, und die damit nicht ausschließlich von einer Gesellschaftstheorie her begründet wird, auch wenn sie sich maßgebend im Verhalten innerhalb der Gesellschaft äußert. Für den christlichen Glauben bedeutet Christus jedoch noch mehr, und zwar gewissermaßen die ausgestreckte Hand Gottes selbst, mit der er den Menschen zu sich zieht.

Daß Gott von sich aus in die Schöpfung eingeht und die Gemeinschaft nicht mit den "Gerechten", sondern mit den Sündern sucht, enthält für das islamische Denken gleich zwei Unmöglichkeiten auf einmal. Wir stellen dies am Ende unserer Untersuchung fest, ohne damit eine Wertung des einen oder anderen Standpunktes vollziehen zu wollen. Während sich der Christ als Sünder von der Liebe Gottes getragen weiß, ist sich der Muslim des ewigen Heils gewiß, sofern er sein Leben am offenbarten Willen Gottes orientiert. Weiß sich der Christ in der Gemeinschaft mit dem Schöpfer geborgen, so steht der Muslim als Geschöpf in tiefer Demut dem Schöpfer gegenüber. Bedeutet "Offenbarung" für den Christen die Selbstoffenbarung Gottes und seines Wesens, das Liebe ist und die Gemeinschaft mit den Menschen sucht, so ist sie für den Muslim "Rechtleitung" (*hudaⁿ*) und die Mitteilung des Weges ("*šarîʿa*"), den der Muslim im Gehorsam zu gehen hat, um am Ende vor einen barmherzigen Richter zu treten. Wenn der Muslim empfindet, daß das Verhältnis des Menschen zu Gott im christlichen Glauben eine unerlaubte Grenzüberschreitung zwischen Geschöpf und Schöpfer darstellt, so muß allerdings darauf hingewiesen werden, daß nach diesem Glauben nicht der Mensch zu Gott, sondern Gott zu dem Menschen geht und von sich aus die Kluft zwischen beiden überwindet, und daß Gottes Allmacht auch dies möglich macht, was der menschlichen Vernunft als unmöglich und absurd (*mustaḥîl*) erscheint. Andererseits ist es nicht weniger ungerechtfertigt, wenn auf christlicher Seite dem islamischen stärker juristisch bestimmten Verständnis des Verhältnisses zwischen Gott und Mensch allzu eilfertig das personale christliche gegenübergestellt und die Liebe Gottes zu einer billigen Gnade verharmlost wird, die vergißt, daß der Weg von der Sünde des Menschen in die Gemeinschaft mit Gott über das Kreuz Christi führt, das Tod bedeutet, und erst nach der Annahme dieses Todes wird das neue Leben als Geschenk Gottes empfangen. Alle anderen Wege, die am Kreuz Christi vorbeiführen, enden auch dann, wenn sie das Markenschild "christlich" führen, an der Kluft, an der der nicht gerechtfertigte Mensch seinem Schöpfer zunächst gegenübersteht.

Auch die christliche Theologie bedient sich juristischer Begriffe, um das Verhältnis zwischen Gott und Mensch zu bestimmen. Diese entstammen jedoch, auch wenn sie später durch die Übersetzung ins Griechische mit anderen, stärker ontologisch orientierten Aspekten befrachtet wurden, zunächst dem Hebräischen. Und dort liegt jedem Rechtsdenken der Bundesgedanke zugrunde, der von zwei Rechtspartnern ausgeht. Vollzieht sich ihr gegenseitiges Verhalten auf der Grundlage der im Bund festgesetzten Normen, dann herrscht "*ṣ'daqa*", Gerechtigkeit oder Bundestreue, zwischen ihnen, wobei diese Treue nicht nur die äußere Einhaltung, sondern auch die innere Einstellung mit beinhaltet. Im Hebräischen und ebenso im Arabischen stehen deshalb viele Ausdrücke, die das Verhältnis zwischen Gott und Mensch betreffen wie "glauben" u.a., im Verbalstamm des "*Hifʿîl*" (bzw. arab. IV. Stamm), der zumeist als kausativer Stamm bezeichnet wird. Tatsächlich geht es dabei jedoch nicht um das Handeln eines Subjekts an einem Objekt, sondern um zwei Subjekte, deren Handeln aufeinander bezogen ist. Wenn Gott z.B. die Kinder Israel aus Ägypten durch den Auszug befreit, dann eröffnet er ihnen wohl die Möglichkeit des Auszugs, laufen müssen sie allerdings selbst. Oder wenn Gott dem Abraham im Bunde Segen verspricht, dann fordert das seitens des Abraham Treue gegenüber der Vereinbarung, d.h. Gehorsam gegenüber den Anweisungen Gottes. Somit sind also auch der christlichen Tradition juristische Kategorien im Verhältnis zwischen Mensch und Gott nicht fremd, und auch die Kernaussage der Reformation, die "Rechtfertigung" aus dem Glauben, gebraucht einen in der spätmittelalterlichen Rechtssprache üblichen Begriff. Allerdings kann es nicht beim Urteilsspruch der "Rechtfertigung" bzw. "Gerecht-Erklärung des Sünders" bleiben, denn so, wie Gottes Gerechtigkeit eine dynamische, Recht fordernde und Gerechtigkeit schaffende ist, so ist auch die Rechtfertigung durch Gott die Befreiung des Menschen, seinem Gott wieder als gerecht und bundestreu gegenübertreten zu können, auch wenn die Vollendung dieser Befreiung Gegenstand der Hoffnung ist. Doch bedeutet dies, daß die "Heiligung", d.h. das praktische Leben aus diesem Glauben, nicht als unwesentlich abgetan werden kann. Auch wenn die Priorität Gottes, der allein gerecht sprechen kann, nicht in Frage gestellt wird, so ist die Rechtfertigung sinnlos, wenn ihr nicht die Antwort des Glaubens folgt; und diese Antwort kann nur ganzheitlich sein, so wie das Selbst des Menschen, seine *nefeš* oder *psychê*, Ausdruck seiner Ganzheit ist (9).

Hier liegt der Unterschied zum islamischen Denken: nicht im Gebrauch juristischer Kategorien, die auf christlicher Seite schnell zum Vorwurf der "Werkgerechtigkeit" führen, sondern durch ihre Einordnung in eine Bundestheologie, in der der erste, primäre Partner (Gott) dem zweiten Partner die Möglichkeit - und auch die Kraft: "allein aus Glauben" - gibt, in dieses Bundesverhältnis einzutreten. Für den Muslim hat sich diese Kraft auch gezeigt, und zwar vor der endgültigen Gestaltwerdung des Menschen (Adam) in der Vorewigkeit, als er das Einheitsbekenntnis sprach (Su. VII,172). Danach jedoch ist es lediglich seine eigene "Natur" (*fiṭra*), die ihn zur Erfüllung der göttlichen Gebote befähigt.

Im Vordergrund unserer Ausführungen auf den letzten Seiten standen die Unterschiede, die zwischen dem Wesen des islamischen und dem des christlichen Glaubens bestehen, während die Gemeinsamkeiten mehr an den Rand der Erörterungen gerückt sind. Dies darf nicht so verstanden werden, als solle damit ins Fahrwasser der klassischen Polemik, die von Christen und Muslimen gemeinsamen Überzeugungen nichts zu wissen schien, zurückgelenkt werden. Wir stellen zunächst dankbar fest, daß auch auf islamischer Seite die Bereitschaft, das jahrhundertealte Mißtrauen gegenüber den Christen zu überwinden, vorhanden ist. Damit ist die Atmosphäre im Gespräch zwischen Christen und Muslimen eine andere, bessere geworden. Das Hören auf den anderen weckte nicht mehr das sich fast automatisch einstellende Bedürfnis, mit polemisch gewürzter Apologetik den anderen zu widerlegen. Vielmehr wächst die Bereitschaft zu gegenseitigem Verstehen. Damit ist die Möglichkeit gegeben, über die alten trennenden Themen in einem neuen Geiste der Brüderlichkeit zu sprechen, der die Achtung vor dem andersgläubigen Menschen auch dann erhält, wenn die Unterschiede des Glaubens sich als unüberbrückbare Gegensätze erweise. Muslime und Christen wissen beide, daß es ausschließlich Gott ist, der in die Tiefen des menschlichen Wesens Einblick hat und über Glaube und Unglaube richtet. Wenn sich deshalb jetzt die Chance bietet, daß sich beide gemeinsam auf die Suche nach dem göttlichen Willen und der göttlichen Wahrheit begeben, dann muß diese Chance genützt und der Dialog dort aufgenommen werden, wo für beide die tiefsten Anliegen des Glaubens an Gott zur Sprache kommen.

Statt eines Nachworts

قل : يا أهل الكتاب
تعالوا الى كلمة سواء بيننا وبينكم
ألّا نعبد الّا اللّه ولا نشرك به شيئا
ولا يتخّذ بعضنا بعضا أربابا من دون اللّه
(سورة آل عمران، ٦٤)

μακάριος εἶ, Σίμων Βαριωνά,
ὅτι σὰρξ καὶ αἷμα οὐκ ἀπεκάλυψέν σοι
ἀλλ᾽ ὁ πατήρ μου ὁ ἐν τοῖς οὐρανοῖς.
(Matth. 16,17)

Bereits im Vorwort zu dieser zweiten Auflage des "Christus der Muslime" wurde darauf hingewiesen, daß nun die Zeit reife, über den Streit über dogmatische Aussagen hinwegzukommen und den Dialog über beide Seiten bewegende existentielle Fragen aufzunehmen. Damit ist nicht gesagt, daß dogmatische Aussagen nicht ihre Bedeutung haben. Wohl aber ist damit gemeint, daß sie in beiden Religionen dort ihre ursprüngliche Funktion verloren haben, wo sie zur "*fides quae creditur*" verknöchern und beanspruchen, die Wahrheit in ihren Formulierungen und Begriffen zu enthalten. Damit ist ihre Beziehung zum lebendigen Glauben abgebrochen, der zur Sprache seine Zuflucht nahm, um mit ihr Lob, Dank und Bekenntnis zum Ausdruck zu bringen. Selbstverständlich geht es dem Glauben auch darum, verständlich und gegenüber anderem Glauben abgrenzend das zu formulieren, was ihn bewegt. Aber das Wesentliche ist eben dieses Bewegende, Dynamische, und die Formulierungen sind nur Hilfsmittel, die in jeder neuen sprachlichen Situation neu überprüft, neu gesucht und oft genug auch neu geschaffen werden müssen. Die Kontinuität zum Glauben früherer Generationen derselben Glaubensgemeinschaft besteht nicht darin, ihre Formulierungen unverändert wie Fossilien aus der Vergangenheit zu konservieren, sondern in der Fähigkeit, ihren Glauben auch in neuen Situationen so zu formulieren, daß er der jeweils gegenwärtigen Umwelt ebenso verständlich ist wie es früher der Fall war. Gelingt dies nicht, bleibt es lediglich bei der Tradition der alten Formulierungen, dann ist die Kontinuität des Glaubens ohnehin zerbrochen, weil er seinen Geist, seine Dynamis, verloren hat. Außerdem legt sich dann der Verdacht nahe, daß es nicht mehr um den Glauben selbst in seiner Fülle, sondern um bestimmte Verständnisse desselben geht, die gewahrt und vor kritischem Hinterfragen geschützt werden sollen. Doch dürfte deutlich sein, daß mit einer solchen Verengung der Weg zur Häresie beschritten ist.

Es geht also darum, die im wahren Sinne des Wortes liturgische Funktion "dogmatischer" Aussagen wiederzuentdecken. Die Situation des interreligiösen Dialogs ist deshalb eine besonders günstige Gelegenheit dafür, weil hier der jeweilige Glaube einer anderen Glaubensweise gegenübersteht und von ihr in einer Weise hinterfragt wird, die er sich nicht selber vorfabrizieren kann, um damit in der Fragestellung schon die Antworten implizit vorzubereiten. In dieser Situation muß sich dann zeigen, ob der Glaube tatsächlich über die Dynamis verfügt, sich auf eine neue, auf das "Gegenüber" oder den Partner im Dialog bezogene Weise zu artikulieren, oder ob er sich auf traditionelle Positionen zurückzieht und damit eingesteht, daß er in der Gegenwart sprachlos geworden ist.

Im Christentum und im Islam hat das, was später zu dogmatischen Lehren entwickelt wurde, seinen Ursprung in der "*leiturgia*" ("*ṣalât*"), im Gottesdienst also, und damit trägt es einen ausgesprochenen Bekenntnischarakter. Es sind also Glaubensaussagen, und diesen geht die Glaubenserfahrung voraus. Wo diese Erfahrung fehlt, kann die Aussage lediglich als Zeugnis, nicht jedoch als Hinweis auf eine beweisbare Heilstatsache aufgenommen werden. Dies gilt ebenso für die trinitarischen Bekenntnisformeln wie für den islamischen "*tauḥîd*" (Einheitsbekenntnis, nicht philosophische Lehre von der Einheit, *waḥda*).

In beiden Religionen richtet sich der Glaube nicht auf die jeweilige Dogmatik, sondern auf den lebendigen Gott, der auf eine jeweils verschiedene Weise erfahren wurde. Die beiden oben vorangestellten Zitate (Sure 3,64 und Matth. 16,17) weisen deshalb auf das Spannungsfeld hin, auf dem sich das Gespräch zwischen Christen und Muslimen über den Glauben vollzieht. Da sich beide auf Gott beziehen, können sie nicht achtlos aneinander vorbeileben, sondern sind daran gewiesen auch auf das zu hören, was der jeweils andere über Gott sagt. Die Warnung davor, sich selbst, die "Väter" oder die je eigene Dogmatik an die Stelle Gottes zu setzen, gilt beiden. So sind beide zur Prüfung ihres Glaubens und der tatsächlichen Quelle, der er entspringt, herausgefordert. Andererseits darf das, was als Wahrheit von Gott erfahren wurde, nicht auf dem Altar von Kompromissen geopfert werden. Darin gründet das Leidvolle, das die Beziehung oder die Verwandtschaft zwischen beiden, aus der sich keiner zurückziehen kann, charakterisiert. Das "Wort des Ausgleichs" (Su. 3,64) ist bis heute nicht gefunden. Doch darf deshalb die Suche nicht aufgegeben werden. Auch die folgenden Bemerkungen über den Messias als Knecht Gottes werden nicht mehr als ein Schritt auf dem Wege sein - allerdings auf dem richtigen, wie ich hoffe. Sie mögen als Paradigma für das stehen, was eine Theologie bewegen kann, die nicht mehr über den Dialog aus der Distanz reflektiert und damit in einem Monolog mit sich selbst stecken bleibt, sondern die sich dem Wagnis aussetzt, in einer dialogischen Situation ihr Anliegen zu vertreten. Dieses Wagnis schließt die Bereitschaft ein, in einem echten Dialog auch Wunden davon zu tragen, Wunden am eigenen Selbstverständnis, die entstehen, wenn der Partner im Dialog die Glaubwürdigkeit des eigenen Glaubens angesichts der Geschichte, der Ethik, der systematischen Plausibilität hinterfragt (1).

* *
*

Die Christologie, dies dürfte aus den vorangegangenen Kapiteln deutlich geworden sein, ist das entscheidende Thema, an dem sich die Trennung zwischen Christentum und Islam vollzog. Nicht die Lust an dogmatischen oder philosophischen Debatten, sondern die Frage nach der Bestimmung des Menschen, um die es letztlich in der Christologie geht, läßt dieses Thema nicht verstummen. Deshalb ist es nicht damit getan, die Anfragen, die seit dem Koran aus dem Islam an die Christen gerichtet werden, mit "dem" islamischen Denksystem in Verbindung zu bringen und darauf nun christlich-dogmatisch zu antworten. Vielmehr sollen sie im folgenden als eine Herausforderung an die christliche Art und Weise, Theologie zu treiben, ernstgenommen werden, ebenso als nachdrückliche Anfrage an das Christusbild, das sich im Laufe der Geschichte unter den Christen durchsetzte, und damit als Einladung, über die Grundlagen des christlichen Glaubens erneut nachzudenken. Möglicherweise stellt es sich dabei heraus, daß selbst in den kontroversen Fragen und divergierenden Antworten gemeinsame Anliegen zur Sprache kommen können.

Es wurde wiederholt erwähnt, daß eine der wesentlichen Kritiken der Muslime am Christentum sich auf die Bezeichnung Jesu als "Sohn Gottes" richtet. Diese Kritik richtet sich nicht nur gegen christliche Glaubenslehren, sondern schließt die Kritik an der Haltung der Christen ein, die aus diesem Glaubenssatz bestimmte Folgerungen über ihre Stellung in der Welt ziehen. 600 Jahre nach dem Ende des Nazareners gab es nicht nur die Demütigen, die sich weiterhin an der Lebenshaltung Jesu orientierten, sondern es gab auch Arroganz und Herrschsucht, die sich mit dem Hinweis auf die Erhöhung und Herrschaft Christi rechtfertigte und beanspruchte, an ihnen Anteil zu haben.

Hiergegen wendet sich der Koran. Mit Nachdruck betont er, daß Jesus sich keinesfalls selbst weder seinen Anhängern noch seinen Gegnern gegenüber als "Sohn Gottes" ausgegeben habe. Wie verhält sich dieser Standpunkt nun gegenüber der Botschaft des Neuen Testaments? Wenn wir durch die Tradition der Evangelien hindurch sehen wird deutlich, daß Jesus sich äußerst zurückhaltend gegenüber der Bezeichnung "Sohn Gottes" verhalten hat, falls sie überhaupt auftauchte. Gewiß reflektieren auch sie die Erfahrungen der nachösterlichen Gemeinde mit dem Erhöhten. Umso gewichtiger sind jene Hinweise, durch die Jesu eigenes Verständnis hindurchschimmert. Schon mit seiner Anrede Gottes als "Vater" stand er an der Grenze des damals im Judentum Üblichen. In seinem bekannten Gespräch mit den Jüngern in Matth. 16,18 f. bekennt Petrus Jesus als "den Messias, den Sohn des lebendigen Gottes". In seiner Antwort betont Jesus, daß dieses Bekenntnis nicht das Ergebnis menschlichen Denkens ist, sondern vom lebendigen Gott eingegeben wurde. Und weiterhin ermahnt er die Jünger, niemandem zu sagen, daß er der Messias sei - die Anrede "Sohn Gottes" erwähnt er nicht (V. 20).

Wenn wir nach Jesu eigenem Verständnis fragen so wird zunächst deutlich, daß für ihn an erster Stelle seines irdischen Auftretens der Ruf zur Buße stand, weil das Reich Gottes nahe herbeigekommen sei. Mit ihm selbst kommen die Zeichen dieses Reiches, sichtbar für diejenigen, die an ihn glauben: die Blinden sehen, die Lahmen gehen, die Aussätzigen werden rein, die Tauben hören, die Toten stehen vom Tode auf, und den Armen wird die Frohe Botschaft gepredigt. Gesegnet sind diejenigen, die sich an ihm nicht ärgern (Matth. 11,5). Dieses waren die Zeichen des Reiches oder der Königsherrschaft Gottes, und diese Zeichen waren nicht spirituell sondern wurden als wirklich und konkret von jenen empfunden, die von ihnen berührt waren. Für sie war das Reich Gottes nicht ein Thema für eine mythische Zukunft, sondern ihre erfahrene Heilung veränderte bereits ihr irdisches Leben und darf deshalb nicht lediglich als etwas Spirituelles verstanden werden. Ihre Heilung und ihre Wiedereingliederung in die Gemeinschaft waren für sie Wirklichkeit. Gleichzeitig machte Jesus es deutlich, daß das Reich Gottes, dessen Zeichen in seiner Gegenwart erfahren wurden, nichts mit einem irdischen Königreich zu tun hat.

Diejenigen, die Jesus sahen und erlebten, konnten seine Botschaft nicht von seiner Person trennen. Diejenigen, die sich glaubend ihm anschlossen spürten, daß alles, was er sagte, in ihrem Leben bestimmend wurde. Sie waren dadurch erschrocken, nicht selten verstört. Aber es war ihnen auch klar, daß das Geheimnis seiner Person in seiner Beziehung zu Gott lag. Diese Beziehung drückte sich nicht in einem göttlichen Abglanz, der auf dem Gesichte Jesu lag, oder in Macht und Pracht aus. Vielmehr war es eine Beziehung des Gehorsams und der Demut. Nicht nur die Anrede als "Sohn Gottes", falls sie zu seinen Lebzeiten je schon angewendet worden sein sollte, sondern selbst die Anrede als "Messias" hat die Furcht vor Mißverständnissen geweckt. Denn für viele Juden seiner Zeit wurde der Messias als der "neue David" erwartet, als mächtiger Kriegerkönig, der sein Volk vor der Herrschaft der römischen Heiden retten und diese selbst aus dem Lande vertreiben würde, um anschließend das Reich Davids zu restaurieren. Diese politische Bedeutung des Messias-Verständnisses wurde ebenfalls zurückgewiesen, aber Jesus hat offensichtlich andere Aspekte dieses Titels akzeptiert, zum Beispiel daß der Messias einem Hirten verglichen wird, der seine Schafe pflegt und schützt, daß er Verantwortung für jene übernimmt, die ihm anvertraut sind. Somit steht der Aspekt des Dienens neben dem des Herrschens. Damit fühlten sich Jesu Anhänger an den "Knecht Gottes" erinnert, den *ʿebed YHVH* des Propheten Jesaja, dessen Dienst zu einer solchen Identifikation mit seiner "Herde" führte, daß er sogar ihre Nöte und Sorgen, ihre Krankheit und Leiden auf sich nahm und somit ihnen selbst Heil(ung) vermittelte.

Es war die Art, wie Jesus mit den Menschen, denen er begegnete, umging, die zu einem neuen Verständnis der Messianität führte: der Messias Jesus zerstörte nicht die Ausgestoßenen sondern er heilte auch sie durch seinen Dienst an ihnen, und selbst den Verachtetsten gab er Linderung und öffnete ihnen den Weg zurück in die Gemeinschaft, die mit ihnen nichts mehr hatte zu tun haben wollen. Dies war etwas Neues, und deshalb mußte dieser einfache Mensch seine Kraft von Gott selbst bekommen. Dieser Gesichtspunkt kann nicht deutlich genug unterstrichen werden: daß Jesus sich selbst in seiner Erniedrigung als der Messias erweist, indem er die Kraft, die Gott ihm gibt, nicht gebraucht um seine Feinde zu vernichten, sondern daß er den Menschen dient und ihnen zu dem verhilft, was immer sie zum Leben brauchen. Dies war offensichtlich der Eindruck, den seine Jünger von ihm erhielten, und dieser Eindruck spiegelt sich in einer der ältesten Hymnen, die aus der frühen Christenheit überliefert sind, dem Hymnus von Phil. 2,5-11.

Paulus leitet diesen Hymnus mit einer Paränese ein, in der er die Christen auffordert, die Gesinnung Jesu zu übernehmen. Dort aber, wo der irdische Jesus in den Blick kommt, ist seine *kenôsis* (Entäußerung) entscheidend. Diese ist nicht scheinbar, wie die Gnosis meinte, sondern vollkommen. Christus, der zunächst in der Gestalt Gottes existierte, nahm die Gestalt eines Knechts an und wurde "gleich" den Menschen. Mit dem griechischen Begriff *homoioma* ist keine scheinbare Gleichheit gemeint, sondern eine tatsächliche. Damit war Christus nach seiner kenôsis tatsächlich nichts anderes als ein Mensch, ein "Knecht", und dies bedeutet in religiöser Sprache: ein Diener Gottes, ein *ʿebed YHVH* oder *ʿabd Allâh*. So war auch sein Verhältnis zu Gott das des Gehorsamen, und zwar des Gehorsamen bis zum Tode. Hier klingt etwas an, was auch Muslimen im Blick auf den Gehorsam des Menschen gegenüber Gott äußerst wichtig ist, auch wenn sie das Kreuz Jesu ablehnen: der bedingungslose Gehorsam des Menschen gegenüber seinem Gott. Denn im Gehorsam zeigt sich der wahre und vollkommene Glaube, und vollkommener Glaube ist "*islâm*", Hingabe an Gott.

Deshalb ist es alles andere als eine Abwertung, wenn im Koran und im späteren Islam Jesus als *abd Allah* bezeichnet und geehrt wird; es ist das höchste Attribut, das einem Menschen verliehen werden kann. Und es ist deutlich, daß hier der Islam in keinem Gegensatz zu fundamentalen Aussagen des biblischen Zeugnisses über Jesus steht. Vielleicht ist es gerade die prophetische Aufgabe des Islam, die Christen auf dieses Fundament ihres eigenen Glaubens wieder hinzuweisen, wenn sie in Gefahr stehen, sich darüber hinwegzusetzen. Denn alles, was mit Nachfolge Jesu, mit Jüngerschaft Jesu usw. zu tun hat, hat hier seinen Grund: in dem Bekenntnis zur Knechtsgestalt und in der Nachfolge des Dienens, der Erniedrigung und des Leidens, nicht des Herrschens und Triumphierens. Gewiß unterscheiden sich Muslime und Christen darin, daß Muslime zunächst jedem Menschen die Fähigkeit zu solchem Dienst auf Grund seiner eigenen Kräfte zusprechen. Das christliche Menschenverständnis macht hier skeptisch: ob Ursünde oder naturhafter Trieb zur Arroganz, Überheblichkeit und Herrschsucht: die Fähigkeit des Menschen, wirklich und willentlich *ʿabd Allâh* zu sein, wird in Zweifel gezogen. Denn zu stark ist die Versuchung zum Herrschenwollen, dazu "Gott gleich zu sein". Und auch die Kirche - oder die Christen, die schließlich die Kirche ausmachen - ist immer wieder beflissen dieser Versuchung erlegen. Deshalb lag ihr immer wieder daran, Jesus eben doch nur zu einem "scheinbaren" Knecht zu machen, der ja "eigentlich" etwas ganz anderes war. Selten ist ihr klar gewesen, daß sie sich gerade mit diesem Versuch immer wieder an die Seite des Verräters Judas stellte - etwas mehr Solidarität mit dieser Gestalt in ihrer Reue wäre ihr deshalb durchaus angemessen. Somit wird der Hinweis auf die Einmaligkeit dieses vollkommenen Gehorsams Jesu immer wieder nötig sein. Doch auch die Warnung des Korans, die Christen sollten nicht Jesus zu etwas machen, wozu weder sie ein Recht noch Jesus den Willen hat, ist von prophetischer Tiefe. Wenn die Christen selbst Christus zum Sohn Gottes erhöhten, dann würden sie sich darin gegen ihren Meister wenden. Als Menschen ist Christen wie Muslimen und anderen zunächst d e r Christus zugänglich, der selbst als Mensch erfunden ward im Gehorsam. Nur ihm kann die Nachfolge gelten, zu der in Phil. 2,5 aufgerufen wird, der Erhöhte entzieht sich dem Zugriff auch seiner Jünger.

Allerdings hört mit dem Gehorsam bis zum Kreuzestod die Geschichte Jesu Christi nicht auf. Aber nicht er bleibt das Subjekt des Geschehens, sondern ein neues Subjekt tritt auf, wie aus Phil. 2,9 deutlich wird: Gott. Nicht Christus, auch nicht die Christen, sondern zuallererst bekennt sich Gott selbst zu Jesus Christus als seinem geliebten Sohn. Die Auferweckung Jesu und damit seine Erhöhung geschieht von Gott her. Dieser Subjektwechsel in Phil. 2,9 ist der theologische Schlüssel zur Christologie. Wird dieser Schlüssel verkehrt gedreht, dann geht die ganze Christologie zu Bruch. Gott ist es selbst, der das wahre Bekenntnis zu Christus als seinem Sohn spricht, und zwar in der Auferweckung, nicht im Augenblick der Fleischwerdung, d.h. der Geburt durch Maria. Selbst im Johannesevangelium ist die Fleischwerdung des Ewigen Logos - ähnlich wie im Philipperhymnus - eine wirkliche und nicht scheinbare. In seiner Geburt kam Jesus als wirklicher und ganzer Mensch in diese Welt. Dieser wirkliche und ganze, nicht scheinbare (!) Mensch wird von

Gott ganz und nicht teilweise in die göttliche Herrlichkeit aufgenommen und erhält die göttliche Herrschaft übertragen. Darüber waren sich die großen Richtungen in der Alten Kirche einig. In der Tat ist es nicht Jesus gewesen, wie der Koran zu Recht betont, der seine Jünger dazu angehalten hat, ihn als "Sohn Gottes" zu verehren. Die erschrockene Reaktion, die sich in in Matth. 16,17 spiegelt, ist durchaus vergleichbar mit den Reaktionen des koranischen Jesus auf entsprechende Fragen Gottes. Aber nicht menschliche Vermessenheit, weder die Christi noch die seiner Jünger, sondern Gottes Liebe hat Christus als den bestätigt, was rechter christlicher Glaube in ihm bekennt: den, der sich als wahrer Mensch und als wahrer Gott erwiesen hat. Gott selbst hat ihn als seinen Sohn offenbart, und nur von daher haben auch die Jünger das Recht, ihn nun so zu nennen. Christus selbst hat bewiesen, daß er nicht dem Rausch der Macht zum Opfer fällt. Er hat den Menschen durch sein Vorbild offenbart, daß die Herrschaft Gottes sich im Dienst in und an der Schöpfung vollzieht, durch den ihnen Leben ermöglicht wird. Beides, Dienen und Herrschen, stehen für Gott nicht nebeneinander, sondern sie sind identisch. Jesus hat diese Haltung des Dienens den Menschen gleichzeitig als ihre wahre Bestimmung vorgelebt. Das Insistieren des Korans auf der Knechtsgestalt Jesu kann auch die Christen daran erinnern, daß zum Bekenntnis zu Jesus Christus das Ernstnehmen der Paränese von Phil. 2,5 hinzugehört. Jesus forderte nicht Anbetung oder Verehrung, sondern Nachfolge. Nur der Weg in der Nachfolge ist der Weg zur Verwirklichung wahren Menschseins - in der Hoffnung auf den Beistand der Kraft Gottes, die auch hier die Vollendung herbeiführt.

Wenn das Menschsein Jesu, wie es der Koran fordert und auch die neutestamentlichen Traditionen unterstreichen, ernstgenommen wird, dann eröffnet sich auch die Möglichkeit, noch einmal die Frage der Kreuzigung Jesu aufzugreifen. Für die christliche Theologie hat die Kreuzigung, sofern sie mit dem Erlösungswerk Christi verbunden ist, ebenfalls ihren Ort dort, wo es um das Menschsein des Messias geht. Dabei mag auf 1. Tim. 2,5 verwiesen werden, wo unterstrichen wird, daß der Mittler zwischen Gott und den Menschen d e r M e n s c h Jesus Christus ist, wir können hinzufügen: er ist auch der Erlöser.

Nun wurde oben schon wiederholt dargestellt, daß der Koran die Kreuzigung Jesu zurückzuweisen scheint (Su. IV,157): es schien ihnen (sc. den Juden) nur so. Es soll hier nicht noch einmal die Diskussion aufgenommen werden, ob das, was ihnen (ähnlich) schien, eine andere Gestalt war oder sie lediglich sich darin irrten, daß sie die Subjekte der Handlung waren, während tatsächlich sie lediglich Werkzeuge des Willens Gottes darstellten (2). Doch hat die Frage, ob Jesus seinen Weg als *ᶜabd Allâh* am Kreuz beendete, ebenfalls Bedeutung für das Verständnis seines Menschseins und seiner Haltung vollkommener Demut und vollendeten Gehorsams gegenüber Gott. Nehmen wir beides ernst, dann stellt sich die Frage: warum wird im Islam die

Frage der Menschheit Jesu nicht bis zur letzten Konsequenz durchgehalten? Christi Demut in seinem Dienst, sein Gehorsam gegenüber dem Willen des Vaters machten nicht Halt v o r dem Kreuz, sondern bezogen dieses mit ein. Denn nur am Kreuz, durch die endliche Überwindung des Eigenwillens und seines Zieles, "zu sein wie Gott", kann die immer wieder neue menschliche Versuchung zum "*širk*" überwunden werden. Deswegen wäre die Aufgabe des "Dieners Gottes", die Menschen von dieser auch im Islam als schwerster Sünde verstandenen Selbstüberhebung mit ihren zerstörerischen Folgen: Krankheit, Unrecht, Tod, zu befreien, unvollendet geblieben. Erst dadurch, daß er diesen Weg bis zum Ende durchging, hat er sich als der wahre Mensch erwiesen, der sich nicht neben Gott setzt.

Für die ersten Christen waren das Dienen und der Gehorsam dieses einfachen Menschen Jesus bis zum Ende der Ausdruck einer Kraft. Aber diese Kraft hat ihre Quelle nicht in sich selbst, sondern in der Liebe. Nur wegen dieser Quelle konnte Jesus sein Leiden bis zum Ende durchstehen. Kraft alleine, wenn Jesus lediglich an sie gewiesen wäre, wäre nicht stark genug gewesen, ihn sein Leiden durchstehen zu lassen bis zu dem Punkt, wo er selbst an Gottes Gegenwart zweifelte (Matth. 27,46). Jede Kraft hat ihre Grenzen. Über die Kraft der Liebe hat sich Paulus in 1. Kor. 13 geäußert. Aus dieser Quelle entspringen ebenfalls die Zeichen des kommenden Reiches Gottes. Die Gläubigen fühlen und erfahren, daß schon ihr Leben in dieser Welt sich verändert und von der heilenden, gerecht machenden und Leben spendenden Kraft, die der Liebe entspringt, bestimmt wird. Das Herrschen des einen über den anderen ist ausgeschlossen. Gleichzeitig gründet hier die christliche Hoffnung darauf, daß diejenigen, die "in Christus" sind, in die Gemeinschaft mit den Vater aufgenommen werden so wie Jesus. Diese Hoffnung macht ihr Leben lebenswert und sie schließt die Verpflichtung ein, allen, denen verwehrt ist menschlich zu leben, zu einem solchen Leben zu verhelfen. Dieser Satz mag sehr allgemein klingen. Angesichts der unzähligen Situationen, in denen Menschen sich immer wieder, sei es durch Menschen oder durch Naturereignisse verschuldet, ihrer Menschenwürde und ihrer Lebensmöglichkeiten beraubt sehen, mag jeder selbst sehen, wie er mit dieser Paränese umgeht. Die Menschwerdung Jesu verpflichtet jeden, der ihm nachfolgen will, jeden Aspekt menschlichen Lebens ernst zu nehmen so, wie Gott selbst ihn ernst genommen und dies durch die Inkarnation bewiesen hat. Wo das nicht geschieht, da ist auch das Menschsein Jesu, da ist letztlich Gott selbst nicht ernst genommen (Matth. 25,31). Und dies bedeutet Gericht.

Für den Koran ist der Messias Jesus nicht mehr als ein Mensch. Auch für Christen ist er Mensch, und es tut ihnen gut, sich daran erinnern zu lassen. Aber für sie offenbart sich in ihm und seinem Leben und Sterben auch etwas vom Wesen Gottes, nämlich die Haltung, die Gott den Menschen gegenüber einnimmt. Dies wird deutlich am Beispiel der "Königsherrschaft Gottes", die eben nicht politisch sondern anthropologisch und mit ihren

Auswirkungen in der Ethik verstanden wird. Von Muslimen wird oft auf diesen Punkt verwiesen, gelegentlich mit dem Hinweis, daß damit eigentlich die Botschaft Jesu unvollendet geblieben sei und es noch eines weiteren Propheten bedurfte, der die Königsherrschaft Gottes auch im gesellschaftlichen Rahmen relevant und konkret etabliere. Dies sei durch Mohammed geschehen, der die islamische "*umma*" auf der Grundlage der koranischen Offenbarung errichtete. Die Rechtsnormen dieser "Gottesherrschaft" seien dann in der späteren "*šarî‘a*", dem Islamischen Recht, festgelegt worden.

Nach den Erkenntnissen über den Charakter der "Königsherrschaft Gottes", wie sie zumindest im Verständnis der Christen durch den Menschen Jesus Christus offenbart wurde, läßt sich nun allerdings auch an die Muslime die Frage stellen, ob ihr Verständnis dieser Herrschaft wirklich theologisch vertretbar ist, ob es ebenfalls eine Herrschaft darstelle, in der Herrschen identisch mit ist Dienen, wo Macht in der Liebe ihre Quelle hat. Jesu Abwehr einer Identifizierung der Gottesherrschaft mit einem politischen Gesellschafts- oder Staatsverständnis wird von Christen nicht als Mangel verstanden, sondern ihre Vermischung gerade als unheilige Versuchung.

* *
*

Im Gespräch zwischen Christen und Muslimen stehen eine Reihe verschiedener theologischer Fragen zur Debatte, die eine neue Behandlung erfordern. Echte Bereitschaft zum Dialog fördert nicht nur besseres Verständnis anderer Glaubensweisen, sondern erhellt auch neue Einsichten in die eigene. Allerdings setzt er auf beiden Seiten auch die Bereitschaft voraus, über festgewordene dogmatische Überzeugungen neu nachzudenken und sie hinterfragen zu lassen. Eine Reihe von Gegensätzen zwischen Christentum und Islam liegen nicht in ihren jeweiligen Heiligen Schriften begründet, sondern in den Traditionen der Auslegung. Obige Ausführungen sollen als Versuch und Beispiel dafür verstanden werden, wie an einigen für beide Seiten wichtigen Fragen - wie ich hoffe: sinnvoll - weitergearbeitet werden kann und gleichzeitig Mut zu anderen Fragen wecken.

A n h a n g I

ʿA l î a ṭ - Ṭ a b a r î :

A r - R a d d ʿa l à n - N a ṣ â r à

120 Der Islam ist der Glaube an Gott, den Lebendigen, den Unsterblichen, den (in sich) Einen, den Einzigen, den König, den Heiligen (1), den Gütigen, den Gerechten, den Gott Abrahams, Ismaels, Isaaks (2), Jakobs, Jesu und der anderen Propheten, (an) den Gott der gesamten Schöpfung, - der keinen Anfang hat und kein Ende, keinen Ebenbürtigen (3), keine Kinder (4), keine Gefährten, keine Ursache für seine Existenz; (der Glaube), daß er der Schöpfer aller Dinge ist, (sie) aus nichts (schuf), nach keiner Vorschrift und nach keinem Vorbild, sondern (ganz) wie er will, und indem er zu den Dingen sagt: seid! - dann sind sie (5), entsprechend einem einzigen (Willens)entschluß. Er ist der Allmächtige (6), der Erbarmende (7), der Schenkende (8), der absolut kein Unrecht tut (9), dem nichts ähnelt von dem, was auf der Erde oder im Himmel ist. Er ist der Überlegene (10), der nicht besiegt wird, der Großmütige, der keinen Geiz kennt; der Wissende, dem nichts unbekannt ist. Kein Unrecht, das ein Übeltäter tut, entgeht ihm, und nichts bleibt ihm verborgen (11). Er weiß, was in der Tiefe der
121 Erde ist, was aus ihr hervorgeht / und was vom Himmel herabkommt oder zu ihm aufsteigt: alles ist ihm gehorsam.

(Der Islam ist ferner der Glaube,) daß Mohammed sein Prophet und Gesandter ist, und ebenso Mose und Jesus und alle anderen Propheten, zwischen denen wir keinen Unterschied machen (12); daß die Stunde ohne Zweifel kommen wird, und daß Gott die erwecken wird, die in den Gräbern sind (13); daß die Gerechten selig werden und die Frevler das Höllenfeuer empfangen (14). - Das ist die offenbarte Glaubenslehre (15) der Anhänger des Islam und ihrer Religion.

Als erste der Fragen, die sie zum Verstummen bringen, legen wir nun den Christen folgendes vor: Ist dieses Einheitsbekenntnis, das ich erklärt habe, und der Glaube, den ich beschrieben habe, wahr oder falsch? Wenn sie sagen, daß sie wahr sind, dann ist das, wozu sie sich bekennen, falsch. Denn sie glauben an drei - nein: vier - Götter, nämlich den Vater, den Sohn, den heiligen Geist und einen ewigen Menschen, Jesus Christus. (Daß diese Interpretation) den wahren Sachverhalt trifft, läßt sich aus ihrer Glaubensregel entnehmen, deren Schändlichkeit ich aufdecken und deren Geheimnisse ich enthüllen werde. In ihr heißt es, daß Jesus

Christus geschaffen, nicht aber Schöpfer ist, wie sie sagen.

Wenn sie aber sagen: "Das, was du über das Einheitsbekenntnis gesagt hast, ist falsch", dann fallen sie von dem ab, was Mose, Jesus und die anderen Propheten, die alle die Einheit Gottes bekennen und vertrauenswürdig sind, sagen. Gott sagt zu Mose in der Tore (16) - und jeder Christ ruft sie zum Zeugen an: "Ich bin Gott, *ähyäh ašär ähyäh*, der Gott Abrahams, Isaaks und Jakobs. Das ist mein Name auf ewig, so soll man mich anrufen in allen Zeiten" (17). Auch sagt er im 2. Buche: "Ich bin der Herr, dein Gott, du sollst keiner anderen Gottheit außer mir dienen oder vor ihr niederfallen. Auch sollst du mir nichts ähnlich machen von dem, was im Himmel oder auf der Erde oder im Wasser ist" (18). Jesus Christus aber w a r auf der Erde. Derjenige der sagt, daß er Gott ist, widersetzt sich damit Gott. Gott sagte auch zu Mose, als dieser ihn lobte: "Ich bin Gott; wißt, daß ich allein bin, daß ich sterben lasse und zum Leben rufe, daß ich mit Krankheit schlage und heile. Keiner kann mir entfliehen" (19). Matthäus eröffnet das erste Evangelium mit den Worten: "Buch der Geburt Jesu Christi, des Sohnes Abrahams" (20). Darin wird bestätigt, daß Gott anfanglos und nicht gezeugt ist. Denn der Gezeugte ist in der Zeit entstanden. Gott aber ist nicht in der Zeit entstanden, sondern läßt alles Zeitliche entstehen. Matthäus, der Jünger Christi, sagt im 4. Kapitel seines Evangeliums: "Ein Mann sagte zu Christus: O, guter Mann. Jesus antwortete ihm: Warum nennst du mich gut? Niemand ist gut außer Gott allein" (21). Johannes sagt im 16. Kapitel /
122 seines Evangeliums: "Christus hob seinen Blick auf zum Himmel und flehte Gott an und sprach: Das ist das ewige Leben, daß die Menschen erkennen müssen, daß du Gott bist, der Eine und Wahre, und daß du Jesus Christus gesandt hast" (22). Das ist das reine und eindeutige Einheitsbekenntnis. Gleichzeitig bekennt er, daß er gesandt ist. Dies ist der Glaube Christi und aller Propheten.

...

Wenn jemand von den (Christen) sagt, daß Christus - obwohl er die Einheit (Gottes) bekannte und anerkannte, daß er gesandt ist entsprechend der Aussage des Evangeliums - an anderer Stelle bekannte, er sei der ewige Schöpfer, dann schmäht (dieser Christ) Christus auf die gemeinste Art und Weise und zieht ihn in den Widerspruch, daß er einmal bekenne, Gott sei Einer und er selbst sei gesandt, und danach behaupte, daß er selbst ewiger Schöpfer sei. Christus aber hat mit solchen (Widersprüchen) nichts zu tun. Er ist frei von allem, was ihn mit etwas der Vernunft Widersprechendem in Verbindung bringen könnte.

...

123 Wir stellen die dritte Frage, die sie zum Schweigen bringen wird: Ändert sich der ewige Schöpfer unter dem Verlust der Ewigkeit und seiner Natur, so können Krankheiten oder Tod ihn behaften oder nicht? Wenn sie sagen, daß er sich ändert oder stirbt, dann ist auch ihr Glaube gestorben. Wer so etwas sagt ist wie jemand, den Gott in seinem Buche mit Schafen (23) oder Christus mit Hunden und Schweinen vergleicht, und den Jesaja als Esel und Ochsen bezeichnet, wenn er sagt: "Der Stier kennt seinen Besitzer, und der Esel den Lagerplatz seines Herrn, aber die Kinder Israel erkennen nicht, was das bedeutet" (24). Aber wenn sie sagen, daß der ewige Schöpfer sich nicht verändert und nicht stirbt, dann weichen sie von ihrer Glaubensregel ab. Wer aber von ihr abweicht, ist bei ihnen ein Ungläubiger. Sie besagt, daß Jesus Christus Schöpfer ist und ungeschaffen, daß er wahrer Gott von wahrem Gott ist, von der Natur seines Vaters, daß er getötet und gekreuzigt wurde und Schmerzen erlitt. Somit änderte sich ihr Gott und starb. Damit zeige ich die Verkehrtheit dieser Regel und ihre Widersprüchlichkeit auf.

...

124 Wir stellen ihnen die fünfte Frage, die sie zum Schweigen bringt: Ist Christus der ewige Schöpfer, wie es in ihrer Regel steht, oder ist er ein auserwählter Mensch, wie einige ihrer Gruppen behaupten? Wenn sie sagen, daß er ein geschaffener und gesandter Mensch ist, dann stimmen sie den Muslimen in ihrer Glaubensregel zu. Wenn sie aber sagen, daß er der ewige Schöpfergott ist, dann widersprechen sie den Evangelien und den anderen Büchern und glauben nicht an sie. Matthäus sagt im 8. Kapitel seines Evangeliums, in dem er Jesaja für das Prophetentum Christi zum Zeugen aufruft (25) und den Anspruch Gottes widergibt: "Dies ist mein Knecht, den ich erwählte, und mein Liebling, an dem meine Seele Wohlgefallen findet. Somit lege ich meinen Geist auf ihn, und er wird die Völker zur Wahrheit rufen" (26). Das ist eine Erklärung, die sich nicht bestreiten läßt (27); Jesaja ist ein Prophet, den man nicht beargwöhnen kann. Und es ist das Evangelium selbst, das sich auf sein Prophetentum beruft. Der Knecht ist kein Gott, und Gott ist kein Knecht, wie ihr ihn nennt. So denkt darüber nach, ihr Christen!

Der Jünger Markus sagt in seinem Evangelium, daß Jesus, als er am Kreuz hing, rief: "Mein Gott, mein Gott, (warum) hast du mich verlassen?" (28). Das ist das letzte Wort, das er in der Welt sprach.

Matthäus sagt im 20. Kapitel seines Evangeliums: "Christus nahm ein Stück Brot, brach es und gab den Jüngern ein Stück davon und sagte: Das ist mein Fleisch. Und er gab einen Kelch, in dem ein Trank war, und sagte: Das ist mein Blut"

(29). Wer aber Fleisch und Blut besitzt ist ein Körper. Jeder Körper hat Länge, Breite, Tiefe. Was sich so verhält hat Raum und Gewicht. Gott dagegen hat keine Ausdehnung und kein Gewicht, denn alles Räumliche ist endlich und begrenzt, und alles Endliche endet schließlich in Verwesung und Auflösung.

Lukas sagt im 3. Kapitel seines Evangeliums, wo er Christus beschreibt, als dieser noch ein Junge war: "Der Junge wurde größer und seine Weisheit wuchs, und er nahm zu bei Gott und den Menschen" (30). Im selben Kapitel sagt Lukas, daß der Junge wuchs, durch den heiligen Geist gestärkt und mit Weisheit erfüllt wurde, und daß die Barmherzigkeit Gottes über ihm sichtbar wurde (31). Es ist unmöglich, daß der ewige Schöpfer sagt, er habe einen Gott; daß ferner über ihn gesagt wird, daß er ein Junge war, als die Barmherzigkeit einer anderen ewigen Gottheit über ihm sichtbar war.

Johannes berichtet im 15. Kapitel seines Evangeliums, daß
125 Christus zu seinen Jüngern sagte: / "Meine Rede, die ihr hört, ist die Rede dessen, der mich gesandt hat" (32). Im selben Kapitel sagt er: "Mein Vater ist erhabener und mächtiger als ich" (33). Johannes berichtet auch die Worte Jesu: "Wie mir mein Herr befiehlt, so führe ich es aus. Erhebt euch, laßt uns nach (...?) gehen. Siehe, ich bin der wahre Weinstock, und mein Vater ist der Bauer" (34). Und im 14. Kapitel steht das Wort Jesu: "Ich frage meinen Vater, daß er auch einen anderen Parakleten gebe" (35). - Das durchdringende Licht, das nicht vom Weg abführt ... (?) (36); er sagt auch: "Er bezeugt mich, und auch ihr werdet bezeugen (37). Ich spreche zu euch in Gleichnissen, er aber wird mit Offenheit zu euch kommen" (38).

Lukas sagt gegen Ende seines Evangeliums, daß Jesus, nachdem er von den Toten auferstanden war, zu seinen Jüngern eintrat. Sie hatten sich in einem Zimmer versammelt, dessen Tür sie abgeschlossen hatten. Sie zweifelten an ihm und erschraken vor ihm, denn sie meinten, daß er ein Geist sei, der durch ihre Tür eingedrungen war. Als Jesus ihre Furcht bemerkte, sagte er zu ihnen: "Kommt zu mir (39) und wißt, daß die Geister weder Fleisch noch Knochen haben wie das, Was ihr an Fleisch und Knochen findet" (40). Wir wissen, daß Fleisch und Knochen gemacht sind, und daß der, der sie machte, kein Körper ist; vielmehr ist er der Schöpfer der Körper. Wer sagt, daß Christus von einer Gottheit beherrscht war, (daß) er ein Junge war, (daß) er ging, Länge und Breite (hatte), und daß der, der so ist, kein ewiger Schöpfer, sondern geschaffen ist, der stimmt mit Christus und seinen Jüngern überein; wer davon abweicht, weicht von ihnen allen ab. Wir aber stimmen mit Gott und mit Christus überein, sie aber weichen von Gott und seinem Christus ab. Aus dem Gesagten folgt für sie noch eine andere große Sünde, die für sie noch verächtlicher und schändlicher ist als die erste: Wenn Christus nämlich ewiger Schöpfer ist, wie in ihrer Glaubensregel gesagt wird, dann müssen sie einen Teil des Herrn zum ewigen Schöpfer und einen Teil sterblich und geschaffen machen. Denn Christus stellte fest, daß er Fleisch und Blut sei. Fleisch und Blut wären folglich zwei ewige Schöpfer. Wir erfuhren aber, daß sie durch Speise und Trank sich entwickelten. Speise und Trank aber sind Teile der Welt. Der Schöpfer der ganzen Welt wäre dann ein Teil der Welt. Dieser selbe Teil wäre dann sein eigener Schöpfer, denn er ist ein Teil der Welt, die er als ganze geschaffen hat. Das aber ist die schändlichste Lüge und das Entfernteste von dem, was vernünftig ist. Wer das annimmt und daran glaubt, der macht das Geschöpf zum Schöpfer und den Schöpfer zum Geschöpf, wie wir oben zeigten, und zwar deshalb, weil die Fleisch und Blut zum ewigen Schöpfer und den ewigen Schöpfer zu Fleisch und Blut machen. Das kommt in ihrer Glaubensregel zum Ausdruck, wenn sie sagt, daß Christus der Schöpfer ist und nicht geschaffen.

Hieraus ergibt sich für sie noch Schlimmeres, nämlich: Wenn ein Teil der Welt Schöpfer der ganzen Welt sei, der Teil
126 eines Dinges aber erst dann vorhanden ist, wenn / das ganze Ding da ist, und (ferner) das, was nicht vorhanden und absurd ist, nichts ist, (dann folgt daraus, daß) ihrer Meinung nach der Schöpfer der Welt nicht vorhanden ist, er existiert nicht, ist unbekannt und absurd. Wenn ihr (d.h. der Welt) Schöpfer nicht vorhanden ist, dann ist sie damit ungeschaffen (40a). Ich habe den Eindruck, daß die Vertreter dieser Regel das und nichts anderes im Sinn haben. Beispielhaft dafür ist der Ausspruch, daß ein Teil des Menschen der Schöpfer des ganzen Menschen sei. Wir wissen, daß dieses Fleisch nicht vor dem Menschen ist. Was aber vor dem Menschen vorhanden ist, das ist nichts. Damit wird gesagt, daß der Schöpfer des Menschen nichts ist.

Wir stellen ihnen die sechste Frage, die sie zum Schweigen bringt: Existierte Christus in einem bestimmten Land und zu einer bestimmten Zeit oder nicht? Wenn sie sagen, daß er weder in einem Land noch zu einer Zeit da war, dann widersprechen sie dem Evangelium. Der Jünger Matthäus sagt zu Beginn seines Evangeliums, daß Christus in Bethlehem in Judäa in den Tagen des Königs Herodes geboren wurde (41). Auch Lukas sagt in seinem Evangelium, daß er in der Krippe in Windeln gewickelt lag und in den Tagen des Königs (*sic*) Pilatus getötet wurde (42). Wer aber in einem Zeitabschnitt und an einem Ort lebte, für den ist die Zeit vorgegeben, und der Ort umfaßt ihn. Was so ist, das ist geschaffen. Wenn aber festgestellt wird, daß Christus geschaffen ist, dann fällt damit ihre Glaubensregel; denn sie besagt, daß er wahrer Gott von wahrem Gott ist, und daß er alle Dinge geschaffen habe. Die Zeit ist eins der geschaffenen Dinge, und sie ist vor Jesus Christus, der alle Dinge geschaffen hat! Wie ist es jedoch möglich, daß die Zeit vor dem Schöpfer der Zeit da ist, und der Ort den Schöpfer (43) des Ortes umgibt? Dies gehört zu dem Schändlichsten, was an Geschrei und Verleumdung möglich ist. Wer in der Zeit geboren wurde, und wer von einem Ort umgeben ist, der ist ein Mensch und Sohn eines Menschen, ein Gottesdiener (und) Sohn einer Mutter (44). Damit fällt ihre Regel, und ihre Religion ist vernichtet, und ebenso die Verpflichtung auf das, von dem sie spricht. Ihre Argumente sind erschöpft, und es gibt keine Entschuldigung mehr für ihre (vom Islam) abweichenden Lehren.

Nun die siebte der sie zum Verstummen bringenden Fragen. Ich fand, daß der Jünger Johannes im 5. Kapitel seines Evangeliums sagt: "Wie der Vater aus seinem eigenen Wesen Leben hat, so gab er auch dem Sohn Leben in seiner Kraft" (45). Der Jünger Johannes berichtet ebenfalls im 5. Kapitel seines Evangeliums, daß Christus sagte: "Wenn ich Zeuge über mich wäre hinsichtlich meines Anspruches, dann wäre er falsch. Aber ein anderer als ich bezeugt für mich. Ich bin
127 Zeuge über mich selbst, und / mein Vater, der mich gesandt hat, bezeugt für mich" (46). In der Tora, die sie dabei zum Zeugen anrufen, steht, daß das Zeugnis zweier Männer wahr ist (47). In diesem Abschnitt stecken zwei Voraussetzungen, die beide falsch sind: erstens (48) (ist vorausgesetzt, daß) Gott ebenfalls ein Mann ist; zweitens, daß er (Christus) sein Selbstzeugnis an die Stelle des Zeugnisses eines anderen setzt. Das ist ein Irrtum und ein Trugschluß von dem, der dies über Christus erzählt. Die Tora sagt, daß das Zeugnis zweier Männer über jemanden, der beschuldigt wird, diesen in den Anklagestand versetzt. Dazu (d.h. zu dieser Anklage) führt der Zweifel in seinen Worten: "Wenn ich selbst über mich Zeugnis gäbe, dann wäre mein Zeugnis falsch". Es paßt jedoch nicht zu Christus, daß er eines solchen Zeugnisses über sich selbst (bedürfe).

Matthäus erzählt im 20. Kapitel seines Evangeliums, daß Jesus sagte: "O Herr, wenn es möglich ist, diesen Kelch von mir zu nehmen, dann nimm ihn von mir. Aber geschehen soll, was du willst, nicht was ich will" (49). Mit "Kelch" ist das Todesgeschick gemeint, und dieses ist der Gipfel des demütigen Flehens und der Unterwerfung. Markus sagt im 11. Kapitel seines Evangeliums, daß Jesus, als die Jünger ihn nach der Stunde der Auferstehung fragten, ihnen antwortete: "Jenen Tag und jene Stunde weiß niemand. Weder die Engel im Himmel noch der Sohn weiß sie. sondern allein der Vater weiß darüber Bescheid" (50). Hier erklärt er von sich selbst, daß er das Wissen besitzt, daß aber Gott mehr Erkenntnis und mehr Wissen habe als er, und daß er ein anderer sei.

Im 8. Kapitel seines Evangeliums berichtet Markus, wie Jesus sagte: "Ich bin nicht gekommen, mich bedienen zu las-

sen, sondern um zu dienen" (51). So fragen wir nun die Christen über den, der das gesagt hat: Ist er der ewige Schöpfer oder ein geschaffener Mensch? Wenn sie antworten, daß er ein geschaffener und gesandter Mensch sei, dann stimmen sie mit uns in ihrer Glaubensregel überein und verlassen ihre Religion. Wenn sie aber meinen, daß der, der diese Ansichten, die wir erwähnten und erläuterten, vertrat, der ewige Schöpfer sei, dann haben sie den Glauben der Propheten und das Urteil der Verständigen verlassen. Denn ihre Meinung führt sie dazu, daß sie den ewigen Schöpfer des Wissens ermangeln lassen; daß sie das, was er sagt, Verdächtigungen aussetzen (52); daß er als Zeuge nicht annehmbar sei; daß er jemanden brauche, der ihm zum Leben verhilft und die Richtigkeit seines Anspruches bezeugt; der ihm schmeichelt und ihn günstig stimmen will - und das alles, weil Christus das über sich sagte, was ich oben in diesem Abschnitt erwähnte. Schließlich (sagen sie), daß einer der beiden der Geber ist und der andere der von ihm Beschenkte; daß sich einer als Sklave und Diener und der andere als Herr des Sklaven und Dieners, daß sich einer als vollkommen im Wissen und in der Macht und der andere als (dem ersten gegenüber) geringer zeigt. Dies ist das Schändlichste an absurden und erdichteten Geschichten, noch schändlicher als die Visionen der Zauberinnen und die Falschheit. Es ist schimpflicher als die Lehren der Dahriya (53) und der Magier. Wenn nämlich die Rede und dieser Geist (54) wie der Vater in seiner Macht und in seiner Natur wären, dann gäbe es drei anfanglose Götter, wie ja auch diese Regel sagt. Was ist es dann, was den Vater würdiger macht, ihren Dienst und Gehorsam zu empfangen, als daß er selbst ihnen gehorchen und dienen müßte, da (doch) zwischen ihnen absolut kein Rangunterschied vorhanden ist? Wenn aber zwi-
128 schen ihnen ein Rangunterschied ist, / dann stehen der Sohn und der Geist unter Gott hinsichtlich der Macht und der Anfanglosigkeit. Wenn sie behaupten, daß der, der solche Worte sagt (55), ein geschaffener Mensch ist, dann weichen sie von ihrer Glaubensregel ab, sagen sich von ihr los und ziehen sich von ihr zurück.

...

All das Gesagte betrifft die Jakobiten, die sagen, daß Christus Gott sei und Maria die Gottesgebärerin (= Gottesmutter). Was die Ansicht von der Einwohnung, der Untrennbarkeit und der Vereinigung (56) betrifft, so ist dazu zu sagen, daß der ewige Schöpfer in Jesus Christus ja gegenwärtig war, sich in ihm niedergelassen hatte und sein Gast geworden war, sodaß zuletzt überhaupt kein Unterschied in irgendeiner Hinsicht zwischen ihnen gewesen ist. Christus sagte aber, was mit dem offenen Sinn (57) des Buches unvereinbar ist. Gott aber hätte dann etwas bezeugt, was er (d.h. Christus) fälschlich sagte, daß er nämlich die Stunde nicht wisse und keine Macht habe, diesen Rang (einzunehmen) und diese Wunder (auszuführen). Dies ist der reine Unglaube! Wenn aber der, der solches sagte, nicht der ewige Schöpfer ist, dann ist er somit, wie wir sagten, geschaffen und gesandt. Das ist ein gewaltiger und weiter Unterschied und eine offensichtliche Trennung. Sie meinen, daß kein Unterschied und keine Trennung zwischen ihnen bestehe; er aber sagt, daß auch der Sohn die Stunde nicht weiß, sondern allein der Vater.

...

Ich fasse jetzt das in zwölf Gesichtspunkte zusammen, worin kein Unterschied zwischen uns und euch besteht, und ich richte mich hierin nach dem, was Gott in einer eindeutigen Stelle seines Buches sagt: "Ihr Leute der Schrift! Kommt her zu einem Wort des Ausgleichs zwischen uns und euch, daß wir Gott allein dienen und ihm nichts beigesellen, und daß wir uns nicht untereinander an Gottes statt zu Herren nehmen" (58).

Der erste Gesichtspunkt von denen, denen ihr zustimmt, ist der, daß Gott ohne Anfang, einig, ohne Teilhaber in seiner Herrschaft und ohne Partner ist. Der zweite Punkt: Gott verzeiht nicht, wenn ihm etwas beigesellt wird (59) - er ist der Unbedürftige und zu Lobende.

Drittens: er hat keinen Vater und keine Mutter, keine Tan-
ten, keine Verwandtschaft, keine Kameraden. Viertens: er
hat keine räumliche Ausdehnung, wiegt nichts und wird von
keinem Ort umgeben. Fünftens: in ihm gibt es weder Überfluß
noch Mangel. Sechstens: er ißt nicht und trinkt nicht, er
hungert nicht und ist nicht satt. Siebtens: mit nichts von
dem, was in der Schöpfung ist, kann seine Gestalt, die Zahl
seiner Glieder und sein Wesen beschrieben werden (60). Ach-
tens: Gottes innerstes Wesen kann nicht beschrieben werden,
und niemand kann es sich vorstellen. Neuntens: Gott wird
weder müde noch langweilt er sich, ihn überfällt weder
Schlummer noch Schlaf. Zehntens: er umfaßt alles mit seinem
Wissen, ihm ist weder im Himmel noch auf der Erde ein Ge-
129 heimnis verborgen. Elftens: / er ist ein mächtiger Sieger,
er unterliegt nicht noch fürchtet er sich. Zwölftens: Gott
vergeht nicht und stirbt nicht.

Über diese zwölf Gesichtspunkte besteht Einigkeit unter den vorhandenen Gottesvölkern und den geleiteten Religionen; nur sie führen zur Gotteserkenntnis. Durch ihr Gegenteil kann Gott nicht erklärt werden. Wenn irgend jemand in seinen Äußerungen über einen Schöpfer von diesen Gesichtspunkten abweicht, dann weiß der, der es hört, daß er Falsches sagt. Denn etwas, was mit anderen Attributen versehen wird als denen, die wir erwähnten, ist geschaffen und nicht der Schöpfer.

...

131 Die Jakobiten sagen, daß Christus Gott ist. - Was nun den Beweis gegen diejenigen, die die Einwohnung, die Einkehr (61) und die Vereinigung behaupten, anbetrifft, (so ist zuerst aufgrund ihrer Lehre festzustellen,) daß zwischen dem ewigen Schöpfer und Christus kein Unterschied bestand, weil sie sich vereinigt haben und zu Fleisch geworden sind. Der, dessen Vorhaut beschnitten, dessen Haare geschnitten, dessen Fingernägel gestutzt sind, dessen Seite durchbohrt ist, in dessen Händen die Nägel sind, dessen Zähne zerschlagen sind und dessen Blut geflossen ist, dessen Seele ihn verlassen hat - das ist der ewige Schöpfer gewesen, denn zwischen beiden (d.h. Gott und Christus) gibt es keinen Unterschied, wie ihr sagt, und keine Trennung.

Wenn der, dem solches angetan wurde, nicht ebenfalls ewiger Schöpfer ist, dann war er ein Mensch, ein Gottesdiener, Sohn seiner Mutter (62), und damit wäre zwischen Gott und Christus ein Unterschied festgestellt. Dies bedeutet die Abrogation der Glaubensregel, da im Evangelium steht, daß Christus aß, trank, aufstand, schlief, hungerte, lief, vor dem Tode fliehen wollte (63) und so die Nacht wachend verbrachte, und daß er Blut schwitzte.

...

133 Sie erwähnen, daß der Grund für sein Herabkommen die Erlösung der Menschen von der Bürde der Sünde war. Dann meinen sie, daß er selbst ein Gefangener wurde; er kam, um den Menschen zu helfen, dann mußte er selbst Gott um Hilfe vor dem Satan bitten. Er kam als der, der die Menschen vom Satan erlöst, und dabei umschnürten ihn die Fesseln, weil der Satan zum Angriff (64) überging, sich heimlich gegen ihn wandte, ihn als Beute erstrebte, gegen ihn murrte und ihn schließlich tötete - über diese Ansicht möchten die Himmel auf die Erde fallen angesichts ihrer Schimpflichkeit, vor deren Schande sich die Seelen abwenden. Das Wunderlichste ist, daß der ewige Schöpfer genötigt wird, seinen ewigen Sohn vom Himmel auf die Erde hinabzusenden. Dann schickt er ihn, geleitet durch den ewigen, siegreichen Geist, zum Satan, damit dieser - oder wen er damit beauftragte - ihn prüfe und demütige; ...

Ich glaube nicht, daß ein Spötter Gott mehr spottete, seitdem die Erde besteht, und daß niemand den Satan mehr lobte als die Christen durch das, was sie hierüber sagen. Das Thema der Regel und der Lobhymnen, die sie jeden Tag lesen, ist, daß Gott, sein Sohn und sein Geist zum Satan kamen, und mit ihnen die Engel, die Himmlischen und die unter den Irdischen Erwählten, alle gemeinsam, um sich zum Kampfe gegen den Satan vorzubereiten, ihn zu bezwingen, die Sünde zu vernichten und den Tod von den Menschen endgültig zu verbannen. Aber sie erlangten nicht, was sie wollten, sondern sie ließen die Empörung des Satans noch zunehmen, daß er Gott gegenüber kühner wurde, und vermehrten seine Sicherheit davor, daß er ergriffen werde. Denn nachdem er vor seinen Feinden sicher war und seine Lage unverändert blieb, entstand dem Satan gut Wetter, sein Ärger verflog und seine Furcht verließ ihn, weil Traurigkeit den Sohn Gottes ergriffen hatte, wie sie sagen, und er ein Gefangener und um ihretwegen getötet wurde.

Der mit solchen Attributen versehen wird, unterscheidet sich von den Bedingungen, die wir für die Attribute Gottes aufstellten.

...

136 Wir (65) glauben an den einen Gott, den Vater, den Eigentümer aller Dinge, Schöpfer alles dessen, was sichtbar ist und was unsichtbar ist, und an den einen Herrn Jesus Christus, den einen Sohn Gottes, der vor aller Kreatur war, der vom Vater geboren wurde (66) vor allen Äonen, der nicht geschaffen ist, wahrer Gott von wahrem Gott (67), von der Natur seines Vaters, durch den die Äonen alle vollendet wurden (68) und alles entstand; der wegen uns Menschen allen und wegen unserer Erlösung herniederkam aus dem Himmel, Fleisch annahm vom heiligen Geist und Mensch wurde, mit dem die Jungfrau Maria schwanger wurde, und der von ihr geboren wurde, der Schmerzen empfand (69) und litt, der in den Tagen des Pilatus gekreuzigt und begraben wurde. Der stand am dritten Tage auf, wie geschrieben steht, fuhr auf zum Himmel und sitzt zur Rechten seines Vaters. Nun ist er bereit, erneut zu kommen (70), um die Toten und Lebendigen zu richten.

Wir glauben an den einen heiligen Geist, den Geist der Wahrheit (71), der von seinem (*sic*) Vater (72) ausgeht als lebenspendender Geist, an eine allgemeine (73) Kirche, an eine Taufe zur Vergebung der Sünden, an die Auferstehung unserer Leiber (74) und an das ewige Leben von Ewigkeit zu Ewigkeit.

Alle Christen - Melkiten, Jakobiten und Nestorianer - sind sich einig im Glauben an diese Regel und geben jede andere Lehre auf. Nur ein kleiner Teil von Christen lehnt sie ab. Wenn ihre Verkehrtheit nun offen dargelegt wird und die Täuschung ihrer Verfasser offenbar wird, dann muß jeder Christ, dem solches deutlich gemacht wird, klar und aufrichtig und aus der Liebe zu Gott und zu Christus heraus darüber nachdenken und Rechthaberei und Autoritätsglauben hinter sich lassen.

Es folgt der arabische Text des von Ṭabarî zitierten islamischen (vgl. oben S. 180) und des christlichen (vgl. oben S. 189) Bekenntnisses:

١٢٠ والاسلام هو الايمان بالله الحي الذى لا يموت الواحد الفرد الملك
القدوس الجواد العدل اله ابراهيم واسمعيل واسحاق ويعقوب وعيسى
وساير النبيين واله الخلق اجمعين • الذى لا ابتداء له ولا انتهاء
ولا انداد ولا اولاد ولا اتراب ولا اسباب وبانه خالق الاشياء كلّها
لا من شيء ولا على حدّ ولا مثال بل كيف شاء وبان قال لها
كوني فكانت على قدر واحد وهو القدير الرؤوف الوهاب الذى لا بظلم
مثقال ذرة ولا يشبهه شيء في الارض ولا في السماء وهو الغالب
الذى لا يغلب والجواد الذى لا يبخل والعالم الذى لا يجهل لا
يفوته ظلم ظالم ولا يخفى عليه خافية يعلم ما يلج في الارض وما
١٢١ يخرج / منها وما ينزل من السماء وما يعرج فيها وكل قانتون •
وان محمدا صلّى اللّه عليه وسلّم نبيه ورسوله وكذلك موسى وعيسى
صلوات اللّه عليهم اجمعين وساير الانبياء لا نفرق بين احد من
رسله ، وانّ الساعة آتية لا ريب فيها وان اللّه يبعث من في القبور
وان الابرار لفي نعيم وان الفجور لفي جحيم •
فهذا شريعة اهل الاسلام ودينهم •

١٣٦ نؤمن باللّه الواحد الاب مالك كل شيء صانع جميع ما يرى وما لا
يرى وبالرب الواحد يسوع المسيح ابن اللّه الواحد بكر الخلائق
كلها "الذى ولد من" (١) ابيه قبل العوالم كلها ليس بمصنوع
اله حق من اله حق (٢) من جوهر ابيه الذى بيده أتقنت (٣)
العوالم كلها وخلق كل شيء الذى من اجلنا معشر الناس ومن
اجل خلاصنا نزل من السماء وتجسّد من روح القدس وصار انسانا
وحملت به وولد من مريم البتول واتجع وأولم وصلب في أيام فيلاطوس
ودفن وقام في اليوم الثالث كما هو مكتوب وصار الى السماء وجلس
عن يمين ابيه وهو مستعد للمجي تارة اخرى للقضا بين الاموات
والاحياء •
ونؤمن بروح القدس الواحد روح الحق (٤) الذى يخرج من ابيه
روحا محيية "وبجماعة واحدة جاثليقية ومعمودية واحدة بغفران
الخطايا" (٥) وبقيامة ابداننا وبالحياة الدائمة الى ابد الابدين.

---

(١) ط: "من ازمن" والمعنى غير ظاهرة • فقد صححنا النص
حسب القراءة اليونانية، وراجع ايضا نص الامانة الذى نجده

في كتاب "الملل والنحل" للشهرستاني (طبعة الحلبي ، القاهرة ١٩٦٨/١٣٨٧ في الجزء الثاني ص ٢٨)

(٢) لا يوجد "من اله حق" في ط

(٣) ط: "اتفقت" ، تصحيح حسب نص الشهرستاني ، انظر آنفا هامش ١

(٤) ط: "روح الحي" ، تصحيح حسب القراءة اليونانية ونقل ايضا ابن حزم (في كتابه "الفصل" ج ١ ص ٤٤) والشهرستاني "روح الحق"

(٥) لقد صححنا القراءة الاصلية المحرّفة التي تقول "ومعمودية واحدة بغفران الخطايا ولجماعة واحدة جاء ثلثه"

A n h a n g II

F a t ḥ î ʿ U t̠ m â n :

Maʿa l-Masîḥ fi l-anâǧîl al-arbaʿa (1)

412 Der Gegensatz (zwischen Islam und Christentum) wird aufgelöst - oder er mildert sich - durch Studium und Wissenschaft; er versteift und verewigt sich durch Haß und Streit.

* Mehr oder weniger sind alle Religionen auf "den Glauben an Gott und den Jüngsten Tag" gegründet.
Dies ist der "Glaube an das Verborgene", der in unserer Zeit in Frage gestellt ist. Denn die Wissenschaft bestärkte inzwischen (die Menschen darin), sich den Sinnen zuzuwenden und ausschließlich dem Experiment zu vertrauen.

* Das Ziel des Glaubens an Gott ist die Glückseligkeit der Schöpfung, und das des Glaubens an die neue Welt (ist) die Gestaltung dieser Welt ... Gott bedarf nicht des Gehorsams der Gehorsamen noch schadet ihm die Auflehnung der Aufsässigen. Vielmehr will er, daß seine Diener über ihn einer Meinung sind, damit sie sich untereinander lieben und gleich behandeln.

Denn Gott schuf den Menschen so, daß er (d.h. der Mensch) erkannte, worüber er von Zweifeln geplagt war: er erkannte seine Sehnsucht nach dem Verborgenen und die Neugier nach dem, was jenseits der Sinne ist. Er erkannte, daß er gegenüber einer zu fürchtenden Macht demütig zu sein habe, (ei-
413 ner Macht,) / von der seine Seele, seine Vernunft und seine Sinne erfüllt sind, und die größer ist als alles, was er weiß und fühlt, ja, was er sich vorstellen kann. Er erkannte, daß es das Motiv der Demut vor dieser großen Macht ist, das das Motiv der Herrschaft und Macht des Menschen über den Menschen zurückweist. Und er erkannte, daß der Grundsatz der Vergeltung der Knotenpunkt ist, der den allgemeinen Verhaltensweisen der Seele die Richtung zeigt und das Gewissen zur Wachsamkeit und Aufsicht einsetzt. Es ist kein Wunder, daß Gott seine Diener auf den Glauben an die Gottheit und die Vergeltung hinweist, um (damit) in ihnen die Wurzeln der Gerechtigkeit und Wohltätigkeit tiefer werden zu lassen, und daß er den Menschen dazu einsetzt, die Ichsucht der Seele durch den Gehorsam gegenüber dem Herrn

zu bekämpfen und ernsthaft für den Aufbau (dieser) Welt einzutreten, während er die neue Welt erwartet.

> Niemand von euch g l a u b t ... wenn er nicht seinen Bruder so l i e b t wie sich selbst" (2).
> Von hier aus wird das Menschengeschlecht durch das Christentum in großartiger Weise bereichert.
> Gott ... ist Liebe. Und (damit) genug!

* Die gottesdienstlichen Riten in jeder Religion sind Ausdrucksformen - aber nicht Ziele (des Gottesdienstes); sie schulen den Gehorsam und prägen die Gemeinschaft, ihr Ziel liegt jedoch nicht in ihnen selbst, sondern darin, daß die Menschen durch sie geprägt werden: "Steht ein Mensch, so wird Müdigkeit sein Los sein, während das Los eines Fastenden Hunger und Durst sind" (3).

Christus hatte hervorragende, scharfe und erfolgreiche Kämpfe gegen die (äußeren) Formen und Riten geführt. Tatsächlich ist "Pharisäer" nicht der Name einer Sekte, (der) ihnen wegen irgend eines Wissens (gegeben wurde). Vielmehr legen sie es auf den äußeren Schein an, sie sind erstarrt und treiben die Menschen fort von der Religion. (Mit ihrer Haltung) nützen sie weder sich selbst noch anderen!

* Die Richtlinien der Religion ruhen nicht auf Buchstaben, sondern auf dem Gewissen. Tatsächlich liegt die Krise der Menschheit niemals in der "Fähigkeit, (gute) Gesetze zu erlassen", sondern in den seelischen Tiefen des Gesetzgebers und dessen, der (das Gesetz) ausführt, des Richters und der gesetzgebenden Gewalt - ohne Unterschied.

Christus hat tatsächlich das Gesetz erfüllt, da er die Menschheit dazu drängte, einen weiteren Horizont (zu haben) als nur den der Beschäftigung mit Texten und Worten. Er gab den Formen des Gesetzes die Wärme des Gewissens, und er brachte die Menschen dazu, daß jeder von ihnen sein eigener Richter ist - entsprechend der Aufsicht des verborgenen Gottes. /

414 * Die Religionen Gottes treiben alle zum Leben an ... sie sind nicht "starre Formen".

Sie sind Grundlagen und Wurzeln, die mit der Seele des Einzelnen und dem Geist der Zeit zusammenwirken, und aus denen dann voneinander verschiedene Kulturen und sich weiter entwickelnde Ideen hervorgehen.

Es ist nicht überraschend, daß aus dem Geist des Christentums Schattierungen des demokratischen Denkens entspringen, nachdem es zum Glauben an Gott ermunterte. Denn er ist es, der die Geschöpfe vor dem Angesicht seiner Majestät gleich macht. "Und er stand auf und wollte lesen. Da ward ihm das Buch des Propheten Jesaja gereicht. Und da er das Buch auftat, fand er die Stelle, da geschrieben steht: Der Geist des Herrn ist bei mir, darum weil er mich gesalbt hat, zu verkündigen das Evangelium den Armen; er hat mich gesandt, zu predigen den Gefangenen, daß sie los sein sollen, und den Blinden, daß sie sehend werden, und den Zerschlagenen, daß sie frei und ledig sein sollen" (4).

Es ist auch nicht überraschend, daß aus dem Geist des Christentums Schattierungen des sozialistischen Denkens entspringen, nachdem seine feurigen Worte die angehäuften Güter als Ketten beschrieben haben, an denen die Reichen zerren und ihre Schritte zur Erlösung hin beschweren, und nachdem es in ihnen den Wunsch weckte, sich von dieser Last zu befreien, sodaß der Überfluß von dem Einen zurückgeht in den Nutzen der Gemeinschaft. "Wohlan nun, ihr Reichen, weinet und heulet über das Elend, das über euch kommen wird! Euer Reichtum ist verfault, eure Kleider sind von Motten zerfressen. Euer Gold und Silber ist verrostet, und ihr Rost wird wider euch Zeugnis geben und wird euer Fleisch fressen wie Feuer. Ihr habe euch Schätze gesammelt am Ende der Tage! Siehe, der Arbeiter Lohn, die euer Land abgeerntet haben, der von euch vorenthalten ist, der schreit, und das Rufen der Schnitter ist gekommen vor die Ohren des Herrn Zebaoth. Ihr habe wohlgelebt auf Erden und eure Lust gehabt und eure Herzen geweidet am Schlachttag! Ihr habt verurteilt den Gerechten ... und getötet ... und er hat euch nicht widerstanden" (5).

Ein erlösender Aufschrei im Interesse des Arbeiters gegen den Druck des Kapitals!

Es entspricht den Religionen, daß dieser lebendige Geist in die Seelen hineingegossen wird, damit ihn das menschliche Denken - im Laufe seiner Entwicklung - in (zeitlich) bestimmte Philosophien und (schriftlich) festgelegte Gesetzgebungen umformt.

Die (geschichtlichen) Epochen gehen vorüber, die eine Philosophie überläßt ihren Platz einer anderen, und eine Gesetzgebung weicht der anderen, es bleibt (jedoch) die ewige Religion als inspirierender Geist und leitendes Licht. /

415 So bemüht sich das Denken in jeder Generation, bis es dahin gelangt, wo es das (richtige) Verständnis der Religion vermutet. Doch siehe da: die nächste Generation meint (wieder) etwas anderes als die frühere; und (so) sieht (das Denken) im Bereich von Theorie und Praxis eine Etappe nach der anderen vor sich. Es dauert nicht lange bis man findet, daß die zahllosen Formen des vergangenen Denkens das Verständnis der Religion in der neuen Zeit erweitern.

Aristoteles hielt die Sklaverei für möglich; er konnte sich aber keine soziale und ökonomische Ordnung (6) ohne sie vorstellen.

Später kam die feudalistische Gesellschaft, und die leibeigenen Landarbeiter (*serfdom*) ergaben eine neue Form (der Gesellschaft), die die Organisation der sozialen (und) ökonomischen Ordnungen unterstützte und (ihnen) half.

Dann kam die Maschine, und der Bedarf an Sklaven und Leibeigenen hörte auf. Stattdessen wurde es gestern erforderlich, daß die Schiffe die Rohmaterialien und Brennstoffe aus den Kolonien holen und die Fertigprodukte zu den Märkten bringen - statt daß sie die Armeen von Sklaven befördern. Die Fabriken brauchten Arbeiter, keine Sklaven oder Leibeigenen.

Konnte vom Christentum - oder einer anderen bereits seit langem bestehenden Religion - erwartet werden, daß es diesen zahlreichen Erscheinungen, die im Laufe langer Generations(ketten) auftauchten, mit Texten und Buchstaben begegnete, bei denen selbst der Punkt auf den Buchstaben stimmte (7)?

Die Religion sorgt selbst für ihre Erstarrung, wenn sie sich auf eine Grenze festlegt, die sie (dann) nicht mehr überschreiten kann, und sie wird wie jeder gesetzgeberische Text, dem Untergang geweiht, sobald sie Notwendigkeit, (die seine Formulierung veranlaßte,) verschwunden ist. Dagegen bleibt sie unvergänglich, solange sie immer wieder (von Neuem) der Seele den Geist der Menschlichkeit und des Lebens eingibt und einen Charakter schafft, dem alles Tyrannische zuwider ist - da sie auf Gott vertraut.

Die Widerspiegelungen der "Religion" in den Tiefen des Gewissens sind der Grund dafür, daß die menschliche Vernunft zu (bestimmter) Zeit die Sklaverei, die Feudalherrschaft und den Druck des Kapitals auf die Rechte der Arbeiter und Kolonialvölker verwirft. Von der Religion (kann) nicht gefordert werden, daß sie eine solche Verwerfung der Ordnungen (8) selbst in Texte faßt, wie es vom "religiösen Denken" gefordert wird. An denen, die gläubig einer Religion anhängen, liegt es vielmehr, daß sie den Widerspruch begreifen, der zwischen der Wirklichkeit ihrer Gesellschaft und den Grundlagen ihrer Glaubensvorstellungen besteht. Es ist nicht mehr als recht, daß wir dies von ihnen nicht eher erwarten, als bis das Verständnis der Religion in ihren Köpfen gewachsen ist, sie sich befreit haben von den verschiedenen Arten des Druckes, der auf ihrer Vernunft (lastet), und sie eine bessere Zukunft markieren können - von der sie glauben, daß sie sie mit ihrer Energie verwirklichen können.

Diese Schleier lüften sich nur im Laufe der Geschichte der
Menschheit; die Geschlechter - Gläubige und Ungläubige -
416 streifen sie ab, bis sich den Menschen die Finsternis / vom
Licht zu unterscheiden gibt. Und wenn sich diese Schleier lüften, dann sind die Gläubigen, die religiösen Menschen schneller dabei, Gutes (zu tun), sie sind der Wahrheit ergebener, geduldiger im Kampf, begieriger Darauf, zur Vollendung fortzuschreiten.

* * * * * * * * * *

Islam und Christentum stimmen in allem, was wir ausführten, überein. Worin unterscheiden sie sich dann?

* Sie unterscheiden sich in der Beziehung Christi zu Gott - oder dem Gedanken der Trinität;
* sie unterscheiden sich in der Frage, ob die Kreuzigung Christi stattgefunden hat - oder dem Gedanken der Erlösung;
* und sie unterscheiden sich - natürlich - in der Ansicht über das Prophetentum Mohammeds und die Religion des Islam.

Es ist ein wahrer, (tatsächlich) bestehender Gegensatz zwischen Islam und Christentum, und er kann nicht so berichtigt werden, daß man Öle und Schmiere anfertigt, um die Schwierigkeiten zu übermalen und die Risse zuzukleistern.

Dennoch möchte ich sagen:

* Das Problem des Gegensatzes muß zuerst der Vernunft unterbreitet werden, es (darf) nicht unter dem Druck des Gehorsams gegenüber den Traditionen mit Schweigen übergangen werden.

* Wenn die befreite Vernunft schließlich zu der Überzeugung gelangt, daß es sich hier um eine subjektive Meinung handelt (9), dann ist es nicht nötig, daß der Unterschied in der subjektiven Meinung der (gegenseitigen) Wertschätzung irgendeinen Schaden zufügt.

* Die echte Religion ist arm an Prinzipien, die den Kampf des Menschen gegen den Menschen (begünstigen) oder Trennung und Gegensätze verewigen.

Der Unglaube - aus der Sicht der Religion - ist ein Vergehen, das aus dem Vorsatz entsteht, etwas aufgrund von Vorurteilen zu verleugnen, denn Unglauben meint die "Verdekkung der Wahrheit" ... Dies ist ein anderer Standpunkt als der Standpunkt vieler, die als "Ungläubige" bezeichnet werden.

...

433 Wir kommen nun zu dem Gedanken der Erlösung.
Es ist ein philosophischer Gedanke, der die Tat Christi als Erlösung von der Sünde Adams, als Reinigung der Menschheit von ihren Vergehen, erklärt.

(Es folgt ein Zitat aus Francis Frey, *at-Taǧassud* - Die Inkarnation, übers. von Louis Abâdîr -, wo die Inkarnation des göttlichen Logos mit der Sünde Adams begründet wird.)

434 Der Koran erklärt, daß Gott diese Sünde seit den Tagen Adams vergeben hat: "Und wir sagten: Adam! Verweile du und deine Gattin im Paradies, und eßt uneingeschränkt von seinen Früchten, wo ihr wollt! Aber naht euch nicht diesem Baum, sonst gehört ihr zu den Frevlern! - Da veranlaßte sie der Satan, einen Fehltritt zu tun, wodurch sie des Paradieses verlustig gingen, und brachte sie so aus dem (paradiesischen) Zustande heraus, in dem sie sich befunden hatten. Und wir sagten: Geht (vom Paradies) hinunter (auf die Erde)! Ihr seid (künftig) einander feind. Und ihr sollt auf der Erde (euern) Aufenthalt haben, und Nutznießung auf eine (beschränkte) Zeit! - Hierauf nahm Adam von seinem Herrn Worte (der Verheißung) entgegen. Und Gott wandte sich ihm (gnädig) wieder zu. Er ist ja der Gnädige und Barmherzige. Wir sagten: Geht allesamt von ihm hinunter (auf die Erde)! Und wenn dann (später) von mir eine rechte Leitung zu euch kommt, brauchen diejenigen, die ihr folgen, (wegen des Gerichts) keine Angst zu haben, und sie werden (nach der Abrechnung am Jüngsten Tag) nicht traurig sein ..." (10).

Der Islam wies das Ereignis der Kreuzigung nicht zurück, weil dies "ein schändliches Ende für den Stand der Propheten" sei - wie der große Philosoph Russel meint. Die Propheten - wenn es richtig ist, sie als "Stand" zu bezeichnen - bilden einen Stand, der unermüdlich zur Selbstopferung drängt auf dem Wege der Wahrheit, an die sie glauben: "Wir haben doch (seinerzeit) die Verpflichtung der Kinder Israel entgegengenommen und (immer wieder) Gesandte zu ihnen geschickt (, die den Bund bekräftigen sollten). (Aber) jedesmal, wenn ein Gesandter ihnen etwas überbrachte, was nicht nach ihrem Sinn war, erklärten sie ihn für lügnerisch oder brachten ihn um" (11). Der Koran ist voll von Hinweisen auf ähnliche (Berichte, in denen mitgeteilt wird, daß) Propheten getötet werden.

Von hieraus ist es dem Islam nicht fremd, daß man sich bemühte, Christus zu kreuzigen und zu töten. Es herrscht völlige Übereinstimmung mit dem Christentum bis (zu dem Punkte, an dem) sich das Geschehen selbst zu ereignen beginnt; ja, vielleicht geht die Übereinstimmung noch über das Ereignis hinaus bis weit in die Auslegung hinein - wobei der Ausleger keineswegs den Bereich des Islam verläßt. Wir meinen die Ansicht, die den Versen des Koran den Hinweis entnimmt, daß der Tod nicht als Folge der Kreuzigung eintrat, nicht jedoch, daß die Kreuzigung selbst gar nicht stattfand. " ... und (weil sie) sagten: Wir haben Christus Jesus, den Sohn der Maria und Gesandten Gottes, getötet. - Aber sie haben ihn (in Wirklichkeit) nicht getötet und auch nicht gekreuzigt. Vielmehr erschien (ein anderer) ähnlich (, so daß sie ihn mit Jesus verwechselten und töteten). Und diejenigen, die über ihn uneins sind, sind im Zweifel über ihn. Sie haben kein Wissen über ihn, gehen vielmehr Vermutungen nach. Und sie haben ihn nicht mit Gewißheit getötet. Nein, Gott hat ihn zu sich (in den Himmel) erhoben. Gott ist mächtig und weise" (12).

...

436 Uns ist es nicht so wichtig, den Gedanken (der Erlösung) unter philosophischem oder religiösem Aspekt zu diskutieren; wichtig ist uns dagegen zu diskutieren, wie weit er die Trennung zwischen Muslimen und Christen bestimmt.

Der Gedanke der Erlösung im Christentum geht nicht so weit, Vorzüge einer Gruppe innerhalb der Schöpfung nur deswegen festzustellen, weil sie Christen sind, oder nur deswegen, weil Christus die Ursünde sühnte. Vielmehr obliegt es dem Christen, die Lehren des Christentums in die Tat umzusetzen, um für sich selbst die Erlösung wirksam zu machen. "Es werden nicht alle, die zu mir sagen: Herr, Herr! in das Himmelreich kommen, sondern die den Willen tun meines Vaters im Himmel. Es werden viele zu mir sagen an jenem Tage: Herr, Herr, haben wir nicht in deinem Namen geweissagt? Haben wir nicht in deinem Namen böse Geister ausgetrieben? Haben wir nicht in deinem Namen viele Taten getan? Dann werde ich ihnen bekennen: Ich habe euch nie gekannt; weichet von mir, ihr Übeltäter" (13). /

437 Christus weigerte sich, der Mutter zweier seiner Jünger auf ihre Bitte, in seinem Reich den einen ihrer Söhne zu seiner Rechten und den anderen zu seiner Linken zu setzen, zustimmend zu antworten: "... aber das Sitzen zu meiner Rechten und Linken zu vergeben, steht mir nicht zu, sondern denen es bereitet ist von meinem Vater" (14).

Desgleichen schnitt Paulus jedem den Weg ab, der mit der Erlösung räsonniert, danach aber nichts tut: "Liebe Brüder, wenn ein Mensch etwa von einem Fehl übereilt würde, so helfet ihm wieder zurecht mit sanftmütigem Geist, ihr die ihr geistlich seid; und siehe auf dich selbst, daß du nicht auch versucht werdest. Einer trage des andern Last, so werdet ihr das Gesetz Christi erfüllen. Denn wenn sich jemand läßt dünken, er sei etwas, obwohl er doch nichts ist, der betrügt sich selbst. Ein jeglicher aber prüfe sein eigen Werk; und alsdann wird er an sich selbst den Ruhm haben und nicht an einem andern. Denn ein jeglicher wird seine Last tragen" (15).

...

438 Von hier aus (ist deutlich, daß) die Erlösung keine rechtfertigende und (ausschließlich) optimistische Philosophie oder dergleichen ist. Wie oft erinnerte Christus die Menschen an das Reich Gottes und an das Reich der Himmel, aber er überließ sie nicht weitschweifigen Wunschvorstellungen, sondern er wies (16) ihre Hände zur Tür und auf den Weg: "Als die Pharisäer ihn fragten: Wann kommt das Reich Gottes? antwortete er ihnen und sprach: Das Reich Gottes kommt nicht so, daß man es mit Augen sehen kann; man wird auch nicht sagen: Siehe, hier! oder da! Denn siehe, das Reich Gottes ... ist mitten unter euch" (17).

Die Muslime kennen den Gedanken der Fürsprache des Propheten des Islam für sie am Tage der Auferstehung; im Ḥadîṯ (18) heißt es: " ... und ich gestatte (19) die Fürsprache" (20). Doch gibt es im Islam Grenzen für diese Fürsprache, die nicht überschritten werden können: "Sie kommen ihm im Sprechen nicht zuvor und handeln (nur) nach seinem Befehl. Er weiß, was vor und was hinter ihnen liegt. Und sie legen (am Jüngsten Tag) keine Fürsprache ein, außer für solche, die ihm genehm sind. Und aus Furcht vor ihm ängstigen sie sich". "Und es nützt nichts, (am Tage des Gerichts) Fürsprache bei ihm einzulegen, außer wenn er für einen die Erlaubnis (dazu gibt). Wenn sie dann schließlich (am Tage des Gerichts) vor lauter Angst ganz außer sich geraten sind, sagen sie: Was hat denn euer Herr gesagt? - Sie sagen: Die Wahrheit! - Und er ist der, der (unvergleichlich erhaben und groß ist". "Und wie manche Engel gibt es im Himmel, deren Fürsprache nichts nützt, außer wenn Gott vorher für einen, den er will und der ihm genehm ist, Erlaubnis (dazu) gibt" (21).

Auch der Ḥadîṯ über die Fürsprache ist deutlich dieser Ansicht: "Gott versammelt die Menschen am Tage der Auferstehung, und sie werden sagen: Wenn wir nur um Fürsprache bitten könnten bei unserem Herrn, damit er uns Ruhe gäbe von (diesem) unserem Ort - usw."; "Ich werde vor den Thron treten und anbetend niederfallen. Und Gott wird mich dort lassen, solange er will. Dann wird man eine Stimme vernehmen: Hebe dein Haupt auf und lege Fürsprache ein - so wird Fürsprache gewährt. ... Er sagte: Mir ist eine Grenze auferlegt. Da ließ er sie in das Paradies eingehen" (22).

Dennoch hat diese Fürsprache ihre Wirkung und Macht (nur) dadurch, daß Gott die Sünden und Vergehen vergibt. Ibn Ḥazm sagt im Vorwort zu (dem Abschnitt über) den in seinem Buche

"*al-Muḥallà*": "Die Fürsprache des Gesandten Gottes für die großen Übeltäter seiner Gemeinde gibt es wirklich. Sie werden aus dem Feuer gehen und ins Paradies geladen ...Anas b. Mâlik (23) überliefert, daß der Prophet Gottes sagte: Jedem
439 Propheten steht ein Wunsch / für seine Gemeinde frei. Ich bewahrte meinen Wunsch auf, um am Tage der Auferstehung für meine Gemeinde Fürsprache einzulegen. - Und Abû Sa'îd berichtet: Sie sterben nicht und leben nicht, doch sind sie Menschen, die das Feuer wegen ihrer Vergehen ergriff, - oder Ḫudrî (24) sagte: Der Prophet Gottes sagte: Was diejenigen, die dem Feuer überantwortet wurden, betrifft - sie wurden ihm ihrer Sünden wegen überantwortet (25) -, so läßt Gott sie gänzlich sterben; erst wenn sie Kohle sind, erlaubt er Fürsprache ... usw. (26).

Der Gedanke der Fürsprache bei den Muslimen ist verschieden von dem Gedanken der Erlösung bei den Christen, (und zwar sowohl) von der philosophischen Seite wie von der des Ergebnisses her (betrachtet, das sie im Blick aufs) Jenseits (erzielen). Der Abstand des Gegensatzes zwischen ihnen wird jedoch geringer im praktischen Bereich des irdischen Lebens.

Muslime und Christen sollen beide tätig sein und sich nicht einer auf den anderen verlassen. Der Gedanke der Fürbitte oder der Gedanke der Erlösung wird ihnen bei Gott nichts nützen, wenn sie Übles tun und bei dem beharren, was sie taten, obwohl sie wissen (, daß es schlecht war).

Muslime und Christen haben die Gewißheit, auf die Vergebung Gottes und seine Barmherzigkeit hoffen (zu können). Doch (geht) der Bereich der Vergebung und der Barmherzigkeit (nur so weit), daß nicht die Gerechtigkeit Gottes um der Ehrerbietung willen, die Mohammed oder Christus dargebracht wird, verletzt wird! Dieser Bereich deckt nicht die wesenhafte und grundlegende, die fortdauernde und gleichbleibende Verderbnis im Denken und Tun. (Wenn dies deutlich ist, dann) ist es danach ohne Bedeutung, ob der Gedanke an die Fürsprache und der an die Erlösung in ihrer Besonderheit und in ihrem Unterschied bestehen bleiben: sowohl im Blick auf ihre Grundlage als auch auf ihr Ausmaß.

"Wenn auch der Gedanke, daß Christus mit seinem Blute die Sünden seiner Brüder, der Menschen, auslöste, zweifellos sehr schön ist; und wenn das, was darüber geschrieben wurde, auch eine Untersuchung auf seine poetischen, ethischen und philosophischen Aspekte hin verdient, so macht doch der Grundsatz, den der Islam vertritt: daß (nämlich) keiner die Last eines anderen tragen wird (27), und daß jedem Menschen am Tage der Auferstehung seinen Taten entsprechend vergolten wird - Gutes mit Gutem, Schlechtes mit Schlechtem -, die logische Annäherung zwischen beiden Religionen unmöglich" (28).

...

(Nachdem Fatḥî ʿUṯmân auf die Bereitwilligkeit der Christen Ägyptens und Syriens im 7. Jahrhundert, die Herrschaft der christlichen Byzantiner gegen die der islamischen Eroberer einzutauschen, hingewiesen hat, fährt er fort:)

446 Auf diese Weise empfingen die Christen in den ägyptischen und syrischen Gebieten den Islam und die Muslime.
Muslime und Christen lebten miteinander.
Sie vermischten sich und arbeiteten zusammen, und die (geschichtlichen) Ereignisse (stärkten) ihre Beziehungen (zueinander): /

447 * Eine Vermischung, die nicht das Ansehen der Religion beeinträchtigte, denn die einen wie auch die anderen gehörten einer Religion an; sie beruhte nicht auf Heuchelei oder Schmeichelei, die weder der Islam noch das Christentum gutheißen.

* Vielmehr kommt die Harmonie aus den Tiefen der Seele; und das gegenseitige Verständnis kommt aus den gedanklichen Grundlagen, die Christus und Mohammed legten - die beide die Botschaft Gottes den Menschen überbrachten, damit diese ihre Welt durch die Leitung der Religion glücklich machen, und nicht, damit sie sich untereinander spalten durch Trennung und Zwietracht.

"Religion und Religiosität bedürfen in der Tat mehr des religiösen Friedens im Leben der Religionen selbst als aller anderen Dinge, (denn) in ihnen prägen sich ihre Spuren im Dasein ein. ...
Ich meine nicht, daß die Grausamkeit in den Erfahrungen der Vergangenheit diesen Frieden bis an die Grenze des Unmöglichen verbannt - er ist vielmehr möglich - , doch bedarf er eines nicht geringen Maßes an Mut: einen Mut der individuell wie gemeinschaftlich zusammengeballten Kräfte; und wie diese Kräfte (so auch) der Mut: ein Mut der Individuen, ihren Launen und Fehlern zu widerstehen" (29).

Dies sind aufrichtige Worte eines Literaten, der unter den Muslimen hervorragendes Ansehen genießt.

Und in der "Halle des Imâm Muḥ. ʿAbduh" in der Azhar-Universität trug Se. Eminenz Kardinal König, das Haupt der österreichischen (katholischen) Bischöfe, seine bedeutende Untersuchung über "*Der Monotheismus in der gegenwärtigen Welt*" vor, und zwar am 31. März 1965, in der er u.a. sagte (30):

"Aufgrund der Ursprünge der Kraft in beiden (Religionen), und vom Glauben ihrer Anhänger aus wenden sich beide Religionen an den Menschen, beide rufen ihn auf, sie ernst zu

nehmen und ihr beizutreten, und mit diesem öffentlichen Aufruf beginnt die Auseinandersetzung zwischen Christentum und Islam. Beide Religionen wenden sich dem Menschen zu und rufen ihn zu dem wahren ewigen Gott, und jede von ihnen sucht eine (von Gott) herabgesandte Offenbarung zu erfahren, deren Formen sich so voneinander unterscheiden, daß sie die Grenze des gegenseitigen Widerspruches erreichen. Dennoch ist es notwendig, daß sich die Menschen in beiden von ihnen (immer wieder) angesichts der Wahrheit in Frage
448 stellen. Wir können nicht verleugnen, daß / der Eifer der Verkünder beider Religionen auf dem tiefen Glauben an die Echtheit der Botschaft bei ihren Anhängern beruht. Dieser tiefe Glaube jedoch antwortet nicht auf die Frage derer, die nach der Bedeutung der anderen Religion und ihrer Stellung bei Gott fragen. Darauf weist der edle Koran hin: Und wenn dein Herr wollte, würden die, die auf der Erde sind, alle zusammen gläubig werden (31). ... Dies ist die heutige Situation des Glaubens an den einen Gott (*tauḥîd*), und dies ist sein großes vorrangiges Problem. Wenn wir unseren Glauben und seine Heiligkeit darlegen, und wenn wir es ernst meinen mit einem (prophetischen) Ruf, zu dem wir (andere) hinwenden möchten), so werden wir doch keineswegs dieses große Problem vergessen oder es übersehen können.

Wir wissen alle, daß die "*Theologie des Christentums*" von der "*Wissenschaft des Kalâm*" (32) bei den Muslimen verschieden ist, selbst wenn sich Theologie und Kalam heute derselben Lage gegenübergestellt sehen! In unserer modernen Welt besteht die Aufgabe der christlichen Theologie oder Wissenschaft des Kalam bei den Muslimen nicht in der Lösung von Kleinigkeiten, sondern wir alle müssen uns damit beschäftigen, (jenem) Denken zu begegnen, das nicht auf dem Glauben an den einen Gott beruht. Die Möglichkeit der Gegenüberstellung, um uns über unsere gemeinsamen Anliegen auszutauschen, beruht auf der Anerkennung von Dingen wie: die gemeinsame Grundlage im Monotheismus; das gemeinsame Band, das beide als Buchreligionen verbindet; die Achtung der Anhänger einer Religion gegenüber der anderen, indem sie sie als Weg betrachten, den Gott dem Menschen mitgeteilt hat, damit er seine Bestimmung erfülle - doch schließt diese Achtung nichts ein, was die Trennung dessen, der einer Religion anhängt, von dieser Religion fordert oder seinen Glauben, daß seine Religion allein die absolute Wahrheit sei, zerbricht; das Prinzip, an das Christen und Muslime in gleicher Weise glauben, und das der edle Vers (des Korans) ausspricht: In der Religion gibt es keinen Zwang (33).- Dieses Prinzip erklärt nicht für unwichtig, was sich zwischen ihnen an Verschiedenheiten in den geschichtlichen Zeitläufen ergeben hat. ...

Dies sind einige meiner Gedanken, mit denen ich die Stellung des Monotheismus in unserer heutigen Welt zu umschreiben versuchte. Ich wollte mit ihnen nicht die praktischen Maßnahmen umschreiben, mit denen wir uns auf die Begegnungen der Angehörigen beider Religionen vorbereiten können.

Doch wollte ich darüber hinausgehen und das große Anliegen
aufzeigen und auf das (hinweisen), was die Vorbereitung auf
aufrichtige und der Wahrheit dienende Begegnungen zwischen
ihnen erfordert.
... Ein flüchtiger Blick auf die Weltsituation heute macht
deutlich, daß der Mensch in dem Maße seine Freiheit ein-
schränkt, in dem er sich vom Dienst an Gott befreit, denn
gerade diese Befreiung selbst bedeutet in verschiedener
Hinsicht Sklaverei, da sie jedem Machthaber eine unbe-
schränkte Gewalt über die, die ihm unterstellt sind, ver-
leiht. Wenn wir von irgendeiner menschlichen Ordnung die
Verantwortung des Menschen vor seinem Schöpfer entfernen,
dann entfernen wir damit gleichzeitig jedes Hindernis zwischen dem Menschen und dem Fall in den Abgrund der Sklaverei in ihren verschiedenen Ausprägungen. Wir rufen nicht
zur Unterwerfung des Menschen unter den Menschen auf, sondern wir rufen zur Achtung vor dem Menschen, die sich nur
auf der Güte Gottes und seiner Barmherzigkeit gründen
(kann). Jede menschliche Gewalt muß vor den Grenzen ihrer
Verantwortlichkeit vor Gott stehen bleiben. Der Monotheismus ist der Feind eines jeden, der sich selbst zum Maßstab
für das menschliche Leben auf dieser Erde setzt. Nicht wir
richten uns unsere gesellschaftlichen und religiösen Ord-
449 nungen ein, / sondern alle haben sie einen Herrn, der sie
schützt: den Herrn der Welten. Es ist unser Interesse, die
Augen der Menschen Darauf zu richten, daß sie dem Befehl
Gottes Folge leisten und ihr Leben auf seinem Befehl und
seinem Willen gründen. Vielleicht liegt der Hauptgrund für
den Angriff des atheistischen Materialismus auf den
Monotheismus darin, daß er allein den Menschen als Herrn
dieser Welt ansieht. ...
Die Beziehungen zwischen dem Islam und dem Christentum sind
alt, doch es bleibt uns nicht erspart anzuerkennen, daß sie
nicht immer freundschaftlich waren. Doch mag uns in diesem
Zusammenhang vielleicht das trösten, was wir z.B. in den
Schriften des christlichen Gelehrten Johannes von Damaskus
sehen. Was in ihrer allgemeinen Methodik an Beziehungen zur
Wissenschaft des Kalam bei den Muslimen erscheint, ist enger als die Beziehungen zur Theologie im Westen. Wir können
an diesem Ort bemerken, daß unsere und Ihre Gelehrten in
unserer Auseinandersetzung mit dem Atheismus das an Erfahrungen austauschen können, was ihre Augen auf diesen Kampf,
den der Monotheismus heute führt, richtet. So lernen dann
die christlichen Gelehrten von denen des Islam die Wirk-
lichkeitsbezogenheit der Darstellung und ihre Deutlichkeit,
und die Gelehrten des Islam lernen von denen des Christentums die Genauigkeit in der (Darstellungs-)form und ihre
Logik. Außer alledem obliegt es uns gemeinsam, daß wir auf
der Hut sind vor den herrschenden Bemühungen, die zur Einheit rufen, damit wir nicht verführt werden zu einem weich-
lichen Glauben, mit dem wir (schließlich) keine Religion,
der wir angehören, mehr ernst nehmen, und damit wir nicht
ebenfalls die Anliegen des Atheismus stützen; denn der li-

berale Atheismus behauptet, daß die Religionen alle ähnlich sind. Er meint damit, daß alle Religionen falsch sind. Gleichzeitig ist es die Aufgabe der Verantwortlichen unter uns, daß sie die Mittel des Verstehens, des Bewußtseins und der Toleranz gegenüber dem, was zwischen uns ist, stärken, ohne den scheidenden Grenzen zu gestatten, daß sie verschwinden oder niedergerissen werden. Mit Toleranz meine ich nicht (so sehr), daß nicht der eine von uns dem anderen nicht (länger) Feindschaft zeigt oder ihm (mit Feindschaft) begegnet oder dergleichen, sondern (vielmehr) daß wir lernen, wie wir zusammenarbeiten in den Anliegen der Religion und der Moral im allgemeinen, und in den gesellschaftlichen Anliegen im besonderen, damit wir nicht getadelt werden, die materiellen Bedürfnisse zu übersehen, die notwendigerweise die menschliche Würde, zu der wir rufen, erfordert" (34).

Der Koran bekräftigt die theoretischen und praktischen Grundsätze für den erstrebten religiösen Frieden:

* "Sag: Ihr Leute der Schrift! Ihr entbehrt (in euren Glaubensanschauungen) der Grundlage, solange ihr nicht die Tora und das Evangelium, und was (sonst noch) von eurem Herrn (als Offenbarung) zu euch herabgesandt worden ist, haltet".

* "Und streitet mit den Leuten der Schrift nie anders als auf eine möglichst gute Art".

* "Sag (zu den Leuten der Schrift): Wollt ihr mit uns über Gott streiten? Er ist doch (gleichermaßen) unser und euer Herr. Uns kommen (bei der Abrechnung) unsere Werke zu, und euch die euren. Wir sind ganz auf ihn eingestellt". /

450 * "Darum ruf (die Menschen auf den Weg deines Herrn) und halte geraden Kurs, wie dir befohlen ist! Und folge nicht ihren (persönlichen) Neigungen, sondern sag: Ich glaube an (all) das, was Gott an (Offenbarungs)schriften herabgesandt hat! Und mir ist befohlen worden, ich solle Gerechtigkeit unter euch walten lassen ...
Gott ist (gleichermaßen) unser und euer Herr.
Uns kommen (bei der Abrechnung) unsere Werke zu, und euch die euren.
Wir brauchen nicht (weiter) mit euch zu streiten.
Gott wird uns (dereinst bei sich) versammeln. Bei ihm wird es (schließlich alles) enden".

* "... Und du wirst sicher finden, daß diejenigen, die den Gläubigen in Liebe am nächsten stehen, die sind, welche sagen: Wir sind *Naṣâra* (d.h. Christen). Dies deshalb, weil es unter ihnen Priester und Mönche gibt, und weil sie nicht hochmütig sind. Wenn sie (bei der Rezitation im Gottesdienst?) hören, was (als Offenbarung) zu dem Gesandten herabgekommen ist, siehst du, wie ihre Augen auf Grund der Kenntnis, die sie (durch ihre eigene Offenbarung) von der Wahrheit (bereits) haben, von Tränen überfließen. Sie sagen: Herr! Wir glauben! Verzeichne uns unter der Gruppe de-

rer, die (die Wahrheit) bezeugen! Warum sollten wir nicht an Gott glauben und an das, was von der Wahrheit (der göttlichen Offenbarung) zu uns gekommen ist, und danach verlangen, daß unser Herr uns (dereinst) zusammen mit den Rechtschaffenen (ins Paradies) einführe? - Und nun belohnt sie Gott für das, was sie (da) gesagt haben, mit Gärten, in deren Niederungen Bäche fließen, daß sie (ewig) darin weilen. Das ist der Lohn derer, die fromm sind" (35). /

451 N a c h w o r t

Die Geschichte bewahrt ein eindrucksvolles geistiges Bild von einem Muslim, dessen Glaube, falls mit dem Glauben seiner Gemeinschaft gewogen, sie an Gewicht überträfe - so wie es ihm der Prophet des Islam bezeugt hat ...

Dieser gläubige, treue und (um den Glauben) eifernde Muslim erweiterte seinen Horizont, indem er erkannte, daß das Anliegen der "Religiosität" allgemein (auch) sein Anliegen ist. Seine Sympathien begannen, sich den Byzantinern zuzuwenden, als sie mit den persischen Magiern, den Verehrern des Feuers, in den heiligen Gebieten Syriens kämpften. Er folgte ihrem Streit, und er unterstützte sie nachdrücklich, er freute sich über ihre Triumpfe, obgleich die Gebiete weit entfernt waren. Selbst als die Perser das Spiel gewannen und die Byzantiner es verloren, verweigerten seine inspirierten Gefühle das Eingeständnis der Niederlage ... und er begann zu wetten, daß die Byzantiner gewinnen werden - und wäre es erst nach langer Zeit. Und der gläubige, treue und (um den Glauben) eifernde Muslim wartete, als säße er auf glühenden Kohlen, auf die Verwirklichung seiner Vorhersage und den Gewinn seiner Wette.
Der Koran vermerkt diese edle Haltung, und der Prophet des Islam verkündet den Gläubigen den - nahen - Sieg der religiösen Menschen: "Die Byzantiner sind besiegt worden im nächstliegenden Gebiet. Aber sie werden, nachdem sie besiegt worden sind, (ihrerseits) siegen, in etlichen Jahren. Gott steht die Entscheidung zu. (So war es) von jeher und (so wird es auch) künftig (immer sein). An jenem Tag (,wenn die Byzantiner siegen,) werden die Gläubigen sich darüber freuen, daß Gott geholfen hat. Er hilft, wem er will. Und er ist der Mächtige und Barmherzige. (Das ist) das Versprechen Gottes. Gott bricht sein Versprechen nicht. Aber die meisten Menschen wissen (es) nicht" (36).
Der Held der Erzählung - ist der erste Gläubige und der erste Khalife: Abû Bakr aṣ-Ṣiddîq.
Alle religiösen Menschen würden der Menschheit einen guten Dienst erweisen und viel für den Glauben (*ʿaqîda*) tun, wenn sie ihren ganzen Eifer darauf richteten, die "Wahrheit" im Glauben (*imân*) geradewegs anzuerkennen und das "Vorzügliche" der Religion ohne (gesetzliche) Strenge (darzulegen).

452 / Eines Tages wird der Triumph der Religion über die Ketzereien des Fanatismus gewinnen; doch begann die Arbeit für die Religion bereits, veranlaßt durch die "Religionslosigkeit".
Die Religion kommt nicht, um vor den Menschen Schranken und Dämme irgendeiner Art aufzuheben, um Schranken und Dämme einer neuen Art zu errichten. Sie hebt nicht die Schranken der Klasse, des Machtbesitzes und des Fanatismus auf, um die Menschen mit anderen Schranken von Haßgefühlen der Religion, der Konfession oder der Sekte unglücklich zu machen.
An dem Tage, an dem die religiösen Menschen zu einem richtigen Verstehen der Religion und dem Ruf zu ihr gelangen, werden die Christen über den Gebrauch eines (alles) entschuldigenden Christentums im Dienst des weißen Mannes in Afrika und Asien spotten, und (ebenso) werden die Muslime den verspotten, der den Kolonialismus, der zu Zeiten hinter dem Islam (sichtbar wurde), zu verdecken sucht. An diesem Tage werden die Muslime sich freuen, wenn sich das Christentum rechtschaffen, friedlich und frei von Unrecht auf welchen Flecken der Erde auch immer ausbreitet, denn es trägt mit sich das Licht des Lebens und die Hoffnung auf Erquickung für alle, die müde sind.
Desgleichen werden die Christen sich freuen, wenn die Muslime das Verständnis ihrer Religion und das Handeln nach ihren Lehren erneuern, und sie sehen darin keine Gefahr, außer für die, die die Völker ausbeuten wollen.
So laßt uns in unserem Gebiet beginnen, der Wiege prophetischer Botschaften und Religionen. ...
Der Osten, der frei ist von eigennützigen Absichten, der nach einer (neuen) Blütezeit strebt ...

* "Diene nun (dem einen) Gott und stell dich in deinem Glauben ganz auf ihn ein!
Steht es Gott nicht zu, daß man ganz allein an ihn glaubt?"

* "Sag: Ihr Leute! Handelt nach dem Standpunkt, den ihr einnehmt! Ich werde (ebenfalls) handeln (wie ich meinerseits für recht halte). Ihr werdet (schon noch zu) wissen (bekommen)".

* "Wenn sich nun einer rechtleiten läßt, ist es sein eigener Vorteil. Und wenn einer irregeht, tut er das zu seinem eigenen Nachteil. Du bist nicht ihr Sachwalter".

* "Sag: Herr Gott, du Schöpfer von Himmel und Erde, der du über das, was verborgen, und was allgemein bekannt ist, Bescheid weißt! Du wirst (dereinst) zwischen deinen Dienern entscheiden über das, worüber sie (in ihrem Erdenleben) uneins waren.

* "Entweder sind wir rechtgeleitet, und ihr befindet euch offensichtlich im Irrtum, oder umgekehrt. Sag: Ihr werdet (dereinst) nicht über das, was wir gesündigt haben, zur Rechenschaft gezogen, und wir nicht über das, was ihr tut. Sag: Unser Herr wird uns (dereinst) bei sich versammeln. Hierauf wird er zwischen uns nach der Wahrheit ent-

scheiden. Er ist es, der entscheidet und (über alles) Bescheid weiß" (37).

A n m e r k u n g e n

Anmerkungen zur Einleitung

1) H. Kraemer, World Cultures and World Religions: The Coming Dialogue. London 1960.

2) Vgl. G. Rosenkranz, Der christliche Glaube angesichts der Weltreligionen. Bern und München 1967 (Sammlung Dalp 100), S. 10 ff.

3) Erwähnt seien vor allem der französische Orientalist Louis Massignon sowie einige seiner Schüler wie Y. Moubarac und M. Hayek; der englische Geistliche Kenneth Cragg, sowie der Holländer Willem A. Bijlefeld. In diesem Zusammenhang sollen auch zwei Mohammed-Biographien genannt werden, die geeignet sind, der theologischen Besinnung über den islamischen Propheten neue Anstöße zu geben: W.M. Watt, Muhammed at Mecca, Oxford 1953, 2. Aufl. 1960; ders., Muhammed at Medina. Oxford 1956, 2. Aufl. 1962; Rudi Paret, Mohammed und der Koran. Stuttgart 1957 (Urban-Bücher 32; inzwischen einige Neuauflagen).
Von den nach der 1. Auflage des "Christus der Muslime" erschienen Werken zum Thema eines besseren christlichen Verstehens des Islam seien erwähnt: A. Falaturi und W. Strolz (Hg.), Glauben an den einen Gott. Menschliche Gotteserfahrung im Christentum und Islam. Freiburg/Br (Herder) 1975; Andreas Bsteh (Hg.), Der Gott des Christentums und des Islams. Mödling 1978 (= Beiträge zur Religionstheologie, 2); Hans Küng und Josef van Ess, Christentum und Weltreligionen I: Islam. Gütersloh 1987 (= GTB Sachbuch 779) (Eine Diskussion mit Muslimen um die Thesen Hans Küngs gab es u.a. in der Harvard Divinity School, USA, vgl. in MW LXXVII, 1987, 79-136); Muh. S. Abdullah und A.Th. Khoury, Mohammed für Christen. Eine Herausforderung. Freiburg/Br. (Herder) 1984. - Auf protestantischer Seite ist auf J. Bouman, Das Wort vom Kreuz und das Bekenntnis zu Allah. Die Lehren des Korans als nachbiblische Religion. Frankfurt/M 1980 zu verweisen. Ansonsten herrscht hier bemerkenswertes Schweigen.

3a) Einige charakteristische theologische Bewertungen des Islam im Westen hat Klaus Hock in seiner Hamburger Dissertation untersucht: Der Islam im Spiegel westlicher Theologie. Köln-Wien (Böhlau) 1986 (= Kölner Veröffentlichungen zur Religionsgeschichte, Bd. 8).

4) E. Kellerhals, Der Islam. Seine Geschichte - Seine Lehre - Sein Wesen. Basel - Stuttgart, 2. Aufl. 1956; dieses Buch erschien auch, etwas gekürzt, als Taschenbuch in der Reihe "Siebenstern" Nr. 134 (1969, seither einige Neuauflagen); ders.,

... und Mohammed ist sein Prophet. Die Glaubenswelt der Moslems. Suttgart - Basel 1961; - Louis Gardet, Islam. Köln 1968; dieses Buch ist inzwischen (1987) allerdings vergriffen.

5) E. Kellerhals, Der Islam ..., a.a.O. S. 341 ff.

6) Vgl. unten Kap. 2, Anm. 29.

7) H. Kraemer, The Christian Message in a Non-Christian World. London 1938, dt.: Zollikon und Zürich 1940, bes. dt. S. 193 ff. (dieses Buch war im Auftrage des Internationalen Missionsrates für die Weltmissionskonferenz in Tambaram (Madras) 1938 geschrieben worden); Arend Th. van Leeuwen, Christianity in World History. London 1964, dt.: Christentum in der Weltgeschichte. Das Heil und die Säkularisation. Stuttgart und Berlin 1966, bes. dt. S. 159 ff., 258 ff., 290 ff.

8) H. Kraemer, Die christliche Botschaft ..., a.a.O. S. 194.

9) Zunächst war Kraemer zu Beginn der zwanziger Jahre in Kairo mit modernistischen Kreisen bekannt geworden; einer ihrer Inspiratoren war Rasid Rida (s. unten Kap. 6). In Yogyakarta (Java), wohin Kraemer 1922 kam, hatte der Begründer der Muhammadiya, Hajji Ahmad Dahlan, gute Beziehungen zu den holländischen Missionaren. Das Ziel seiner Organisation war der Aufbau eines islamischen Schul- und Hospitalwesens, ähnlich dem der christlichen Mission. Nach seinem Tode 1924 bemächtigte sich jedoch auch der Muhammadiya mehr und mehr ein Geist unfruchtbarer Apologetik und Polemik, obwohl ihre beachtenswerte soziale Aktivität bis zur Gegenwart anhält. - Die Verbreitung von Kraemers auf indonesisch geschriebenen Buchs Agama Islam (Die Religion des Islam), 2 Bde., Bandung 1928-1933, 3. Aufl. 1952, wurde vom indonesischen Religionsministerium verboten.

10) In diesem Zusammenhang weisen wir auf eine treffliche Bemerkung von W. Cantwell Smith hin: "Der Moslem sowohl wie der Mensch des Westens müssen im allgemeinen noch lernen, daß die großen Religionen der Menschheit sich voneinander in ihrer Orientierung auf das Universum nicht lediglich darin unterscheiden, daß sie verschiedene Fragen stellen. ... Doch werden die Schwierigkeiten auf dem Wege zu einem Verständnis der Religionen untereinander, obwohl sie in jedem Fall offensichtlich genug erscheinen mögen, zum Teil exemplifiziert an der Tatsache, daß die Moslems den Glauben der Christen nicht nur einfach nicht verstehen, sondern daß sie im allgemeinen nicht einmal wissen, daß sie ihn nicht verstehen" (W.C. Smith, Islam in Modern History. Princeton Univ. Press 1957, dt.: Der Islam in der Gegenwart. Frankfurt /M 1963 (= Fischer-Bücherei, 498), S. 103. Ähnlich wie Smith hatte sich auch der Inder P. Chenchiah in einer Kritik an Kraemers Tambaram-Buch ausgedrückt: "Hinsichtlich der in verschiedenen Religionen in Anspruch genommenen "Offenbarung" müssen wir bekennen, daß sie nicht zueinander passen und kein einheitliches Ganzes bilden. Die Veden, der Koran und

das Evangelium bilden kein übereinstimmendes Ganzes. Sie beantworten nicht einmal die gleichen Fragen" (zit. bei Kraemer, Religion and the Christian Faith, London 1956, dt.: Religion und christlicher Glaube. Göttingen 1959, S. 340 f.).

11) H. Kraemer, World Cultures and World Religions, a.a.O. S. 125.

12) Vgl. dazu unten bes. Kapitel 2 und 3. Zu seinem Verständnis der Beziehungen zwischen Islam und Judentum sowohl im Blick auf die Entstehung des Islam als auch auf ihre gemeinsame Geschichte äußerte sich van Leeuwen eingehend in seinem Aufsatz "Islam en Jodendom", in: Wending XI, 1956/7, 276-298.

13) A.Th. van Leeuwen, a.a.O. (oben Anm. 7) S. 258 f. Dieses Urteil überrascht umso mehr, als er mit einer Arbeit über Gazali (s. unten Kap. 4) promovierte: Ghazali als apologeet van de Islam. Bijdrage tot de interpretatie van zijn persoon en zijn werk. Diss. Leiden, Den Haag 1947.

14) B.J. Boland, Missiologia in loco. Christendom en Islam in Indonesië. In: NThT 23, 1968-69, 46-65, S. 50: "Misschien stelt, ongewild, het boek van Van Leeuwen ons juist voor de vraag: of wij niet alsnog moeten beginnen of wellicht opnieuw moeten beginnen om een godsdienst als de islam werkelijk serieus te nemen en rechtsstreeks - niet meer via Kraemer - te letten op hetgeen zijn belijders en leiders zeggen en doen". - Zu der im Folgenden vorgetragenen Warnung, den christologischen Fragen eine zu große Bedeutung im Islam zuzuerkennen, vgl. Smail Balić, Das Jesusbild in der heutigen islamischen Theologie, in: A. Falaturi und W. Strolz (Hg.), Glauben an den einen Gott. Menschliche Gotteserfahrung im Christentum und im Islam. Freiburg /Br. (Herder) 1975, S. 11-21.

15) Adelheid Krämer, Christus und Christentum im Denken des modernen Hinduismus. Bonn 1958 (= Untersuchungen zur allgemeinen Religionsgeschichte, Neue Folge, 2); Otto Wolff, Christus unter den Hindus. Gütersloh 1965; Stanley J. Samartha, Hindus vor dem universalen Christus. Stuttgart 1970.

16) Vg. K. Nolins Besprechungen und Übersetzungen in MW 51, 1961, 148 ff.; 54, 1964, 4 ff. und 55, 1965, 237 ff.

17) Besonders erwähnt seien die Pères M.N. Anawati und Jacques Jomier, vgl. MIDEO 2, 1955, 71-134 und 5, 1958, 367-386.

18) Vgl. oben Anm. 3.

19) Kamel Hussein, City of Wrong. Transl. by K. Cragg. Amsterdam 1959. Außerdem übersetzte Cragg den Artikel über "ẓulm" von K. Husain: The Meaning of ẓulm in the Qur'ân. In: MW 49, 1959, 196-212.

20) Yassà Manṣûr, Likay la nunkir al-Masîḥ (Damit wir Christus nicht verleugnen). 2. Aufl., al-Iskandarîya 1965 (über Maḥmûd Abû Raiya, Dîn Allâh wâḥid - Muḥammad wa-l-Masîḥ aḫawân - Die Religion Gottes ist eine - Mohammed und Christus sind Brüder-, al-Qahira 1963); ders., Bayân al-ḥaqq (Darlegung der Wahrheit). 4 Bde., al-Iskandarîya 1965 ff. (über Manṣûr Ḥusain, Daʿwat al-ḥaqq - Der Ruf der Wahrheit-, al-Qâhira 1963); ders., Das Selbstzeugnis Jesu. In: ThStAAL II, München 1967, 109-129 (ein Auszug aus "Bayân al-ḥaqq).

21) G. Rosenkranz, Evangelische Religionskunde. Tübingen 1951, S. 4 u.ö.

22) Auch in den türkischen und indonesischen Bibelübersetzungen findet sich "Allah"; in den Pancasila, den "Fünf Säulen", auf denen die Verfassung der Republik Indonesien ruht, wurde das Wort "Allah" erst auf Einspruch der balinesischen Hindus, also nicht der Christen, durch das allgemeinere "Tuhan", Herr, ersetzt (vgl. P.D. Latuihamallo, Ketuhanan. Die Kirche in der politischen Ideologie Indonesiens. In: Th. Müller-Krüger (Hg.), Indonesia Raya. Bad Salzuflen 1966, 151-160, S. 153). - Aus der gleichen Richtung wie die inzwischen (1987) überholte Argumentation christlicher antiislamischer Polemiker, die den Muslimen gegenüber bestritten, daß "Allah" mit "Gott" zu übersetzen sei, weht der Wind gegenwärtiger antichristlicher Polemiker in Malaysia und Indonesien, die den Christen den Gebrauch des Wortes "Allah" und anderer aus dem Arabischen stammender Wörter verbieten wollen (per Regierungsdekret!), "Weil der christliche Gott nicht Allah" sei. Das ist nicht weniger kompletter Unsinn wie die gleiche, lediglich umgekehrte Argumentation auf christlicher Seite. Würden beide Seiten tatsächlich von verschiedenen Göttern ausgehen, dann wären sie Polytheisten (mušrikûn). Damit ist natürlich nicht die Unterschiedlichkeit des Gottesverständnisses in Frage gestellt.
In der persischen und in der Urdu-Übersetzung der Bibel dagegen steht "xodâ" oder xoda-vând", das im Mittelpersischen (xvatây) "Besitzer, Herr(scher)" o.ä. bedeutete und erst in islamischer Zeit parallel zu "rabb" (= Allâh) gebraucht wurde. Im täglichen Sprachgebrauch wird "xodâ" auch heute noch von den Muslimen wie "Allâh" verwendet; nur in bestimmten, vom Islam geprägten Redewendungen gebrauchen sie "Allâh". Auch hier wird deutlich, daß sich die Christen mit dem Wort für Gott, das sie von den Muslimen übernehmen konnten, gegen ein polytheistisches, auf jeden Fall aber unbiblisches Gottesverständnis abgrenzen konnten.

23) Allerdings hat es auch Forscher gegeben, die sich gegen die Annahme einer nordsemitischen (jüdisch-christlichen) Herkunft des islamischen gottesverständnisses aussprachen und es mit einer südsemitischen Genealogie erklären wollten (z.B. Ditlif Nielsen, Zur altarabischen Religion. In: D. Nielsen (Hg.), Handbuch der altarabischen Altertumskunde. Kopenhagen, Paris und Leipzig 1927, S. 177-25=). Das beigebrachte Material - Namen und in ihrer Bedeutung z.T. unklare Inschriften - ist je-

doch so dünn, daß es eine These von so weitreichender Bedeutung nicht trägt. Ein rein arabisches Gottesverständnis hätte Mohammed nur dann gehabt, wenn sich nachweisen ließe, daß wenigstens zu Beginn seines prophetischen Auftretens der Gedanke an das Endgericht fehlte - womit das gesamte gegenwärtige Bild von Mohammeds früher Verkündigung umgestoßen wäre. Denn der altarabische ʾl oder ʾlh (il, ilâh) galt nur als Schöpfergott und Hüter der natürlichen und gesellschaftlichen Ordnungen, während der Gedanke eines Endgerichts, der ja den Glauben an eine Auferstehung der Toten voraussetzt, nur im Umkreis jüdischer und christlicher Ideen nach Arabien gekommen ist. Der Spott und Unglaube der Gegner Mohammeds aus den Reihen der altgläubigen Araber entzündete sich jedoch von Anfang an und ganz folgerichtig an der Gerichtspredigt des islamischen Propheten, da diese einem echten Araber als Hirngespinst erscheinen mußte.

24) Diese Beschränkung begründet auch, daß jene neuen Bücher, in denen zu alten Argumenten nichts Neues hinzugefügt wird, nicht erwähnt werden.

25) S. Anm. 1 zu Kap. 1.

26) E. Fritsch, Islam und Christentum im Mittelalter. Diss. Breslau 1930.

27) I. di Matteo, La divinità di Cristo e la dottrina della Trinità in Maometto e nei polemisti musulmani. Roma 1938.

28) Abû Ḥâmid al-Ġazâlî, Ar-radd al-ǧamîl li-ilâhîyat ʿIsà bi-ṣarîḥ al-inǧîl. Réfutation excellente de la divinité de Jésus-Christ d'apres les évangiles. Texte etabli, traduit et commenté par Robert Chidiac SJ. Paris 1939 (Bibliothèque de l'Ecole des Hautes Etudes - Sciences religieuses, LIVe vol.). Franz-Elmar Wilms, al-Ghazâlîs Schrift wider die Gottheit Jesu. Leiden 1966. Muḥyî ad-dîn Ibn ʿArabi, Fuṣûṣ al-ḥikam. Das Buch der Siegelringsteine der Weisheitssprüche, übers. von Hans Kofler, Einleitung etc. von Ernst Bannerth. Graz 1970, 2. Aufl. 1986.

29) ʿAlî aṭ-Ṭabarî, Ar-radd ʿalà n-Naṣârà. Ed. par I.-A. Khalifé et W. Kutsch. In: MUSJ XXXVI, 1959, 115-148.

30) Tor Andrae, Islamische Mystiker, Stuttgart 1960 (= Urban Tb., 46), S. 13 ff.; Michel Hayek, Le Christ de l'Islam. Paris 1957.

31) Vgl. RGG 3. Aufl., Bd. III, 923: Islam III: Christliche Mission unter Mohammedanern. - Doch geht dieser faux pas offensichtlich nicht auf das Konto des Verfassers dieses Artikels, H.G. Dorman jr., der stets korrekt von Muslimen spricht. In einer Zeit, in der sich auch die Muslime allmählich abgewöhnen, von "Naṣârà" (Nazoräern) zu sprechen, sondern mehr und mehr die christliche Selbstbezeichnung "Masîḥîyûn" (Christen) übernehmen, sollten sich auch die Christen sorgfältiger überlegen,

welche Implikationen es für einen Muslim mit sich bringt, wenn er als "Mohammedaner" bezeichnet wird!

32) Rudi Paret, Der Koran. Übersetzung. Stuttgart-Berlin-Köln und Mainz 1963 ff.

Anmerkungen zu Kapitel 1

1) An wichtigen Darstellungen seien genannt: Samuel Zwemer, The Moslem Christ. London und Edinburgh 1912, dt. Übersetzung: Die Christologie des Islams. Stuttgart 1921; Michel Hayek, Le Christ de l'Islam. Paris 1959; Henri Michaud, Jésus selon le Coran. Neuchâtel 1960 (Cahiers théologiques, 46); Geoffrey Parrinder, Jesus in the Qur'an. London 1965; J. Henninger, Spuren christlicher Glaubenswahrheiten im Koran. Schöneck/Beckenried 1951; A.-Th. Khoury, Die Christologie des Korans. In: ZM 52, 1968, 49-63; Heikki Räisänen, Das koranische Jesusbild. Ein Beitrag zur Theologie des Korans. Helsinki 1971; ferner die ausführlichen Untersuchungen von Th. O'Shaughnessy, The Coranic Concept of the Word of God. Roma 1948; ders., The Development of the Meaning of Spirit in the Koran. Roma 1953. - Claus Schedl, Muhammad und Jesus. Die christologisch relevanten Texte des Koran. Neu übersetzt und erklärt von C. Schedl. Wien-Freiburg-Basel (Herder) 1978. In diesem voluminösen Werk (583 S.) unterstützt der Vf. seine Interpretation durch eingehende Sprach- und Strukturanalysen des arabischen Textes. Eine knappe Übersicht auch bei W.M. Watt und A.T. Welch, Der Islam, Bd. I, Stuttgart etc 1980 (= RM 25,1) S. 115-119; 126-130.

2) Vgl. zu diesem Schema der Prophetenlegenden F. Buhl, Leben Mohammeds. 3. Aufl. Darmstadt 1961, S. 161.

3) Für Mohammed wie auch die anderen Gläubigen seiner Zeit (Juden, Christen, Muslime) waren diese Prophetenlegenden ohne Zweifel "Tatsachenberichte", erzählten also in unserem Sinne "historische" Ereignisse. Mehr soll hier mit diesem Begriff nicht ausgedrückt werden.

4) F. Buhl, a.a.O. S. 161.

5) Zur Bedeutung Abrahams im Islam vgl. E. Beck, Die Gestalt Abrahams am Wendepunkt der Entwicklung Mohammeds. In: Le Muséon 65, 1952, 73-94; Youakim Moubarac, Abraham dans le Coran. Paris 1958; Michel Hayek, Le Mystère d'Ismaël. Paris 1964; Olaf Schumann, Abraham - der Vater des Glaubens. In: EMM 110, 1966, 53-69, 104-122; R. Paret, Art. "Ibrahim", in: EI, 2. Aufl. Bd. III, s.v.; ʿAbbâs Maḥmûd al-ʿAqqâd, Ibrâhîm abû l-anbiyâʾ. al-Qâhira o.J. (Nachdruck 1966); Maḥmûd Šalabî, Ḥayât Ibrâhîm. al-Qâhira 1967.

5a) Vgl. J. Horovitz, Koranische Untersuchungen. Berlin -

Leipzig 1926, S. 91 f.; O. Schumann, Abraham - der Vater des Glaubens, a.a.O. S. 104 f.

6) S. Trimingham, Islam in Ethiopia. 2. Aufl. London und Liverpool 1965, S. 45.

7) Vgl. F. Buhl, a.a.O. S. 129.

8) Su. V,17.116.

9) Über das Christentum in der Umwelt Mohammeds unterrichten Julius Wellhausen, Reste arabischen Heidentums. 3. Aufl. Berlin 1961; F. Buhl, a.a.O. S. 63 ff.; Richard Bell, Origin of Islam and its Christian Environment. London 1926; J.W. Sweetman, Islam and Christian Theology I,1, London 1945, S. 1-83; E. Kellerhals, Der Islam. 2. Aufl. Basel - Stuttgart 1956, S. 35 ff.; Werner Elert, Der Ausgang der altkirchlichen Christologie. Berlin 1957, bes. S. 283 ff.; W.M. Watt, Mohammed at Mecca, 2. Aufl. Oxford 1960, S. 25 ff.; C.D.G. Müller, Kirche und Mission unter den Arabern in vorislamischer Zeit. Tübingen 1967.

10) Su. XIX,37.

11) J.W. Sweetman, a.a.O. S. 27.

12) "Er (sc. Jesus) ist nichts anderes als ein Diener (von uns - sc. von Gott)", und aus dem Munde Jesu: "Gott ist mein und euer Herr. Dienet ihm! Das ist ein gerader Weg" (Su. XLIII, 59.64).

12a) Allerdings darf dieser "Herr" (Gott) nicht als willkürlicher Tyrann mißverstanden werden. Im Glauben geht es auch hier um das vertrauensvolle Verhältnis des Dieners gegenüber seinem Herrn. Dazu vgl. unten "Statt eines Nachworts".

13) Su. III,47.59. Im letzten Vers die Parallele mit Adam: "Jesus ist (was seine Erschaffung angeht) vor Gott gleich wie Adam. Den schuf er aus Erde. Hierauf sagte er zu ihm nur: sei!, da war er". Vgl. dazu das Zitat aus Ṭabarîs Korankommentar unten Anm. 34.

14) Su. V,18.

15) Su. XIX,93. Zu Jesus als Diener (ʿabd) Gottes vgl. Su. XLIII,59; XIX,30; IV,172 und oben Anm. 12.

16) "Mušrik" ist das part. act. vom selben Stamm šrk, von dem širk abgeleitet wird, und meint die Person, die neben Gott noch etwas anderes verehrt.

17) Auch die koranische Polemik gegen die Vergöttlichung der Maria hat wahrscheinlich weniger ein entsprechendes Dogma als vielmehr eine praktische Marienverehrung im Auge. Gegen die

Kollyridianer, die man im allgemeinen hinter dieser Polemik vermutet, hatte Epiphanius von Salamis warnend betont: "Der Leib der Maria ist zwar heilig, er ist aber nicht Gott. Der Maria gebürt keine (göttliche) Anbetung: Bete niemals die Maria an!" (vgl. R. Seeberg, Dogmengeschichte II, S. 212). In ihren Marienfeiern brachten die Kollyridianer wahrscheinlich Backwaren als Opfergaben dar, vgl. J. Cooper, Art. "Mary" in: ERE VIII, S. 476; J. Dölger, Die eigenartige Marienverehrung der Philomarianiten oder Kollyridianer in Arabien, in: Antike und Christentum 1, 1929, 107-142.160.

18) Su. LIII,1-18.

19) Su. IX,30-31. Die Behauptung, daß Esra als "Sohn Gottes" bezeichnet wurde, läßt sich m.W. nicht aus dem Judentum belegen, obwohl er als in die göttlichen Geheimnisse Eingeweihter (vgl. 4. Esra) große Verehrung vor allem in apokalyptischen Kreisen genoß. Weitere Belege bei H. Speyer, Die biblischen Erzählungen im Qoran. 1931, 2. Aufl. Hildesheim 1961, S. 413.

20) Nach Th. Nöldeke und F. Schwally, Geschichte des Qorans. Bd. I, 2. Aufl. Leipzig 1909, S. 224.

21) Während eines Gesprächs hatten einige Mekkaner Mohammed angeboten, sich ihm anzuschließen, falls er ihnen gestatten würde, auch weiterhin die von ihnen verehrten Göttinnen Manât, al-Lât und al-ʿUzzà als Fürsprecherinnen bei Gott anzurufen. Mohammed ließ sich zunächst auf diesen Kompromiß ein, doch wurde ihm in der folgenden Nacht in einer Offenbarung mitgeteilt, daß er den Einflüsterungen des Teufels erlegen sei. Daraufhin widerrief Mohammed seine Zustimmung zu dem Kompromiß mit den Mekkanern. Vgl. Su. LIII,19 ff.; Nöldeke-Schwally, a.a.O. Bd. I, S. 100 f.; W.M. Watt, Muhammad at Mecca, a.a.O. S. 102 ff.

21a) Vgl. H. Räisänen, a.a.O. S. 81.

21b) Su. XLIII,81.

22) Su. CXII. In der (eigenen, d.h. nicht von R. Paret übernommenen) Übersetzung wurde versucht, die Knappheit des Urtextes wiederzugeben. Vgl. auch Su. XVII,111. Über die zeitliche Einreihung von Su. CXII - ob sie in die älteste mekkanische Zeit oder erst nach Medina gehört - gingen schon bei den alten Schriftstellern die Meinungen auseinander. Nöldeke-Schwally (I, 107 f.) reihen sie in die erste mekkanische Periode ein, weisen jedoch auf die alten Kontroversen hin. R. Blachère (Le Coran. Traduction nouvelle, Bd. I, Paris 1941, S. 122 ff.) und R. Bell (Introduction to the Qur'an. Edinburgh 1953, S. 101) zählen sie ebenfalls zur 1. mekkanischen Periode. W. Rudolph (Die Abhängigkeit des Qorans von Judentum und Christentum. Stuttgart 1922, S. 64), F. Buhl (Zur Koranexegese. In: AO 3, 1924, 96 bis 108) und K. Ahrens (Christliches im Qoran. In: ZDMG 84, 1930,

15-68,148 bis 190, S. 154 f.) wollen in Su. CXII eine nicht nur gegen das mekkanische Heidentum, sondern auch gegen die Gottessohnschaft Jesu gerichtete Polemik sehen. Buhl sieht sich deshalb veranlaßt, den Beginn der Auseinandersetzungen Mohammeds mit den Christen bereits nach Mekka zu datieren und verweist dabei auf Su. XLIII,57 ff.: "Und als (Jesus) der Sohn der Maria als Beispiel angeführt wurde, gingen deine Volksgenossen gleich laut und eifrig diskutierend darauf ein. * Sie sagten: Was ist (als Gegenstand der Verehrung) vorzuziehen, unsere Götter oder er? - Sie führten ihn dir aber nur an, um zu debattieren (nicht um die Wahrheit zu erfahren). Nein, sie sind streitsüchtige Leute usw.", vgl. a.a.O. S. 107. In diesen Versen weist jedoch nichts auf eine an die Christen gerichtete Kritik hin. Wenn die Mekkaner vielleicht an die christliche Verehrung Jesu dachten, so ging es Mohammed und dem Koran in ihrer Antwort darum, ihre provokatorische Debattiersucht einzudämmen. - Möglich ist allerdings, daß Mohammed durch dieses Streitgespräch zu präzisen Aussagen über Gott gezwungen wurde, die er später, als der Konflikt mit den Christen begann, auch gegen diese wenden konnte. Das trifft natürlich auch auf Su. CXII zu. Ihr Inhalt weist zunächst aber keine speziell antichristliche Tendenz auf, und ihr knapper Stil spricht ebenfalls für eine frühe Datierung, in eine Zeit, in der Mohammed noch glaubte, dieselben Lehren wie der "ahl al-kitâb" zu verbreiten. Mir scheint es immer noch am wahrscheinlichsten zu sein, daß sich Su. CXII gegen die Mekkaner und ihre Vorstellung von den Töchtern Allahs richtet. So auch R. Bell, The origins of Islam, a.a.O. S. 66 f.

23) Außer in dem auf S. 31 gebrachten Zitat aus Su. III (vgl. Anm. 25) wird Jesus auch in Su. IV,171 "sein (sc. Gottes) Wort" genannt.

24) "Ktisma gar esti kai poiêma ho logos kai xenos kai anhomoios kat' usian tu patros estin". Zit. nach Athanasius, De decr. nic. 6,1 (ed. Opitz). Vgl. dazu K. Ahrens, a.a.O. S. 154, der in Su. CXII eine den Arianern verwandte antinizänische Polemik sieht.

25) Su. III,45.47.

26) Vgl. H. Michaud, a.a.O. (oben Anm. 1) S. 52: "Devons-nous conclure à un privilege dont Jésus jouirait au detriment des créatures? Certainement pas, puisque tout le verset est ecrit pour montrer que Jesus n'est qu'un envoyé". - So unreflektiert konnte der spätere Islam freilich nicht mehr vom "Worte Gottes" sprechen, nachdem er in den eroberten Gebieten, vor allem in Syrien und dem Iraq, mit der dort getriebenen Philosophie bekannt wurde und die Problematik des Begriffes "Ewigkeit" erfuhr. Die Diskussion entzündete sich aber nicht an der Christologie, sondern an der Lehre vom Koran, dessen Urschrift, die "umm al-kitâb", nach Mohammeds Meinung im Himmel bei Gott aufbewahrt und nur von "Gereinigten" berührt wird (Su. LVI,77 ff.). Sie enthält Gottes ewigen Plan, den er durch seine

"Rede", kalâm, festgelegt hat, und ist daher vor der Welt vorhanden. Ist sie geschaffen? Dann wäre sie nicht ewig. Ist sie ewig? Dann wäre sie wie Gott, und das ist sirk, sofern sie von Gott unterschieden würde. Über diese Frage konnten sich die Schulen nicht einigen. Vgl. dazu unten Anm. 60 zu Kap. 2 und W. M. Watt, Islamic Philosophy and Theology. Edinburgh, Nachdr. 1964, S. 64 ff.; ferner Kap. 3, Anm. 23.

27) Su. IV,171.

28) A.a.O. I, S. 130.

29) Su. XVI,2 (3. mekkan. Periode); bi-r-rûḥ könnte auch "durch den Geist", d.h. unter seiner Leitung, übersetzt werden.

30) Meaning of Spirit, a.a.O. bes. S. 16 ff.

31) Ebd. S. 67.

32) Su. XIX,16; bašaran sawîyan.

33) Su. XV,28 f.: "Und (damals) als dein Herr zu den Engeln sagte: Ich werde einen Menschen aus feuchter Tonmasse schaffen. * Wenn ich ihn dann geformt und ihm Geist von mir eingeblasen habe, dann fallt (voller Ehrfurcht) vor ihm nieder". Vgl. ferner Su. XXXVIII,72; XXXII,9.

34) Su. XXI,9 (2. mekkan. Periode): "Und (weiter Maria), die sich keusch hielt. Da bliesen wir ihr Geist von uns ein und machten sie und ihren Sohn zu einem Zeichen für die Menschen in aller Welt"; ähnlich Su. LXVI,12 (medin. Periode) und Su. IV,171. Deutlicher äußerte sich Mohammed in dem von Ibn Ǧarîr aṭ-Ṭabari überlieferten, in seiner Echtheit allerdings unsicheren Brief an den Negus von Abyssinien: "Im Namen Gottes des Barmherzigen und Erbarmers. Von Mohammed, dem Gesandten Gottes, an den Naǧâšî Al'aṣḥam, König von Abyssinien: Friede! ... Ich bekenne, daß Jesus, der Sohn der Maria, der Geist Gottes ist und sein Wort, das er in Maria eingab, die Jungfrau, die Gute, die Reine. So empfing sie Jesus, den Gott mit seinem Geist schuf und ihm das Leben einblies, wie er Adam mit seinen Händen schuf und ihm das Leben einblies. Ich rufe dich zu Gott allein, der keinen Gefährten hat" (Ṭabarî, Ta'rîḫ I/III 1569); vgl. M. Hayek, Le Christ de l'Islam, S. 86 f. Während bei der Erschaffung Adams Materie verwendet wurde, geschah die Erschaffung Jesu ex nihilo: sie ist daher ein noch größeres Zeichen für die Schöpfermacht Gottes als die Entstehung Adams.

35) Su. II,87.253; V,110.

36) Sweetman, a.a.O. I,1, S. 29. Zu sagen, daß Gabriel in seiner Funktion durch den Geist e r s e t z t wird, würde wohl zu weit gehen. O'Shaughnessy, Meaning of Spirit, denkt an koptische Quellen, die eine Identifizierung des (bzw. der) rûḥ mit

Gabriel nahelegen, und die - nicht zuletzt durch Mohammeds koptische Nebenfrau - Einfluß auf die medinensische Theologie Mohammeds gehabt haben können. Aber hier ist doch Vorsicht geboten, weil parallel zu der "Spiritualisierung" oder Entpersönlichung des Geistes der Abstand zu den Engeln immer größer wird. Eine bewußte oder unbewußte Identifizierung des Geistes mit Gabriel ist deshalb in den späteren Partien des Koran sehr unwahrscheinlich. Dem stünde auch entgegen, daß die Aufgabe Gabriels darin bestand, d e n P r o p h e t e n das Wissen aus dem himmlischen Buche zu überbringen, während der Geist sich, von der erwähnten Ausnahme abgesehen, an das gläubige Volk wendet (siehe S. 23)

37) Su. XVI,102: "Sag: Der heilige Geist hat ihn (sc. den Koran) von deinem Herrn mit der Wahrheit herabgesandt, um diejenigen, die glauben, zu festigen, und als Rechtleitung und Frohbotschaft für die, die sich (Gott) ergeben haben".

38) Su. XVII,85: "Man fragt dich nach dem Geist. Sag: Der Geist ist vom amr meines Herrn. Aber ihr habe nur wenig Wissen erhalten". Die Wendung "ar-rûḥ min amri rabbî" übersetzt R. Paret: "Der Geist ist Logos (amr) von meinem Herrn".

39) Su. XVII,85; XVI,2; SL,15; XLII,52.

40) Vgl. die in Anm. 39 verzeichneten Stellen in seiner Übersetzung.

41) J.M.S. Baljon, The "Amr of God" in the Koran. In: AO 23, 1959, 7-18.

42) Ebd. S. 16: "Amr refers usually to different stages of a carefully prepared and well-thought out world-order". Auch Baljon hält es für nicht wahrscheinlich, daß der "amr" je als Hypostase betrachtet wurde: "Moreover, it is very unlikely that Mohammed would have operated with a logos-doctrine. It is far from the Koran with its extreme and overheated monotheism to ascribe to God hypostases" (ebd.).

43) Su. XXVI,193; XL,15.

44) Su. XIX,30 f. Vgl. dazu S. 23 f.

45) Im Koran werden beide Begriffe noch nicht konsequent unterschieden. Zuerst scheint Mohammed den Titel "nabî" auf Übermittler der biblischen Botschaft beschränkt zu haben, später zählte er sich selbst jedoch auch zu den "anbiyâ'". Der "rasûl" dagegen hat im wesentlichen einen Verkündigungsauftrag an ein bestimmtes Volk. Vgl. J. Horovitz, Koranische Untersuchungen. Berlin und Leipzig 1926, S. 47 ff.; A.J. Wensinck, Muhammed und die Propheten. In: AO 2, 1924, 168-198, bes. S. 171 f.

46) Su. III,50; LXI,6.

47) Su. V,46.

48) Im Koran kommt das Wort für "Wunder", muʿǧiza, noch nicht vor. Stattdessen ist von "Zeichen", âyât (sing.: âya) die Rede, und âya entspricht dem hebr. ôt.

49) Vgl. bes. Su. III,49; V,109 f. Das Vogelwunder wird auch in den arabischen Kindheitsevangelien erzählt (C. Tischendorf, Evangelia apocrypha. 2. Aufl. Lipsiae 1876, S. 181). Vgl. ferner die "Kindheitserzählung des Thomas", übersetzt in E. Hennecke und W. Schneemelcher, Neutestamentliche Apokryphen Bd. I, 4. Aufl. Tübingen 1968, S. 293 f.

50) Su. XIX, 16 ff.

51) Su. XIX, 30 ff.

52) Su. XLIII,46 ff.

53) Su. XVII, 86 ff.

54) R. Blachère, Le Coran II, S. 1144.

55) Su. V,112 ff.

56) Ṭabarî, Tafsîr VII, 129 f. Anstatt "hal yastaṭîʿ rabbuka" sei, wie einige meinen, "hal tastaṭîʿ rabbaka" zu lesen: das Personalpräfix sei anders zu punktieren, wobei rabb zum Objekt wird.

57) A. Guthrie und E.F.F. Bishop, The Paraclete, Almunḥamanna and Aḥmad. In: MW 41, 1951, 251-256.

58) R. Blachère, Le Coran II, S. 910; R. Bell, The Qur'an II, S. 577.

59) W.M. Watt, His Name Is Ahmad. In: MW 43, 1953, 111-117.

60) R. Paret, Der Koran S. 471. Auch H. Räisänen schließt sich Watt und Paret an und tritt für ein adjektivisches Verständnis von "aḥmad" ein, vgl. a.a.O. (oben Anm. 1) S. 52 ff.

61) In seinem Buche "Alcorani textus universus I-II", Patavii 1698, vgl. H. Räisänen, a.a.O. S. 53.

62) George Sale, The Koran. Translated into English with explanatory notes. London 1734, vgl. dazu die Bemerkungen von H. Räisänen, a.a.O. S. 53. Zum "Barnabas-Evangelium" siehe unten Kap. 6, Anm. 39.

63) Zit. bei Ibn Hišâm, Sîrat an-nabî S. 152 f. (150) / engl. Übersetzung von A. Guillaume (s.u.) S. 104: "Das Wort des Ge-

setzes muß erfüllt werden, daß sie mich ohne Grund - d.h. fälschlich - haßten. Wenn aber der Tröster gekommen sein wird, den Gott euch sendet vom Herrn her, den heiligen Geist, der vom Herrn ausgegangen sein wird, der wird ein Zeuge für mich sein, wie ihr auch: denn ihr seid von Anfang an bei mir gewesen. Ich sprach zu euch davon, damit ihr euch nicht beklagt. Der Tröster (al-munḥamannâ) ist auf syrisch "muḥammad", und im Romäischen (= Griechischen) (heißt er) "al-baraqlîṭus". - Der Text stammt aus Joh. 15,25 ff. und unterscheidet sich vom griechischen Text nur an den in der Übersetzung gesperrten Stellen, von denen nur der ersten Bedeutung zukommt. Guillaume weist in einer Anmerkung zu seiner Übersetzung (S. 104, siehe unten) darauf hin, daß der Text nicht direkt der Bibel, sondern dem palästinensischen syrischen Lektionar entnommen ist. - Bei diesem und den folgenden Zitaten aus Ibn Hišâm folge ich der von Muḥ. Muḥyî ad-dîn ʿAbd al-Ḥamîd bearbeiteten und 1383/1963 bei ʿAlî Ṣubaiḥ, Kairo, erschienen Textausgabe, die 4 Bände umfaßt, jedoch durchgehend paginiert ist; ich verzichte deshalb auf die Angabe des Bandes. In Klammern füge ich die Seitenzählung der Wüstenfeld'schen Ausgabe hinzu, die Alfred Guillaume am Rande seiner Übersetzung der von ihm rekonstruierten, auf Ibn Isḥâq zurückgehenden Originalfassung dieses Werkes vermerkt (The Life of Muhammad. A Translation of Ishaq's Sirat Rasul Allah ... by A. Guillaume. 2. Aufl. Lahore, Karachi und Dacca, 1968); danach folgt die Seitenzahl in Guillaumes Übersetzung.

64) Zamaḫšarî, al-Kaššaf III, S. 226.

65) Su. IV,157 f.; "šubbiha la-hum" wörtlich: es wurde ihnen ähnlich gemacht, oder: es erschien ihnen unklar. Vgl. die ausführliche Diskussion dieser Stelle bei Räisänen, a.a.O. S. 65 ff.

66) Nöldeke-Schwally I, S. 204. Dieser "Sündenkatalog" beginnt mit Vers 150.

67) Su. II,134. Vgl. auch den "Thronvers" in Su. II,255, wo die Fürsprache an die Erlaubnis Gottes gebunden ist.

68) Auch die Basilidianer sagen "(Christum) ascendisse ad eum qui miserat eum". Aber für sie kehrte Christus, nachdem Simon von Kyrenae ihm ähnlich gemacht worden und an seiner statt gekreuzigt worden war, "transfiguratum quemadmodum vellet" zu dem Vater zurück, dessen "primogenitus Nus" er war (vgl. Irenäus, adv. Haer. I,24.4, ed. A. Stieren, Lipsiae 1853, S. 244 f.). Doketische Terminologie klingt zweifellos im Koran an und spiegelt übernommenes Erbgut. Das darf aber nicht zu dem Irrtum verleiten, in Mohammed einen Doketen zu sehen. Er dachte zweifellos an eine leibliche Entrückung.

68a) Zum Problem der Kreuzigung vgl. unten "Statt eines Nachwortes".

69) Su. V,117; vgl. Su. III,55: "(Damals) als Gott sagte: Jesus! Ich werde dich (nunmehr) abberufen und zu mir (in den Himmel) erheben ...".

70) Su. IV,159.

71) Zu diesen Legenden vgl. unten S. 87 ff. Auch H. Räisänen bemüht sich darum, die Unklarheiten im Koran über den Tod Jesu zu klären. Ihm zufolge hat sich Mohammeds Meinung zu dieser Frage geändert. "Die Geschichte des Sterbens Jesu (ist) ein Stück in einem Kapitel, das von der Allmacht Gottes redet. Wider die menschliche Intrige errettete Gott seinen Boten, um ihn, wann und wie er selbst wollte, sterben zu lassen, und erhob ihn zu sich in den Himmel. Die Leugnung des Kreuzestodes ist in der Theologie des Korans kein doketischer Fremdkörper, sondern ein Beispiel für die Macht Gottes, ein "Zeichen" für die Gläubigen" (a.a.O. S. 74 f.).

72) A. Jeffery, Foreign Vocabulary of the Qur'an. Baroda 1938, S. 265 f.; J. Horovitz, a.a.O. (Anm. 45) S. 129. Vgl. auch unten S. 40.

73) Su. XIX,21.

Anmerkungen zu Kapitel 2

*) Um Mißverständnisse zu vermeiden sei darauf hingewiesen, daß ʿAlî aṭ-Ṭabari nicht mit dem bekannten Korankommentator und Historiker Abû Ǧaʿfar Muḥammad b. Ǧarîr aṭ-Ṭabarî (st. 310/923) identisch ist.

1) a: Edierte Werke ʿAlî aṭ-Ṭabarîs:

Firdaus al-ḥikma or Paradise of Wisdom of Ali b. Rabban al-Tabari. Ed. by M.Z. Siddiqi. Berlin 1928; abgek.: Firdaus.

Kitâb ad-dîn wa-d-daula. Ed. by A. Mingana. Manchester und Kairo 1923; abgek.: K. ad-din.

Ar-radd ʿalà n-Naṣârà. Ed. par I.-A. Khalifé et W. Kutsch. In: MUSJ XXXVI, 1959, 115-148; abgek.: Radd.

b: Übersetzungen:

The Book of Religion and Empire, by Ali Tabari. Translated ... by A. Mingana. Manchester und London 1922; abgek.: B. of Religion. - Wenn bei Zitaten aus dem "K. ad-dîn" zwei Seitenzahlen genannt werden, dann bezieht sich die zweite auf die Übersetzung.

Gynäkologie, Embryologie und Frauenhygiene aus dem "Paradies der Weisheit über die Medizin" des ... Tabari, übersetzt und erläutert von Alfred Siggel. In: Quellen und Studien zur Geschichte der Naturwissenschaften und der Medizin 8, 1941-42, 216-272.

Die indischen Bücher aus dem Paradies der Weisheit über die Medizin des Ali ibn Sahl Rabban at-Tabari. Übers. und erläutert von Alfred Siggel. Wiesbaden 1950 (= Abh. der geistes- und sozialwissenschaftlichen Klasse der Akademie der Wissenschaften und Literatur (Mainz), Bd. 14).

Die propädeutischen Kapitel aus dem Paradies der Weisheit über die Medizin des Ali ibn Sahl Rabban at-Tabari. Übersetzt und erläutert von A. Siggel. Wiesbaden 1953 (= Abh. der geistes- und sozialw. Klasse der Akad. d. Wissenschaften und Literatur (Mainz), Bd. 8).

c: Weitere Literatur über Ṭabarî (in Auswahl):

A. Mingana, Remarks on Ṭabarî's semi-official defence of Islam. In: Bull. of the John Rylands Library IX, 1925, 236-240.

M. Bouyges, Le "Kitab ad-din wa d-dawlat" ... est-il authentique? Lettre à Monsieur le Directeur de la John Rylands Library, Manchester. Beyrouth 1924.

Ders., Le "Kitab ad-din wa d-dawlat" ... n'est pas authentique. Seconde Lettre à M. le Directeur de la John Rylands Library, Manchester und Beyrouth 1925.

Ders., Aliy ibn Rabban at-Tabariy. In: Der Islam XXII, 1935, 120 f.

Ders., Nos informations sur Ali at-Tabari. In: MUSJ XXVIII, 1949/50, 69-111.

P. Peeters, in: Analecta Bollandiana 42, 1924, 200-202.

E. Fritsch, Islam und Christentum im Mittelalter. Diss. Breslau 1930, S. 6-12.

M. Meyerhof, Ali ibn Rabban at-Tabari, ein persischer Arzt des 9. Jahrhunderts n. Chr. In: ZDMG 85, 1931, 38-68.

C. Brockelmann, Geschichte der arabischen Litteratur. Suppl. I, Leiden 1937, S. 414 f.

G. Graf, Geschichte der christlichen arabischen Literatur, Bd. I. Citta del Vaticano 1944, S. 44-51; abgek.:GCAL.

J.W. Sweetman, Islam and Christian Theology I,1. London 1945, S. 70 f.

H. Stieglecker, Die Glaubenslehren des Islam. Paderborn, München und Wien 1962, S. 489 f.

W. Schmücker, Die pflanzliche und mineralische Materia Medica im Firdaus al-Hikma des Tabari. Bonn 1969 (= Bonner Orientalische Studien, N.S. 18).

2) Syr.-christl. "unser Gelehrter", "unser Lehrer"; vgl. Firdaus S. 1.

3) Eine Liste der von ihm bekannten Bücher bei Siddiqi in der Einleitung zu "Firdaus", S. IX-X; vgl. Meyerhof, a.a.O. S. 56 ff.

4) Radd S. 119.

5) Ibn an-Nadîm, Fihrist, ed. Flügel. Nachdruck Beirut 1964, S. 296.

6) K. ad-dîn S. 7/4. - Indem ich "daula" mit "Reich" wiedergebe, schließe ich mich der Übersetzung Minganas ("Empire") an. So selbstverständlich, wie es auf den ersten Blick scheint, ist diese Übersetzung jedoch keineswegs. "Daula" bedeutet ursprünglich "Wende", "Veränderung", "Umschwung", und zwar in der Regel zum Besseren, zum Sieg (vgl. F. Rosenthal, Art. "Dawla" in EI, 2. Aufl. Bd. II, 177 f.). Ursprünglich wurde dieser Begriff vor allem im politisch-dynastischen Bereich gebraucht und bezeichnete die "Ablösung" einer Dynastie (oder eines Herrschers) durch eine(n) andere(n), insbesondere die Ablösung der Umaiyaden durch die Abbasiden. Da sich diese "Wende" als dauerhaft erwies, konnte "daula" nun auch die Herrschaftsperiode dieser Dynastie und schließlich die Dynastie selbst bezeichnen.
Das Ziel, das Ṭabarî mit diesem Buche verfolgt: nämlich den Nachweis zu bringen, daß aus dem Alten und Neuen Testament das Prophetentum Mohammeds vorausgesagt und legitimiert ist und der Siegeszug des Islam seine göttliche Herkunft beweist, legt nun die Vermutung nahe, daß er den Begriff "daula" von der politischen auf die religiöse Ebene übertrug und nun die "Herrschaftsperiode" der neuen Religion meint, die die alten Religionen Judentum und Christentum abgelöst hat. Indem Ṭabarî diesen - zunächst ja an der abbasidischen Dynastie haftenden - Begriff aufnahm, verlieh er ihm eine gewisse Doppeldeutigkeit: "daula" bezeichnet nun die Herrschaftsperiode der Abbasiden und die des Islam. Man wird kaum fehlgehen, wenn man meint, Ṭabarî habe diese Doppeldeutigkeit beabsichtigt; er erweist damit seinem Gönner, dem Khalifen al-Mutawakkil ʿalà 'llâh (= der auf Gott Vertrauende, wie er mit vollem Namen hieß) seine Reverenz: in seiner "daula" (Dynastie) verwirklicht sich die "daula" (Herrschaft) des Islam, beide gehören zusammen.

7) In der Einleitung seiner Ausgabe des "Firdaus", S. VII.

8) Meyerhof, a.a.O. S. 39 ff.

9) Mingana geht dabei von der Bemerkung Ṭabarîs, K. a-dîn S. 117/138 aus, daß seit der Zeit des Messias "bis zu unserem Jahr" 867 Jahre vergangen seien. Den Anachronismus dieser Angabe, der darin besteht, daß das Werk noch zur Zeit Mutawakkils entstand (S. 144 / 169) und dieser bereits 861 ermordet wurde, erklärt Mingana "by the chronology adopted by the majority of the ancient Syrian writers in connection with the life of the Prophet whom they believed to have been born in the year 892 of the Seleucids, instead of 882. ... This would give the Christian date 857 (243 H.). Further, it is a well known fact that between the Seleucid era adopted in the Syrian Churches and that followed in the West there are two years of difference, these having been added by some Western writers to the Eastern computation. If we take these two years into account we should ascribe the composition of the present word to A.D. 855 (A.H.241) ...(vgl. B. of Religion. S. 138, Anm. 1).

10) Meyerhof, a.a.O. S. 451; vgl. S. 47: " ... nicht später als etwa 194/810". Brockelmann, a.a.O. Suppl. I, S. 414.

11) Vgl. oben Anm. 4.

12) Fihrist, S. 296. Meyerhof hält auch diese Angabe für unrichtig, "da dieser Chalif 227/842 gestorben ist, Ali aber in seinem acht Jahre später niedergeschriebenen "Paradies der Weisheit" noch keinerlei muslimische Glaubensformeln anwendet und nicht den Qur'ân, sondern die Bibel mehrfach zitiert" (a.a.O. S. 52 f.). Für seine Annahme, das "Firdaus" sei erst 850 geschrieben, fehlt jedoch ebenfalls die Begründung.

13) Vgl. die von M. Bouyges oben Anm. 1 genannten Schriften.

14) P. Peeters, a.a.O. (siehe Anm. 1) scheint unabhängig von Bouyges zu seinen Zweifeln an der Echtheit des "K. ad-dîn" gekommen zu sein.

15) K. ad-dîn S. 86/100: Kitâbî r-radd ʿalà aṣnâf an-Naṣârà (mein Buch über die Widerlegung der Sekten der Christen), sowie S. 93/107: Kitâbî r-radd ʿalà n-Naṣârà (mein Buch über die Widerlegung der Christen).

16) Radd S. 146. Die erwähnten Schriftstellen sind Gen. 6,4; Ex. 7,1; Ps. 82,1.

17) Auch Fr. Taeschner sprach sich für die Echtheit des K. ad-dîn aus (Die alttestamentlichen Bibelzitate, vor allem aus dem Pentateuch, in aṭ-Ṭabarî's Kitâb ad-dîn wad-daula und ihre Bedeutung für die Frage nach der Echtheit dieser Schrift. In: Oriens Christianus 31, 1934, 23-39. Ihm folgte G. Graf, GCAL I, S. 44.

18) Stieglecker, a.a.O. S. 490; ferner K. ad-din S. 50 f.

19) Zu Mâzyâr vgl. V. Minorski, Art. "Mâzyâr" in EI, 1. Aufl. Bd. 3, s.v.

20) Vgl. dazu Radd S. 125 (Anhang I, S. 184).

21) Der Analogieschluß als Hilfsmittel der Interpretation war allerdings nicht unumstritten und führte vor allem zu Auseinandersetzungen über die Anwendung der "richtigen" Analogie. Als Beispiel siehe unten im nächsten Kapitel die Bemerkungen von Ğâḥiẓ über Naẓẓâm (S. 50 f.).

22) Jedenfalls habe ich, im Gegensatz zu M. Bouyges (MUSJ XXVIII,76) keine Anhaltspunkte für diesen Vorwurf gefunden. Der Fol. 3 (in der Textausgabe S. 120) erwähnte taḥrîf meint die Auslegung, die die Christen einigen Schriftstellen gegeben haben, nicht aber diese Schriftstellen selbst. Vgl. auch ebd. Ṭabarîs Bemerkung, daß seine Bemühungen nicht darauf zielen, Christus oder seine "wahren Anhänger" (ahl ḥaqqihi) zu widerlegen, sondern diejenigen, die nicht mit Christus und den Evangelien übereinstimmen und "die Worte verdrehen".

23) Radd S. 11: "Wenn es keine Vernunft gäbe, dann wäre unbekannt, daß wir einen Schöpfer haben".

24) Radd S. 119.

25) Vgl. Anhang I, S. 180.

26) "Ich bezeuge, daß es keine Gottheit gibt außer Gott; ich bezeuge, daß Mohammed der Gesandte Gottes ist".

27) K. ad-dîn, S. 8/4.

28) Vgl. Anhang I, S. 189.

29) Ich übersetze hier "šarî'at al-imân" mit "Glaubensregel", da Ṭabarî sich auf das Credo bezieht, das er auf S. 136 (Anhang I, S. 189) zitiert bzw., wenn er von der islamischen "šarî'a" spricht, das von ihm formulierte Bekenntnis meint (Anhang I, S. 180). Sonst hat "šarî'a" die Bedeutung von "offenbarten Leitsätzen" oder "Wegmarken" (šar' = Offenbarung), durch die dem Menschen seine - in Gottes Forderung wurzelnde - Verpflichtung zum moralischen Handeln mitgeteilt wird; vgl. W.C. Smith, The Concept of shari'a among some Mutakallimun, In: Arabic and Islamic studies in honor of Hamilton A.R. Gibb, ed. by F. Makdisi. Cambridge (Mass.) und Leiden 1965, S. 581-602.

30) Vgl. Anhang I, S. 180ff.

31) Vgl. Anhang I, S. 180. Zur Frage des Tetratheismus siehe unten S. 42.

32) Radd S. 122; die Schriftstellen, auf die Ṭabarî sich beruft, sind Joh. 209,17; 6,38 f.

33) Vgl. Anhang I, S. 182.

34) Radd S. 123.

35) Radd S. 123 f.

36) Vgl. Anhang I, S. 182.

37) Vgl. Anhang I, S. 184.

38) Vgl. die im Anhang angegebenen Schriftstellen.

39) Vgl. Anhang I, S. 185. Mit dem Hinweis darauf, daß der Wille Gottes verschieden ist vom Willen Jesu, greift Ṭabarî ein altes Streitthema auf, das auf Kaiser Heraklius und seine monotheletische Formel, mit der er die Monophysiten mit der chalcedonensischen Orthodoxie auszusöhnen hoffte, zurückging. - Das Thema Herr-Diener dagegen liegt den Muslimen näher, da sich für sie in dieser Gegenüberstellung das Verhältnis zwischen Gott (rabb) und Mensch (ʿabd) ausdrückt.

40). Zur Dahrîya vgl. unten S. 45.

41) Vgl. Anhang I, S. 186.

42) Es ist durchaus möglich, daß in dieser Bemerkung Ṭabarîs die Streitigkeiten nachklingen, die sich an der Frage entzündeten, wie es sich mit dem Leiden Jesu verhalte: leidet der ganze Christus unter Einschluß der göttlichen Natur, oder leidet nur die menschliche Natur? Diese Frage wurde zuerst von Gregor Thaumaturgos gestellt und beschäftigte auch Athanasius in seinen Schriften gegen Apollinaris von Laodicea. Sie trat in ein akutes Stadium, als der zeitweilige monophysitische Patriarch von Antiochien Petrus Fullo (um 470) in das Trishagion den Zusatz "der für uns gekreuzigt wurde" einfügte, so daß man annehmen könnte, der Vater sei damit gemeint. Während die Chalcedonenser und vor allem die Nestorianer (z.B. der Patriarch Timotheus I. (780-823), vgl. seinen Brief an die Mönche des Klosters Mar Maron, abgedr. in R. Bidawid, Les Lettres du Patriarche nestorien Timothee I, Citta del Vaticano 1956 (= Studi e Testi 187), S. 115 ff. (latein. Übersetzung)) aufs heftigste gegen diesen Zusatz polemisierten, fand er bei den Apollinaristen und Monophysiten Zuspruch. Der Streit entlud sich in den "theopaschitischen Auseinandersetzungen". Zwar wehrten sich auch die Monophysiten gegen das Schimpfwort "Theopaschit"; da sie jedoch den Zusatz Fullos beibehielten, wurden sie stets als Beispiel für diese Ketzerei genannt, vgl. z.B. Theodor Abû Qurras Bemerkung, daß er nicht "wie der Scholastiker Severus, der Esel" Veränderung, Leiden, Tod und Raum in die göttliche Natur einführen wolle (vgl. I. Dick, Deux écrits inédits de Th.

Abuqurra, Le Muséon LXXII, 1959, 53-67; S. 59). In zwei Schreiben, die gegen Theodor gerichtet sind, verteidigt der jakobitische Bischof Ḥabîb b. Ḫidma Abû Râ'iṭa aus Takrît (Anfang des 9. Jh.s) den Zusatz (Die Schriften des Jacobiten Ḥabîb Ibn Ḫidma Abû Râ'iṭa, hg. von Georg Graf (CSCO 130), Louvain 1951, S. 73-93). Zum Problem vgl. W. Elert, Der Ausgang der altkirchlichen Christologie, Berlin 1957, S. 71 ff.; zu Petrus Fullo und den eigentlichen Theopaschitischen Streitigkeiten S. 105 ff. - Bereits hier zeigt sich, daß Ṭabarîs Argumente gegen die Christen oft denen ähneln, die im Laufe der Dogmengeschichte gegen die Monophysiten vorgebracht wurden.

43) Radd S. 135.

44) Radd S. 135.

45) Radd S. 136. Mit seinen Bemerkungen stimmt Ṭabarî in den Chor der konservativen Muslime ein, die insbesondere die Mystiker und Asketen kritisierten. Diesen galt die Frömmigkeit und Ethik der christlichen Mönche als vorbildlich, und deshalb fiel es ihnen schwer, in ihnen Ungläubige zu sehen und sie zu meiden. Es war jedoch die Politik vor allem der frühen Abbasiden, die religiösen Grenzen dem Volke wieder stärker bewußt werden zu lassen als es unter den in dieser Hinsicht gleichgültigeren Umaiyaden der Fall gewesen war. Nicht das rechte ethische Verhalten, sondern das Bekenntnis des wahren Glaubens entscheide über das Schicksal des Menschen in der Ewigkeit, war nun die Parole. Diese neue Beurteilung der Christen und vor allem ihrer Mönche, denen bereits im Koran Lob gezollt wurde, leuchtete den frommen Muslimen jedoch nicht ohne weiteres ein; vgl. dazu Tor Andrae, Islamische Mystiker, Stuttgart 1960 (= Urban-Bücher 46), S. 41 ff.

46) Radd S. 137.

47) Radd S. 137.

48) Radd S. 138.

49) Vgl. Radd S. 138 (lies "Ṯanawîya" statt "Nabawîya"; Ṯanawîya: Dualismus). - Die entgegengesetzten Prinzipien dieser Dualisten waren Licht und Finsternis. Die Substanz (ǧauhar, usia) besteht aus zwei verschiedenen Prinzipien (ǧins, genos), nämlich aus Licht und Finsternis, die einander entgegengesetzt sind. Das Licht als ganzes ist ein Prinzip, und die Finsternis als ganze ist ein Prinzip (Aš'arî, Maqâlât al-islâmîyîn, hg. von H. Ritter. 2. Aufl., Wiesbaden 1962, S. 308; vgl. auch S. 485).

50) Radd S. 140; vgl. Luk. 1,28; 3,21 f.

51) Radd S. 141.

52) Radd S. 146.

53) Siehe oben S. 33 f.

54) Radd S. 147.

55) Radd S. 148.

56) Radd ebd.

57) Vgl. Luise Abramowski, Zum Brief des Andreas von Samosata an Rabbula von Edessa. In: Or. Chr. 41, 1957, 51-64.

58) Synodicon Orientale ou Recueil de Synodes Nestoriens. Publié, traduit et annoté par J.B. Chabot. Paris 1902, S. 562 ff. (syr.) bzw. 580 ff. (franz.); abgek.: Syn. Or.

59) Syn. Or. S. 572 (syr.) / 590 (franz.).

60) Vgl. z.B. Johannes Damascenus, Disputatio Christiani et Saraceni (Migne PG 94, Sp. 1585 ff.): " ... Verbum autem Dei non comedit neque bibit neque dormivit, neque crucifixum est, neque mortuum; sed caro quam assumpsit ex sancta Virgine, ille crucifixa est ... Non enim dicitur, Est aeternum Verbum Dei et post assumptionem carnis anhypostatikon, id est non personale vel naturale. Non enim apposita est Trinitati quarta persona post ineffabilem unionem carnis" (a.a.O. Sp. 1589 f.); ferner PG 96, Sp. 1345: nicht der "proaiônios logos" ißt, trinkt, wird gekreuzigt, sondern der "anthrôpos teleios", der aus der heiligen Jungfrau Maria entstand. "Christos diplus men legetai tais physesin, heis de tê hypostasei". Der nestorianische Patriarch Timotheus I. (vgl. oben Anm. 42) mußte sich, wie berichtet wird, während einer Disputation mit dem Khalifen Mahdî ebenfalls eine entsprechende Frage gefallen lassen. Aus Christus werden aber nicht zwei Wesen gemacht, antwortete er, sondern in ihm werden zwei Naturen unterschieden (vgl. Sweetman, a.a.O. Bd. I,1, S. 178); die Echtheit dieser Disputation, die zuerst von A. Mingana im "Bulletin of the John Rylands Library" 12, 1928, 137-226 veröffentlicht wurde, ist jedoch nicht unbestritten.

61) Syn. Or. S. 584: "Ils nous enseignèrent clairement que la personne de son humanité monta au ciel, et ne fut ni abandonnée ni changée, mais qu'elle demeure dans une union inséparable avec sa divinité, dans sa gloire sublime dans laquelle il apparaitra lors de sa dernière manifestation dans les cieux", vgl. den syrischen Text S. 567. - Den Hinweis auf diese Stelle verdanke ich Frau Prof. Dr. Luise Abramowski.

62) Z.B. betont Timotheus I. in seinem erwähnten Brief (oben Anm. 42): Ipse idem Dominus Jesus Christus ... tertia die secundum scripturas resurrexit in humanitate sua, sed non erat separata a divinitate eius; nunquam enim inde a primo motu exi-

stentiae carnis eius, unio Verbi cum carne sua, soluta est aut solvetur. Ita didicimus ex Libris et Patribus, non quod Deus natus est ex Virgine ..., resurrexit et ascendit in caelum, sed unum Dominum Jesum Christum etc." (a.a.O. S. 113).

63) R. Seeberg, Lehrbuch der Dogmengeschichte II, S. 178. Später hat Apollinaris seine Meinung insofern modifiziert, daß er sagte, Christus habe keinen menschlichen "nus" gehabt.

64) Apollinaristen hat es zu seiner Zeit wahrscheinlich nicht mehr gegeben. Dennoch bewegte der Kampf gegen ihre Theologie noch für lange Zeit die Gemüter. So hielt es Theodor Abû Qurra für nötig, in sein Bekenntnis eine Bemerkung gegen Apollinaris einzufügen, daß er nämlich nicht wie jener einen Unterschied zwischen den Hypostasen (aqânîm) hinsichtlich ihrer Substanz (ǧauhar) und Macht (qûwa) annehme (a.a.O. - siehe oben Anm. 42 - S. 56). Auch in Theodors X. Mîmâr (übers. in G. Graf, Die arabischen Schriften des Theodor Abu Qurra. Paderborn 1910, S. 272) findet sich eine Bemerkung gegen Apollinaris, der als einer der Hauptverantwortlichen für die "monophysitische Ketzerei" vor allem von den Melkiten und Nestorianern noch lange nicht vergessen wurde. - Theodor Abû Qurra war zeitweise melkitischer Bischof in Ḥarrân und lebte um 820.
Die Fage, ob und wie weit Ṭabarî hier in direkter Abhängigkeit von einer theologischen Schulmeinung steht, und wie weit er Argumente der Nestorianer gegen die Monophysiten in seine allgemein gegen die Christen gerichtete Polemik übernimmt, kann hier nicht weiter verfolgt werden; sie wäre das Thema einer speziellen Untersuchung. Indem er praktisch das Christentum auf einen extremen Monophysitismus reduziert, hat er es sich jedenfalls ziemlich leicht gemacht. Die Methode Ṭabarîs, die bereits von den Nestorianern gegen die Monophysiten zusammengestellten Argumente für eine gegen alle christlichen Gruppen, die Nestorianer mit eingeschlossen, gerichtete Polemik fruchtbar zu machen, fand auch später unter muslimischen Polemikern und Häresiographen Anklang. Im Blick auf das "Mittlere Buch" (kitâb al-ausaṭ) des Muʿtaziliten ʿAbdullâh b. Muḥammad an-Nâšiʾ (st. 293/906) schreibt J. van Ess: "Während er (sc. Nâšiʾ) vorher in seinem Expose den Nestorianern den Vorzug gab, kehrt sich hier das Verhältnis beinahe um: er versucht die Christen auf die monophysitische Lehre der Idiomenkommunikation hinzudrängen. Dies mag aus dialektischen Gründen geschehen; die Monophysiten waren leichter zu widerlegen. Es mag aber auch damit zusammenhängen, daß Nasi s Widerlegung wie die meisten anderen aus dem Iraq stammt; dort hielten die Nestorianer seit Jahrhunderten die antimonophysitischen Argumente zur Polemik bereit. Ein Muslim brauchte sie nur zu übernehmen und auf ihre Urheber selber auszudehnen; bei der Subtilität der christologischen Differenzen war dies so schwierig nicht", vgl. Josef van Ess, Frühe mu tazilitische Häresiographie. Zwei Werke des Nâšiʾ al-Akbar (gest. 293 H.). Beirut und Wiesbaden 1971, S. 89.

65) Vgl. Anhang I, S. 182.

66) Die Zanâdiqa sind Anhänger schwer definierbarer, als häretisch angesehener Gruppen im Iraq. Später werden sie gelegentlich mit den "dahrîyûn" identifiziert, z.B. bei Ġazâlî, vgl. unten Anm. 69. Ursprünglich wurden vor allem die Manichäer, deren Schriften nicht als inspiriert galten, und die daher in der islamischen Bewertung der Religionen unterhalb der "Buchbesitzer" (Juden, Christen, Magier) standen, als "Zanâdiqa" bezeichnet; vgl. H.H. Schaeder, Zandiq-Zindiq. In: Iranische Beiträge I, Halle/Saale 1930, S. 76-93; Georges Vajda, Les zindiqs en pays d'Islam au début de la periode abbaside. In: RSO 17, 1937/38, 173-229.

67) ʿAbd al-Qâhir b. Ṭâhir al-Baġdâdî, Kitâb al-farq bain al-firaq, hg. von ʿIzzat al-ʿAṭṭâr al-Ḥusainî, o.O. (Kairo) 1367/1948, S. 103. Vgl. zu dieser Äußerung Ṯumâmâs J. van Ess, Ǧâḥiẓ und die aṣḥâb al-maʿârif. In: Der Islam 42, 1966, 169 bis 178, S. 174 f.

68) In seinem Buche "Faḍîḥat al-muʿtazila" (Bloßstellung der Muʿtazila), zit. bei Ḫaiyâṭ, Kitâb al-intiṣâr, hg. von A. Nader. Beirut 1957, S. 63).

69) Z.B. Ġazâlî, Al-munqiḏ min aḍ-ḍalâl, hg. von F. Jabre. Beirut 1955, S. 19; Ibn Ḥazm, Kitâb al-fiṣal fi l-milal wa-l-ahwâʾ wa-n-niḥal. Neudruck der Ausgabe von Ǧamâlî und Ḫâniǧî 1321, Baġdâd o.J. Bd. I, S. 9 f.; Šahrastânî, Kitâb al-milal wa-n-niḥal, ed. Ḥalabî. Kairo 1968, Bd. II, S. 61 f.

70) T.J. de Boer, Geschichte der Philosophie im Islam, Stuttgart 1901, S. 15; zur Dahrîya vgl. S. 75 f. - Muḥ. ʿAbd al-Hâdî Abû Rîdah, der de Boers Buch ins Arabische übersetzte, verweist in einer Anmerkung darauf, daß in der Dichtung der Ǧâhilîya (d.h. der vorislamischen Zeit in Arabien) ad-dahr als "unpersönliche Kraft" (qûwa ġair šaḫṣîya) angesehen wurde, "die willkürlich in Dingen und Menschen wirkt". "Auf jeden Fall ist sie keine heilige oder göttliche Kraft, sie handelt planlos (wa-laisa fî ʿamalihâ ḥikma)" (J.T. de Boer, Taʾrîḫ al-falsafa fi l-Islâm. Übers. und kommentiert von Muḥ. ʿAbd al-Hâdî Abû Rîda. 4. Aufl. Kairo 1377/1957, S. 153, Anm. 1).
Wie weit es in vorislamischer Zeit zu einer "Hypostasierung" der "Zeit" kam, hat W. Caskel in seiner Monographie über "Das Schicksal in der altarabischen Poesie" (Leipzig 1926) untersucht. Sowohl in der Qaṣîda als auch in der Trauerdichtung wird die Zeit als Macht empfunden, die das Geschick des Menschen mit tragischen Aspekten versieht. "In dem Wechsel zwischen seinen früheren Freuden und seinem augenblicklichen Leiden sieht das Ich das Einst und Jetzt, die Zeit selbst wirksam" (a.a.O. S. 49). Allerdings läßt Caskel die Frage offen, ob diese Vorstellung von der "wirkenden Zeit" sich erst durch die Dichtung herausbildete oder schon vorher bestand. Auch er weist auf die Möglichkeit hin, daß die Vorstellung vom "zrvân-i akarânak", der unendlichen Zeit, aus dem Mazdaismus auf das altarabische Verständnis des "dahr" eingewirkt haben könnte. - Zum Zurvanis-

mus vgl. R.C. Zaehner, Zurvan. A Zoroastrian Dilemma. Oxford 1955; Geo Widengren, Die Religionen Irans. Stuttgart 1965 (= RM 14), S. 149 ff., 214 ff., 283 ff.
Das Weltbild der Dahrîya wurde nicht nur von islamischen Theologen als materialistisch verurteilt, auch die Anhänger der dualistischen Lehren Zarathustras sparten in ihrem apologetischen Werke "Škand gumânîk vičâr" (Schlagende Lösung des Zweifels) nicht mit Kritik: "Retenez qu'ils estiment que ce monde, avec les divers mouvements et ordonnances de ses membres et organes, leurs oppositions et leurs mélanges, a pour principe le Temps sans-limites; en outre qu'ils n'y a pas de recompense pour la mérite, de châtiment pour le pêché, de paradis ou d'enfer, d'agent qui dirige les actions bonnes ou mauvaises, et que les choses ne sont que "gêtîk" (materiell), le mênôg (das Spirituelle) n'existant pas" (Škand gumânîk vičâr. Texte pazand-pehlevi transcrit et commenté par le P. Pierre J. de Menasce OP. Fribourg (Suisse) 1945, S. 79); zu diesem Buche vgl. auch Jehangir C. Tavadia, Die mittelpersische Sprache und Literatur der Zarathustrier. Leipzig 1956, S. 92 ff. -
Für Mohammed und die Muslime bestand, einem bei Ǧâḥiẓ überlieferten Ḥadîṯ zufolge, kein Zweifel, daß Dahr und Allâh identisch sind (Kitâb al-ḥayawân, ed. Fauzî ʿAṭawî, Bd. I, Bairût und Dimašq 1968, S. 202; vgl. T. Fahd, Le panthéon de l'Arabie centrale à la veille de l'Hégire. Paris 1968, S. 44). Vom christlichen Dichter Ṯâbit b. Hârûn dagegen wurde "dahr" noch im 10. Jahrhundert im altarabischen Sinne als gegen die Menschen gerichtete Schicksalsmacht erwähnt:

ad-dahru ahbaṯu wa-l-layâlî ankadu *
min an taʿîša li-ahlihâ yâ Aḥmadu

(Die Zeit - dahr - ist so feindlich gesonnen,
die Nächte sind so widerwärtig *
Du kannst nicht bei ihrer Familie wohnen, o Aḥmad!)

(in: L. Šaiḫû, Šuʿarâʾ an-Naṣrânîya baʿda l-Islâm. 2. Aufl., Bairût 1967, S. 261).

71) Ǧâḥiẓ, a.a.O. (vorige Anm.) VII, S. 588 f.

72) Ašʿarî berichtet in seinen "Maqâlât" (S. 489), daß einige von ihnen - er nennt sie "al-Azalîya" - "die Ewigkeit der Dinge mit ihrem Schöpfer (maʿa bâriʾihâ) behaupten, indem sie sagen: Wir meinen, daß Gott immer wissend ist bezüglich der Dinge. Daraus folgt notwendig, daß die Dinge ebenfalls immer sind. Deshalb vertreten wir ihre Ewigkeit".

73) Vgl. Radd S. 138.

74) Vgl. Anhang I, S. 187.

75) Anhang I, S. 180.

76) Vgl. Anhang I, S. 180 : "Dem nichts ähnelt von dem, was auf der Erde oder im Himmel ist".

77) Vgl. Anhang I, S. 184.

Anmerkungen zu Kapitel 3

1) Über Ǧâḥiẓ und seine Werke unterrichtet ausführlich Ch. Pellat, Arabische Geisteswelt. Ausgewählte und übersetzte Texte von al-Gahiz (777-869). Zürich und Stuttgart 1967 (Bibliothek des Morgenlandes).

2) Vollständig übersetzt wurde die "Risâla fi r-radd ʿalà n-Naṣârà" von I.S. Allouche: Un Traité de polémique christiano-musulmane au IXe siècle. In: Hespéris XXVI, 1939, 123-155. Teilweise Übersetzungen finden sich bei Joshua Finkel, A Risala of al-Jahiz. In: JAOS 47, 1927, 311-334; Ch. Pellat, a.a.O. S. 141-148. Der arabische Text ist abgedruckt in Joshua Finkel, Ṯalâṯ rasâʾil li-Abî ʿUṯmân ʿAmr ibn Baḥr al-Ǧâḥiẓ (Three Essays of Abu Othman Amr Ibn Bahr al-Jahiz (d. 869)), al-Qâhira 1344/1926, S. 10-38. Wir zitieren sie als "Risâla fi r-radd".

3) Pellat, a.a.O. S. 29.

4) Ebd. S. 21.

5) Vgl. Ibn an-Nadîm, Al-Fihrist (ed. Flügel), S. 116 ff.; Yâqût, Iršâd al-arîb ilà maʿrifat al-adîb (ed. Margoliouth). 2. Aufl. London und Cairo 1931 (E.J.W. Gibb Memorial VI), S. 116 ff.

6) Dieser Abschnitt wurde von J. Finkel im JAOS, a.a.O. übersetzt; vgl. bei Pellat, a.a.O. S. 141-144.

7) Vgl. Su. XIX, 28 f.; V,110; III,46.

8) Risâla fi r-radd S. 23. - Die Schreibweise des Namens "Lâʿâr" ist ungewöhnlich; im allgemeinen steht für Lazarus im Arabischen "Laʿâzar", "Liʿâzar" oder "Alîʿâzar".

9) Gemeint ist damit Abraham, vgl. Su. IV,125.

10) Ausdrücklich wird Ibrâhîm an-Naẓẓâm erst auf S. 29 genannt. Aus dem Zusammenhang wird jedoch deutlich, daß die Auseinandersetzung mit ihm schon auf S. 25 beginnt.

11) Vgl. Risâla fi-radd S. 25.

12) Risâla fi r-radd S. 27: Fa-llâhu aʿẓam min an yakûna lahu ubûwa min ṣifâtihi wa-l-insân aḥqar min an takûna bunûwat Allâh min anṣâbihi (wörtl.: ... als daß die Gottessohnschaft in seine Genealogie gehört).

13) Risâla fi r-radd S. 31. Vgl. Su XXI,68 f.; XXXVII,102 ff.

14) Vgl. das Zitat in Risâla fi r-radd S. 31: wa-in atâhu ḫalîlun yauma mas'alatin yaqûlu lâ ʿâǧizun mâlî wa-lâ ḥaramun (Wenn einer, der in Not geriet - halil - , an einem Tage bittend zu ihm kommt, dann antwortet er ihm: Mein Besitz ist nicht zu gering, (um dir eine Hilfe zu sein,) und er ist (dir) auch nicht verboten). Noch 200 Jahre nach Ǧâḥiẓ tauchte seine Interpretation des "ḫalîl Allâh" bei dem Koraninterpreten al-Murtaḍà Abû l-Qâsim ʿAlî b. Ṭâhir (355/966-436/1044) auf, vgl. I. Goldziher, Richtungen der islamischen Koranauslegung. Neudruck, Leiden 1952, S. 116. Die Gegner der Muʿtazila fanden diese spitzfindige Art von Erklärungen allerdings höchst belustigend.

15) Risâla fi r-radd, S. 33.

16) Risâla fi r-radd, S. 35. Vgl. Su. IX,30 und oben Kap. 1, Anm. 19.

17) Risâla fi r-radd, S. 35.

18) Risâla fi r-radd, S. 36. Schon Johannes von Damaskus argumentierte mit diesem Vers (Su. IV,171) gegen die Muslime, vgl. Migne PG 96, 1344.

19) Diese Interpretation der koranischen Aussage befriedigt natürlich nicht, zumal er nicht erklärt, wie er sich das "Blasen" Gottes denn nun vorstellt. Auch hier zeigt sich wieder, wie der Text dem dogmatischen Postulat gefügig gemacht wird. Indem Gahiz den Text in seine Einzelbestandteile auflöst, schafft er sich freie Bahn für seine - seiner Meinung nach einzig legitimen - Aussagen über Gott.

20) Risâla fi r-radd S. 37 f.

21) Ebd. S. 38.

22) Als "Mutakallimûn" - die christlichen Scholastiker übersetzten dieses Wort mit "Loquentes" - werden die islamischen Theologen, oder besser: Dialektiker bezeichnet, da sie ihre theologische Position zumeist in polemischer und/oder apologetischer Auseinandersetzung mit anderen Zunftgenossen, d.h. durch "Kalâm", entwickelten.

23) Allerdings möchte ich darauf hinweisen, daß die Abhängigkeit der islamischen Diskussion um den Koran von der christlichen Logoschristologie keineswegs so direkt und eindeutig ist, wie dies früher oft behauptet wurde, da im Islam die Frage der himmlischen Urschrift und der B e s c h a f f e n h e i t der göttlichen R e d e (kalâm) im Vordergrund stand, nicht aber die Beziehung des (Schöpfer-) Wortes (kalima) zur Schöpfung wie im Christentum. Die vom Neuplatonismus beeinflußte Diskussion um

die Bedeutung der "Rede" Gottes als Ausdruck seines Schöpferwillens und dessen Niederschlag in den Ordnungen des Kosmos fand vorwiegend in der Philosophie und Mystik statt und berührte die Mutakallimûn vor allem im Blick auf die Prädestination. - Skeptisch gegenüber einer direkten Beeinflussung durch die Logoschristologie ist auch W.M. Watt, Islamic Philosophy and Theology. Edinburgh 1962 (Islamic Surveys I), S. 65 ff.
Daß die islamische Debatte um das "Wort Gottes" ihre eigenen Pointen hatte, mag an folgendem Beispiel deutlich werden. Ǧahm b. Ṣafwân (über ihn siehe unten im Text) hatte seine Lehre, daß der Koran geschaffen sei, u.a. mit dem Koranzitat begründet: Christus Jesus, der Sohn der Maria, ist ein Gesandter Gottes und sein Wort (Su. IV,171). Da Jesus - nach islamischem Konsensus - geschaffen sei, sei auch der Koran geschaffen, denn beide werden "Wort Gottes" genannt, und was für den einen gelte, gelte auch für den anderen. Aḥmad b. Ḥanbal (164/780-241/855), Theologe der konservativen Traditionarier (ahl al-ḥadîṯ) und Begründer einer der vier orthodoxen Rechtsschulen des sunnitischen Islam, entgegnete auf dieses Argument, daß Jesus und der Koran gar nichts miteinander zu tun haben. Von Jesus werde gesagt, daß er geboren wurde, Kind, Knabe und junger Mann war, aß und trank usw. Damit werde er mit ganz anderen "Namen" beschrieben als der Koran. Außerdem sei das Wort "sei!", das Gott in Maria "warf", nicht mit Christus identisch, sondern nur die Ursache, durch die er entstand. Das "Sei!" selbst aber sei von Gott und daher nicht geschaffen. Christus war d u r c h das Wort entstanden, er war aber nicht das Wort. Deswegen haben die Ǧahmîya, für die Christus und das Wort geschaffen sind, und die Christen, für die Christus das Wort Gottes und damit Gott selbst ist, gleichermaßen Unrecht. Vgl. Aḥmad b. Ḥanbal, Ar-Radd ʿalà z-Zanâdiqa wa-l-Ǧahmîya. Hg. von Muḥ. Faḫr Šaqafa. Ḥamâh 1386/1967, S. 57 f.
Aber nicht nur hinsichtlich der islamischen und christlichen Lehren vom "Worte Gottes", sondern auch im Blick auf die Gotteslehre im engeren Sinne ist es mir fraglich, ob man für das 8. und frühe 9. Jahrhundert Beziehungen zwischen den christlichen und muslimischen Theologen voraussetzen kann. Dieser Vorbehalt ist auch generell H.A. Wolfsons Thesen gegenüber angebracht, der die frühe islamische Theologie, wie sie vor den Übersetzungen aristotelischer (und pseudoaristotelischer) Schriften ins Arabische getrieben wurde, und die terminologischen Unterschiede zwischen den frühen und späteren arabischen christlichen Theologen nicht genügend berücksichtigt (H.A. Wolfson, The Muslim Attributes and the Christian Trinity. In: HThR 49, 1956, 1-18). - Wolfson geht davon aus, daß die jüdischen Gelehrten des Mittelalters die islamische Attributenlehre mit der Hypostasenlehre der christlichen Theologie verglichen: It is thus the Christian doctrine of the Trinity that we must look for the origin of the Muslim doctrine of divine attributes (S. 2). Gestützt sieht Wolfson seine These dadurch, daß der christliche Übersetzer Isḥâq b. Ḥunain (st. ca. 910) den griechischen Begriff "pragma", der von den früheren griechischen Kirchenvätern zur Bezeichnung der göttlichen Personen verwendet

wurde, mit "ma'nà" übersetzte, und mit "ma'nà" habe bereits Wâṣil (st. 749), der als Begründer der Mu'tazila in Basra angesehen wurde, die göttlichen Attribute bezeichnet - freilich mit dem Ziel, die Theologen, die die Existenz solcher Attribute in der Gottheit für möglich halten, als Polytheisten zu verurteilen. "Ma'nà" sei, ebenfalls schon von Wâṣil, parallel zu "ṣifa", das dann zum terminus technicus für "Attribut" wurde, gebraucht worden, und "ṣifa" nun entspreche, wie Wolfson meint, dem "charaktêristikon (tês idias hypostaseôs)" der griechischen Theologen, allen voran Johannes von Damaskus, den er "the connecting link between the Church Fathers and Early Islam" ansieht (S. 6 f.). Und auch aus der Terminologie des (monophysitischen) Philosophen Yaḥyà b. 'Adî (893-974), der das im Arabischen übliche Wort für "hypostasis", "uqnûm", als "ṣifa" und "ḫâṣṣa" (= idiotês) erklärte, gehe hervor, daß die islamische Attributenlehre ihre Impulse von der christlichen Trinitätslehre erhielt. - Soweit Wolfsons These.

Ihr ist entgegenzuhalten, daß unter den Muslimen, als sie Johannes von Damaskus oder gar erst Theodor Abû Qurra (um 820, vgl. Kap. 2, Anm. 64) zur Kenntnis nahmen - ob und wie weit das geschah, ist ebenfalls noch keineswegs geklärt -, bereits seit einigen Dekaden theologische Probleme verhandelt und umstritten worden waren. Eine Beeinflussung der islamischen Attributenlehre durch das Dogma von der Trinität ist unwahrscheinlich, weil für die christlichen Theologen des 8. Jahrhunderts die Begriffe "uqnûm" (= hypostasis) einerseits und "ṣifa" oder "ḫâṣṣa" (= idiotês) andererseits keineswegs, wie Wolfson meint, auswechselbar waren. Johannes von Damaskus spricht in dem von Wolfson erwähnten Abschnitt davon, daß der Sohn und der Geist durch den Vater sind: kai dia ton Patera echein auta, plên tês agenêsias, kai tês genneseôs, kai ekporeuseôs. En tautais gar monais tais hypostatikais idiotêsi diapherusi allêlôn hai hagiai treis hypostaseis, usw. (De fide orthodoxa, Migne PG 94, 823 B). Der Damascener spricht hier also tatsächlich von "Eigenschaften". Im Unterschied zu Yaḥyà b. 'Adî sagt er aber nicht, daß diese Eigenarten der "usia" zugehören; vielmehr sind sie Eigenarten der Hypostasen! Die "usia" setzt sich demnach aus Hypostasen zusammen, die ihrerseits "Eigenschaften" besitzen; von drei "Eigenschaften" der göttlichen "usia" ist jedoch keine Rede.

Nicht anders verhält es sich bei Theodor Abû Qurra, der auch hier seinen "Lehrer" Johannes von Damaskus getreu rezipiert. Auch er spricht nicht von "idiotêtes" bzw. "ḫawâṣṣ" der göttlichen "usia", sondern von Eigenschaften der Hypostasen, z.B. Migne PG 97, 1473 D: ... kai tas allas idiotêtas, hais charaktêrizetai (vgl. arab. "yûṣaf") peri hu ho skopos, usw. Wenn es darum geht, die drei Personen der Gottheit zu bezeichnen, dann sind für ihn die Begriffe "hypostasis" bzw. "uqnûm", Plur. aqânîm, unauswechselbar. Dies kommt sehr deutlich in seiner "Amâna" zum Ausdruck, die von Wolfson noch nicht berücksichtigt werden konnte (Al-Amânat al-urtûduksîya - Das orthodoxe Glaubensbekenntnis, s. I. Dick, Deux écrits inédits de Théodore Abuqurra. In: Le Muséon 72, 1959, 53-67, S. 56 ff.). In ihr findet sich das von Johannes her bekannte Vokabular in arabischer Übersetzung.

Theodor spricht auch hier nicht von "ḫawâṣṣ" der göttlichen Substanz, sondern davon, daß jede der drei Hypostasen ihre eigene "ḫâṣṣa ḏâtîya" (!, dieser Terminus wäre bei den Muslimen nur auf die göttliche Substanz anwendbar; vgl. Johannes v. Damaskus oben: "hypostatikais idiotêsi"), ihre essentielle Eigenart habe, die nicht (von ihr) weicht und nicht übertragen wird. So ist es die Eigenart des Vaters, daß er nicht geboren wurde (lâ-wilâda; vgl. agennêsia), die des Sohnes, daß er geboren wurde (al-wilâda; vgl. gennêsia), und die des Heiligen Geistes, daß er (aus der Gottheit) ausströmt (al-inbiṯâq; vgl. ekporeuôsis). Soweit ich sehe, tritt nirgends der Begriff "ḫâṣṣa" (oder "ṣifa") an die Stelle von "uqnûm"; er ist ihm vielmehr untergeordnet und bezeichnet das innertrinitarische Verhältnis der drei Hypostasen zueinander.

Miteinander identifiziert wurden "uqnûm" und "ṣifa" erst im 10. Jahrhundert, und zwar m.W. zuerst von dem bereits erwähnten jakobitischen Philosophen und Theologen Yaḥyà b. ʿAdî aus Takrît, der durch seine Kommentare zu Aristoteles bekannt war, vgl. bei L. Šaiḫû, Maqâlât dînîya ... (= Vingt traités ...), 2. Aufl., Bairut 1920, S. 71 oder bei A. Perier, Un traité contre les objections d'al-Kindi. In: ROC XX, 1920-21, 3-21, S. 5.: ... hâdihi ṯ-ṯalâṯat al-aqânîm hiya ʿindahum ḫawâṣṣ li-dâlik al-ǧauhar wa-hiya ʿindahum sifât yûṣaf bi-hâ al-ǧauhar al-waḥîd ... . Die Attribute der göttlichen Substanz waren für ihn die Großmut (ǧûd), die Weisheit (ḥikma, der "Sohn"), und die Allmacht (qudra, der "Heilige Geist"). - Auch der im 12. Jahrhundert schreibende melkitische Bischof von Sidon, Paulus ar-Râhib v. Antiochien, erklärte den Muslimen die Hypostasen als Attribute (ṣifât), z.B. bei L. Šaiḫû, a.a.O. S. 13, 20 f.; Paul Khoury, Paul d'Antioche, évêque melkite de Sidon (XIIe siècle). Diss. Leiden, 1965, S. 16 f. (arab.)/136 f. (franz. Übers.). Für ihn war der Vater "aḏ-ḏât" (das Wesen), der Sohn war "an-nuṭq" (der Logos), und den Heiligen Geist nannte er "al-ḥayât" (das Leben). In den einleitenden Bekenntnisformeln und in der Auseinandersetzung mit Juden (z.B. bei Khoury, a.a.O. S. 43 (arab.)/155 (franz.)) spricht er jedoch von "uqnûm" bzw. "aqânîm". - Schließlich sei noch ein Vers des aus dem Faiyûm stammenden Dichters al-Asʿad b. ʿAssâl (XIII. Jahrhundert) zitiert:

aš-šukru li-llâhi l-waḥîdu ḏ-ḏâti *
subḥânahu muṯalliṯu ṣ-ṣifâti.
(Dank sei Gott, der Eins in seinem Wesen ist, *
gepriesen, dessen Eigenschaften dreifach sind!),

zitiert nach L. Šaiḫû, Šuʿarâʾ an-Naṣrânîya baʿda l-Islâm, 2. Aufl., Bairût 1967, S. 360. Konservativer dagegen war der nestorianische Theologe Mâr Ilîya b. Sînâʾ (Elia Bar Schina), Bischof von Nisibis (st. 1049). Er gebraucht weiterhin "uqnûm" und zieht offensichtlich auch das syrische "kiyân" (k'yânâ) dem arabischen "ǧauhar" vor, da in letzterem nicht deutlich genug die Subsistenz zum Ausdruck komme (Šaiḫû, Maqâlât dînîya, S.

124-129; Paul Sbath, Vingt traités philosophiques ..., Le Caire 1929, S. 75-103).
Aus alledem ergibt sich, daß durchaus noch der Beweis dafür zu erbringen ist, daß vor der Wende vom 8. zum 9. Jahrhundert und dem Bekanntwerden der arabischen Aristotelesübersetzungen eine Beeinflussung der islamischen Theologie durch die christliche stattfand, die dadurch gefördert wurde, daß die Christen, insbesondere die Monophysiten und Melkiten, "uqnûm" (hypostasis) mit "ṣifa" oder "ḫâṣṣa" (idiotês) gleichsetzten.
Aber auch in der Frage der göttlichen Vorherbestimmung (qadr), die bereits zur Zeit des 4. Khalifen die Muslime zu beschäftigen begann, bedarf es für die frühe Zeit des Islam noch des Nachweises einer christlichen Beeinflussung; bekanntlich neigt der Hauptstrom der islamischen Theologie zu einer strengen Lehre von der Prädestination und steht damit neben Augustin der griechischen Orthodoxie gegenüber, die die Lehre vom freien Willen vertrat, worauf Johannes von Damaskus in seinen fixierten Dialogen zwischen Christen und Sarazenen immer wieder hinwies. Vertreter der These einer Beeinflussung müßten sich also mit dem Argument befassen, wieso ausgerechnet die ferner liegende lateinische Theologie in diesem Punkte dem Islam viel näher steht als die benachbarte griechische.

24) Vgl. Aš'arî, Maqâlât al-islâmîyîn, hg. von H. Ritter. 2. Aufl., Wiesbaden 1962, Index (abgek.: Maq.); Baġdâdî, Al-farq bain al-firaq, hg. von 'Izzat al-'Aṭṭâr al-Ḥusaini. al-Qâhira 1367/1948, Index (abgek.: Farq); Šahrastânî, Al-milal wa-n-niḥal, hg. von 'Abd al-'Azîz Muḥ. al-Wakîl. 3 Bde., al-Qâhira 1387/1968, Bd. I, S. 86 ff. (abgek.: Milal); Richard M. Frank, The Neoplatonism of Ǧahm Ibn Ṣafwân. In: Le Muséon 78, 1965, 395-424.

25) Paret übersetzt: ... was ihm gleichkommen würde (Der Koran, z.St.).

26) Farq S. 128.

27) Vgl. dazu Ṣafadî, zit. in Index der Maq. s.v. Ǧahm b. Ṣafwân, S. 626, Anm. 2; dieser Bericht über Ǧahms Lehre findet sich allerdings nur bei Ṣafadî, und es stellt sich deshalb die Frage, ob er tatsächlich Ǧahm referiert oder ihn im Blick auf seine eigene Widerlegung hin interpretiert. Ṣafadî scheint jedenfalls aus dieser - auf Ǧahm zurückgeführten - Ansicht den Schluß gezogen zu haben, daß er ein Wissen Gottes über Zukünftiges prinzipiell ausschließt, und er verurteilt diese Blasphemie aufs äußerste. Mir scheint aber, daß dieses Argument - falls es tatsächlich auf Ǧahm zurückgeht - als Polemik gegen diejenigen zu verstehen ist, die das Wissen zu den Attributen Gottes zählten, sich aber, wie Ǧahm meint, keine Gedanken über die Konsequenzen machten, zu denen ihre Ansicht führt und die Gahm dazu veranlaßten, das Wissen als etwas außerhalb der Gottheit Existierendes zu betrachten. Seine Gegner aber isolierten seine These aus ihrem polemischen Zusammenhang und erklärten

sie zur Lehrmeinung Ǧahms, gegen die sie nun ihrerseits zu Felde zogen bzw. ihre Anathemata abfeuern konnten.
Ašʿarîs Bemerkung, daß nach Ǧahm ein Wissen Gottes über Zukünftiges "vielleicht möglich sei" (qad yaǧûz), scheint mir der komplizierten Meinung Ǧahms gerechter zu werden (vgl. die nächste Anm.). - Zum Folgenden vgl. Frank, a.a.O. S. 400 ff.

28) Maq. S. 494; vgl. ebd. S. 222.
Frank, a.a.O. bes. 108 ff. sieht sich an den neuplatonischen "Nus" erinnert und meint, daß auch nach Ǧahm das Wissen "is generated as a somehow distinct hypostasis, ... that is, as an immaterial being". M.E. müßte aber noch stärker der Unterschied zwischen Nus und ʿilm herausgearbeitet werden, der darin besteht, daß der Nus bewußt als ontologische Wesenheit bzw. Hypostase in der neuplatonischen Kosmologie seinen Platz erhielt, während bei Ǧahm die ontologische Spekulation völlig fehlt und es ihm vor allem auf den Akt des Wissens ankommt, auf ein Geschehen also, das per definitionem nicht in Gott stattfinden kann und sich deshalb außerhalb des Wesens Gottes ereignen muß. Darauf weist Frank selbst auf S. 418 hin.

30) Milal I, S. 86. Nach Ǧahms Meinung haben die Geschöpfe keine eigene Tatkraft (fiʿl), keinen eigenen Willen (irâda) und keine Möglichkeit, (zwischen Gut und Böse) zu wählen (iḫtiyâr), sondern es ist allein der allgegenwärtige Gott, der "mit uns und in uns" ist (vgl. Ibn Ḥanbal, Radd - s.ob. Anm. 23 - S. 83) und die Geschöpfe zu diesen Äußerungen bewegt.

31) Maq. S. 181.

32) Maq. S. 494.

33) Zit. bei Ibn Ḥanbal, Radd S. 68 f. (vgl. Frank, a.a.O. S. 419). Ibn Ḥanbal entgegnet darauf, daß die Traditionarier nicht von der Ewigkeit des Lichtes Gottes, seiner Macht usw. sprechen, sondern daß Gott nie ohne sein Licht, seine Macht usw. war.

34) "Allâh šaiʾ lâ ka-l-ašyâʾ", Farq S. 68. Nach Ašʿarî (Maq. S. 181) ist dieses die Formel, auf die sich "alle Muslime" einigten; geprägt wurde sie jedoch von den frühen Muʿtaziliten.

35) Ihren Namen "Râfiḍa" (plur. Rawâfiḍ, die Abtrünnigen) erhielten sie, "because they deserted Zeyd the son of 'Alee, ... when he forbad them to speak against the companions of the Prophet; ... for they had promised allegiance to Zeyd the son of Alee ..., and then desired him to renounce the two elders (gemeint sind Abu Bakr und Umar), ... and on his refusing to do so they deserted him" (E.W. Lane, Arabic-English Lexicon, London 1863 ff., Bd. I,3, S. 1121).

36) Vgl. Watt, Islamic Philosophy and Theology, a.a.O. (Anm. 23) S. 52; ders., The Formative Period of Islamic Thought. Edinburgh 1973, S. 274.

37) Abû ʿAmr Muḥammad b. ʿUmar al-Kaššî, Riǧâl, hg. von as-Saiyid Aḥmad al-Ḥusaini. Kerbelâʾ o.J., S. 241.

38) Farq S. 41. Ein "šibr" ist die Entfernung von der Daumenspitze bis zur Spitze des kleinen Fingers der ausgespreizten Hand, vgl. Hans Wehr, Arabisches Wörterbuch, s.v. Als 7 Spannen wurde die normale Mannesgröße angegeben. Damit, daß Gott 7 "eigene" Spannen groß sei, wollte Hišâm zum Ausdruck bringen, daß Gott sich vielleicht im Maßstab, nicht aber in den Proportionen vom Aussehen des Menschen unterscheidet.

39) Maq. S. 33.

40) Maq. S. 52; vgl. J. van Ess, Ḍirâr b. ʿAmr und die "Cahmiya". In: Der Islam 43, 1967, 241-279; 44, 1968, 1-70; S. 257.

41) Der Terminus "tašbîh" bedeutet zunächst "Ähnlichmachung", "Angleichung" Gottes an die Schöpfung. Er wurde so zum term. techn. für "Anthropomorphismus", seine Angleichung an das Aussehen des Menschen.

42) Daß "ǧauhar" auch noch nach der Rezeption der aristotelischen Terminologie zunächst den Gedanken auf die Christen lenkte, wird auch aus einer beiläufigen Bemerkung Baǧdâdîs deutlich, daß nämlich Muḥ. b. Karrâm (st. 255/868-9) Gott einen "ǧauhar" nannte "wie die Christen", daß seine Anhänger dieses Wort allerdings vermieden. "Daß sie ihn stattdessen als Körper bezeichneten, ist noch schändlicher als seine Bezeichnung als ǧauhar" (Farq S. 131).

43) Über Ḍirâr vgl. J. van Ess, a.a.O. (Anm. 40); zu seinen biographischen Daten ebd. S. 7 ff.

44) Maq. S. 305 ff.; vgl. dazu die Übersetzung dieses Abschnittes, in dem Ašʿarî die Lehre Ḍirârs zusammenfaßt, bei van Ess, a.a.O. S. 262 ff.

45) Die Entscheidung darüber hängt davon ab, ob in Ašʿarîs "Maqâlât" S. 305, Z. 10, wo er über Ḍirâr referiert und die Akzidentien des Körpers aufzählt, mit Kodex d "ṣiḥḥa", Gesundheit oder Unversehrtheit zu lesen ist oder, wie in den übrigen Kodices "ṣamad" (ein koranischer Gottesname, vgl. Su. CXII,2, dessen Bedeutung unklar ist) und damit ein neuer Gedankengang eingeleitet würde. Vgl. J. van Ess im Nachtrag zu seinem Anm. 40 genannten Aufsatz in Der Islam 44, 1968, 318 f.

46) Farq S. 130.

47) Ḫaiyâṭ, Kitâb al-Intiṣâr, hg. von A.N. Nader. Beyrouth 1957 (abgek.: Intiṣâr), S. 98.

48) Vgl. dazu die von Ḫaiyâṭ überlieferte Ansicht des Abû Mûsà al-Murdâr (Intiṣâr S. 54 f.): "Wer sagt, daß Gott - in welcher Weise auch immer - visuell gesehen wird, der vergleicht Gott mit seiner Schöpfung. Wer aber Gott vergleicht (mušabbih = Anthropomorphist), glaubt nicht an Gott".

49) Vgl. H.S. Nyberg, Art. "Abû l-Huḏail", in: EI, 2. Aufl. Bd. I, 127 ff.

50) Maq. S. 157; vgl. A.N. Nader, Le système philosophique des Mu'tazila. Beyrouth 1956, S. 115 f.

51) Šahrastânî, Milal I, S. 46. A.N. Nader, Mu'tazila S. 49, nimmt an, daß Wâṣil durch die christliche Trinitätslehre zu seiner Aussage veranlaßt wurde. "Il ne croyait voir dans la coéternité du Verbe et du Saint-Esprit avec Dieu, un polythéisme qu'il estimait dangereux". Ich habe keinen Hinweis gefunden, der diese Annahme bestätigt. Auch der Schluß, "que les attributs divins sont l'essence même de Dieu" (ebd.), wurde nicht von Wâṣil, sondern erst später gezogen.

52) Maq. S. 486.

53) Ebd.

54) Zu Naẓẓâm vgl. Intiṣâr, Index; Maq., Index; Farq, Index; Milal I, S. 53 ff.

55) Risâla fî nafy at-tašbîh. In: Rasâ'il al-Ǧâḥiẓ, hg. von 'Abd as-Salâm Hârûn, Bd. 1. al-Qâhira 1384/1964, S. 279-308; vgl. dazu den übersetzten Auszug in Ch. Pellat, Arabische Geisteswelt, a.a.O. S. 85 ff.

56) Intiṣâr S. 104 ff.

57) Milal I, S. 76.

58) Risâla fi r-radd S. 26.

59) In seinem Buche "Al-aḫbâr (wa kaifa taṣiḥḥ)". Der hier besprochene Abschnitt, dem auch die folgenden Zitate entnommen sind, ist übersetzt bei Pellat, a.a.O. S. 63 ff.

Anmerkungen zu Kapitel 4

1) Vgl. oben S. 18.

2) Zu Ibn Ḥazm vgl. Fritsch, a.a.O. (Einl. Anm. 26) S. 15 ff.; W.M. Watt, Islamic Philosophy and Theology, a.a.O. S. 134

ff.; Roger Arnaldez, Art. "Ibn Ḥazm", in: EI, 2. Aufl. Bd. III, 790 ff. (Lit.); zu den gegen die Christen polemisierenden Abschnitten Fritsch, a.a.O. 39 ff., di Matteo, a.a.O. (Einl., Anm. 27) S. 22 ff. und 52 ff.

3) Abû Muḥammad ʿAlî b. Ḥazm, Al-fiṣal fi l-milal wa-l-ahwâʾ wa-n-niḥal. Neudruck der Ausgabe von Ǧamâlî und Ḫâniǧî 1321, 5 Bde. Bagdad o.J.; abgek.: Fiṣal.

4) Fiṣal I, S. 49.

5) Z.B. Christi geringeres Wissen: Matth. 24,36/Mk. 13,32; Christi geringere Stellung: Mk. 16,19.

6) Šahrastânî, Milal I, S. 95.

7) Die Attributen-Triaden, die bei den Theologen angeführt wurden, erwähnt Wolfson, The Muslim attributes ..., a.a.O. (oben Kap. 3, Anm. 23) S. 8. Zur islamischen Widerlegung vgl. Fritsch, a.a.O. S. 109 f.

8) Zum Folgenden vgl. Fiṣal I, 50 ff. Obwohl Ibn Ḥazm an anderer Stelle ausführlich den Beweis dafür zu erbringen sucht, daß die Christen den Wortlaut des biblischen Textes verfälscht hätten, stellt er hier fest, daß die christliche Attributenlehre nicht einmal mit dem jetzt vorliegenden Text übereinstimme und sich bereits dadurch als philosophische Spekulation ausweise.

9) Fiṣal I, 51 f.: "Einige meinen: Da wir zwei Gruppen von Dingen gefunden haben: lebendige und nicht lebendige, ist es nötig, daß der Schöpfer lebendig ist; und da wir gefunden haben, daß sich das Lebendige in zwei Gruppen teilt: Vernünftiges (natiq) und nicht Vernünftiges, ist es nötig, daß der Schöpfer vernünftig ist. - Dazu sagt Abû Muḥammad (b. Ḥazm): Aus zwei Gründen ist diese Ansicht äußerst schwach. Der eine (Grund) ist, daß dies eine der Natur entsprechende Einteilung in eine Gattung (ǧins, genus) ist, Denn wenn der Schöpfer nur unter diesem Aspekt als lebendig bezeichnet wird, dann gehört er mit den anderen Lebendigen zur Gattung des Lebendigen; er ist begrenzt durch die Definition des Lebendigen und die des Vernünftigen. Ist dem aber so, dann ist er zusammengesetzt aus (den) seiner Gattung (eigenen) und den ihn (von anderer Gattung) trennenden (Merkmalen; faṣl, differentia). Alles aber, was definiert ist, ist endlich und alles, was zusammengesetzt ist, ist zeitlich".
Dem arab. "nâṭiq" entspricht "logikos", wörtlich müßte es also mit "vernünftig sprechend, artikulierend" o.ä. übersetzt werden. - Gegen den Versuch, das "vernünftige Sprechen", "manṭiq", als selbstverständlichen Bestandteil des Lebens zu betrachten oder beides miteinander zu identifizieren, hatte sich Qâsim (st. um 860) gewandt, und zwar ebenfalls im Zusammenhang mit

seiner antichristlichen Polemik; vgl. bei I. di Matteo, Confutazione contro i Cristiani. In: RSO 9, 1921-1923, S. 315.

10) Fiṣal I, S. 52.

11) Fiṣal I, S. 57.

12) Nach Ibn Ḥazm wörtlich: und er machte ihnen einen ähnlich; Su. IV,157. Siehe oben S. 27 ff.

13) Fiṣal I, S. 59.

14) Fiṣal I, S. 61.

15) Fiṣal II, S. 1 ff. Zweifel an der Korrektheit der biblischen Überlieferungen hatte ebenfalls schon Qâsim durchblicken lassen, vgl. I. di Matteo, a.a.O. (Anm. 9), S. 322.

16) Fiṣal I, S. 61.

17) Fiṣal I, S. 62. - Es ist nicht deutlich, welche "Gruppe" oder Sekte Ibn Ḥazm im Auge hat. Denkt er an die "Adoptianer", die besonders in Spanien stark vertreten waren, und deren Christologie von ihren Gegnern mit der nestorianischen verglichen wurde, weil sie wie jene stärker als die "Orthodoxie" zwischen der Gottheit und der Menschheit differenzierten? Die dogmengeschichtlichen Wurzeln dieser Lehre dürften bei Tertullian zu suchen sein, für den "das eigentliche Prinzip in ihm (sc. in Christus) der Logos oder der göttliche Geist (ist), und des menschlichen Wesens bedurfte er nur, um sich den Menschen verständlich zu machen, um leiden zu können, und damit seine Gottheit vor den Menschen zunächst verhüllt würde" (R. Seeberg, Lehrbuch der Dogmengeschichte Bd. I, 6. Aufl. 1965, S. 417; das Zitat aus Tertullian, De carne Christi, 9).

18) Fiṣal I, S. 63.

19) Die wichtigsten Angaben über die Biographie Ġazâlîs enthält seine autobiographische Schrift "Al-munqiḏ min aḍ-ḍalâl" (Der Retter aus dem Irrtum), hg. und ins Französische übersetzt von Farid Jabre. Bairût 1959 (= Collections UNESCO d'oevres représentatives, série arabe); vgl. ferner die Einleitungen von R. Chidiac und F.-E. Wilms, siehe unten Anm. 22.

20) Über Ğuwainî vgl. Helmut Klopfer, Das Dogma des Imâm al-Ḥaramain al-Djuwaini. Kairo und Wiesbaden 1958.

21) Mit "Batiniden" werden solche islamische Gruppen bezeichnet, die nicht den "offenen Wortsinn" (ẓâhir) des Korans als maßgebend ansehen, sondern einen "verborgenen" (bâṭin), der ihnen von einem ebenfalls verborgenen Imâm mitgeteilt wurde. Zur Zeit Ġazâlîs bedrohten sie die von Nizâm al-Mulk unterstützte sunnitische "Orthodoxie" in Persien. Ġazâlî hatte den offiziel-

len Auftrag, ihre Lehren wissenschaftlich zu widerlegen und sie literarisch zu bekämpfen, vgl. I. Goldziher, Streitschrift des Ġazâlî gegen die Batinijja-Sekte. Leiden 1916 (gekürzte Ausgabe des Mustazhirî).

22) Abû Ḥâmid al-Ġazâlî, Ar-radd al-ǧamîl li-ilâhîya ‹Isà bi-ṣarîḥ al-inǧîl (Réfutation excellente de la divinité de Jésus-Christ d'après les évangiles). Texte etabli, traduit et commenté par Robert Chidiac SJ. Paris 1939 (= Bibliothèque de l'Ecole des Hautes Etudes - Sciences religieuses, LIVe vol.); abgek.: Ar-radd al-ǧamîl; Franz-Elmar Wilms, Al-Ghazâlîs Schrift wider die Gottheit Jesu. Leiden 1966 (dt. Übersetzung mit ausführlicher Einleitung und Kommentar).

23) Wilms, a.a.O. S. 22 ff.

24) Ar-radd al-ǧamîl, Text S. 8 f./Wilms S. 59 f. (dt. Übers.).

25) Vgl. dazu Ps. 82,6.

26) Ar-radd al-ǧamîl S. 9 ff./60 ff.

27) Vgl. oben S. 50 f.

28) Allerdings führten auch politische Intrigen mit zu seiner Verurteilung, vgl. EI, 2. Aufl.Bd. III, S. 99 ff.

29) Ar-radd al-ǧamîl S. 38/92.

30) Ich verweise auf Wilms, a.a.O. S. 71 ff., der die von Ġazâlî angeführten Texte am Rand verzeichnet.

31) Ar-radd al-ǧamîl S. 26 ff./79 ff. Unter den christlichen Theologen wurde der Begriff "ḥulûl" (Einwohnung) vornehmlich von den Nestorianern gebraucht, während die Jakobiten und meist auch die Melkiten "ittiḥâd", wörtl. "Einswerdung", verwandten. In der Terminologie der muslimischen Theologen ist der Bedeutungsinhalt beider Begriffe nicht immer klar zu unterscheiden. "Ḥulûl" bedeutet je nachdem "Einswerden oder Einwohnung Gottes in einer Kreatur", und es waren vor allem die Mystiker, die diesen Begriff gebrauchten und deshalb von den Dogmatikern befehdet wurden (vgl. Hellmut Ritter, Das Meer der Seele. Leiden 1955, S. 449 ff.). - Die vom Hellenismus herkommenden Philosophen reden von der Einwohnung der Seele in dem Körper, in den sie eingegangen ist, dazu vgl. Louis Massignon - G.C. Anawati, in EI, 2. Aufl. Bd. III, S. 570 f. - Der monophysitische Theologe Aṣ-Ṣâfî Abû l-Faḍâ'il b. al-‘Assâl kann davon sprechen, daß die Menschwerdung des Sohnes, d.h. die Vereinigung (ittiḥâd) mit der Menschennatur, sich verhält wie die Vereinigung (ittiḥâd) der menschlichen Seele mit ihrem Körper (P. Sbath, Vingt traites ..., S. 116; zit. bei R. Chidiac, a.a.O. S. 48).

32) Vgl. Ar-radd al-ǧamîl S. 33/87. Über die Quellen, aus denen wahrscheinlich Ġazâlî sein Wissen über die christlichen Gruppen schöpfte, vgl. Wilms, a.a.O. S. 177 ff. Zur dogmengeschichtlichen Einordnung der beiden melkitischen Gruppen vgl. ebd. S. 88, Anm. 1 sowie S. 182.

33) Matth. 26,39.

34) Ar-radd al-ǧamîl 43 ff./97 ff. Die von Ġazâlî aufgegriffene Definition der Trinität stammt von dem jakobitischen Theologen und Philosophen Yaḥyà b. ʿAdî (vgl. den von Raymond Azar, Der Begriff der Substanz in der frühen christlich-arabischen und islamischen Gotteslehre. Diss. Bonn 1967, S. 77 f. übersetzten Abschnitt aus IbnʿAdîs Schrift gegen al-Warrâq, bes. S. 78; über Yaḥyà b.ʿAdî siehe oben Kap. 3, Anm. 23).
Daß Ġazâlî verhältnismäßig positiv diese Formulierung aufnimmt, liegt daran, daß er in dogmatischen Fragen Anhänger Ašʿarîs ist und deshalb den Attributen eine gewisse Eigenständigkeit innerhalb des göttlichen Wesens zubilligen kann. Fraglich ist mir allerdings, ob man aus Ġazâlîs Stellungnahme den Schluß ziehen kann, daß er die orthodoxe christliche Trinitätslehre damit akzeptiert habe (Murad Kamil, Die Dreieinigkeit und der Koran. In: ThStAAL III, München 1968, 61-71, S. 67 f.). Denn zur christlichen, auch zur monophysitischen, Gotteslehre gehört nun einmal wesentlich die Inkarnation, und die lehnt Ġazâlî ausdrücklich ab bzw. interpretiert sie metaphorisch. Außerdem bezeichnet Ġazâlî die ältere Trinitätslehre, in der die Hypostasen noch nicht als Attribute erklärt und als ihre Eigenheiten die Vaterschaft, die Sohnschaft und das Ausströmen genannt wurden, schlicht als Tritheismus (Ar-radd al-ǧamîl S. 51/104).

35) Der koptische (bohairische) Text von Joh. 1,14a lautet: "uoh pisaǧi af'er usarx". Chidiac geht in seiner Einleitung zum Radd näher auf diese Stelle ein (S. 57 f.).

36) Ar-radd al-ǧamîl S. 47/100 f.

37) Ar-radd al-ǧamîl S. 58/110; vgl. Su. IV,171.

38) Ar-radd al-ǧamîl S. 16/69 f. zu Joh. 17,22.

39) Über die "Wirklichkeit des Prophetentums" hat Ġazâlî in seinem "Al-munqiḏ min aḍ-ḍalâl" gesprochen.

40) Vgl. die Sammlung von M. Asin Palacios, Logia et Agrapha D.N. Jesu apud moslemicos auctores asceticos. In: Patrologia orientalia XIII, 1919, 327-431 und XIX, 1926, 532-624. - Hinweise zum Folgenden verdanke ich Frau Halima Krausen, Hamburg.

41) Ġazâlî, Iḥyâʾ ʿulûm ad-dîn, ed. Al-Maktabat at-tiǧârîyat al-kubrà, al-Qâhira o.J., S. 203.

42) Ebd. S. 204.

43) Ebd. S. 327.

Anmerkungen zu Kapitel 5

1) Tor Andrae, Islamische Mystiker. Stuttgart 1960 (= Urban-Bücher 46), S. 41.

2) Eine neuere umfassende Darstellung der Mystik im Islam mit zahlreichen Hinweisen auf aktuelle Fragestellungen und Forschungsprobleme wurde von Annemarie Schimmel vorgelegt: Mystical Dimensions of Islam. Chapel Hill: The Univ. of North Carolina Press, 1975; deutsche Übersetzung: Mystische Dimensionen des Islam. Aalen 1979.

3) A. Schimmel, Mystische Dimensionen ..., a.a.O. S. 27 ff.

4) Ebd. S. 16.

5) Tor Andrae, a.a.O. S. 13 ff. - Weitere Stellen aus der mystischen Literatur, in denen Logien Jesu erwähnt oder Legenden über ihn erzählt werden, finden sich bei Hellmut Ritter, Das Meer der Seele. Leiden 1955, Index s.v. Jesus).

6) Michel Hayek, Le Christ de l'Islam. Paris 1957.

7) Ġazâlî, Iḥyâ' ʿulûm ad-dîn, ed. Al-maktabat at-tiǧârîyat al-kubrà. al-Qâhira o.J., Bd. IV, S. 191. Der Ausdruck "die Gott nahe Stehenden" (al-muqarribûn) ist koranisch, vgl. z.B. Su. III,45, wo Jesus zu ihnen gezählt wird.

8) Ġazâlî, Ad-durrat al-fâḫira (La perle précieuse). Hg. und ins Französische übersetzt von Julien Gautier, Genève 1878, Neudruck Leipzig 1925, S. 91 f./franz. Übers. S. 76 f. - Der erste Teil dieser Legende findet sich ähnlich bei Abû Nuʿaim, Ḥilyat al-auliyâ' IV, 204, zit. bei Andrae, a.a.O. S. 23.

9) Zit. nach H. Ritter, a.a.O. S. 201.

10) Ġazâlî, Ad-durrat al-fâḫira, a.a.O. S. 90 f.

11) Vgl. M. Hayek, a.a.O. S. 260 ff.

12) Abû Nuʿaim, Ḥilyat al-auliyâ', ed. Dâr al-kitâb al-ʿarabî. Bairût 1387/1967, Bd. VI, S. 388. Vgl. auch oben S. 73 f.

13) Vgl. Andrae, a.a.O. S. 24 ff., der u.a. eine "originelle arabische Variation über das Thema Pharisäer und Zöllner" berichtet.

14) Z.B. bei Hayek, a.a.O. S. 172.

15) Dazu die Stellen bei Hayek, a.a.O. S. 162 ff.

16) Vgl. außer den genannten Werken von T. Andrae und M. Hayek auch James Robson, Mishkat al-Masabih. English translation with Explanatory Notes. Lahore 1963, Vol. III, S. 1158 ff.

17) Einige Literaturhinweise zu Ibn al-ʿArabî:

Muḥyî d-dîn b. al-ʿArabî, Fuṣûṣ al-Ḥikam. ed. A.A.ʿAfîfî. al-Qâhira 1946.

Ibn al-ʿArabi, Die Weisheit der Propheten. Übers. von Hans Kofler. 2. Aufl., Graz 1986 (die erste Aufl. erschien 1970 unter dem Titel: Fuṣûṣ al-ḥikam - Das Buch der Siegelringsteine der Weisheitssprüche).

H.S. Nyberg, Kleinere Schriften des Ibn al-ʿArabî (mit ausführlicher Einleitung und Kommentaren). Leiden 1919 (Nachdruck Baġdâd ca. 1965).

R.A. Nicholson, Studies in Islamic Mysticism. 1921, Nachdruck Cambridge 1980, bes. S. 149-161.

A.A. Afifi, The Mystical Philosophy of Muhyid Din Ibnul-ʿArabi. Cambridge 1936.

S. H. Nasr. Three Muslim Sages. Cambridge/Mass. 1963.

Annemarie Schimmel, Mystische Dimensionen des Islam. Aalen 1979 (bes. 294 ff.).

18) A. Schimmel, a.a.O. S. 319 Anm. 11.

19) A. Schimmel, a.a.O. S. 298.

20) Weisheit der Propheten, S. 88 ff.

21) Weisheit der Propheten, S. 91.

22) Su. V,118. - A. D'Souza, Jesus in Ibn ʿArabi's Fuṣûṣ al-ḥikam. In: Islamochristiana 8, 1982, 185-200.

Anmerkungen zu Kapitel 6

1) Im heutigen Libanon, dem einzigen arabischen Land, das nach seiner derzeit noch gültigen Verfassung von einem christlichen Präsidenten regiert wird, wurde aus innenpolitischen Rücksichten eine literarische Konfrontation beider Religionen vermieden. Allerdings gab es vor einigen Jahren auch von katholischer (maronitischer) Seite her Bemühungen, über theologische Fragen miteinander ins Gespräch zukommen. Diese Gespräche fanden im Rahmen des "Cénacle Libanais" (an-nadwat al-lubnâ-

nîya) statt, und eine ihrer prägenden Persönlichkeiten war der Massignon-Schüler und maronitische Priester Youakim Moubarac, vgl. z.B. die von ihm herausgegebene fünfbändige "Pentalogie Islamo-Chrétienne", Beyrouth (Librairie Orientale) 1972/73. Auf griechisch-orthodoxer Seite beteiligte sich der Metropolit Georges Khodre intensiv am Dialog mit Muslimen.

2) Su. LXIII,6.

3) Bis zur Gegenwart versuchen die Syrer, das Prestige des Islam auf dem Wege über politische Reformen wiederherzustellen. Dem vom Christentum geprägten Europäer der Gegenwart mag diese Verquickung von Politik und "Religion" unsachgemäß sein (obwohl die Geschichte des Christentums ja weithin dieselbe Verquickung berichtet). Im Selbstverständnis der Muslime ist der Islam jedoch nicht nur eine "Religion", vielmehr umfaßt er alle Lebensbereiche, den religiösen ebenso wie den politischen, sozialen under juristischen und kulturellen. - Seit dem Erscheinen der ersten Auflage dieses Buches ist dieses umfassende Verständnis des Islam in zunehmendem Maße von sog. "fundamentalistischen" Gruppierungen und den Führern der iranischen Revolution vertreten worden, allerdings keineswegs unwidersprochen. Die in diesem Jahrhundert von dem ʿAbduh-Schüler ʿAlî ʿAbd ar-Râziq (s.u.) 1924 begonnene Diskussion, ob der Islam "Dîn wa-daula", Religion u n d Staat, sei, ist noch keineswegs beendet. Auf sie einzugehen würde jedoch den Rahmen dieser Arbeit sprengen.

4) In der Zeit der Khediven lag ein großer Teil der Verwaltung in den Händen der Kopten, nicht selten nahmen sie einflußreiche Stellungen auch in der Regierung ein. Am Handel waren sie maßgebend beteiligt. Die ägyptischen Muslime dagegen fühlten sich oft benachteiligt, und heute verübeln sie gelegentlich den Kopten deren damaligen Einfluß.

5) Wichtige Literatur über Muḥammad ʿAbduh (in Auswahl):

I. Goldziher, Die Richtungen der islamischen Koranauslegung. Leiden, Neudruck 1952, S. 322 ff.;

Muḥ. Rašîd Riḍâ, Ta'rîḫ al-ustâḏ al-imâm aš-šaiḫ Muḥammad ʿAbduh. 3 Bde., al-Qâhira 1931.

ʿUṯmân Amîn, Muḥammad ʿAbduh. al-Qâhira 1944; engl. Übers.: Osman Amin, Muhammad ʿAbduh. Tranl. by Charles Wendell. Washington D.C. 1953 (= ACLS IV).

Jacques Jomier, Le commentaire coranique du Manâr. Tendences modernes de l'exégêse coranique en Egypte. Paris 1954.

Ders., Introduction à l'Islam actuel. Paris 1964, bes. S. 82 ff.

Albert Hourani, Arabic Thought in the Liberal Age 1789-1939.

London, New York und Toronto 1962; bes. S. 130 ff.

Walter Braune, Der islamische Orient zwischen Vergangenheit und Zukunft. Bern und München 1960; bes. S. 121 ff.

Gunnar Hasselblatt, Herkunft und Auswirkungen der Apologetik Muhammad ʿAbduh's (1849-1905), untersucht an seiner Schrift: Islam und Christentum im Verhältnis zu Wissenschaft und Zivilisation. Diss. Göttingen 1968.

6) Risâlat at-tauḥîd S. 21/engl. Übers. (siehe unten) S. 31.- Dieses bedeutendste Werk ʿAbduhs geht auf Vorlesungen zurück, die er während seines Exils in Beirut, wo er sich von 1885-1889 aufhielt, gehalten hatte. Zum ersten Male erschien es 1315/1897, wurde später in einer von Muḥ. Rašîd Riḍâʾ überarbeiteten Form häufig nachgedruckt und 1966 in einer zweiten, den Originaltext bietenden Auflage herausgebracht, die Maḥmûd Abû Raiya besorgte (Kairo, Dâr al-maʿârif). Es wurde ins Französische und Englische kübersetzt: Traité de l'Unité divine. Traduit de l'arabe avec une introduction sur la vie et les idées du Cheikh Mohammed Abdou par B. Michel et le Cheikh Moustafa Abdel Raziq. Paris 1925; The Theology of Unity. Translated from the Arabic by Ishaq Musaʿad and Kenneth Cragg. London 1966.
Die diesem Buche zugrunde liegenden Vorlesungen hielt Muḥ. ʿAbduh, nachdem er die umfangreichste Schrift seines Lehrers Ǧamâl ad-dîn al-Ḥusaini al-Afġânî (1839-1897), Haqîqat-e maḏhab-e Naičeri va bayân-e hal-e Naičeriyân (Die Wahrheit über die Richtung der Naičeri und Erklärung der Haltung der Naičerianer) unter dem Titel "Risâla fi abṭâl maḏhab ad-dahrîyîn wa-bayân mafâsidihim wa-iṯbât anna d-dîn asâs al-madanîya wa-l-kufr fasâd al-ʿumrân" (Abhandlung über die Verderbtheit der Richtung der Materialisten und Erklärung ihrer Bösartigkeit sowie der Nachweis, daß die Religion Grundlage der Zivilisation ist und der Unglaube die Kultur zersetzt) aus dem Persischen ins Arabische übersetzt und 1303/1885 in Beirut ediert hatte. (Von der 2. Aufl. an, die 1312/1894 in Kairo erschien, trägt das Buch den Titel "Ar-radd ʿalà d-dahrîyîn" (Widerlegung der Materialisten); ich zitiere unten nach der Ausgabe von ʿAlî Muḥ. Abû Ṭâlib Kutubî, Miṣr (al-Qâhira) o.J.). Viele der Gedanken, die Afġânî in diesem Buche geäußert hatte, finden sich in ʿAbduhs "Risâlat at-tauḥîd", aber auch in späteren Schriften wieder. -
Ǧamâl ad-dîn hatte sein Buch 1880 in Indien verfaßt. Er griff darin nicht nur die europäischen "Naturalisten" darwinistischer Prägung (naičeri = engl. "naturalist") an, sondern auch und vor allem Saiyid Ahmad Khan, der meinte, nur durch Übernahme westlicher Wissenschaft und Methodik den Islam neu beleben und der britischen Übermacht - es war nach der "Meuterei" von 1957-8 - begegnen zu können. Dem Naturalismus, der für Afġânî gleichbedeutend mit "Materialismus" war, und den er auf griechische Philosophen wie Demokrit und Epikur zurückführte, setzte er die geistigen Qualitäten der Religion (= des Islam) entgegen, die allein die angeborene Grausamkeit und Unwissenheit des Menschen

überwinden und ihn zu einem geordneten sozialen Leben anleiten können. Da zudem diese Ideologie Gott aus der Lebensmitte der Menschen verdrängte konnte Abduh in seiner Übersetzung "naičeri" mit dem aus der früheren Ketzergeschichte bekannten Begriff "dahrîya" (vgl. S. 45 und Kap. 2, Anm. 70) übersetzen. - Der persische Originaltext ist abgedruckt in dem Buche "Arâ va muʿtaqadât-e Saiyid Ǧamâl ad-dîn Afġânî", hg. von Murtaẓà Mudarrisî Čahârdihî, Ṭehrân 1337/1958-9); auf dem hier gebrachten Text beruht die englische Übersetzung von Nikki R. Keddie in ihrem Buche "An Islamic Response to Imperialism. Political and Religious Writings of Sayyid Jamal ad-Din 'al-Afgani' ". Berkeley und Los Angeles 1968, S. 132-180. - Auch in seinem Buche "Saiyid Ǧamâl ad-dîn va andîšehâ ye û" (Ṭehrân 1347/1966) bringt M.M. Čahârdihî auf S. 498-552 den Text dieser Streitschrift; ich zitiere nach dieser Ausgabe und füge die Seitenzahl in der englischen Übersetzung von N.R. Keddie hinzu.
Zu Afġânî vgl. ferner W. Cantwell Smith, Islam in Modern History; dt.: Der Islam in der Gegenwart. Frankfurt (M) 1963 (Fischer-Bücherei 498), S. 53 ff.; EI, 2. Aufl. Bd. II, 416 ff. (I. Goldziher - J. Jomier). - Vor einigen Jahren ist Afġânîs Persönlichkeit und Gedankenwelt noch einmal kritisch untersucht worden: E. Kedourie, Afghani and ʿAbduh: An Essay of religious unbelief and political activism in modern Islam. London 1966; N.R. Keddie, Sayyid Jamal ad-Din "al-Afghani": A political biography. Berkeley 1972. Vgl. ferner: Homa Pakdaman, Djamal-eddin Assad Abadi dit Afghani (mit einem Vorwort von M. Rodinson). Paris 1969.

7) Ich gebrauche das Wort "Religion" hier in dem Sinne, in dem es die Muslime verstehen: als den Glauben an die Existenz des einen Schöpfergottes und das Leben im Gehorsam gegenüber seinen Willensäußerungen.

8) Ḥaqîqat-e maḏhab-e Naičerî, S. 550/172.

9) Ebd., S. 551/172.

10) Ar-radd ʿalà d-dahrîyîn, S. 94.

11) Al-Islâm wa-n-Naṣrânîya maʿa l-ʿilm wa-l-madanîya. al-Qâhira 1902. - Ich zitiere im Folgenden nach dem Neudruck von 1373/1954 (ed. Muḥ.ʿAlî Ṣubaiḥ, Kairo). ʿAbduhs Buch wurde von Gunnar Hasselblatt in seiner Göttinger Dissertation (vgl. oben Anm. 5) übersetzt (ebd. S. 7-164). Vgl. auch O. Schumann, Das Christentum im Lichte der heutigen arabisch-islamischen Literatur, in: ZRGG 21, 1969, 307-329.

12) Zum Folgenden vgl. A. Hourani, a.a.O. S. 253 ff.

13) Averroes et l'Averroisme. Paris 1852.

14) Über die unterschiedliche Bestimmung des Verhältnisses von Vernunft und Glauben, über die sich auch im Islam die Theologen

und Philosophen nicht einigen konnten, vgl. den kurzen aber informativen Aufsatz von Frank A. Stone, The Muslim "Faith and Reason" Discussion and its implications for Islamic education, in: MW LX, 1970, 314-320.

15) Al-Islâm wa-n-Naṣrânîya, a.a.O. bes. S. 42 ff./Übers. bei Hasselblatt, a.a.O. S. 47 ff.

16) Als Ursache für den taqlîd sieht ʿAbduh - ebenso wie schon vor ihm Afġânî in "Haqîqat-e maḏhab-e Naičeri" S. 599/171 - das Schlüsselwort an Petrus Matth. 16,19 an.

17) Vgl. Al-Islâm wa-n-Naṣrânîya S. 44/Übers. 49.

18) Der offizielle Titel dieses Korankommentars ist "Tafsîr al-Qurʾân al-ḥakîm" (Interpretation des weisen Koran). Bekannt wurde er unter dem Namen "Tafsîr al-Manâr", weil die einzelnen Abschnitte zuerst in der Zeitschrift "al-Manâr" erschienen, bevor sie in - insgesamt zwölf - Bänden in Buchform ediert wurden. Vor allem in den ersten Bänden finden sich etliche Abschnitte, als deren Verfasser Muḥammad ʿAbduh angegeben wird. Nach dem Tode des Lehrers führte R. Riḍâʾ den Kommentar allein weiter. In der Regel weist Riḍâʾ besonders darauf hin, wenn er seinen Lehrer zitiert. - Der Kommentar blieb unvollendet; während noch die ersten drei Teile von Band 13 in "al-Manâr" erschienen - sie setzen die Erklärung bis Su. XII, 107 fort -, starb der Herausgeber. Ich zitiere im Folgenden nach der 4. Auflage, Kairo 1373 H. ff. (Makt. al-Qâhira - ʿAli Yûsuf Sulaimân); abgek.: TM.

19) Vgl. J. Jomier, Le commentaire coranique, S. 124.

20) TM III,326; vgl. auch TM III,345. - "Iḫlâṣ", das wir mit "aufrichtiges Bekenntnis" übersetzten, ist der arabische Name von Su. CXII. Deshalb kann dieses Wort auch in der Bedeutung von "tauḥîd" (Einheitsbekenntnis) verstanden werden.

21) ʿAbduh kommt hier dem Konzept einer "religio naturalis", die auf der Gotteserkenntnis durch die Vernunft beruht, recht nahe. Es scheint, als sei für ihn die Bedeutung der Offenbarung zugunsten der Vernunft in den Hintergrund getreten. Tatsächlich hat man ihm seitens der Traditionalisten den Vorwurf gemacht, er begünstige den Agnostizismus. Mir scheint eher, daß seine Gedanken von seiner mystischen Grundhaltung her zu verstehen sind: Die mystische Meditation ist für ihn eine Tätigkeit der Vernunft, durch die die existentielle Beziehung zwischen Geschöpf und Schöpfer erkannt und hergestellt wird. Die Erkenntnis der Mystiker, maʿrifa, wird vom Menschen, seiner Vernunft, erreicht, darin unterscheidet sie sich von "ʿilm". Was Gott durch die Propheten mitteilen läßt, ist "ʿilm", Wissen. Dieser Begriff "ʿilm" ist allerdings so komplex, daß wir hier nicht weiter auf ihn eingehen können (vgl. EI, 1. Aufl. Bd. II, 500 ff. und 2. Aufl. Bd. III, 1133 f.). Hier sei nur festgehalten,

daß ʿilm sowohl durch Offenbarung als auch durch den Gebrauch der Vernunft empfangen werden kann. In jedem Falle beinhaltet es die Gotteserkenntnis und das Wissen um das Geschaffensein der Welt (siehe dazu im Koran die aus der jüdischen Tradition stammenden Stellen, in denen Abraham allein durch seine Weltbetrachtung zur Gotteserkenntnis gelangt; vgl. O. Schumann, Abraham - der Vater des Glaubens, in: EMM 110, 1966, 53-69, 104-122; S. 109 ff.). Da der Islam, abgesehen vom Wesen der Gottheit, kein Mysterium kennt, wird durch die Offenbarung kein "tieferes, der Vernunft unzugängliches" Wissen vermittelt, vielmehr dient sie eher als Maßstab (hudan, Rechtleitung), an dem sich die Vernunft zu orientieren hat, wenn sie ein Abgleiten in den Irrtum vermeiden will. Offenbarung gilt deshalb nicht so sehr den Vernünftigen, sondern vor allem den Schwachen. Um sie darüber hinaus auf den Ernst ihrer Lage hinzuweisen, ist es Hauptaufgabe des Propheten, sie vor der "Stunde" (des Gerichts) zu warnen (Su. LXXIV,1 ff.).
Eine Spannung zwischen Offenbarung und Vernunft, wie sie der christlichen Theologie bekannt ist, sucht man also im Islam vergebens, in mancher Hinsicht ist er infolge seiner konsequenten Schöpfungstheologie, die durch keine Erbsündenlehre begrenzt wird, ganz bewußt "religio naturalis". Wo dennoch die Traditionalisten gegen eine zu freie Entfaltung der Vernunft protestieren, steht eher die Furcht im Hintergrund, daß die Interpretation der Offenbarung (= des Korans), wie sie in der als orthodox anerkannten Tradition (sunna) geradzu juristisch kodifiziert ist, der Kritik zum Opfer fallen könnte. Nicht Vernunft und Offenbarung stehen sich praktisch gegenüber, sondern Vernunft und Tradition. Die Konservativen irrten sich nicht, als sie aus ʿAbduhs Forderung "Zurück zu den Quellen!" den Kampfruf gegen die geheiligte Tradition heraushörten, die er für die Erstarrung des derzeitigen Islam und seine Wissenschaftsfeindlichkeit verantwortlich machte. Wie stets in solchem Falle verdächtigten sie ihn der Ketzerei; in die Tradition sei die volle Wahrheit eingegangen, und die Vernunft habe das zu respektieren. -
Einen kurzen, aber eindrücklichen Überblick darüber, wie stark das islamische Denken von der Beschäftigung mit den Wissenschaften geprägt wurde, vermittelt Martin Plessner in seiner Schrift "Die Bedeutung der Wissenschaftsgeschichte für das Verständnis der geistigen Welt des Islam", Tübingen 1966 (Philosophie und Geschichte, Heft 82); dort weitere Literaturhinweise. - Einen Überblick über die Forschungen, die sich der Auseinandersetzung des Islam mit dem geistigen und wissenschaftlichen Erbe der Antike widmeten, gibt Felix Klein-Franke, Die klassische Antike in der Tradition des Islam. Darmstadt 1980 (= Erträge der Forschung, Bd. 136).

22) Muqâranat al-adyân II: al-Masîḥîya (Vergleichende Religionswissenschaft 2: das Christentum), 2. Aufl., al-Qâhira 1965.

23) Zu Muḥ. Rašîd Riḍâ vgl. die oben Anm. 5 genannten Werke von Jacques Jomier; ferner:

A. Hourani, a.a.O. S. 22 ff.

Šakîb Arslân, Rašîd Riḍâ' au iḫâ' arba'în sana. Dimašq 1356/1937.

H. Laoust, Le califat dans la doctrine de Rašid Rida. Beyrouth 1938.

Malcolm Kerr, Rashid Rida and Islamic Legal Reform. In: MW 50, 1960, 70-108, 170-181.

Jacob L. Landau, in H.A.R. Gibb und J.M. Landau, Arabische Literturgeschichte. Zürich und München 1968 (= Bibliothek des Morgenlandes), S. 217 ff.

24) I. Goldziher, Richtungen der islamischen Koranauslegung. Neudruck, Leiden 1952, S. 343.

25) Möglich ist auch die Übersetzung: ... die nicht an "die Zeichen Gottes" glauben. - Das arab. Wort "âya" bedeutet sowohl "(göttliches) Zeichen" als auch "Koranvers", da jeder einzelne Koranvers als göttliches Wunderzeichen angesehen wird (vgl. oben Kap. 1, Anm. 48).

26) TM III,309.

27) Su. III,49.

28) TM III, 311; vgl. dazu Ṭabarî, Tafsîr III,275 (ed. Ḥalabî, 2. Aufl., Kairo o.J.) und E. Hennecke - W. Schneemelcher, Neutestamentliche Appkryphen in deutscher Übersetzung Bd. 1, 4. Aufl. Tübingen 1968, S. 293 f.

29) Su. V,110: (Damals) als Gott sagte: "Jesus, Sohn der Maria! Gedenke meiner Gnade (ni'ma), die ich dir und deiner Mutter erweisen habe ... als dumit meiner Erlaubnis aus Lehm etwas schufst, was so aussah wie Vögel, und in sie hineinbliesest, so daß sie mit meiner Erlaubnis (schließlich wirkliche) Vögel waren", ...

30) TM III,312; vgl. jedoch Joh. 11,39.

31) TM VI,310. Das war bereits die Meinung Ibn Ḥanbals gewesen, vgl. oben Kap. 3, Anm. 23.

32) Vgl. J. Jomier, Le commentaire coranique, S. 61.

33) Ebd. S. 315.

34) TM III,326; vgl. Jomier, a.a.O. S. 313 f.

35) TM VII,265.

36)TM III,158 f. Daß Christus das Kommen Mohammeds ankündigt, gehört zum alten Traditionsgut der Muslime, vgl. Ibn Hišâm, Sîrat an-nabî (Kap. 1, Anm. 63) S. 145 f. (142f.)/Übers. 98.

37) TM VI,309 f.

38) TM VI,86; zur Interpretation von "paraklêtos" siehe oben S. 25 ff.

39) Das "Barnabas-Evangelium" spielt seit seiner Veröffentlichung eine bedeutende Rolle in der islamischen Apologetik. Die in italienischer Sprache abgefaßte Originalhandschrift ist seit 1709 bekannt, seit 1738 befindet sie sich im Besitz der (ehem.) Kaiserlichen Bibliothek in Wien. 1907 wurde der italienische Text, zusammen mit einer englischen Übersetzung, in Oxford ediert und bereits im folgenden Jahre auf Veranlassung Rašîd Riḍâs ins Arabische übersetzt. Seine Christologie entspricht der islamischen, z.B. wehrt sich Christus in ihm, als Gottessohn bezeichnet zu werden, auch wird die Kreuzigung geleugnet; an Christi Stelle starb Judas; ferner legt der Christus dieses Pseudo-Evangeliums großen Wert darauf, daß er nicht selbst als der Messias, sondern als dessen Vorläufer bezeichnet wird: so wird "Paraklet" gleich mit "Muḥammad" wiedergegeben. - Geschrieben wurde dieses Buch vermutlich gegen Ende des Mittelalters von einem italienischen Mönch, der zum Islam übergetreten ist. Père Jacques Jomier hat es eingehend analysiert in seinem Aufsatz "L'évangile selon Barnabé", in: MIDEO 6, 1959-1961, 137-226.
Welche Ansichten die orthodoxen Muslime über dieses Evangelium haben, wird am besten in den von Muḥ. Abû Zahra 1940 gehaltenen "Vorlesungen über das Christentum" zusammengefaßt (Muḥâḍarat fi n-Naṣrânîya. 3. Aufl., al-Qâhira 1381/1961, S. 55-67). Da das echte Evangelium Jesu verloren sei, fragt er, ob es unter den erhaltenen Evangelien eins gäbe, was ihm vielleicht sehr nahe kommt. Er meint, daß nun das Barnabas-Evangelium den besten Aufschluß darüber gebe, was Jesus wirklich gesagt habe, und er glaubt, als Verfasser den Apostel Barnabas ansehen zu können, da dieser zu den aktivsten Aposteln neben Paulus gehörte und es deshalb unverständlich wäre, wenn er keine Schrift hinterlassen hätte. Aus dem 5. Jahrhundert werde berichtet, daß Papst Gelasius in einer Bücherliste auch ein Barnabas-Evangelium erwähnte (vgl. dazu J. Jomier, a.a.O. S. 196); gegen Ende des 15. Jahrhunderts habe dann ein Mönch namens Fra Marino in der päpstlichen Bibliothek ein Barnabas-Evangelium entdeckt, das vielleicht mit der Wiener Handschrift identisch sei. Es sei also kein Grund vorhanden, am Alter dieser Schrift zu zweifeln. Den Verdacht, es könne sich um eine islamische Fälschung handeln, weist Abû Zahra zurück, indem er darauf hinweist, daß die Sprache dieses Buches italienisch und nicht arabisch sei, daß es in einer rein christlichen Umgebung aufgetaucht sei, daß kein arabisches Exemplar bekannt sei und außerdem die islamischen Apologeten dieses Buch nicht gekannt haben, da sie es

sonst erwähnt haben müßten. Dennoch meinte Abû Zahra, daß es gut sei, wenn diese Schrift einmal gründlich von einem christlichen Gelehrten untersucht würde, der dann gleichzeitig zu den Fragen Stellung nehmen müsse, die gestellt würden. Diese Bemerkung hatte J. Jomier zu seinem Aufsatz angeregt. - Während das "Barnabas-Evangelium" im Westen fast unbekannt ist, wird es in islamischen Ländern trotz seiner historischen Wertlosigkeit - interessant ist es lediglich für eine Analyse der apologetischen Diskussion im ausgehenden Mittelalter - immer wieder zu antichristlicher Polemik benutzt und verwirrt besonders jene Christen, für die die Bibel ein wörtlich inspiriertes Buch gleich dem Koran ist. In manchen Buchläden Indonesiens liegt das "Barnabas-Evangelium", nachdem es vorübergehend aus dem öffentlichen Verkehr gezogen worden war, seit einigen Jahren erneut in einer indonesischen Übersetzung neben der von den Kirchen autorisierten Bibelübersetzung aus.
Zu den Nachrichten aus der Alten Kirche über Barnabas vgl. die knappe Zusammenfassung bei Hans Conzelmann, Geschichte des Urchristentums. Göttingen 1969 (NTD Erg.-Reihe 5), S. 138. - Neuerdings hat sich Jan Slomp noch einmal mit dem "Barnabas-Evangelium" befaßt: The Gospel in Dispute (A Critical Evaluation of the first French translation with the Italian Text and introduction of the so-called Gospel of Barnabas), in: Islamochristiana 4, 1978, 67-112.

40) TM VI,308.

41) TM XI,224 f.

42) TM VI,18-59. Dieser Abschnitt wurde, geringfügig überarbeitet, als Sonderdruck unter dem Titel "ʿAqîdat aṣ-ṣalb wa-l-fidâ'" (Das Dogma der Kreuzigung und Erlösung) ediert (2. Aufl., al-Qahira 1353 H.). Bei den folgenden Zitaten weist die zweite Seitenzahl auf diese Buchausgabe.

43) TM VI,24 f./16.

44) "Al-ʿaqîdat aṣ-ṣalîbîya". Das Adjektiv "ṣalîbî", abgeleitet von "ṣalîb", Kreuz, läßt sich im Deutschen schwer wiedergeben. Im allgemeinen bedeutet "Ṣalîbî" "Kreuzfahrer". Auf jeden Fall denkt der Muslim, wenn er es hört, nicht an ein Symbol der Demut und der Selbsthingabe, vielmehr weckt es die Erinnerung an Intoleranz und Agressionen, die im Zeichen des Kreuzes gegen den Orient gerichtet waren.

45) TM VI,25 f./17 f.

46) TM VI,29 f./25.

47) TM VI,32 f./ 29 ff.

48) Der Koranvers, auf den sich Mirẓa Ġulâm Aḥmad bezog, lautet: "Und wir haben den Sohn der Maria und seine Mutter zu ei-

nem Zeichen gemacht, und wir gewährten ihnen Aufnahme auf einem flachen Höhenzug (rabwa) mit (fruchtbarem?) Grund und Quellwasser" (Su. XXIII,50.). Diese Beherbergung sei in Indien erfolgt, "rabwa" bedeute Anhöhe und meine Kaschmir, das zu den höchsten Ländern der Erde gehöre und fruchtbar sei. - Es ist dies m.W. die einzige Stelle, in der R. Riḍâ' den Sektengründer nicht mit dem Zusatz "ad-Daǧǧâl", der Antichrist, versieht.

49) Im Text des Sonderdrucks steht "mabnîya", die (darauf) gründet, anstatt "mubaiyina", die erklärt. Die Lesung "mabnîya" erscheint mir zutreffender.

50) TM VI,56/77. - In Anlehnung an die christliche Missionstätigkeit gründete Rašîd Riḍâ' 1911 auf der Nilinsel Roda bei Kairo ein islamisches Missionszentrum, dessen Studenten vor allem aus Afrika und Südost-Asien kamen. Es scheint, als erlebten seine damaligen Bemühungen, der christlichen Mission durch Da wa entgegenzuwirken, gegenwärtig in Indonesien eine späte Nachblüte, vgl. Dirk Bakker, Daʿwa. Missionarische Mobilisierung des Islams in Indonesien. In: EMZ 26, 1969, 121-136. Siehe auch B.J. Boland, The Struggle of Islam in Modern Indonesia. The Hague 1971, S. 190 ff.
Seit der Fertigstellung der ersten Auflage dieses Buches hat sich die Daʿwatätigkeit erheblich verstärkt. Unterstützt wurde sie vor allem durch den früheren saudi-arabischen König Faiṣal über die Kanäle internationaler islamischer Organisationen. Südost-Asien gehört nach wie vor, neben Afrika, zu den wichtigsten Zielgebieten, wie auf einer im Januar 1980 in Kuala Lumpur abgehaltenen Konferenz über Daʿwa in Südost-Asien und dem Pazifik bestätigt wurde, wo man verstärkte Daʿwa vor allem in nicht-islamischen Gebieten beschloß.

51) Zu seiner Apologetik vgl. G. Hasselblatt, a.a.O. S. 227 ff.; ferner Carl Brockelmann, Geschichte der Arabischen Litteratur, Supplement III, Leiden 1942, S. 323 f.

52) "Naẓarîyatî fî qiṣṣat ṣalb al-Masîḥ wa-qiyâmatihi min al-amwât"; diese Schrift erschien als Beilage in Rašîd Riḍâ's Buche "ʿAqîdat aṣ-ṣalb wa-l-fidâ'", a.a.O. auf S. 83-178.

53) Naẓarîyatî S. 104, Anm. 1.

54) Ebd. S. 118.

55) Ebd. S. 119.

56) Ebd. S. 154, Anm. 1.

57) Su. XCV,1.

58) Naẓarîyatî S. 158 ff.

59) Ebd. S. 163-178.

60) Als Beispiel sei genannt: Rudolf Seydel, Das Evangelium Jesu in seinen Verhältnissen zu Buddha-Sage und Buddha-Lehre mit fortlaufender Rücksicht auf andere Religionskreise. Leipzig 1882.

Anmerkungen zu Kapitel 7

1) Zur Vorgeschichte, die zu diesem Beschluß führte, vgl. G. Jäschke, in: WI NS 8, 1962-3. 52 ff.; zur geistesgeschichtlichen Bedeutung des Khalifats W. Braune, Der islamische Orient, a.a.O. (Kap. 6, Anm. 5) S. 118 ff.; 137 ff. Die Khalifatsfrage und, damit verbunden, die islamische Staatstheorie waren es auch, die z.B. Rasid Rida vor allen anderen Problemen beschäftigten; vgl. dazu A. Hourani, a.a.O. S. 217 ff.; M. Kerr, a.a.O. (oben Kap. 6, Anm. 23).

2) Dazu Baber Johannsen, Muḥammad Ḥusain Haikal. Wiesbaden und Beirut 1967 (Beiruter Texte und Studien Bd. 5), S. 89 ff.

3) Sinnbild dieses "pharaonischen Nationalismus" ist das im pharaonischen Stil erbaute Mausoleum Saʿd Zaġlûls, des Führers und Mitbegründers des Wafd; die sonst in Kairo übliche Form des Mausoleums ist die Grabmoschee.

4) In: As-Siyâsat al-usbûʿîya vom 18.5.1929; zit. bei B. Johansen, a.a.O. S. 143.

5) Angesichts unseres Themas können wir nur in ganz groben Umrissen ein Bild von der geistigen Situation des Orients in der Zeit nach dem 1. Weltkrieg geben. Zur weiteren Information verweise ich deshalb auf die zitierten Bücher von Albert Hourani und Walter Braune; dort weitere Literatur. Auch Baber Johansen geht in seiner Biographie Haikals (oben Anm. 2) auf die geistige Situation im Ägypten der zwanziger und dreißiger Jahre ein, vor allem in Kap. VII: Das enttäuschende Europa (S. 125 ff.) und Kap. VIII: Der Islam, das neue Fundament (S. 159 ff.). Wie notwendig es war, sich mit der eigenen Geschichte intensiver als bisher zu beschäftigen, bemerkten die Intellektuellen übrigens auch auf andere Weise, z.B. durch das Problem, wie der Geschichtsunterricht an den neu eingerichteten Schulen und Universitäten zu gestalten sei. Man war fast ausschließlich auf die Lehrbücher europäischer Pädagogen und Wissenschaftler angewiesen, und die Informationen, die dort über den Orient gegeben wurden, waren meistens spärlich und nicht immer ohne abwertende Tendenz und Fehler. Über diese Frage informiert kurz George M. Haddad, Modern Arab Historians and World History. In: MW 51, 1961, 37-43. Die bedeutendsten Mohammed-Biographien, die in der Zeit zwischen den beiden Weltkriegen entstanden, sind die von Moḥammed Ḥusain Haikal, Taufîq al-Ḥakîm (als Theaterstück) und Ṭaha Ḥusain (ʿAlà hâmiš as-sîra, 3 Bde.).

6) Von 1958-1963.

7) Dies geschah in der Zeitschrift "Ar-Risâla" vom 25. Rabîʿ T̲ânî 1361/11. Mai 1942, vgl. Ġumârî, Iqâmat al-burhân (siehe unten Anm. 12) S. 19. Der Text dieser Fatwa wurde in seine Sammlung von Rechtsgutachten aufgenommen: Maḥmûd Šaltût, al-Fatâwâ. 2. Aufl., al-Qâhira, o.J. (Dâr al-Qalam), S. 59-65; diese Ausgabe liegt uns vor.

8) Es sind dies: Su. III,52.55; IV,157 f.; V,116 f. Dazu siehe oben S. 29.

9) Siehe oben S. 100. - Die bedeutendste Schrift Ġulâm Aḥmads (1835-1908), die auf Englisch zuerst 1910 in London erschien und seitdem mehrfach nachgedruckt wurde, ist: The Teachings of Islam. Zur Ahmadiyya vgl. ferner I. Goldziher, Vorlesungen über den Islam. 2. Aufl. 1925, Nachdruck Darmstadt 1963, S. 291 ff.; E. Kellerhals, Der Islam. A.a.O. (Einl. Anm. 4) S. 275 ff.; Ernst Dammann, Die Beurteilung Jesu in den Anmerkungen der Suaheli-Übersetzung des Korans. In: Basileia. Festschrift Walter Freytag. Stuttgart 1959, S. 245-251; Siegfried Raeder, Der Islam im Abendland. In: K. Hutten und S.v. Kortzfleisch (Hg.), Asien missioniert im Abendland. Stuttgart 1962, S. 51-72; Gerhard Rosenkranz, Muhammed und der Qurʾân - Jesus und die Bibel. Abgedr. in: ders., Religionswissenschaft und Theologie, München 1964, S. 110-124; O. Schumann, Qurʾâninterpretation und Bibelexegese. In: EMM 109, 1965, 20-39, S. 32 ff.
Die Christologie dieser Sekte, die sich auch in den Einleitungen zu ihren Koranausgaben (z.B. Der Heilige Qur an. 2. Aufl. Zürich 1959) findet, wurde ausführlich dargestellt von Khwaja Kamal-ud-din, The Religion of Jesus and the Traditional Christianity. 2. Aufl., Woking 1935. Sie interessiert uns hier jedoch nicht weiter, da wir uns mit dem arabisch-sunnitischen Islam beschäftigen.

10) Ich beziehe mich dabei auf die von Ġumârî, Iqâmat al-burhân S. 21 ff. gemachten Angaben.

11) Vgl. al-Fatâwà, a.a.O. S. 66-82.

12) Kitâb iqâmat al-burhân ʿalà nuzûl ʿIsà fî âhir az-zamân. al-Qâhira, o.J. (Maṭb. al-Ihwân al-Muslimîn).

13) ʿAqîdat ahl al-Islâm fî nuzûl ʿIsà ʿalaihi s-salâm (Der Glaube der Muslime an die Wiederkunft Christi, über ihm sei Friede). al-Qâhira, 1369 H. (Makt. al-Qâhira bi-l-Azhar).

14) Vgl. z.B. ʿAqîdat ahl al-Islâm, a.a.O. S. 112 f. - Über den "miʿrâg" berichtet ausführlich Ibn Hišâm, Sîrat an-nabî, a.a.O. (siehe oben Kap. 1, Anm. 63), S. 268 ff. (263 ff.)/Übers. S. 181 ff.

Anmerkungen zu Kapitel 8

1) Die Angaben zur Biographie ʿAbbas Maḥmûd al-ʿAqqâds entnehme ich den folgenden Werken:

Carl Brockelmann, Geschichte der arabischen Litteratur, Supplement III, Leiden 1942, S. 139 ff.;

Jacob M. Landau, in: H.A.R. Gibb und J.M. Landau, Arabische Literaturgeschichte. A.a.O. (Kap. 6, Anm. 23) S. 209 f.

ʿAbbâs Maḥmûd al-ʿAqqâd, Ana (Ich). al-Qâhira o.J. (Dâr al-Hilâl).

ʿAbd al-Fattâḥ ad-Dîdî, ʿAbqarîyat al-ʿAqqâd (Der Genius Aqqads). al-Qahira o.J. (Dâr al-qaumîya li-ṭ-ṭabâʿa wa-n-našr), vor allem S. 110 ff.

2) Dîdî, a.a.O. S. 111.

3) Brockelmann, a.a.O. S. 140.

4) Zur Bedeutung dieser Zeitschrift vgl. A. Hourani, a.a.O. S. 170 ff.

5) Dîdî, a.a.O. S. 115.

6) Sein Buch "ʿAbqarîya Ḫâlid" (Der Genius Ḫâlids) gehörte z.B. zur Pflichtlektüre an den ägyptischen und jordanischen Oberschulen.

7) "ʿAbqarîyat al-Masîḥ" erschien zuerst 1952 in der populären Taschenbuchreihe "Kitâb al-Yaum"; vgl. die Besprechung von Butrus Abd al-Malik in MW 43, 1953, 218-219.

7a) Diese Texte, zum größten Teil einige Jahrzehnte vor dem Auftreten Jesu geschrieben, enthalten hebräische Texte alttestamentlicher Schriften, verschiedene Lehrschriften der Qumran-Gemeinde, die möglicherweise zur Sekte der Essener gehörte, u.a. Aus der zahlreichen Literatur seien erwähnt: A. Dupont-Sommer, Die essenischen Schriften vom Toten Meer. Tübingen 1960; E. Lohse (Hg.), Die Texte aus Qumran. Hebräisch und deutsch. Darmstadt 1964; J. Maier und K. Schubert, Die Qumran-Essener. München-Basel 1982 (UTB 224).

8) "Ḥayât al-Masîḥ" S. 11. Ich zitiere hier und im folgenden nach der Ausgabe, die in "Dâr al-Hilâl", Kairo o.J. erschien. - Wir werden uns nicht dabei aufhalten, ʿAqqâds mehr oder weniger wichtigen historischen und philologischen Vereinfachungen und Unkorrektheiten zu berichtigen. Uns geht es um ʿAqqâds I n t e r p r e t a t i o n der Historie Christi, nicht um die Historie selbst. Er scheint sich in seinen Ausführungen gele-

gentlich auf englische Literatur zu stützen, worauf die Umschrift einiger Namen - z.B. "Ǧaims" (James) statt "Yaʿqûb" oder "Yaʿqûbus", "Bumbâi" (Pompey) statt "Bumbâyus" - hindeutet. Vor allem wird daraus deutlich, daß er seine Bibelzitate nicht direkt der arabischen Bibel entnimmt, sondern der ihm vorliegenden Literatur, auf die er jedoch nur in peripheren Fragen hinweist.

9) Den Namen "Essener" oder "Essäer" ("asînîyûn" oder "âsûn") leitet ʿAqqad von dem Wort "âsî" ab, sagt aber nicht, auf welche Sprache er sich dabei bezieht; im Arabischen bedeutet "âsî" Arzt. Für ʿAqqâd bestehen keine Zweifel, daß die Essener deshalb mit den Therapeuten in der Gegend um Alexandria zusammengehören.

10) S. 19 f. ʿAqqâd zitiert in diesem Zusammenhang Matth. 23,3; Matth. 5,17 f.; Matth. 10,5 f.; Matth. 15,24.

11) S. 21.

12) S. 21 ff.

13) Su. LXI,6; V,72.

14) Es sind dies der Lichtvers Su. XXIV,35: "Gott ist das Licht von Himmel und Erde. Sein Licht ist einer Nische zu vergleichen, mit einer Lampe darin. Die Lampe ist von Glas umgeben, das (so blank) ist, wie wenn es ein funkelnder Stern wäre. Sie brennt (mit Öl) von einem gesegneten Baum, einem Ölbaum, der weder östlich noch westlich ist, und dessen Öl fast schon hell gibt, (noch) ohne daß (überhaupt) Feuer darangekommen ist. - Licht über Licht ..."; ferner Su. VI,141; XVI,10 f.; XCV,1 ff. und LXXX,24 ff.

15) Dtjes. 53,3 f.; Sach. 9,9; vgl. Ḥayât S. 30.

16) S. 37.

17) Matth. 8,20. "Menschensohn" (ibn al-insân) wird von ʿAqqâd hier wie auch an anderen Stellen im Sinne von "Mensch", insbesondere von "rechtschaffener Mensch" verstanden; dies entspricht dem semitischen Sprachempfinden. Vgl. O. Cullmann, Die Christologie des Neuen Testaments. 2. Aufl., Tübingen 1958, S. 139 f.

18) Ḥayât S. 56 ff.

19) S. 60 ff.

20) S. 67 ff.

21) S. 81.

22) Im Hintergrund dieses Arguments steht ʿAqqâds eigene Religionsphilosophie. Für ihn ist, ebenso wie für die islamische Religionstheorie allgemein, der Begriff "Religion" (dîn) nicht abzulösen von der Wirksamkeit prophetischer Gestalten, die den verschiedenen Glaubensaussagen die bestimmende Mitte geben. Eine "Religion" ohne Propheten gibt es nicht.

23) S. 91 ff.

24) S. 94.

25) S. 104.

26) S. 106.

27) Vgl. oben S. 13.

28) Ḥayât S. 109.

29) Joh. 8,1 ff.

30) S. 124.

31) S. 128 f.

32) S. 136 ff.

33) S. 139.

34) S. 150.

35) Vgl. S. 150. Dieser Ausspruch wird Kaiser Julian zugeschrieben. Aber auch dann, wenn er nicht von Julian stammen sollte, trifft er nach Meinung ʿAqqâds die Wahrheit der geschichtlichen Bewegung.

36) ʿAqqâd braucht hier (S. 164) das bereits erwähnte, schwer übersetzbare Wort "iḫlâṣ", vgl. oben Kap. 6, Anm. 20.

37) S. 162 ff.

38) Joh. 8,31 ff.

39) Ḥayât S. 168.

40) ʿAqqâd verweist auf 1. Kor. 9,20 ff.

41) Ḥayât S. 170 f.

42) S. 171.

43) S. 177.

44) Ebd.

45) S. 177 f.

46) S. 178.

47) S. 183.

48) S. 184 f.

49) S. 195 f.,

50) S. 197.

51) Zum Barnabas-Evangelium vgl. oben Kap. 6, Anm. 39.

52) ʿAbbâs Maḥmûd al-ʿAqqâd, Allâh. 4. Aufl., al-Qâhira 1964 (Dâr al-maʿârif), S. 147 ff.

53) Allâh, S. 159.

54) Vgl. dazu "Ḥayât al-Masîḥ", S. 184.

55) Ebd. S. 106.

56) Muḥammad Kâmil Ḥusain, Qarya ẓâlima. al-Qâhira 1954. Seitdem erschien eine Reihe von Nachdrucken. 1957 erhielt der Verfasser für dieses Buch den staatlichen Kulturpreis in Ägypten. Bisher erschienen eine englische und eine holländische Übersetzung: Kamel Hussein, City of Wrong. A Friday in Jerusalem. Translated from the Arabic with an Introduction by Kenneth Cragg. Amsterdam 1959; ders., Stad des verderfs, Een vrijdag in Jeruzalem. Vertaald door J.M.S. Baljon jr. en K.P. Baljon-van den Ende. Amsterdam 1961. - Die Einleitung und Anmerkungen von K. Cragg wurden zum größten Teil in die holländische Ausgabe übernommen. Zu dieser schrieb außerdem Hendrik Kraemer ein Vorwort.
Bei den folgenden Zitaten nenne ich zuerst die Seitenzahl der arabischen (nach der Ausgabe von 1958, Maṭb. Miṣr), dann der englischen und schließlich der holländischen Ausgabe.

57) Da dieses Buch dem europäischen Leser zugänglich ist, gehen wir hier nicht näher darauf ein, sondern verweisen auf die Einleitung von K. Cragg in den Übersetzungen; ferner:

G.C. Anawati, Jésus et ses juges d'après "la Cité inique" du Dr. Kamel Hussein. In: MIDEO 2, 1955, S. 71-134;

Jacques Jomier, Quatres ouvrages en Arabe sur le Christ. In: MIDEO 5, 1958, 367-386;

Aisha Abd ar-Rahman(Bint aš-Šâṭî), Easter Impression of City of Wrong (ein Artikel aus "al-Ahrâm" vom 19.4.1960, übers. von K.

Nolin). In: MW 51, 1961, 148-150.

Muḥammad Kâmil Ḥusain, Maʿnà aẓ-ẓulm fi l-Qur'ân al-karîm. In: ders., Mutanawwiʿât, Bd. 2. al-Qâhira o.J., S. 3-28; übers. von K. Cragg, The Meaning of Ẓulm in the Qur'ân. In: MW 49, 1959, 196-212.

58) Qarya ẓâlima, S. 251 (200/189).

59) Ebd. S. 256 (204/193).

60) S. 114 (90/86).

61) Vgl. S. 262 (209/198). Aus seinem Buche wird diese negative Bestimmung allerdings nicht immer deutlich, vgl. z.B. S. 131 (102 f./98): Der Mensch kann so verwirrt werden, daß er jede Kraft zum Handeln verliert, wenn ihn das Gewissen zu einer gefährlichen Aktion auffordert. - In einem Brief vom 7.2.1970 an mich hat Kâmil Ḥusain jedoch noch einmal ausdrücklich betont, daß "conscience may not be always a certain guide for good conduct. But it can always be directional if not operational. It can always be of the greatest importance as a limit whose prohibitions should not be ignored under any circumstance whatsoever. Its prohibitions are more imperative than the commandements. It is not accidental that at least seven of the ten commandments are prohibitive". Vgl. auch K. Ḥusains Brief an G.C. Anawati zu diesem Punkt, abgedr. in MIDEO 2, 1955, S. 77 Anm. 1. In seinem späteren Buche "al-Wâdî al-muqaddas" (Kairo 1968 - Dâr al-maʿârif) geht K. Ḥusain noch einmal ausführlich auf die Fragen ein, die mit dem Gewissen und dem menschlichen Verhalten gegenüber der Schuld zusammenhängen.

62) Die Vorwürfe, die sich die Jünger deswegen später machten, sieht K. Ḥusain als Entstehungsdatum des christlichen Sündenbewußtseins an, vgl. in der engl. Ausgabe S. 223 ff.

63) S. 215 ff. (169 ff./159 ff.).

Anmerkungen zu Kap. 9

1) Die biographischen Angaben verdanke ich Fatḥî ʿUṯmân selbst.

2) Al-ḥudûd al-islâmîya al-bîzanṭinîya baina l-iḥtikâk al-ḥarbî wa-l-ittiṣâl al-ḥaḍârî. 3 Bde., al-Qâhira o.J. (Dâr al-qaumîya). Von den anderen Büchern Fatḥî ʿUṯmâns nenne ich: Aḍwâ' ʿalà t-ta'rîḫ al-islâmi (Streiflichter über die Geschichte des Islam), 1956; Al-fikr al-islâmî wa-t-taṭawur (Das islamische Denken und die Evolution). al-Qâhira o.J. (Dâr al-Qalam); Ad-dîn fî mauqif ad-difâʿ (Die Religion im Zustand der Verteidigung). al-Qâhira o.J. (Makt. Wahba).

3) Maʿa l-Masîḥ fi l-anâǧîl al-arbaʿa. al-Qâhira o.J. (1961, Makt. Wahba). Vgl. die Besprechung von Kenneth Nolin in: MW 53, 1963, 252-254.

4) Der Titel blieb derselbe, doch erschien die 2. Auflage in der Dâr al-qaumîya.

5) Ibrâhîm Lûqâ, Al-Masîḥîya fi l-Islâm. al-Qâhira 1938. Ein 1966/67 in Kairo geplanter Neudruck dieses Werkes, in dem der Verfasser die wesentlichen christlichen Lehren aus dem Koran zu begründen versuchte, wurde nicht genehmigt.

6) Die erstgenannte Vorlesung wurde von dem christlichen Professor ʿAzîz Suryal ʿAtîya gehalten, die zweite von Prof. Muḥ. Fu'âd Šukrî.

7) Dies ist der islamische Fachausdruck für die religiösen, offiziell anerkannten Minderheiten im islamischen Staat.

8) "Mizân al-Ḥaqq" (Waage der Wahrheit) ist der Titel eines Buches, das der in Basel ausgebildete, später (nach 1835) im Dienste der Londoner Church Missionary Society vor allem in Indien und Istanbul tätige Missionar Karl Gottlieb Pfander 1829 als literarische Hilfe für die im persisch-türkisch-russischen Grenzgebiet lebenden Christen, vor allem Armenier, in Schuscha geschrieben hatte. Pfander, damals noch im Dienst der Basler Mission, bemühte sich in diesem Buche in einer muslimischem Denk- und Argumentationsstil angepaßten Weise, die Wahrheiten des Christentums und die Irrtümer des Islam aufzuzeigen. Er selbst übersetzte sein Buch ins Armenische, Türkisch-Tatarische und Persische, später wurde es noch ins Englische, Türkische, Arabische, Marathi und Urdu übersetzt (vgl. Th. Schlatter, Geschichte der Basler Mission, Bd. I, Basel 1916, S. 110 f.). Pfander erregte, vor allem in Indien, einen Proteststurm seitens der Muslime. Noch heute ist sein Buch in den meisten islamischen Ländern verboten. - Eine Gegenschrift unter dem Titel "Iẓhâr al-ḥaqq" (Aufweis der Wahrheit) verfaßte der indische Šaiḫ Ibn Ḫalîl ar-Rahmân al-Hindî um die Mitte des vorigen Jahrhunderts. - Zu Pfander vgl. jetzt auch Andreas Waldburger, Missionare und Moslems. Die Basler Mission in Persien 1833-1837. Basel o.J. (Diss. Zürich 1982), bes. S. 93 ff.

9) Maʿa l-Masîḥ S. 22.

10) Zu Muḥ. Abû Zahra vgl. oben Kap. 6, Anm. 39.

11) Vgl. oben S. 122 f.

12) F. ʿUṯmân gebraucht hier die alte islamische Formel "al-amr bi-l-maʿrûf wa-n-nahy ʿan al-munkar", die bereits im Koran vorkommt (z.B. Su. VII,157; III,10). Durch sie wird jeder einzelne Muslim zur Wachsamkeit gegenüber vom Islam verbotenen Unrecht und Libertinismus ermahnt. Bereits eine Generation nach

dem Tode des islamischen Propheten war diese Maxime zu einem brisanten Politikum geworden, als nämlich die Kharidschiten (Ḫawâriǧ; eine aus Anhängern des 4. Khalifen ʿAlî hervorgegangene fanatische Gruppe) sie zum Vorwand nahmen, den blutigen Widerstand gegen jede Herrschaft zu rechtfertigen, die - wenigstens nach ihrer Ansicht - die Grundlagen des Islam verletze; konkret gemeint waren die Omayyaden unter Muʿâwiya, aber auch ʿAlî und seine Gefolgschaft. Die Muʿtaziliten übernahmen später diese Maxime als eine ihrer "Fünf Säulen", ohne jedoch mit ihr den Gebrauch von Gewalt zu begründen. Im wesentlichen ging es darum, darauf zu achten, daß die šarîʿa eingehalten wurde und, wenn das nicht geschah, dies so wirksungsvoll wie möglich zu kritisieren. Insofern kann sie, da sie Mißstände ausschalten soll, zu recht als "ständiges Reformprinzip" bezeichnet werden (L. Gardet, Islam. A.a.O. S. 250), das vor allem die Gewissen der Einzelnen schärft.

13) U.a. zitiert er aus Joachim Jeremias, Apokryphe Jesusworte (aqwâl al-Masîḥ ġair al-madûna fî bašâʾir al-inǧîl, übers. von Dr. ʿIzzat Zakî); George Mathison, Studien über Aspekte des Lebens Christi (dirâsât fî ṣuwar min ḥayât al-Masîḥ, übers. von Dr. ʿIzzat Zakî); St. Neill, Wer ist Christus? (man huwa al-Masîḥ? Übers. von Ibrâhîm Maṭar); Peterson Smith, Popular Life of Christ (as-sîrat aš-šaʿbîya li-l-Masîḥ, übers. von Ḥabîb Saʿîd); Roger Bastide, Grundzüge der Religionssoziologie (mabâdî ʿilm al-iǧtimâʿ ad-dînî, übers. von Dr. Maḥmûd Qâsim); häufig zitiert er aus ʿAqqâds Werken (ʿAbqarîyat al-Masîḥ, al-falsafat al-qurʾânîya - die Philosophie des Korans -, Allâh), gelegentlich aus dem zweibändigen Werk "Ḥayât Yasûʿ al-Masîḥ" (al-Ǧîza 1958) des Franziskanerpaters Louis Barsûm und aus anderer Literatur.

14) S. 114. Im einzelnen führt F. ʿUṯmân aus, die Entstehung der vier Evangelien (statt eines) sei damit begründet, daß Christus selbst predigte und kein Interesse daran hatte, seine Reden aufzuschreiben. Später war es vor allem ein Grund, der zur Aufzeichnung der vier Evangelien führte: die neronische Verfolgung, der eine Reihe der ältesten Gläubigen - unter ihnen Petrus - zum Opfer fielen. Damit war die Gefahr akut geworden, daß eines Tages von denen, die mit Christus gelebt und ihn gehört hatten, keiner mehr am Leben sei und damit die Zuverlässigkeit der Überlieferung Schaden nehmen könnte, wenn man weiter mit einer schriftlichen Aufzeichnung warte.
Der muslimische Leser dieser Ausführungen wird sich dabei an die Geschichte der endgültigen Festlegung des koranischen Textes erinnern. Auch Mohammed hatte sich nicht um die Festlegung eines allein gültigen Kanons seiner Offenbarungen gekümmert. Bei seinem Tode existierten eine Reihe von Koransammlungen, die je nach dem Sammeleifer ihrer Besitzer verschieden umfangreich waren und durch das zuverlässige Gedächtnis der Gefährten des Propheten jederzeit ergänzt oder korrigiert werden konnten. Nach den durch die ridda, d.h. die Unabhängigkeitsbewegung der arabischen Stämme veranlaßten Kämpfen, besonders aber nach der

Schlacht gegen die Ḥanîfa des "Lügenpropheten" Musailima im Jahre 11 H. (633), der eine Reihe dieser Autoritäten zum Opfer gefallen waren, sahen die Muslime jedenfalls die Möglichkeit akut werden, daß eines Tages die umma nicht mehr die Hilfe der Gefährten des Propheten bei der Scheidung zwischen den echten und unechten oder korrupten Koranen in Anspruch nehmen könnte. Schon Abu Bakr bemühte sich deshalb um die Herstellung eines maßgebenden Korantextes, und der 3. Khalife ʿUṯmân vollendete dieses Werk, das ohne die zuverlässigen Auskünfte der Gefährten des Propheten unmöglich gewesen wäre.
Die Bemerkungen, die F. ʿUṯmân zur Einleitung in die vier Evangelien gibt, sind im ganzen sehr dürftig. Wir verzichten auf eine Kritik, da es uns nicht um diese Fragen geht, sondern um des Verfassers Intention, die ihn zu seinen Ausführungen bewegt.

15) Später (S. 205 ff.) kommt er noch einmal auf die Wunder zu sprechen, die - wie er gemäß dem klassischen islamischen Verständnis der Wunder ausführt - ausschließlich zur Beglaubigung des Propheten und seines Auftrages mit Gottes Erlaubnis und Beistand vollbracht werden können. Ihre Bedeutung ruht also nicht in ihnen selbst. Auch Jesus - damit allerdings widerspricht er dem üblichen Bild der Muslime von Christus - liebt es nicht, Wunder zu tun, da das Interesse, das das Volk ihnen entgegenbrachte, die Aufmerksamkeit seinen Lehren gegenüber beeinträchtigen könnte. Zum koranischen Verständnis des Wunders vgl. Su. VI,109; XIII,7; XVII,86.99; XXIX,50-51.

16) Vgl. S. 145 ff.

17) S. 153: qûwa ʿuliyâ muḥâyida.

18) Zur fiṭra des Menschen vgl. unten S. 158.

19) S. 157.

20) S. 168 f.

21) "Tašrîʿ". Dieses Wort geht auf dieselbe Wurzel wie "šarîʿa" zurück: šarʿ, Offenbarung (vgl. oben Kap. 2, Anm. 29). Die von F. ʿUṯmân gemeinte Gesetzgebung geht nicht auf den Consensus einer Gruppe oder die Verfügung eines Einzelnen zurück, sondern sie legt in einer auf die Zeitverhältnisse bezogenen Weise den Anspruch Gottes an die Menschen fest und ist deshalb eo ipso gerecht.

22) S. 170.

23) S. 257. Zur "Wahl der qibla" vgl. oben S. 119.

24) In den folgenden Kapiteln geht es um das Verhältnis der Christen zum religiösen Gesetz (šarîʿa bzw. nâmûs) und zum Staat. Unter Hinweis auf die Erzählungen vom Zinsgroschen und

von der Ehebrecherin (Mk. 12,12-17 par. und Joh. 8,3 ff.) betont F. ʿUtmân, daß die Lehre Christi zunächst darum bemüht sei, die Unabhängigkeit des christlichen Gewissens in seinen Entscheidungen von beiden Bereichen und seine ausschließliche Verantwortung vor dem Gebot der Liebe herauszustellen. Die geschichtliche Entwicklung führte jedoch Christus und seine Anhänger zunächst in die Gegnerschaft der religiösen, später, vor allem seit Nero, auch in die der staatlichen Macht. Am Ende der unfreiwilligen Auseinandersetzung standen der byzantinische Kaiser als Oberhaupt von Kirche (hier stimmt F. ʿUtmâns Meinung nicht ganz mit der byzantinischen Verfassung überein) und Staat und Erbe Konstantins im Osten und die Auseinandersetzungen zwischen dem Papsttum und dem Kaisertum im Westen. Da F. ʿUtmân hier im wesentlichen data der Kirchengeschichte gibt, gehen wir auf diesen Abschnitt nicht weiter ein.
Auf einen anderen Paragraphen sei jedoch hingewiesen, in dem er auf die Diskussion des II. Vatikanischen Konzils zur Frage der Juden und des Antisemitismus eingeht. Er befürchtet, ebenso wie damals die Vertreter der Ostkirchen, daß aus einer religiösen Erklärung unter der Hand ein politisches Manifest fabriziert werden könnte und warnt nachdrücklich vor den Folgen einer solchen Verdrehung. Der politische und ideologische Antisemitismus einschließlich seiner Folgen in der Periode des Nationalsozialismus in Deutschland, der vor allem den deutschen Kardinal Bea zum Fürsprecher der ursprünglich geplanten Konzilserklärung werden ließ, sei eine europäische Angelegenheit, und F. ʿUṯmân reagiert - wie jeder Nichteuropäer - gereizt auf den Versuch, europäische Probleme zu "Weltproblemen" umzugestalten, wie das in den Tagen des Kolonialismus noch möglich war, um sie dann auf dem Rücken der Kolonialvölker zu lösen. Desgleichen sei das Nahostproblem tatsächlich ein politisches, für manche auch ein ideologisches Problem, das nicht mit religiösen Fragen wie dem Verhältnis zu den Anhängern der jüdischen Religion vermischt werden dürfe. Das Judentum gehöre zu den offenbarten Religionen, und von daher könne es über die prinzipielle Anerkennung seiner Würde keine Diskussion geben. Wenn die europäischen Christen mit dem Vorwurf, den Tod des Erlösers verursacht zu haben, die Juden verfolgten, so stand ihr Verhalten in deutlichem Widerspruch zum religiösen Gebot der Liebe. Es zeugt von wenig Einsicht und Bußfertigkeit, wenn sie andere zur Begleichung ihrer Rechnung zwingen.
Wir stimmen Fatḥî ʿUṯmân darin zu, daß er das Nahostproblem so, wie es sich heute darstellt, als eine von ihren tatsächlichen geschichtlichen Voraussetzungen her politische Auseinandersetzung beurteilt, ohne zu verkennen, daß der Streit um das Land, das die heiligen Stätten dreier eng verwandter Religionen beherbergt, auch seine religiösen Aspekte hat, die allerdings dort, wo sie sich politisch oder ideologisch verwerten lassen, von den Führern beider Seiten in unverantwortlicher und schamloser Weise mißbraucht werden. Und doch ist gerade im arabischen Islam die Gefahr groß, daß gleichsam durch die Haustür des politischen Gegensatzes die religiöse Anfrage eliminiert wird, die das Judentum als "ahl al-kitâb", das zudem den "tau-

ḥîd" in reinerer Gestalt als das Christentum bewahrt hat, vom Innenhofe her an die islamische umma stellt. Auch das Judentum hat seinen unaufgebbaren Platz in der islamischen "Heils- und Offenbarungsgeschichte". Um ihm das ihm zustehende theologische Gewicht zukommen zu lassen, müßte allerdings im Islam der Aspekt der "Treue" Gottes in einer über das formal-juristische hinausgehenden personalen Weise erfaßt werden, die auch im Strafgericht über das ungläubige und Unrecht übende Volk nicht das letzte Wort Gottes vernimmt. Doch die Kategorie des Personalen hat bisher kaum Eingang in das am Prinzip des Legalismus orientierte islamische Denken gefunden, genau so wenig übrigens wie in die Denkstruktur des Zionismus.

25) Al-fikr al-islâmî, a.a.O. S. 99 ff.

26) Ebd. S. 100.

27) Ebd. S. 107.

28) "Iǧtihâd" ist ein terminus des islamischen Rechts und bedeutet die selbständige Entscheidung einer Rechtsfrage aufgrund der persönlichen Kenntnis und Interpretation der Rechtsquellen. Iǧtihâd kann theoretisch von jedem mündigen Muslim geübt werden.

29) In "Al-Islâm wa-n-Naṣrânîya" (vgl. oben Kap. 6, Anm. 11) berichtet er mit unverborgener Sympathie von dem Fall eines von ihm nicht namentlich genannten nichtägyptischen Gelehrten - es handelte sich um ʿAbd al-Ḥamîd az-Zahrâwî aus Ḥims (Homs) in Syrien -, der sich für den iǧtihâd und gegen den taqlîd und taṣauwuf ausgesprochen hatte, und der deswegen der Ketzerei verdächtigt und eingesperrt wurde (a.a.O. S. 94 f./Übers. S. 97 f.).

30) Osman Amin, Muhammad Abduh, a.a.O. (oben Kap. 6, Anm. 5) S. 80 (engl. Übersetzung).

31) In der arabischen Grammatik bedeutet "ḍamîr" "Pronomen", d.h. Stellvertreter des Nomens, dessen Würde es aufgrund seiner Stellung einnimmt.

31a) Als diese Zeilen ursprünglich geschrieben wurden (1971), bahnte sich die Bewegung des sog. "islamischen Fundamentalismus" mit seiner dezidierten Rückwendung zu angeblich original-islamischen, zumindest aber gegen westliche Vorbilder gerichtete gesellschaftliche und legalistische Traditionen an. Als eine der Kernfragen stellte sich die nach dem Charakter der islamischen umma und damit ihrer Grundlage, nämlich der šarîʿa, heraus. Die Debatte um das rechte Verständnis der šarîʿa wird nach wie vor heftig und kontrovers geführt, nicht zuletzt im Blick auf die zivilen Rechte und Freiheiten des Einzelnen in der Gemeinschaft und der Wahrung seiner Würde angesichts rigoroser, im traditionellen Recht geforderter Strafmaßnahmen bei bestimmten Vergehen. Auf diesem Hintergrund bedürften die hier gemachten recht knappen Bemerkungen zur Rolle eines selbständigen und verantwortungsbewußten Individuums in der Gesellschaft einer ausführlichen weiteren Diskussion, gerade auch im Rahmen einer applizierten Christologie. Doch würde dies den Rahmen des hier behandelten Themas sprengen. Ich verweise deshalb auf einen von mir andernorts veröffentlichen Beitrag: Einige Bemerkungen zur Frage der allgemeinen Menschenrechte im Islam. In: ZEE 30, 1986, 155-174.

32) Erwähnt wird das Gewissen auch von dem der Bewegung der Muslim-Brüder nahestehenden Šaiḫ Muḥ. al-Ġazzâlî, z.B. in seinem Buche "Al-Islâm wa-l-manâhiǧ al-ištirâkîya" (Der Islam und die sozialistischen Richtungen), 4. Aufl. al-Qâhira 1960, vgl. das Zitat bei G. Hasselblatt, a.a.O. (Kap. 6, Anm. 5) S. 298: "Die Religion hat einen festen unveränderlichen und unbeweglichen Ort, wie es der Mittelpunkt eines Kreises ist - das menschliche Gewissen, aḍ-ḍamîr al-insânî".

33) Maʿa l-Masîḥ S. 414 f.; vgl. Anhang II, S. 193 f.

34) S. 285.

35) S. 319.

36) Mk. 12,13 ff. par. und Joh. 8,3 ff., vgl. oben Anm. 24.

37) S. 337.

38) S. 340.

39) S. 402.

40) Oft allerdings erscheinen die Parallelsetzungen ziemlich erzwungen, besonders, wenn man den Zusammenhang berücksichtigt, aus dem die Zitate stammen.

41) S. 416; vgl. Anhang II, S. 196.

42) S. 435.

43) S. 434; vgl. Anhang II, S. 197.

44) S. 436; vgl. Anhang II, S. 198.

45) S. 443. Den Hinweis auf diese Kontroverse zwischen Orthodoxen und Katholiken entnimmt F.ʿUtmân einem Zitat aus dem Buche des Franziskanerpaters Louis Barsûm, Ḥayât Yasûʿ al-Masîḥ, a.a.O. (oben Anm. 13) Bd. 2, S. 176 f.).

46) S. 443.

47) S. 447; vgl. Anhang II, S. 201 f.

48) S. 447 ff.; vgl. Anhang II, S. 201 ff. Die Bedeutung dieser Rede liegt zweifellos nicht nur in dem, was gesagt wurde, sondern darin, daß sie überhaupt stattfand. Bekanntlich verwehren die Muslime seit den Tagen des Khalifen Umar Nichtmuslimen den Zugang zu ihren beiden heiligsten Städten, Mekka und Medina. Dies im Gedächtnis, muß man sich nun vorstellen, welchen Eindruck es bereits vom Optischen her hervorruft, wenn der katholische Kardinal in vollem Amtsornat, rechts und links begleitet vom Šaiḫ al-Azhar und vom Rektor der Azhar-Universität, in die Aula des "geistigen Zentrums" dieser Religion einzieht, um vor über 2.000 Studenten aus der ganzen islamischen Welt, zwischen denen in bunter Folge, angetan mit ihren Amtsgewändern, Vertreter aller in Ägypten ansässigen christlichen Gemeinschaften neben den Mitgliedern des Lehrkörpers sitzen, über den tauḥîd zu sprechen. - Der arabische Text sollte ursprünglich in der Maǧallat al-Azhar abgedruckt werden, doch wurde aus mir nicht bekannten Gründen davon später abgesehen. Stattdessen kamen der englische und der arabische Text in gesonderten Drukken mit niedriger Auflage auf den Buchmarkt. Im Anhang II findet sich der von F. ʿUṯmân zitierte Ausschnitt aus dieser Rede (zu einer deutschen Übersetzung der Rede vgl. Anm. 30 zu Anhang II).

Anmerkungen zu Kapitel 10

1) Ganz neu war diese Einsicht dennoch nicht. Bereits Ibn Taimiya (661/1263-728/1328) hatte ausdrücklich die Erstarrung des sunnitischen Islam in den vier Rechtsschulen getadelt und die Wiederherstellung des ursprünglichen Islam gefordert. Auf seine Schriften berief sich die Ende des 18. Jahrhunderts in Arabien entstandene Reforbewegung der Wahhabiten, und auch Muḥammad ʿAbduh ist von Ibn Taimiya beeinflußt.

2) Vgl. oben S. 89 f.

3) Wir sprechen hier nicht von jenen europäischen Rationalisten, die die "christliche Religion" ablehnen und Christus zusammen mit Mose und Mohammed zu den großen Verführern der (abendländischen) Menschheit zählen. - Zum Christusbild der Rationalisten, vor allem des 17. und 18. Jahrhunderts, vgl. J.A.B. Jongeneel, Het redelijke geloof in Jesus Christus. Een studie over de wijsbegeerte van de Verlichting. Diss. Leiden, Wageningen 1971.

4) Vgl. H. Stieglecker, Die Glaubenslehren des Islam. Paderborn, München und Wien 1962, S. 26 ff.

5) Vgl. oben S. 53 ff.

6) Walter Holsten hat in einem ansprechenden Bild das Dogma mit einem Gefäß verglichen, während das Wasser das lebendige

Zeugnis Jesu ist. "Man kann das Wasser nicht weitergeben ohne das Gefäß, also ohne das Dogma. Das Dogma ist zum Transport da, aber das Wasser ist zum Trinken da. Wollte man vom Dogma ausgehen und beim Dogma stehen bleiben, indem man darüber endlos diskutiert, hätte man nur das Gefäß, aber das Gefäß ist leer. Es ist kein Wasser da, das zum Leben notwendig ist"; vgl. W. Holsten, Polemik gegen die Gottessohnschaft Jesu (Bibelarbeit über Joh. 10,22-38). In: W. Höpfner (Hg.), Islam und Christentum, Heft 3. Wiesbaden und Breklum 1971, 44-51, S. 49.

7) Immerhin bleibt festzuhalten, daß ʿAqqâd die Erfüllung der Vorhersage vom kommenden Reich im Rahmen der christlichen Geschichte sucht. Sonst herrscht im Islam die bereits bei ʿAlî aṭ-Ṭabarî feststellbare Tendenz vor, sie in der Gründung des islamischen Reiches zu sehen. Dies ist z.B. sehr ausgeprägt bei Rašîd Riḍâʾ der Fall.

8) Die Gedanken R. Riḍâ's wurden von ʿAbd al-Ḥamîd Ǧûda as-Saḥḥâr, auf dessen Buch über Christus wir nicht näher eingehen, aufgenommen und in epischer Breite dargestellt (Al-Masîḥ ʿIsà b. Maryam. al-Qâhira o.J. - ca. 1959 -, Makt. Miṣr). Die These Saḥḥârs in seinem literarisch sehr anregend geschriebenen Buch, in dem er das Leben Jesu in der Form der "Prophetenlegenden" (qiṣaṣ al-anbiyâʾ) nachzeichnet, ist, daß Christus am Anfang seiner Tätigkeit hoffte, der angekündigte Messias zu sein, der zur Aufrichtung der Königsherrschaft Gottes in die Welt gesandt werde. Im Laufe seines Auftretens wurde ihm jedoch deutlich, daß seine Aufgabe sich nicht von derjenigen des Täufers unterschied: auch er war nur zu den Kindern Israel gesandt, und wie jener so konnte auch er nur das Kommen des künftigen Gesandten verkündigen,, der das alte Gesetz auflösen und als Herrscher über den Erdkreis regieren werde. - Dies sei der Inhalt des Evangeliums Jesu (inǧîl); darüber hinaus hatte er die Kinder Israel, ebenfalls gleich Johannes, zur Buße und zur Vorbereitung auf das Kommen dieses Königs aufzurufen. Die Diskrepanz zwischen seiner ursprünglichen Hoffnung und der tatsächlichen Beschränkung seiner Aufgabe ließ Jesus resignieren, und seine Niedergeschlagenheit stieg durch die bitteren Erfahrungen, die ihm die Boshaftigkeit des Volkes und der Unverstand der Jünger zufügten. Vor allem in Judas war die anfangs geweckte Hoffnung jedoch wachgeblieben, daß Jesus doch der universale Herrscher sein könnte. Um ihn zum Handeln zu zwischen, inszenierte er die Gefangennahme. Doch war Jesus inzwischen entkommen, und an seiner statt wurde Judas selbst, weil er ihm "ähnlich sah" (Su. IV,157 und oben S. 27 ff.), gefangen abgeführt. Dabei erkannte Judas das Verwerfliche seines Irrtums, bereits in Jesus den Messias gesehen zu haben, und geduldig nahm er die kommenden Folterungen bis zur Kreuzigung auf sich, um dadurch für seine Fehler zu sühnen und schließlich doch noch zu den Rechtschaffenen zu zählen - die an alle Propheten Gottes einschließlich Mohammed, den Verheißenen, glauben.

9) E. Grässer, Der Grund der Kirche - ihre Herausforderung

durch das Evangelium. In: Herausgeforderte Kirche. Drittes Reichenau-Gespräch der Evangelischen Landessynode Württemberg. Stuttgart 1970, 11-29, S. 24.

10) Vgl. z.B. Su. V,70.

11) Wir wenden uns damit auch gegen die Bemerkung Siegfried Raeders (Islamischer und christlicher Gottesbegriff. In: W. Höpfner (Hg.), Christentum und Islam, Heft 3, 7-25, S. 23): "Der Fromme muß allen Ernstes damit rechnen, daß Gott ihn in die Hölle schickt, ungeachtet seiner guten Werke". Er kommt zu diesem Schluß aufgrund eines Ḥadîṯwortes, das "Gottes Majestät ... bis zur teilnahmslosen Grausamkeit betont": "Diese zum Himmel, es kümmert mich nicht; diese zur Hölle, es kümmert mich nicht". Wenn der Christ auch vor einem solchen Worte erschrickt, so kann er doch nicht außer acht lassen, daß der Muslim hier nicht eine blinde göttliche Willkür am Werke sehen würde, sondern die Antwort Gottes auf die Handlungen der Menschen, die selbst die Verantwortung für ihr Tun tragen. Auch hier gilt es, das Glaubensverständnis des Muslims ernst zu nehmen und ihm nicht ein Glaubensverständnis zu unterschieben, das er gar nicht teilt. Für den Muslim ist es ein großer Trost zu wissen, daß Gott aufgrund seiner Gerechtigkeit und mittels seiner Barmherzigkeit gewiß den Frommen zu sich aufnehmen wird. Die Gerechtigkeit Gottes wird nicht durch Lust oder Macht zur Willkür, sondern durch die islamische, im Koran allerdings noch nicht sehr ausgeprägte Prädestinationslehre (al-qaḍâ' wa-l-qadr) problematisiert. Hier sieht sich das islamische Denken ähnlichen Fragen gegenüber wie die theologischen Erben Augustins, insbesondere die Calvinisten. Daß Gott vom Schicksal der Verworfenen unberührt bleibt, ist allerdings eine Aussage, die dem christlichen Gottesverständnis fremd ist.

12) Daud Rahbar, God of Justice. Diss. Cambridge 1953, Leiden 1960.

13) Vgl. oben S. 124, ferner S. 171. Im Koran taucht die Ansicht von der unverdorbenen Fiṭra des Menschen im Zusammenhang mit einer Art Bundestheologie auf. In der Vorewigkeit, als Gott "aus der Lende der Kinder Adams deren Nachkommenschaft hervorkommen ließ und sie gegen sich selber zeugen ließ (indem er sprach:) Bin ich nicht euer Herr? - da sagten sie: Jawohl, wir bezeugen es" (Su. VII,172). Dies ist der Kern des "mîṯâq" (Bundes), den Gott mit den Menschen geschlossen hat: daß sie das Zeugnis von der alleinigen Gottheit aussprechen. Seitdem Adam mit seiner Nachkommenschaft zu diesem Zeugnis gelangte, ist jedem Menschen in seiner Natur (fiṭra) die Veranlagung zu ihm vorgegeben, d.h. daß die fiṭra eines jeden Menschen ihn dazu befähigt, das Zeugnis zu sprechen und damit in den mîṯâq Gottes mit den Menschen aufgenommen zu werden. Die Verpflichtung schließt ein, daß die Banî Adam nicht dem Satan dienen (Su. XXXVI,60). Doch als der Satan den Adam überredete, doch vom Baum der Erkenntniß zu essen, vergaß Adam den mîṯâq. Dies än-

derte zwar nichts an der fiṭra Adams, zeigt jedoch die Gefahr, der der Mensch seitens der Versuchungen des Satans ausgesetzt ist.

14) Die anderen beiden "uṣûl al-fiqh", die die islamischen Rechtsgelehrten aller vier sunnitischen Rechtsschulen anerkennen, sind der "qiyâs" (Analogieschluß) und der "iǧmâʾ" (Consensus der Gelehrten). Doch wird diesen beiden Prinzipien unterschiedliche Bedeutung beigemessen, die Hanbaliten kritisieren sie sogar als "Neuerung", die es zur Zeit des Propheten noch nicht gegeben habe, zumindest nicht in der in den Schulen üblichen Definition.

15) Die Vorstellung, den Menschen als Gottes Stellvertreter bzw. "Nachfolger" (ḫalîfa) in der Schöpfung zu betrachten, wurzelt übrigens im Koran, vgl. Su. II,30.

Anmerkungen zu Kapitel 11

1) Muḥammad Kâmil Ḥusains Buch über den Großen Freitag in Jerusalem gehört ebenfalls in diese Reihe. Aus den genannten Gründen (Kap. 8, Anm. 56 und 57) sind wir jedoch nicht näher auf dieses Werk eingegangen; vgl. jedoch S. 129 f.

2) Vgl. Maʿa l-Masîḥ, S. 7 f.; Manṣûr Ḥusain, Daʿwat al-ḥaqq. al-Qâhira 1963 (s. oben Einl. Anm. 20). Trotz der apologetischen Tendenz dieses Buches und der Antwort Yassà Manṣûrs ist es, wie Y. Manṣûr im Gespräch berichtete, zu einer Reihe von Begegnungen zwischen ihm und M. Ḥusain gekommen, in denen beide nicht nur miteinander diskutierten, sondern versuchten, im gemeinsamen Gebet Gott mit in ihren Dialog einzubeziehen. Die Ablehnung und Widerlegung der christlichen Glaubensüberzeugungen, soweit sie die Bedeutung Christi betreffen, haben also auch für den Muslim ihre existentielle Dimension und entspringen keineswegs nur einem Hang zu rationaler Deduktion oder dialektischer Spielerei.

3) Dies hat sich auch in der späteren islamischen Theologie nicht geändert, auch dann nicht, als das Hauptthema die Bestimmung der Einheit des göttlichen Wesens war. Das Anliegen der islamischen Theologen war stets die Abwehr jeder Art von Polytheismus, sei es eines offenen, in dem verschiedene Götter verehrt werden, oder eines versteckten, der den göttlichen Attributen zu große Selbständigkeit einräumt. Wenn Karl Barth meint, der Islam verkündige statt "Gott als den Einzigen" "das Einzige als Gott" (KD II/1, S. 505), dann hat er diese Religion und die Anliegen ihrer Theologen in einem ganz entscheidenden Punkt mißverstanden, wie denn auch seine weiteren Ausführungen die Tradition des abendländischen Denkens, nicht jedoch die Bereitschaft, zunächst einmal auf das Fremde zu hören, durchblicken lassen. "Und es kann der Monotheismus, d.h. die religiöse Verklärung der Zahl Eins, die Verabsolutierung der Idee der Ein-

zigkeit als Gotteserkenntnis doch nur so lange eindrucksvoll und überzeugend sein, als man etwa die vielfache Dialektik noch nicht bemerkt hat, in die man sich notwendig verwickelt und in die denn auch der Islam unheilbar verwickelt ist: Jene Weltmächte, in deren Objektivität man das Einzige gefunden zu haben meinen kann, sind nun einmal verschieden, und nur gewaltsam wird man je der einen vor der anderen den Vorzug geben, wird man heute in der Natur, morgen im Geist, heute im Schicksal, morgen in der Vernunft, heute in der Lust, morgen in der Pflicht das Einzige sehen können, das den Generalnenner alles Übrigen und damit das theoretische und praktische Prinzip der menschlichen Lebenserkenntnis und Lebensführung bilden soll" (ebd.). - Es ist bedauerlich, daß Barth es nicht für nötig befand, die Geschichte des islamischen Kalam einmal daraufhin zu befragen, ob die von ihm eingeforderte "vielfache Dialektik" nicht doch auch dort bemerkt und verhandelt worden ist. In den Auseinandersetzungen mit Naturphilosophien im 8./9. Jahrhundert,im Streit um die Attributenlehre u.a.m. geht es um eben diese Fragen. Daß die Antworten der islamischen Theologen anders ausfielen als diejenigen Barths berechtigt nicht zu dem Urteil, die Probleme seien nicht erkannt. Barths Kritik geht am Islam vorbei und trifft lediglich das Bild, das er sich von dieser Religion macht. Ob ein solches Schattenboxen die Gesundheit einer Theologie fördert mag fuglich bezweifelt werden.

4) Vgl. oben S. 158.

5) Zu "Kalâm" vgl. Kap. 3, Anm. 22; "Tauḥîd" wörtl. "Einsmachung", dann: "(Bekenntnis der) Einheit Gottes". Der gegenwärtig gelegentlich gebrauchte Ausdruck "(ʿilm al-) lâhût" lehnt sich an den christlichen Sprachgebrauch an; "lâhût" (göttliches Wesen, von "ilâh") ist eine Analogiebildung zu "nâsût" (menschliches Wesen, von "nâs", Mensch), und beide Begriffe werden auch zur Bezeichnung der beiden "Naturen" Christi verwendet.

6) Vgl. oben Kap. 3, Anm. 23.

7) W. Holsten, Polemik der Moslems gegen die Gottessohnschaft Jesu und das Dogma der Dreieinigkeit. In: W. Höpfner (Hg.), Christentum und Islam, Heft 3. Wiesbaden und Breklum 1971, 52-60, S. 52.

8) Vgl. Anhang II, S. 200 f.

9) Vgl. oben S. 155 und S. 169 f.

Anmerkungen zu "Statt eines Nachworts"

1) Um dieses Problemfeld rang H.J. Margull in seinem Aufsatz Verwundbarkeit. Bemerkungen zum Dialog. In: Evang. Theologie 30, 1974, 410-420. Vgl. auch Paul Löffler, Theologie des Dialogs oder dialogische Theologie? In: ZMiss 4, 1977, 99-106; O.

Schumann, Gedanken zur Aktualität einer Evangelischen Religionskunde. In: ZMiss 13, 1987, 91-98.

2) Vgl. A. Wessels, De Koran verstaan. Kampen 1986, S. 172 ff.

Anmerkungen zu Anhang I

Der Übersetzung liegt der von I.-A. Khalifé und W. Kutsch in MUSJ 36, 1959, 119-148 edierte Text zugrunde. Doch weist dieser Text eine Reihe von orthographischen Fehlern, Umstellungen und Dittographien auf, die - von wenigen, offensichtlich beim Druck geschehenen Fehlern abgesehen - auf die Handschrift zurückzuführen sind. Sie wurden zumeist ohne besonderen Hinweis verbessert, lediglich in schwerer wiegenden Fällen findet sich ein Heinweis. Gelegentliche erklärende Zusätze stehen in Klammern. Am Rand wird die Seitenzahl des Originals angegeben.

1) Su. LIX,23.

2) Su. II,133: "Der Gott deiner Väter Abraham, Ismael und Isaak".

3) Vgl. Su. XIV,30.

4) Su. CXII; IV,171.

5) Su. XXXVI,82; XXXIX,66. Es fällt auf, daß Ṭabarî den Plural gebraucht im Gegensatz zum Koran.

6) Su. XXX,54; LX,7 u.Ö.

7) Su. III,30; II,207 u.ö.

8) Su. XXXVIII,9.35; III,8.

9) Su. IV,40; wörtlich: "Der nicht im Gewicht eines Staubkörnchens Unrecht tut"; vgl. Parets Übersetzung z.St.

10) Su. XII,21.

11) Vgl. Su. LXIX,18.

12) Su. II,136.285; III,84.

13) Su. XXII,7.

14) Su. LXXXII,13.

15) Zur Übersetzung von "šarîʿa" und "šarîʿat al-îmân" vgl. oben S. 35 ff. und Kap. 2, Anm. 29.

16) Ich übersetze hier "taurât" nicht mit "Altes Testament", da der Psalter (az-Zabûr) und die Prophetenbücher gesondert genannt werden.

17) Ex. 3,14.

18) Ex. 20,2-5.

19) Dtn. 32,39. Der Vers ist dem "Lied des Mose" entnommen, und zwar einem Abschnitt, der in der Form der Jahwe-Rede steht.

20) Matth. 1,1.

21) Matth. 19,16 f. Im arabischen Text steht "ḫabr", Gelehrter, doch ist wohl im Anschluß an Matth. 19,16 "ḫair" zu lesen. - Die Kapitelangabe ist oft fehlerhaft.

22) Joh. 17,1.

23) Wahrscheinlich denkt Ṭabarî an Su. VII,179.

24) Jes. 1,3.

25) Zu lesen "wa-yastašhidu ʿIsàʿya bi-nubuwat al-Masih", anstatt "yastshidu bi-nubuwatihi (I)sa ya an al-Masih".

26) Matth. 12,18; vgl. Jes. 42,1. Statt "haqq", Wahrheit, steht im hebräischen Text "mispat", Recht.

27) Zu lesen "wa-laisa bi-gahd", anstatt "wa-laisa bi-hugga".

28) Mk. 15,34. Im Text ist "li-ma" zu ergänzen.

29) Matth. 26,26-28.

30) Vgl. Luk. 2,52. Im Griechischen steht: "proekopten en te sophia kai helikia".

31) Vgl. Luk. 2,40.

32) Joh. 14,24.

33) Joh. 14,28: ... hoti ho pater meizon mu estin.

34) Joh. 14,31-15,1.

35) Joh. 14,16.

36) Die Satzkonstruktion dieser Parenthese sowie der Zusammenhang mit dem Kontext werden hier undeutlich. Möglich ist, daß der Vf. das Fremdwort "Paraklet" durch eine Glosse erklären will, wie hier in der Übersetzung zum Ausdruck kommt. Eine andere Möglichkeit ist, daß der Abschreiber des Manuskripts, wie

an anderen Stellen auch, den Zusammenhang seiner Vorlage aus den Augen verlor und damit die Unklarheit auf ihn zurückzuführen ist.

37) Joh. 15,26.

38) Vgl. Joh. 16,25.

39) Zu lesen "ǧi'ûnî", anstatt "ḥaiyûnî".

40) Vgl. Luk. 24,36-39.

40a) An dieses Argument ließe sich dann der Vorwurf anknüpfen, daß die Welt für die Christen - ebenso wie für die Dahriten - ewig sei.

41) Matth. 1,2.

42) Luk. 2,7; Kap. 23.

43) Der Text ist hier verderbt und wiederholt sich teilweise.

44) Oder: und Angehöriger eines Volkes (wa-ʿabd ibn ummatin)?

45) Joh. 5,26. Zu lesen "li-l-ab", anstatt "al-ab".

46) Joh. 5,31 ff. Der griechische Text weicht ab: "... ean egô martyrô peri emautu, he martyria mu uk estin alethes, allos estin ho martyron peri emu. kai oida hoti alêthês estin hê martyria hên martyrei peri emu ... kai ho pempsas me patêr, ekeinos memartyrêken peri emu".

47) Dtn. 17,6. Zu lesen "yastašhidûna bi-hâ" anstatt "yastašhidûnî bi-hâ".

48) Zu lesen "aḥaduhumâ" anstatt "aḥad bi-mâ".

49) Matth. 26,39.

50) Mk. 13,32.

51) Mk. 10,45.

52) Zu lesen "mutahham" anstatt "minhum".

53) Zur Dahrîya vgl. oben S. 45.

54) Ṭabarî meint hier den Logos und den Heiligen Geist.

55) Gemeint ist Christus.

56) "Einwohnung" (musâkana) ist der term. techn. der nestorianischen Christologie, "Vereinigung" (ittiḥâd) der der Monophy-

siten. "Untrennbarkeit" (luzûm) zielt wahrscheinlich auf die Melkiten. Der Gebrauch dieser Begriffe ist jedoch nicht immer einheitlich.

57) ? "Ṣadr al-kitâb" eigentlich: Vorderseite oder Anfang des Buches.

58) Su. III,64.

59) Su. IV,48.

60) Zu lesen: "innahu lâ yuqâl ka-šai' min halqihi" anstatt "innahu la yuqal li-sai min halqihi".

61) Der Begriff "hulul", der hier mit "Einkehr" übersetzt ist, kann auch "Inkarnation" bedeuten. Er gehört ebenfalls zur nestorianischen Terminologie.

62) Oder: Angehöriger eines Volkes; vgl. oben Anm. 44.

63) Wörtl.: floh.

64) Am Beginn dieses Abschnittes hatte Ṭabarî von der Versuchung Jesu durch den Satan berichtet (vgl. Matth. 4,1 ff.).

65) Ṭabarî zitiert das Bekenntnis der Nestorianer; vgl. H. Lietzmann, Kleine Texte 17/18, S. 24.

66) Der Text ist hier unverständlich und wurde nach Lietzmann und dem von Šahrastânî, Milal II, S. 28 zitierten Bekenntnis korrigiert.

67) Im Text fehlt "vom wahren Gott". Entweder ist es ein Schreibfehler oder eine intendierte Auslassung, die allerdings - angesichts des polemischen Interesses - wenig Sinn machen würde.

68) Vgl. Anm. 66.

69) Fehlt bei Lietzmann.

70) Lietzmann: "kai palin erchomenon".

71) Im arabischen Text steht "rûḥ al-Ḥaiy" (der Geist des Lebendigen). Ich konjiziere "rûḥ al-ḥaqq" aufgrund des Textes bei Lietzmann sowie der von Ibn Ḥazm, Fiṣal I, S. 44 und Šahrastânî, Milal II, S. 28 überlieferten arabischen Bekenntnisse.

72) Lietzmann: "ek tu patros".

73) Statt des im Text aufgrund der unverständlichen Konsonanten konjizierten "ǧaṯûlîqîya" hat Lietzmann "apostolikên"; bei Ibn Ḥazm und Šahrastânî ebenfalls "ǧâṯulîqîya".

74) Lietzmann: "kai sarkos anastasin"; im syrischen Text steht, worauf Lietzmann hinweist, "Auferstehung der Leiber".

Anmerkungen zu Anhang II

1) Die in der Übersetzung unterstrichenen Wörter sind im Originaldruck fettgedruckt. - Es werden nicht alle Anmerkungen des Autors übernommen. Einige werden gekürzt, andere vom Übersetzer hinzugefügt und durch (Ü) kenntlich gemacht.

2) F. Utman zitiert diesen und die folgenden Ḥadîṯe aus Ǧalâl ad-dîn as-Suyûṭî, Al-ǧâmiʿ aṣ-ṣagîr. Die von mir eingesetzten Seitenzahlen beziehen sich auf die Kairoer Ausgabe von 1967 (Dâr al-kâtib al-ʿarabî li-ṭ-ṭabâʿa wa-n-našr). Der Wortlaut bei Suyuṭî weicht oft von dem in den ursprünglichen Hadîṯen ab. Dieser Ḥadîṯ bei Suyûṭî, a.a.O. S. 339; vgl. Buḫârî, K. al-îmân S. 7, Muslim, K. al-îmân S. 71.72; ferner Mk. 12,31 par.; 1. Joh. 3,10 (Ü).

3) Suyûṭî, Al-ǧâmiʿ aṣ-ṣagir S. 161; vgl. Aḥmad b. Ḥanbal, Musnad 2, S. 373 (Ü).

4) Luk. 4,16-18.

5) Jak. 5,1-6.

6) Im Text jeweils "Beziehungen" (Ü).

7) Wörtl.: ... und die Punkte auf die Buchstaben setzt (Ü).

8) Siehe Anm. 6 (Ü).

9) D.h., daß sich der Gegensatz nicht aus Koran und/oder Sunna begründen läßt (Ü).

10) Su. II,35-38.

11) Su. V,70.

12) Su. IV,157-158; vgl. oben S. 27 f.

13) Matth. 7,21-23; Luk. 13,25-27.

14) Matth. 20,23; Mk. 10,40.

15) Gal. 6,1-5. Es folgen noch zwei Zitate aus Hebr. 10 und Jak. 2,14-26 (Ü).

16) Wörtl.: legte (Ü).

17) Luk. 17,20-21. Die arabische Übersetzung sagt: "Das Reich

Gottes ist inwendig in euch" (malakût Allâh dâḫilakum) (Ü).

18) F. ʿU. zitiert die Hadîṯe nach Ǧalâl ad-dîn as-Suyûṭî, Al-ǧâmiʿ aṣ-ṣagir (Ü).

19) Wörtl.: gab (Ü)

20) Suyûṭî, a.a.O. S. 42 (Ü).

21) Su. XXI,27-28; XXXIV,23; LIII,26.

22) Aus der Erklärung Ibn Kaṯîrs zu Su. II,255.

23) Anas b. Malik war Genosse des Propheten und wichtiger Tradent (Ü).

24) Die Namen Abû Saʿîd und Ḫudrî beziehen sich wahrscheinlich auf dieselbe Person: Abû Saʿîd al-Ḫudrî, auf den eine Reihe von Hadîṯen zurückgeführt werden (vgl. W.M. Watt, Muhammad at Medina, S. 167) (Ü).

25) Wörtl.: Was die Leute des Feuers betrifft, diejenigen, die sein Volk sind, sind es wegen ihrer Sünden (Ü).

26) al-Muḥallà Bd. 1, S. 16-17 (al-Munîrîya-Ausgabe).

27) Vgl. Su. VI,164 (Ü).

28) Muḥ. Ḥusain Haikal, Ḥayât Muḥammad (S. 28).

29) Amîn al-Ḫûlî, Religiöser Friede: ihn bedürfen Religion und Leben. In: al-Maǧalla, Mai 1957.

30) Der Text der folgenden Auszüge aus der Rede Kardinal F. Königs geht auf den arabischen Text zurück, wie er von F.ʿU. zitiert wird; er wurde jedoch mit dem in Forum XII, 1965, 277 ff. abgedruckten deutschen Text verglichen (Ü).

31) Su. X,99.

32) Vgl. oben Kap. 3, Anm. 22 (Ü).

33) Su. II,256.

34) Auszüge aus der Rede Kardinal Königs, im arabischen Sonderdruck S. 11 ff., im deutschen Text a.a.O. S. 280 ff. (Ü).

35) Su. V,68; XXIX,46; II,139; XLII,15; V,82-85.

36) Su. XXX,2-6.

37) Su. XXXIX,2-3.39.41.46; XXXIV,24-26.

Literaturverzeichnis

1. Abkürzungen der Zeitschriften, Enzyklopädien, Reihen

ACLS — American Council of Learned Societies, Near Eastern Translation Program. Washington D.C.

BO — Biblica et Orientalia. Roma.

EI — Enzyklopädie des Islam. 1. Aufl. Leiden 1913 ff. Encyclopaedia of Islam. New edition, Leiden 1960 ff.

EKL — Evangelisches Kirchenlexikon. 1. Aufl. Göttingen 1956 ff.

EMM — Evangelisches Missions-Magazin. Basel.

EMZ — Evangelische Missionszeitschrift. Stuttgart.

ERE — Encyclopedia of Religion and Ethics. Edinburgh 1908 ff.

Hespéris — Archives Berbères et Bulletin de l'Institut des Hautes-Etudes marocaines. Paris.

HThR — Harvard Theological Review. Cambridge (Mass./USA).

Der Islam — Zeitschrift für Geschichte und Kultur des islamischen Orients. Berlin.

Islamochristiana. Roma.

JAOS — Journal of the American Oriental Society. New Haven.

MIDEO — Mélanges de l'Institut dominicain d'Etudes orientales. Le Caire.

MUSJ — Mélanges de l'Université St. Joseph. Beyrouth.

MW — The Muslim World. Hartford (Conn./USA) und Leiden.

NTD — Das Neue Testament Deutsch. Göttingen.

NThT — Nederlands Theologisch Tijdschrift. Amsterdam.

RGG	Die Religion in Geschichte und Gegenwart. 3. Aufl., Tübingen 1957 ff.
RM	Die Religionen der Menschheit. Hg. (bzw. begründet) von Christel Matthias Schröder. Stuttgart-Berlin-Köln-Mainz 1960 ff.
ROC	Revue de l'Orient Chrétien. Paris.
RSO	Rivista degli Studi Orientali. Roma.
ThStAAL	Theologische Stimmen aus Asien, Afrika und Lateinamerika. München.
TM	Tafsîr al-Manâr. al-Qâhira.
UTB	Universitäts-Taschenbücher. Stuttgart usw.
Wending	Maandblad voor Evangelie en Cultuur. s'Gravenhage.
ZDMG	Zeitschrift der Deutschen Morgenländischen Gesellschaft. Wiesbaden.
ZEE	Zeitschrift für Evangelische Ethik. Gütersloh.
ZM	Zeitschrift für Missionswissenschaft und Religionswissenschaft. Münster/Westf.
ZMiss	Zeitschrift für Mission. Stuttgart und Basel.
ZRGG	Zeitschrift für Religions- und Geistesgeschichte. Köln.

2. *Literaturübersicht*

Die modernen arabischen Schriftsteller sind, der arabischen Bibliotheksordnung entsprechend, unter ihrem ersten Namen eingeordnet, diejenigen der klassischen Zeit unter dem Namen, unter dem sie im allgemeinen zitiert werden. Bei den arabischen Büchern wird, wo möglich, der Verlag angegeben.

ʿAbbâs Maḥmûd al-ʿAqqâd, Ibrâhîm Abû l-anbiyâʾ (Abraham, der Vater der Propheten). al-Qâhira o.J. (Nachdruck 1966 - Dâr al-hilâl).

ders., ʿAbqarîyat al-Masîḥ (Der Genius Christi). al-Qâhira 1952 (Dâr al-yaum).

ders., Ḥayât al-Masîḥ (Das Leben Christi). al-Qâhira o.J. (Dâr al-hilâl).

ders., Anâ (Ich). al-Qâhira o.J. (Dâr al-hilâl).

ders., Allâh (Gott). 4. Aufl., al-Qâhira 1964 (Dâr al-maʿârif).

ʿAbd Allâh b. Muḥammad b. aṣ-ṣiddîq al-Ġumârî, Kitâb iqâmat al-burhân ʿalà nuzûl ʿIsà fi âhir az-zamân (Buch der Aufrichtung des Beweises über die Wiederkunft Jesu am Ende der Zeiten). al-Qâhira o.J. (Maṭb. al-iḫwân al-muslimîn).

ders., ʿAqîdat ahl al-Islâm fi nuzûl ʿIsà ʿalaihi s-salâm (Das Dogma der Muslime von der Wiederkunft Jesu, über ihm sei Friede). al-Qâhira o.J. (Dâr al-qaumîya).

ʿAbd al-Fattâḥ ad-Dîdî, ʿAbqarîyat al-ʿAqqâd (Der Genius ʿAqqâds). al-Qâhira o.J. (Dâr al-qaumîya).

ʿAbd al-Ḥamîd Ǧuda as-Saḥḥâr, Al-Masîḥ ʿIsà b. Maryam (Der Christus Jesus, Sohn der Maria). al-Qâhira o.J. (ca. 1959, Maṭb. Miṣr).

ʿAbd al-Wahhâb an-Naǧǧâr, Qiṣaṣ al-anbiyâʾ (Prophetenlegenden). 4. (?) Auflage, al-Qâhira 1966 (Ḥalabî).

Abramowski, Luise, Zum Brief des Andreas von Samosata an Rabbula von Edessa. In: Oriens Christianus 41, 1957, 51-64.

Abû Nuʿaim (Abû Nuʿaim Aḥmad b. ʿAbd Allâh al-Iṣbahânî), Ḥilyat al-auliyâʾ, Bd. VI. Bairût 1387/1967 (Dâr al-kitâb al-ʿarabî).

Abû Rîda, Muḥ. ʿAbd al-Hâdî, siehe *de Boer, T.J.*

Afġânî, siehe *Ǧamâl ad-dîn al-Afġânî*.

Aḥmad Šalabî, Muqâranat al-adyân II: al-Masîḥîya (Vergleichende Religionswissenschaft 2: Das Christentum). 2. Aufl., al-Qâhira 1965 (Makt. an-nahḍat al-miṣrîya).

Ahrens, Karl, Christliches im Qoran. In: ZDMG 84, 1930, 148 bis 190.

ʿÂisha ʿAbd ar-Raḥmân (Bint aš-Šâṭî), Easter Impression of City of Wrong. Transl. by Kenneth Nolin. In: MW 51, 1961, 148-150.

Allouche, I.S., Un traité de polémique christiano-musulmane au IXe siècle. In: Hespéris XXVI, 1939, 123-155.

Alt, Albrecht, Der Gott der Väter. Abgedr. in: Kleine Schriften Bd. 1, München, 3. Aufl. 1961, S. 1-78.

Amin, Osman, siehe *ʿUthmân Amîn*.

Anawati, G.C., Jésus et ses juges d'après "la Cité inique" du Dr Kamel Hussein. In: MIDEO 2, 1955, 71-134.

ders., Art. " Îsā". In: EI, 2. Aufl. Bd. IV, S. 81-86.

Andrae, Tor, Islamische Mystiker. Stuttgart 1960 (Urban Bücher 46).

Aš'arî (Abû l-Ḥasan 'Alî b. Ismâ'îl al-Aš'arî), Maqâlât al-islâmîyîn. Hg. von H. Ritter. 2. Aufl., Wiesbaden 1382/1963.

Ayoub, Mahmoud, Muslim views of Christianity: some modern examples. In: Islamochristiana 10,1984, 49-70.

Azar, Raymond, Der Begriff der Substanz in der frühen christlich-arabischen und islamischen Gotteslehre. Diss. Bonn 1967.

Baġdâdî ('Abd al-Qâhir b. Ṭâhir al-Baġdâdî), Kitâb al-farq baina l-firaq (Buch des Unterschiedes zwischen den Sekten). Hg. von 'Izzat al- Aṭṭâr al-Ḥusaini. O.O. (Kairo) 1367/1948.

Bakker, Dirk, Da'wa. Missionarische Mobilisierung des Islams in Indonesien. In: EMZ 26, 1969, 121-136.

Balić, Smail, Das Jesusbild in der heutigen islamischen Theologie. In: A. Falaturi und W. Strolz (Hg.), Glauben an den Einen Gott. Freiburg/Br. 1975, S. 11-21.

Baljon, J.M.S., The 'Amr of God in the Koran. In: Acta Orientalia 23, 1959, 7-18

Beck, E., Die Gestalt Abrahams am Wendepunkt der Entwicklung Mohammeds. In: Le Muséon 65, 1952, 73-94.

Bell, Richard, The Origin of Islam in its Christian Environments. London 1926.

ders., Mohammeds Call. In: MW 24, 1934, 13-19.

ders., Mohammeds Visions. In: MW 24, 1934, 145-154.

ders., Mohammad and previous messangers. In: MW 24, 1934, 330 bis 340.

ders., Introduction to the Qur'an. Edinburgh 1953.

Bidawid, Raphael, Les Lettres du patriarche nestorien Timothée I. Città del Vaticano 1956 (Studi e Testi 187).

Bishop, E.F.F., siehe *Guthrie, A.*

Blachère, Régis, Le Coran. Traduction Nouvelle. 2 Bde., Paris 1949 f.

de Boer, T.J., Geschichte der Philosophie im Islam. Stuttgart 1901.

ders., Ta'rîḫ al-falsafa fi l-Islâm. Übers. und kommentiert von Muḥammad ʿAbd al-Hâdî Abû Rîda. 4. Aufl., al-Qâhira 1377/1957.

Braune, Walter, Der islamische Orient zwischen Vergangenheit und Zukunft. Bern und München 1960.

Brockelmann, Carl, Geschichte der arabischen Litteratur. Supplemente I-III, Leiden 1937-1943.

Brown, David und *Gordon Huelin*, Christianity and Islam. 5 Hefte. 1. Jesus and God in the Christian Scriptures; 2. The Christian Scriptures; 3. The Cross of the Messiah; 4. The Divine Trinity; 5. The Church and the Churches. London 1967-1970.

Buhl, Frants, Zur Ḳur'anexegese. In: Acta Orientalia 3, 1924, 97-108.

ders., Das Leben Muhammads. 3. Aufl., Darmstadt 1961.

Caskel, W., Das Schicksal in der altarabischen Poesie. Leipzig 1926.

Chabot, I.S., Synodicon Orientale ou Recueil de Synodes nestoriens. Publié, traduit et annoté par I.B. Chabot. Paris 1902.

Chidiac, Robert, siehe *Ġazâlî, Abû Ḥâmid*, Ar-radd al-ǧamîl ...

Cheikho, Louis, siehe *Šaiḫû, Lûis*.

Conzelmann, Hans, Geschichte des Urchristentums. Göttingen 1969 (NTD Ergänzungsreihe 5).

Cooper, J., Art. "Mary". In: ERE Bd. VIII, S. 476.

Cragg, Kenneth, The Meaning of ẓulm in the Qur'ân. In: MW 49, 1959, 196-212 (kommentierte Übersetzung eines Artikels von Muḥ. Kâmil Ḥusain).

Cullmann, Oscar, Die Christologie des Neuen Testaments. 2. Aufl., Tübingen 1958.

Dick, I., Deux écrits inédits de Th. Abuqurra. In: Le Muséon 72, 1959, 53-67.

Eichner, Wolfgang, Die Nachrichten über den Islam bei den Byzantinern. In: Der Islam 23, 1936, 133-162; 197-244.

Elert, Werner, Der Ausgang der altkirchlichen Christologie. Berlin 1957.

de Epalza, Mikel, Le milieu hispano-moresque de l'Evangile islamisant de Barnabé (XVIe-XVIIe s.). In: Islamochristiana 8, 1982, 195-183.

van Ess, Josef, Ǧâḥiẓ und die asḥâb al-maʿârif. In: Der Islam 42, 1966, 169-178.

ders., Ḍirâr b. ʿAmr und die "Cahmîya". In: Der Islam 43, 1967, 241-279; 44, 1968, 1-70 und 318 f.

Fahd, Toufic, Le panthéon de l'Arabie centrale à la veille de l'Hégire. Paris 1958.

Fatḥî ʿUṯmân, Maʿa l-Masîḥ fi l-anâǧîl al-arbaʿa (Mit Christus in den vier Evangelien). 2. Aufl., al-Qâhira 1967 (Dâr al-qaumîya).

ders., Al-fikr al-islâmî wa-t-taṭauwur (Das islamische Denken und die Evolution). al-Qâhira o.J. (Dâr al-qalam).

Ferré, André, La vie de Jésus d'après les Annales de Tabari. In: Islamochristiana 5, 1979, 7-29.

Finkel, Joshua, A Risala of al-Jahiz. In: JAOS 47, 1927, 311 bis 334 (siehe auch unter *Ǧâḥiẓ*).

Frank, Richard M., The Neoplatonism of Ǧahm Ibn Safwan. In: Le Muséon 78, 1965, 395-424.

Fritsch, Erdmann, Islam und Christentum im Mittelalter. Diss. Breslau 1930.

Ǧâḥiẓ (Abû ʿUṯmân ʿAmr b. Baḥr al-Ǧâḥiẓ), Risâla fi r-radd ʿalà n-Naṣârà (Abhandlung über die Widerlegung der Christen). Abgedr. in: Ṯalâṯ rasâʾil li-Abî ʿUṯmân ʿAmr Ibn Baḥr al-Jâḥiẓ (d. 896), ed. by Joshua Finkel. al-Qâhira 1344/1926, S. 10-38.

ders., Kitâb al-Ḥayawân (Buch der Tiere). Hg. von Fauzi ʿAṭawî. Bairût und Dimašq 1968.

Ǧamâl ad-dîn al-Ḥusainî al-Afġânî, Ḥaqîqat-e maḏhab-e Naičerî va bayân-e hâl-e Naičeriyân (Die Wahrheit über die Richtung des Naturalismus und Erklärung der Haltung der Naturalisten). Abgedr. in: Saiyid Ǧamâl ad-dîn va andîšehâ ye û, hg. von M.M. Čahârdihî. Ṭehrân 1347/1966, S. 498-552.

ders., Ar-radd ʿalà d-dahrîyîn. Übers. von Muḥ. ʿAbduh, hg. von ʿAlî Muḥ. Abû Ṭâlib Kutubî. Miṣr (al-Qâhira) o.J.

Gardet, Louis et *M.M. Anawati*, Introduction à la théologie musulmane. Essai de théologie comparée. Paris, 2. Aufl. 1970.

Ġazâlî (Abû Ḥâmid Muḥammad b. Muḥammad al-Ġazâlî), Ar-radd al-ǧamîl li-ilâhîya ʿIsâ bi-ṣarîḥ al-inǧîl (Réfutation excellente de la divinité de Jésus-Christ d'après les évangiles). Texte établi, traduit et commenté par Robert Chidiac SJ. Paris 1939 (= Bibliothèque de l'Ecole des Hautes Etudes - Sciences religieuses, LIVe vol.).

ders., Ad-durrat al-fâḫira (La perle précieuse). Hg. und ins Französische übersetzt von Julien Gautier. Genève 1878, Neudruck Leipzig 1925.

ders., Al-munqiḏ min aḍ-ḍalâl (Erreur et délivrance). Ed. et trad. par Farid Jabre. Beyrouth 1955.

Gibb, Hamilton A.R. und *Jacob M. Landau*, Arabische Literaturgeschichte. Zürich und München 1968 (= Bibliothek des Morgenlandes).

Goldziher, Ignaz, Die Richtungen der islamischen Koranauslegung. Leiden, Neudruck 1952.

Grässer, Erich, Der Grund der Kirche - ihre Herausforderung durch das Evangelium. In: Herausgeforderte Kirche. Drittes Reichenaugespräch der Evangelischen Landessynode Württemberg. Stuttgart 1970, S. 11-29.

Graf, Georg, Geschichte der christlichen arabischen Literatur. 5 Bd., Città del Vaticano 1944-1953 (= Studi e Testi 118, 133, 146, 147, 172); abgek.: GCAL.

Grohmann, A., Kulturgeschichte des Alten Orients. München 1963.

Ġumârî, siehe *ʿAbd ʿAllâh b. Muḥammad aṣ-ṣiddîq al-Ġumârî*.

Guthrie, A. and *E.F.F. Bishop*, The Paraclete, Almunhamanna and Ahmad. In: MW 41, 1951, 251-256.

Ḥabîb b. Ḫidma Abû Râʾiṭa, Die Schriften des Jakobiten Habib Ibn Hidma Abu Ra'ita, hg. von G. Graf. Louvain 1951 (= Corpus scriptorum Christianorum orientalium 130).

Haddad, George M., Modern Arab Historians and World History. In: MW 51, 1961, 37-43.

Ḫaiyâṭ (Abû l-Ḥusain ʿAbd ar-raḥîm b. Muḥammad b. ʿUṯmân al-Ḫaiyâṭ), Kitâb al-Intiṣâr. Ed. et trad. par A. Nader. Beyrouth 1957.

Hasselblatt, Gunnar, Herkunft und Auswirkungen der Apologetik Muhammed Abduhs (1849-1905), untersucht an seiner Schrift: Islam und Christentum im Verhältnis zu Wissenschaft und Zivilisation. Diss. Göttingen 1968.

Haussig, Hans Wilhelm (Hg.), Wörterbuch der Mythologie, Bd. 1. Stuttgart 1965.

Hayek, Michel, Le Christ de l'Islam. Paris 1959.

Hennecke, E. und *W. Schneemelcher*, Neutestamentliche Apokryphen in deutscher Übersetzung. Tübingen, Bd. 1: 4. Aufl. 1968, Bd. 2: 3. Aufl. 1964.

Höpfner, Willi (Hg.), Christentum und Islam. Wiesbaden und Breklum 1971 ff. (Heftserie zu verschiedenen Themen).

Holsten, Walter, Polemik der Moslems gegen die Gottessohnschaft Jesu und das Dogma der Dreieinigkeit. In: W. Höpfner (Hg.), Christentum und Islam, Heft 3, S. 52-60; siehe unter Höpfner.

Horovitz, Josef, Koranische Untersuchungen. Berlin und Leipzig 1926.

Hourani, Albert, Arabic Thought in the Liberal Age 1789-1939. London, New York und Toronto 1962, Neudruck 1967 u.ö.

Ibn Ḥanbal (Aḥmad bin Ḥanbal), Ar-radd ʿalà z-Zanâdiqa wa-l-Ǧahmîya. Hg. von Muḥ. Faḫr Šaqafa. Ḥamâh 1386/1967.

Ibn Ḥazm (Abû Muḥammad ʿAlî b. Aḥmad b. Ḥazm), Kitâb al-fiṣal fi l-milal wa-l-ahwâʾ wa-n-niḥal (Buch der Unterscheidung der Religionsgemeinschaften, Sekten und Glaubensrichtungen). Neudruck der Ausgabe von Ǧamâlî und Ḫâniǧî 1321, Baġdâd o.J.

Ibn Hišâm (Abû Muḥammad ʿAbd al-Malik b. Hišâm b. Aiyûb), Sîrat an-Nabî (Das Leben des Propheten). Hg. von Muḥ. Muḥyî ad-dîn ʿAbd al-Ḥamîd. 4 Bde., al-Qâhira 1383/1963.

Ibn an-Nadîm (Abû l-Faraǧ Muḥammad b. Abî Yaʿqûb al-Baġdâdî), Kitâb al-Fihrist. Mit Anmerkungen hg. von Gustav Flügel, 1872, Neudruck Bairût o.J.

Johansen, Baber, Muhammad Husain Haikal. Wiesbaden und Beirut 1967 (= Beiruter Texte und Studien Bd. 5).

Jomier, Jacques, Le commentaire coranique du Manâr. Tendences modernes de l'exégèse coranique en Egypte. Paris 1954.

ders., Introduction à l'Islam actuel. Paris 1964.

ders., Quatres ouvrages en Arab sur le Christ. In: MIDEO 5, 1958, 367-386.

ders., L'évangile selon Barnabé. In: MIDEO 6, 1959-1961, 137 bis 226.

ders., Unité de Dieu, Chrétiens et Coran selon Faḫr al-dîn al-Râzî. In: Islamochristiana 6, 1980, 149-177.

Kâmil Ḥusain, Qarya zâlima. Neudruck, al-Qâhira 1958 (Maṭb. Miṣr).

ders. (Kamel Hussein), City of Wrong. A Friday in Jerusalem. Translated from the Arabic with an Introduction by Kenneth Cragg. Amsterdam 1959.

ders., Stad des verderfs. Een vrijdag in Jeruzalem. Vertaald door J.M.S. Baljon jr. en K.P. Baljon-van den Ende. Amsterdam 1961.

ders., Al-wâdî al-muqaddas (Das heilige Tal). al-Qâhira 1968 (Dâr al-ma'ârif).

ders., Ma'nà aẓ-ẓulm fi l-Qur'ân al-karîm. In: ders., Mutanawwi'ât, Bd. 2, al-Qâhira o.J. (Maṭb. Miṣr); vgl. *Cragg, Kenneth*.

Kassî (Abû Amr Muhammad b. Umar al-Kassî), Rigâl (Personen). Hg. von as-Saiyid Ahmad al-Husainî. Kerbelâ' o.J.

Keddi, Nikki R., An Islamic Response to Imperialism. Political and Religious Writings of Sayyid Jamâl ad-Dîn "al-Afghânî". Berkeley and Los Angeles 1968.

Kellerhals, Emmanuel, Der Islam. Seine Geschichte, seine Lehre, sein Wesen. Basel und Stuttgart, 2. Aufl. 1956.

Kerr, Malcolm, Rashid Rida and Islamic Legal Reform. In: MW 50, 1960, 70-108; 170-181.

Khoury, Adel-Théodore, Die Christologie des Korans. In: ZM 52, 1968, 49-63.

ders., Der theologische Streit der Byzantiner mit dem Islam. Paderborn 1969.

Khoury, Paul, Paul d'Antioche, évèque melkite de Sidon (XIIe siècle). Introduction, edition critique, traduction. Diss. Leiden 1965.

Landau, Jacob M., siehe *Gibb, Hamilton A.R.*

Lazarus-Yafeh, Hava, Etude sur la polémique islamo-chrétienne. Qui était l'auteur de "al-Radd al-Ǧamîl li-Ilâhîyat 'Isà bi-ṣarîḥ al-Inǧîl" attribué à al-Ġazzâlî. In: Revue des Etudes Islamiques 37, 1969, 219-138.

Maḥmûd Šalabî, Ḥayât Ibrâhîm. al-Qâhira 1967.

Maḥmûd Šaltût, al-Fatâwà. al-Qâhira o.J. (Dâr al-qalam).

Manṣûr Ḥusain, Daʿwat al-ḥaqq. al-Qâhira 1963 (Maṭâbiʿ Ḥasan Madkûr wa-aulâdihi).

di Matteo, Ignazio, Confutazione contro i Cristiani dello zaidita al-Qasim b. Ibrahim. In: RSO 9, 1921-23; 301-164.

ders., La divinità di Cristo e la dottrina della Trinità in Maometto e nei polemisti musulmani. Roma 1938 (= BO 8)

de Menasce, Pierre J., Škand-gumânîk vičar. Texte pazand-pehlevi transcrit, traduit et commenté par le Père Pierre J. de Menasce O.P. Fribourg (Suisse) 1945.

Meyerhof, M., ʿAlî b. Rabban aṭ-Ṭabarî, ein persischer Arzt des 9. Jahrhunderts n.Chr. In: ZDMG 85, 1931, 38-68.

Michaud, Henri, Jésus selon le Coran. Neuchâtel 1960 (= Cahiers Théologiques 46).

Migne, J.P., Patrologiae cursus completus, series Graeca. Paris 1857 ff.

Mingana, A., Remarks on Tabari's semi-official defence on Islam. In: Bulletin of the John Rylands Library IX, 1925, 236 bis 240; siehe auch unter *Tabari, Ali*.

Moubarac, Youakim, Abraham dans le Coran. Paris 1958.

Müller, C.D.G., Kirche und Mission unter den Arabern in vorislamischer Zeit. Tübingen 1967 (= Sammlung gemeinverständlicher Vorträge und Schriften aus dem Gebiet der Theologie und Religionsgeschichte 249).

Muḥammad ʿAbduh, Al-Islâm wa-n-Naṣrânîya maʿa l-ʿilm wa-l-madanîya. al-Qâhira, Neudruck 1373/1954 (Muḥ. ʿAlî Ṣubaiḥ); vgl. *Hasselblatt, Gunnar*.

ders., Risâlat at-tauḥîd. Hg. von Maḥmûd Abû Raiya. al-Qâhira, 2. Aufl. 1966 (Dâr al-maʿârif).

ders., The Theology of Unity. Transl. from the Arabic by Ishaq Musa'ad and Kenneth Cragg. London 1966.

ders., siehe auch unter *Rašîd Riḍâ*.

Muḥammad Abû Zahra, Muḥâḍarât fi n-Naṣrânîya. al-Qâhira, 3. Aufl. 1381/1961 (Dâr al-kitâb al-ʿarabî).

Murad Kamil, Die Dreieinigkeit und der Koran. In: ThStAAL III, München 1968, S. 61-71.

Nader, A.N., Le système philosophique des Mu'tazila. Beyrouth 1956; siehe auch unter *Haiyât*.

Nallino, Carlo Alfonso, Storia dell'Arabia preislamica. In: Raccolti di scritti editi e inediti, Vol. III Parte I. Roma 1941, S. 1-176.

Nielsen, Ditlif, Zur altarabischen Religion. In: Handbuch der altarabischen Altertumskunde. Hg. von D. Nielsen. Kopenhagen, Paris und Leipzig 1927, S. 177-250.

Nöldeke, Theodor, Über den Gottesnahmen El. Monatsberichte der Akademie der Wissenschaften. Berlin 1880 und 1882.

ders., Geschichte des Qorans. Bearbeitet von Friedrich Schwally, 1. Teil. Leipzig, 2. Aufl. 1909.

Noth, Albrecht, Der Islam und die nichtislamischen Minderheiten. In: W. Ende und U. Steinbach (Hg.), Der Islam in der Gegenwart. München 1964, S. 527-538.

Nyberg, H.S., Art. "Abû l-Huḏail". In: EI Bd. I, 2. Aufl. 1960 s.v.

O'Shaughnessy, Thomas, The Koranic Concept of the Word of God. Roma 1948 (= BO 1).

ders., The Development of the Meaning of Spirit in the Koran. Roma 1953 (= Orientalia Christiana Analecta 139).

Palacios, Asin, Logia et agrapha Domini Jesu. In: Patrol. Orient. XIII, 1919, 335-431; XIX, 1926, 532-624.

Paret, Rudi, Mohammed und der Koran. Stuttgart 1957 (= Urban-Bücher 32) (diverse Neuauflagen).

ders., Art. "Ibrâhîm". In: EI Bd. III, 2. Aufl., s.v.

ders., Der Koran. Übersetzt von Rudi Paret. Stuttgart 1963 f., Kommentar Stuttgart 1971.

Parrinder, Geoffrey, Jesus in the Qur'an. London 1965.

Peeters, P., Besprechung von "The Book of Religion and Empire" von ʿAli at-Tabari, hg. von A. Mingana. In: Analecta Bollandiana 42, 1924, 200-202.

Plessner, Martin, Die Bedeutung der Wissenschaftsgeschichte für das Verständnis der geistigenWelt des Islam. Tübingen 1966 (= Philosophie und Geschichte, Heft 82).

Raeder, Siegfried, Der Islam im Abendland. In: K. Hutten und S.

von Kortzfleisch (Hg.), Asien missioniert im Abendland. Stuttgart 1962, S. 51-72.

ders., Islamischer und christlicher Gottesbegriff. In: Willi Höpfner (Hg.), Christentum und Islam, Heft 3, S. 7-25; siehe unter *Höpfner, W.*

Räisänen, Heikki, Das koranische Jesusbild. Ein Beitrag zur Theologie des Korans. Helsinki 1971 (= Schriften der finnischen Gesellschaft für Missiologie und Ökumenik 20).

Rahbar, Daud, God of Justice. Leiden 1960.

Rašîd Riḍâ, ʿAqîdat aṣ-ṣalb wa-l-fidâʾ. al-Qâhira, 2. Aufl. 1353 H. (Maṭb. al-Manâr).

ders. und *Muḥammad ʿAbduh*, Tafsîr al-Qurʾân al-ḥakîm (= Tafsîr al-Manâr). al-Qâhira, 4. Aufl. 1373 H. ff. (Makt. al-Qâhira - ʿAlî Yûsuf Sulaimân).

Ringgren, Helmer, Israelitische Religion. Stuttgart 1962 (= RM 26).

Ritter, Helmut, Das Meer der Seele. Leiden 1955.

ders., siehe auch unter *Ašʿarî*.

Rosenkranz, Gerhard, Evangelische Religionskunde. Tübingen 1951.

ders., Der christliche Glaube angesichts der Weltreligionen. Bern und München 1967.

ders., Muhammed und der Qur'ân - Jesus und die Bibel. Abgedr. in: ders., Religionswissenschaft und Theologie. München 1964, S. 110-124.

Rosenthal, F., Art. "Dawla". In: EI Bd. II, 2. Aufl. s.v.

Rudolf, Wilhelm, Die Abhängigkeit des Qorans von Judentum und Christentum. Stuttgart 1922.

Ryckmans, G., Les religions arabes préislamiques. Louvain, 2. Aufl. 1951 (= Bibliothèque du Muséon 26).

Sahas, Daniel J., John of Damascus on Islam. The "Heresy of the Ishmaelites". Leiden 1972.

Šahrastânî (Abû l-Fatḥ Muḥammad ʿAbd al-Karîm b. Abî Bakr Aḥmad aš-Šahrastânî), Kitâb al-milal wa-n-nihal. Hg. von ʿAbd al-ʿAzîz Muḥ. al-Wakîl. 3 Bde., al-Qâhira 1968 (Ḥalabî).

Šaiḫû, Lûis (= Louis Cheikho), Maqâlât dînîya qadîma li-baʿḍ mašâhîr al-katabat an-Naṣârà (Vingt traités théologiques d'auteurs arabes chrétiens - IXe-XIIIe siecle). Bairût, 2. Aufl. 1920.

ders., Suʿarâ an-Naṣrânîya baʿda l-Islâm (Christliche Dichter in nachislamischer Zeit). Bairût, 2. Aufl. 1967.

Schimmel, Annemarie, Mystische Dimensionen des Islam. Aalen 1979.

Schlatter, Theodor, Geschichte der Basler Mission, Bd. I. Basel 1916.

Schneemelcher, W., siehe *Hennecke, E.*

Schumann, Olaf, Qur'âninterpretation und Bibelexegese. In: EMM 109, 1965, 20-39.

ders., Abraham - der Vater des Glaubens. In: EMM 110, 1966, 53 bis 69; 104-122.

ders., Das Christentum im Lichte der heutigen arabisch-islamischen Literatur. In: ZRGG 21, 1969, 307-329.

Seeberg, Reinhold, Lehrbuch der Dogmengeschichte Bd. I und II. Darmstadt, 6. Aufl. 1965.

Siddiqi, M.Z., siehe *Ṭabarî, ʿAlî.*

Slomp, Jan, The Gospel in Dispute (A Critical Evaluation of the first French translation with the Italian Text and introduction of the so-called Gospel of Barnabas). In: Islamochristiana 4, 1978, 67-112.

Smith, W. Cantwell, Der Islam in der Gegenwart. Frankfurt/M 1963 (= Fischer Bücherei 498).

ders., The Concept of sharî'a among some Mutakallimun. In: Arabic and Islamic studies in honor of Hamilton A.R. Gibb, ed. by G. Makdisi. Cambridge (Mass./USA) und Leiden 1965, 581-602.

D'Souza, Andreas, Jesus in Ibn Arabi's Fuṣûṣ al-ḥikam. In: Islamochristiana 8, 1982, 185-200.

Speyer, H., Die biblischen Erzählungen im Qoran. Neudruck Hildesheim 1961.

Stieglecker, H., Die Glaubenslehren des Islam. Paderborn, München und Wien 1962.

Sweetman, J.W., Islam and Christian Theology. 4 Bde. London 1945 ff.

Ṭabarî (Abû l-Ḥasan ʿAlî b. Sahl Rabban aṭ-Ṭabarî), Ar-radd ʿalà n-Naṣârà. Ed. par I.-A. Khalifé et W. Kutsch. In: MUSJ XXXVI, 1959, 115-148.

ders., Kitâb ad-dîn wa-d-daula. Ed. by A. Mingana. Manchester und Cairo 1923.

ders., The Book of Religion and Empire. Transl. ... by A. Mingana. Manchester und London 1922.

ders., Firdaus al-ḥikma (Paradies der Weisheit). Hg. von M.Z. Siddiqi. Berlin 1928.

Ṭabarî (Abû Gaʿfar Muḥammad b. Ğarîr aṭ-Ṭabarî), Ğâmiʿ al-bayân ʿan ta'wîl ayât al-Qur'ân (= Tafsîr aṭ-Ṭabarî). 30 Bde. al-Qâhira, 2. Aufl. 1373/1854 (Ḥalabî).

Taufîq Ṣidqî, Naẓarîyatî fi qiṣṣat ṣalb al-Masîḥ wa-qiyâmatihi min al-amwât. In: R. Riḍâ, ʿAqîdat aṣ-ṣalb wa-l-fidâ', S. 83 bis 178 (siehe unter *Rašîd Riḍâ*).

Tavadia, Jehangir C., Die mittelpersische Sprache und Literatur der Zarathustrier. Leipzig 1956.

Trimingham, Spencer, Islam in Ethiopia. London und Liverpool, 2. Aufl. 1965.

ʿUṯmân Amîn, Muḥammad ʿAbduh. al-Qâhira 1944.

ders. (Osman Amin), Muhammad Abduh. Transl. by Charles Wendell. Washington D.C. 1953 (ACLS IV).

Watt, W. Montgomery, Muhammad at Mecca. Oxford, 2. Aufl. 1960.

ders., Muhammad at Medina. Oxford, 2. Aufl. 1962.

ders., Islamic Philosophy and Theology. Edinburgh, Neudruck 1964 (= Islamic Surveys I).

ders., Muhammad. Prophet and Statesman. London 1961.

ders., The materials used by Ibn Ishaq. In: Historians of the Middle East. Ed. by B. Lewis and P.M. Holt. London 1964, S. 23 bis 34.

ders., His name is Ahmad. In: MW 43, 1953, 111-117.

ders., The Christianity Criticized in the Qur'an. In: MW 57, 1967, 197-201.

ders., The Formative Period of Islamic Thought. Edinburgh 1973.

ders., Ash-Shahrastani's account of Christian Doctrine. In: Islamochristiana 9, 1983, 249-259.

ders., Islam and Christianity. London-Boston-Melbourne-Henley 1983.

ders. und *A.T. Welch*, Der Islam I: Mohammed und die Frühzeit - Islamisches Recht - Religiöses Leben. Stuttgart-Berlin-Köln-Mainz 1980 (= RM 5,1).

Wellhausen, Julius, Reste arabischen Heidentums. Berlin, 3. Aufl. 1961.

Wensinck, A.J., Muhammed und die Propheten. In: Acta Orientalia 2, 1924, 168-198.

ders., The Muslim Creed. London, 2. Aufl. 1965.

Widengren, Geo, Die Religionen Irans. Stuttgart 1965 (= RM 14).

Wilms, Franz-Elmar, Al-Ghazâlîs Schrift wider die Gottheit Jesu. Leiden 1966.

Wolfson, H.A., The Muslim Attributes and the Christian Trinity. In: HThR 49, 1956, 1-18.

Yâqût ar-Rûmî (Abû ʿAbd Allâh Yaʿqûb), Iršâd al-arîb ilà maʿrifat al-adîb. Hg. von D.S. Margoliouth, Bd. 6. London und Cairo, 2. Aufl. 1931 (= E.J.W. Gibb Memorial VI).

Zaehner, R.C., Zurvan. A Zoroastrian Dilemma. Oxford 1955.

Zimmerli, W., Der Prophet im Alten Testament und im Islam. In: EMM 87, 1943, 137-147; 168-179.

Zwemer, Samuel, Die Christologie des Islams. Stuttgart 1921.